Glotzbach/Goldbach
Immobiliarvollstreckung
aus Sicht der kommunalen Vollstreckungsbehörden

Immobiliarvollstreckung
aus Sicht der kommunalen Vollstreckungsbehörden

Handbuch für Praxis und Ausbildung

Begründet von
Hans-Jürgen Glotzbach
und
Günter Mayer

Fortgeführt von
Hans-Jürgen Glotzbach
Fachreferent für Verwaltungsvollstreckung
beim Fachverband der Kommunalkassenverwalter e. V.

und

Rainer Goldbach
Fachberater des Bundesausschusses für das
Verwaltungszwangsverfahren beim Fachverband der
Kommunalkassenverwalter e. V.

6. Auflage 2014

VERLAG
RECKINGER

Die Deutsche Nationalbibliothek verzeichnet diese Publikation in der Deutschen Nationalbibliografie; detaillierte bibliografische Daten sind im Internet unter http://dnb.d-nb.de abrufbar.

© Verlag W. Reckinger GmbH & Co. KG, Siegburg, 2014
Umschlaggestaltung: Huwer Grafik Design, Hürth
Druck: ScandinavianBook
Satz: Cicero Computer GmbH, Bonn

ISBN 978-3-7922-0143-5
6. Auflage 2014
www.reckinger.de

Vorwort

Die Verwaltungsvollstreckung hat in den letzten zwei Jahrzehnten, insbesondere auch durch die wirtschaftlichen Veränderungen, verbunden mit einem Anstieg der Arbeitslosenzahlen, für die Kommunen immer mehr an Bedeutung gewonnen. Besonders deutlich wird dies u. a. durch die zunehmende Anzahl der Insolvenzen.

Im breiten Spektrum des Verwaltungszwangsverfahrens nehmen auch die Verfahren, in denen Kommunen selbst Anträge auf Vollstreckung in das unbewegliche Vermögen stellen, was in früheren Jahren eher eine Seltenheit war, stetig zu.

In seinem Lehrbuch zur Zwangsversteigerung und Zwangsverwaltung hat Nußbaum schon im Jahre 1916 geschrieben, dass die Zwangsversteigerung von alters her als ein besonders schwieriges Gebiet gelte. Daran hat sich bis heute nichts geändert. Ganz im Gegenteil. Die Schuldner sind im Vergleich zu der Zeit Nußbaums wesentlich aufgeklärter. Während sich die Widersprüche vor 20 Jahren noch in Grenzen hielten, werden die Kommunen heutzutage quasi tagtäglich damit konfrontiert.

Gestaltet sich die Immobiliarvollstreckung durch die zahlreichen Bestimmungen, verbunden mit individuellem taktischen Verhalten und jederzeit offenem Auge hinsichtlich der neuesten Rechtsprechung schon schwierig genug, so sind die Bediensteten in der Kommunalverwaltung größtenteils darauf angewiesen, sich ihr Wissen autodidaktisch anzueignen, da in den meisten Bundesländern Vollstreckungsrecht als solches weder in den Verwaltungsschulen noch in den Studieninstituten im Rahmen der geregelten Ausbildung gelehrt wird. Diese Misere wird zwar in jüngster Zeit im Rahmen der von einigen Instituten angebotenen Aus- und Fortbildungsveranstaltungen etwas gemildert, was jedoch an der grundsätzlich lückenhaften Ausbildung hinsichtlich des Vollstreckungsrechts nichts ändert. Unsicherheiten oder Unkenntnis führen in aller Regel zu Einnahmeverlusten, die in keinem Verhältnis zu den Kosten einer Anschaffung dieses Buches stehen.

Mittlerweile gibt es zwar zahlreiche Kommentatoren, die sich mit der Immobiliarvollstreckung befassen, die meist sehr umfangreichen Kommentare thematisieren aber nur in äußerst beschränktem Umfang die Vollstreckung durch die Kommunen aufgrund öffentlich-rechtlicher Geldleistungen.

Damit sich auch die Bediensteten in den kommunalen Vollstreckungsbehörden hinsichtlich der Realisierung ihrer Forderungen, sowohl öffentlich-rechtlicher als auch zivilrechtlicher Natur schnell einen Überblick über die verschiedenen Möglichkeiten der Vollstreckung in das unbewegliche Vermögen verschaffen können, haben wir versucht, uns einerseits kurz zu fassen und dennoch dort, wo wir es für erforderlich hielten, dem Leser durch entsprechende taktische Hinweise und Verhaltensregeln zahlreiche Tipps für die Praxis anzubieten.

Fragen, ob die Gemeinde besser beraten ist, ihre Forderungen bei Gericht anzumelden oder dem Verfahren beizutreten, bzw. ab welchem Stadium sie selbst einen Antrag auf Zwangsversteigerung stellen sollte, werden genauso eingehend erörtert wie die Anmeldung kommunaler Forderungen zum Zwangsversteigerungsverfahren. Darüber hinaus werden die Leser auch über die Risiken und Kosten der einzelnen Maßnahmen informiert und sie erhalten hilfreiche Tipps, damit den Gemeinden unnötige Kosten erspart bleiben.

Das Buch wendet sich nicht nur an die kommunalen Vollstreckungsbehörden, sondern an alle Behörden, die nach den Regeln des Verwaltungsvollstreckungsrechts vollstrecken, insbesondere also auch an die gesetzlichen Krankenkassen sowie die Bediensteten in den Vollstreckungsabteilungen der Finanzämter.

Seit dem Erscheinen der 5. Auflage im März 2011 sind wieder eine Reihe von Entscheidungen der Obergerichte ergangen, die sich maßgeblich auf die Immobiliarvollstreckung auswirken. Aber auch gesetzliche Änderungen auf Landesebene wirken sich nachhaltig auf die Immobiliarvollstreckung durch die Kommunen aus. So haben in der Zwischenzeit immer mehr Bundesländer in ihren Kommunalabgabengesetzen die grundstücksbezogenen Benutzungsgebühren als öffentliche Last deklariert. Da in der Praxis immer wieder festzustellen ist, dass an und für sich privilegierte grundstücksbezogene Benutzungsgebühren von einigen Amtsgerichten nicht in der Vorrechtsrangklasse 3 des § 10 Abs. 1 ZVG anerkannt werden und insoweit häufig durch eine Aufklärungsverfügung darauf hingewiesen wird, dass der Vorrechtsanspruch vom Gläubiger nachzuweisen sei oder sich aus der Satzung unzweifelhaft ergeben müsse, dass ein Anspruch die Eigenschaft einer grundstücksbezogenen Benutzungsgebühr und somit einer öffentlichen Last erfüllt, haben sich die Autoren ab Randnummer 37a ff. ausführlich mit diesem Thema befasst. In diesem Zusammenhang wurde das Werk auch um die Fragen ergänzt, was zu tun ist, wenn das Vorrecht nicht anerkannt wird bzw. welche Rechtsmittel bei falscher Rangfeststellung, falschem geringsten Gebot oder falscher Erlösverteilung zur Anwendung kommen.

Wesentlich ergänzt und aktualisiert wurden daneben vor allem die Ausführungen zu

- dem vollstreckbaren Ersuchen und der Bezeichnung der Forderung (hier u. a. Aufgabe der bisherigen Meinung zur Beifügung eines Dienstsiegels bei dem Antrag auf Immobiliarvollstreckung),
- den Verfahrenskosten,
- dem Schuldnerantrag auf einstweilige Einstellung nach § 30 a ZVG,
- dem Begriff der „Ausgaben der Verwaltung" im Rahmen der Zwangsverwaltung und den Aufgaben des Zwangsverwalters,
- der erloschenen Erbbauzins-Reallast sowie
- der Berücksichtigung der Insolvenz in der Immobiliarvollstreckung.

Mörfelden-Walldorf im August 2014   Hans-Jürgen Glotzbach

                                         Rainer Goldbach

Inhaltsverzeichnis

Kapitel A
Die Forderungen der Gemeinde

Kapitel C
Die Verfolgung der Gemeindeforderung in der Zwangsversteigerung

Kapitel D

Einstellung, einstweilige Einstellung, Fortsetzung, Aufhebung des Verfahrens

Kapitel F
Zuschlag und Zuschlagsfolgen

Kapitel G
Der Verteilungstermin

Kapitel H
Die Zwangsverwaltung

Kapitel J

Gemeinde und Erbbaurecht

Kapitel K
Auseinandersetzungsversteigerung

Kapitel L
Besonderheiten beim Schuldner

Kapitel M
Besondere Vollstreckungsobjekte

Literaturverzeichnis

Baumbach/Lauterbach/ Albers/Hartmann	Zivilprozessordnung, 72. Auflage 2013
Baur/Stürner	Sachenrecht, 18. Auflage 2009
Baur/Stürner/Bruns	Zwangsvollstreckungsrecht, 13. Auflage 2006
Böttcher	Gesetz über die Zwangsversteigerung und Zwangs- verwaltung, 5. Auflage 2010
Dassler/Schiffhauer/ Hint- zen/Engels/Rellermeyer	Zwangsversteigerungsgesetz, 14. Auflage 2013
Depré/Mayer	Praxis der Zwangsverwaltung, 7. Auflage 2013
Driehaus	Kommunalabgabenrecht, Loseblattwerk
Eickmann	Die Teilungsversteigerung: Gesetzliche Regelungen und Praxisprobleme der Zwangsversteigerung zum Zwecke der Aufhebung einer Gemeinschaft, 6. Auf- lage 2010
Eickmann/Böttcher	Zwangsversteigerungs- und Zwangsverwaltungs- recht, 3. Auflage 2013
Gottwald/Mock	Zwangsvollstreckung, 6. Auflage 2013
Haarmeyer/Wutzke/Förster/ Hintzen	Zwangsverwaltung, 5. Auflage 2011
Hartmann	Kostengesetze, 43. Auflage 2013
Hintzen	Handbuch der Immobiliarvollstreckung, 3. Auflage 1999
Hock/Klein/Hilbert/ Deimann	Immobiliarvollstreckung, 5. Auflage 2011
Kraemer/Vallender/ Vogelsang	Handbuch zur Insolvenz, Loseblattwerk
Korintenberg/Lappe/Bengel/ Reimann	Kostenordnung, 18. Auflage 2010
Kirchhof/Stürner/ Eidenmüller u. a.	Münchener Kommentar zur Insolvenzordnung, 3. Auflage 2014
Meikel	Grundbuchordnung, 10. Auflage 2008
Palandt	Bürgerliches Gesetzbuch, 73. Auflage 2014

Redeker/von Oertzen	Verwaltungsgerichtsordnung, 15. Auflage 2010
Rixecker/Säcker/Oetker	Münchener Kommentar zum Bürgerlichen Gesetzbuch, 6. Auflage 2013
Schöner/Stöber	Grundbuchrecht, 15. Auflage 2012
Schönfelder	Deutsche Gesetze, Loseblattwerk
Schuschke	Vollstreckung und vorläufiger Rechtsschutz, 4. Auflage 2011
Steiner u. a.	Zwangsversteigerungsgesetz, 9. Auflage 1984
Stöber	Forderungspfändung, 16. Auflage 2013
	Zwangsversteigerungsgesetz, 20. Auflage 2012
Storz/Kiderlen	Praxis der Teilungsversteigerung, 5. Auflage 2011
	Praxis des Zwangsversteigerungsverfahrens, 12. Auflage 2014
Thiem	Allgemeines kommunales Abgabenrecht, 1981
Tipke/Kruse	Abgabenordnung – Finanzgerichtsordnung, Loseblattwerk
Uhlenbrock	Insolvenzordnung, 13. Auflage 2010
Weinbörner	Das neue Insolvenzrecht mit EU-Übereinkommen, 1997
Wimmer	Frankfurter Kommentar zur Insolvenzordnung, 7. Auflage 2012
Zöller	Zivilprozessordnung, 30. Auflage 2013

Abkürzungsverzeichnis

a. A.	andere Ansicht
a. a. O.	am angeführten Ort
a. F.	alte Fassung
a. M.	andere Meinung
Abs.	Absatz
AG	Amtsgericht
Allg.	Allgemein
AnfG	Anfechtungsgesetz
Anh.	Anhang
Anl.	Anlage
Anm.	Anmerkung
AO	Abgabenordnung
Art.	Artikel
Aufl.	Auflage
AVO	Ausführungsverordnung
BauGB	Baugesetzbuch
BayObLG	Bayerisches Oberstes Landgericht
BayVwZVG	Bayerisches Verwaltungszustellungs- und Vollstreckungsgesetz
Bbg.	Brandenburg
Bd.	Band
betr.	betreffend
BFH	Bundesfinanzhof
BGB	Bürgerliches Gesetzbuch
BGH	Bundesgerichtshof
Bl.	Blatt
Bln.	Berlin
BMF	Bundesministerium der Finanzen
BMJ	Bundesministerium der Justiz
BVerwG	Bundesverwaltungsgericht
BW	Baden-Württemberg
bzw.	beziehungsweise
ca.	circa
d. h.	das heißt
DVO	Duchführungsverordnung

EGBGB	Einführungsgesetz zum BGB
EGInsO	Einführungsgesetz zur Insolvenzordnung
EGZVG	Einführungsgesetz zum ZVG
einschl.	einschließlich
ErbbauG	Erbbaugesetz
ErbbauVO	Verordnung über das Erbbaurecht
evtl.	eventuell
f.	folgende
ff.	fortfolgende
FGG	Gesetz über die freiwillige Gerichtsbarkeit
FlurbG	Flurbereinigungsgesetz
GBO	Grundbuchordnung
GBV/GBVerf	Grundbuchverfügung
gem.	gemäß
GesO	Gesamtvollstreckungsordnung
GG	Grundgesetz
GKG	Gerichtskostengesetz
GNotKG	Gerichts- und Notarkostengesetz
GmbH	Gesellschaft mit beschränkter Haftung
GrStG	Grundsteuergesetz
GVG	Gerichtsverfassungsgesetz
GVO	Grundstücksverkehrsordnung
h. M.	herrschende Meinung
Hess.	Hessisches
HessVwVG	Hessisches Verwaltungsvollstreckungsgesetz
i. d. F.	in der Fassung
i. d. R.	in der Regel
i. S. d.	im Sinne des
i. S. v.	im Sinne von
i. V. m.	in Verbindung mit
InsO	Insolvenzordnung
KAG	Kommunalabgabengesetz
Kap.	Kapitel
KO	Konkursordnung
KostO	Kostenordnung
KV	Kostenverzeichnis

LG	Landgericht
LSA	Sachsen-Anhalt
LVwG	Landesverwaltungsgesetz
LVwVG	Landesverwaltungsvollstreckungsgesetz
MiZi	Anordnung über Mitteilungen in Zivilsachen
MV	Mecklenburg-Vorpommern
m. w. N.	mit weiteren Nachweisen
n. F.	neue Fassung
NJW	Neue Juristische Wochenschrift
Nr.	Nummer
NVwZ	Neue Zeitschrift für Verwaltungsrecht
NW	Nordrhein-Westfalen
o. g.	oben genannt
OLG	Oberlandesgericht
OVG	Oberverwaltungsgericht
Rn.	Randnummer
RP	Rheinland-Pfalz
Rpfleger	Der Deutsche Rechtspfleger
RPflG	Rechtspflegergesetz
S.	Seite
s.	siehe
s. o.	siehe oben
ST	Sachsen-Anhalt
SächsVwVG	Sächsisches Verwaltungsvollstreckungsgesetz
SH	Schleswig-Holstein
SN	Sachsen
sog.	sogenannt(-e, -r, -s)
TH	Taktischer Hinweis
TH	Thüringen
ThürVwZVG	Thür. Verwaltungszustellungs- und Vollstreckungsgesetz
u. a.	unter anderem
u. U.	unter Umständen
VerglO	Vergleichsordnung
VG	Verwaltungsgericht
VGH	Verwaltungsgerichtshof
vgl.	vergleiche

23

VO	Verordnung
VwGO	Verwaltungsgerichtsordnung
VwVG	Verwaltungsvollstreckungsgesetz
WEG	Wohnungseigentumsgesetz
z. B.	zum Beispiel
ZPO	Zivilprozessordnung
ZustRG	Zustellungsreformgesetz vom 25. Juni 2001
ZVG	Gesetz über die Zwangsversteigerung und Zwangsverwaltung
ZwVwV	Zwangsverwalterverordnung
zzgl.	zuzüglich

Kapitel A
Die Forderungen der Gemeinde

I. Die privilegierten Forderungen

1. Das Privileg – welche Forderungen sind privilegiert?

Das Zwangsversteigerungsgesetz (ZVG) behandelt nicht alle Forderungen gleich. **1** Vielmehr gibt es eine **Rangfolge,** nach der die berücksichtigungsfähigen Ansprüche befriedigt werden, wenn der Erlös nach vorherigem Abzug der Kosten nicht für alle Forderungen ausreicht. Dies regelt § 10 ZVG, welcher die Forderungen in neun „Rangklassen" einteilt.

In Kurzform sind dies:

1. Auslagenersatz in der Zwangsverwaltung für die Erhaltung oder Verbesserung des Grundstücks.

1a. Im Falle einer Zwangsversteigerung, bei der das Insolvenzverfahren über das Vermögen des Schuldners eröffnet ist, die zur Insolvenzmasse gehörenden Ansprüche auf Ersatz der Kosten der Feststellung der beweglichen Gegenstände, auf die sich die Versteigerung erstreckt.

2. Bestimmte Hausgeld-Forderungen, wenn ein Objekt nach dem Wohnungseigentumsgesetz (WEG) – also z. B. eine Eigentumswohnung – versteigert wird.

3. Öffentliche Lasten des Grundstücks.

4. Im Grundbuch eingetragene Rechte.

5. Ansprüche aus Anordnungs- oder Beitrittsbeschlüssen, die nicht zur Rangklasse 1 bis 4 gehören.

6. Im Grundbuch eingetragene Rechte, die nicht mehr zur Rangklasse 4 gehören, da sie dem betreibenden Gläubiger gegenüber unwirksam sind.

7. Ansprüche aus öffentlichen Lasten, die nicht mehr zur Rangklasse 3 gehören (ältere Rückstände).

8. Ansprüche aus eingetragenen Rechten, die nicht mehr zur Rangklasse 4 oder 6 gehören (ältere Rückstände).

Auf Einzelheiten wird – soweit für die Gemeinde von Interesse – später gesondert eingegangen.

Zu den privilegierten Forderungen zählen die **öffentlichen Grundstückslasten.** **2** Das ZVG selbst enthält hierfür keine Begriffsbestimmung. Dem Begriff der „öffentlichen Last" begegnet man in zahlreichen gesetzlichen Vorschriften, die bestimmen, dass gewisse Geldzahlungspflichten „als öffentliche Last auf dem Grundstück" ruhen. Aber auch die einzelnen Gesetze enthalten keine Definition des Begriffs.

Der Begriff der öffentlichen Last, die auf dem Grundbesitz ruht, wird u. a. in § 436 BGB verwendet, wo geregelt ist, dass der Verkäufer eines Grundstücks nicht für die Freiheit des Grundstücks von öffentlichen Lasten haftet, die zur Eintragung in das Grundbuch nicht geeignet sind.

3 Gemäß Art. 1 Abs. 1 Nr. 2 des ehemaligen preußischen AGZVG sind öffentliche Lasten die auf einem nicht privatrechtlichen Titel beruhenden Abgaben und Leistungen, die auf dem Grundstück nach Gesetz oder Verfassung haften. Hierunter sind mithin Leistungen zu verstehen, die aus dem Grundstück zu entrichten sind; sie bilden den Gegensatz zu den Grundstücksnutzungen. Zur Leistung muss der „jeweilige" Grundstückseigentümer als solcher verpflichtet sein. Die Last ist mit dem Grundstück derart verbunden, dass dieses gleichsam als Träger der Last angesehen wird. Die Leistungspflicht bleibt aber eine persönliche des Grundeigentümers, allerdings mit der Besonderheit, dass auch das Grundstück dinglich haftet und die Verpflichtung nur so lange besteht, wie der Verpflichtete Eigentümer ist, mit der Veräußerung des Grundstücks aber auf den Erwerber übergeht.

4 Die öffentliche Last gewährt dem Abgabengläubiger ein Befriedigungsrecht aus dem haftenden Grundstück und verpflichtet den jeweiligen Eigentümer des belasteten Grundstücks, wegen der dinglich gesicherten Abgabenforderung die Zwangsvollstreckung in dieses zu dulden (§ 77 Abs. 2 Satz 1 AO). Der Grundstückseigentümer haftet auch dann mit dem Grundstück für die öffentliche Last, wenn er nicht persönlich abgabenpflichtig ist, z. B. weil er das Grundstück von einem Voreigentümer erworben hat, der durch die Bekanntgabe eines Bescheides bereits persönlich abgabenpflichtig geworden war[1].

5 Mit dem Entstehen der sachlichen Abgabenpflicht entsteht auch die öffentliche Last. Der Beitrags- oder Steuerbescheid (bei der Grundsteuer) hat auf das Entstehen der öffentlichen Last selbst keinen Einfluss. Ihm kommt lediglich die Bedeutung zu, dass er die persönliche Beitragsschuld konkretisiert und die Person des Beitrags-(Steuer-)schuldners festlegt[2]. Mit dem Entstehen der sachlichen Beitrags bzw. Steuerpflicht beginnt die Frist für die **Verjährung** der Abgabenforderung zu laufen. Nach ihrem Ablauf erlischt die sachliche Abgabenpflicht und damit zugleich auch die von ihrem Fortbestand abhängige, genau diese Forderung sichernde öffentliche Last. Erlässt die Gemeinde innerhalb einer Frist von vier Jahren (§ 169 Abs. 2 Nr. 2 AO), gerechnet vom Entstehen der sachlichen Abgabenpflicht (im Gegensatz zu den übrigen Abgaben beträgt die Verjährungsfrist für die Festsetzung der Schornsteinfegergebühren gem. § 25 Abs. 4 SchfG drei Jahre), einen Beitrags- oder Steuer-

---

1 Driehaus, KAG, Rn. 184 ff. zu § 8.
2 Thiem, Abgabenrecht; Driehaus, KAG, Rn. 191 zu § 8.

bescheid, so entsteht hierdurch die öffentliche Last und ruht solange auf dem Grundbesitz, bis sie etwa durch Zahlung erloschen ist. Der **Duldungsanspruch** aus der öffentlichen Last selbst unterliegt keiner Verjährung (Tipke/Kruse, AO, Rn. 13 zu § 191). In Bayern erlischt die Haftung des Grundstücks für fällig wiederkehrende Leistungen mit dem Ablauf von zwei, für fällige einmalige Leistungen mit dem Ablauf von vier Jahren nach dem Eintritt des Zeitpunkts, von welchem an die Leistung gefordert werden kann, sofern das Grundstück nicht vorher beschlagnahmt worden ist[3].

In der Zwangsversteigerung genießen die öffentlichen Grundstückslasten das Vorrecht der dritten Rangklasse des § 10, werden also unter Berücksichtigung einer zeitlichen Begrenzung (Rn. 28, 34) noch vor den Hypotheken und Grundschulden (Rangklasse 4 des § 10) befriedigt.　6

Die öffentlichen Grundstückslasten dürfen als solche nicht im Grundbuch eingetragen werden (§ 54 GBO), es sei denn, dass ihre Eintragung gesetzlich besonders zugelassen oder angeordnet ist, was in einigen Landesgesetzen und in § 322 Abs. 5 Abgabenordnung erfolgt ist (siehe Rn. 108).　7

Will die Gemeinde eine Forderung aus einer öffentlichen Last im Zwangsversteigerungsverfahren geltend machen, so bedarf es hierbei einer rechtzeitigen **Anmeldung** (§§ 37 Nr. 4, 45 Abs. 1 und 114 Abs. 1 ZVG; vgl. Rn. 162 ff.; 60 ff.), wobei die Forderung auf Verlangen eines anderen betreibenden Gläubigers glaubhaft zu machen ist. Das Gericht kann eine Glaubhaftmachung nicht verlangen, weil die gesetzliche Regelung nur dem Gläubiger dieses Recht zugesteht. Die Forderungen gelten grundsätzlich als glaubhaft gemacht, wenn die Gemeinde eine spezifizierte Aufstellung einreicht[4]. Aus der Anmeldung bzw. dem Versteigerungsantrag durch die Gemeinde muss ersichtlich sein, dass es sich um eine privilegierte Forderung handelt.　8

2. Rechtsgrundlage der öffentlichen Last

a) Öffentliche Grundstückslasten nach Bundesrecht

Erschließungsbeitrag nach § 134 Abs. 2 BauGB. Auch die durch Vorausleistungsbescheid (nicht jedoch durch Vorausleistungsvereinbarung) begründete Forderung ruht nach § 134 Abs. 2 BauGB als öffentliche Last auf dem Grundstück[5].　9

Flurbereinigungsbeitrag. Die Teilnehmer an einem Flurbereinigungsverfahren sind verpflichtet, Beiträge, Vorschüsse und sonstige Kosten zu leisten, welche als öffentliche auf dem Grundstück ruhen (§ 20 FlurbG).　10

---

3 BayBGB – Ausf.G – zitiert nach Stöber, ZVG, Rn. 6.20 zu § 10.
4 Stöber, ZVG, Rn. 6.21 zu § 10.
5 BVerwG vom 28. Oktober 1981, NVwZ 1982, 377.

11 **Grundsteuer** nach § 12 GrStG.

12 **Schornsteinfegergebühren** nach § 25 Schornsteinfegergesetz. Hierzu zählen die Kehrgebühren einschl. der Gebühren für die Bau- und Gebrauchsabnahme.

13 **Umlegungsverfahren.** Im Umlegungsverfahren nach dem Baugesetzbuch gelten die Geldleistungen nach §§ 57 bis 61 BauGB (Mehrzuteilung in der Baulandumlegung) gem. § 64 Abs. 6 BauGB als öffentliche Last.

14 **Wasser- und Bodenverbandsbeiträge.** Die Beiträge von Mitgliedern und Nutznießern sind nach dem Wasserverbandsgesetz vom 12. Februar 1991 (BGBl. I S. 405) als öffentliche Last ausgestaltet.

15 Neben den genannten wichtigsten öffentlichen Lasten nach Bundesrecht gibt es noch eine Reihe weiterer Forderungen, die als öffentliche Lasten anzusehen sind, heute allerdings nicht mehr oder nur sehr selten vorkommen (z. B. Abgeltungslast/ Abgeltungshypothek, Entschuldungsrente, Hypothekengewinnabgabe, Knappschaftsbeiträge).

b) Öffentliche Grundstückslasten nach Landesrecht

16 Öffentliche Grundstückslasten nach Landesrecht sind solche, die nach Landesrecht als öffentliche Lasten erklärt sind oder ohne solche Erklärung den Charakter einer öffentlichen Last haben. Hierzu gehören insbesondere die **Deich-, Kirchen-, Patronats- und Schullasten, Sielabgaben** sowie **Versicherungsbeiträge** für Versicherungsgesellschaften des öffentlichen Rechts, soweit sich die Versicherungsverträge auf den Grundbesitz und die für die Hypotheken mit haftenden Gegenstände beziehen (z. B. **Brandversicherungsbeiträge, Hagel- und Viehversicherungen**). Wegen der „grundstücksbezogenen Nutzungsentgelte" siehe Rn. 37a ff.

c) Öffentliche Grundstückslasten nach Gemeinderecht

17 Nach den Kommunalabgabengesetzen aller Bundesländer gelten die **Beiträge** der Gemeinden und Landkreise, die sie zur Deckung des Aufwandes für die Schaffung, Erweiterung und Erneuerung öffentlicher Einrichtungen von den Grundstückseigentümern erheben, als öffentliche Last. Neben der gesetzlichen Ermächtigung Beiträge erheben zu dürfen, sind die Gemeinden allerdings nach den Kommunalabgabengesetzen zusätzlich verpflichtet, die Beitragspflichten durch eine Ortssatzung zu regeln.

18 Der Kreis der Beitragspflichtigen ergibt sich zwar bereits aus dem Gesetz. Dennoch verlangen alle Kommunalabgabengesetze, dass die jeweilige Abgabensatzung den Kreis der Abgabeschuldner angeben muss. Ebenso muss sich der Zeitpunkt der Entstehung der Abgabe sowie deren Fälligkeit aus der Satzung ergeben. Enthält die **Satzung** keinerlei Regelung, aus der entnommen werden kann, wer zu den persönlichen Beitragspflichtigen gehört, können auf ihrer Grundlage mangels Vollständigkeit Beitragspflichten nicht entstehen[6].

Öffentliche Abgaben sind nur dann öffentliche Grundstückslasten i. S. d. § 10   19
Abs. 1 Nr. 3 ZVG, wenn sie in dem für die Abgabe maßgebenden Bundes- oder Landesgesetz als öffentliche Last bezeichnet sind oder aus der gesetzlichen Regelung eindeutig hervorgeht, dass die Abgabenschuld auf dem Grundstück lastet und mithin nicht nur eine persönliche Haftung des Abgabenschuldners, sondern auch die dingliche Haftung des Grundstücks besteht[7]. Ohne landesgesetzliche Regelung können die Gemeinden in ihrer Satzung keinen Forderungen die Eigenschaft als „öffentliche Last i. S. d. ZVG" verleihen.

Aufgrund der Regelungen in den Kommunalabgabengesetzen i. V. m. der Ortssat-   20
zung zählen zu den öffentlichen Grundstückslasten der Kommunen insbesondere die **Beiträge an die öffentlichen Wasserversorgungs- und Entwässerungsanlagen** (z. B. **Kanalanschluss- und Wasseranschlussbeitrag) und die grundstücksbezogenen Benutzungsgebühren (Hausgebühren), soweit diese nach Landesrecht als öffentliche Last deklariert sind (hierzu Rn. 37a ff.).** Der von den Kommunen erhobene **Erschließungsbeitrag** zählt zwar ebenso zu den öffentlichen Grundstückslasten, die Ermächtigungsgrundlage für dessen Erhebung ergibt sich jedoch nicht aus dem Kommunalabgabengesetz, sondern aus dem Baugesetzbuch (s. o.).

Auch die Grundstücksanschlusskosten, die den Gemeinden für die Herstellung, Er-   21
neuerung, Veränderung und Beseitigung sowie für die Unterhaltung eines Grundstücksanschlusses an Versorgungsleitungen und Entwässerungsanlagen entstehen, sind grundstücksbezogen und daher mit dem Beitrag vergleichbar[8]. Nach einem Urteil des VGH Kassel vom 4. Juni 1980[9] gelten sie ebenfalls als öffentliche Last.

Aber auch hier ist Voraussetzung, dass ein Landesgesetz dies anordnet oder zu-   22
mindest den Gemeinden gestattet, dies durch Satzung zu bestimmen. Die Landesgesetze enthalten hierzu voneinander abweichende Regelungen, welche nach der hier vertretenen Auffassung nicht immer den vom BGH[10] geforderten Bestimmtheitsgrundsatz erfüllen.

3. Der Verlust des Privilegs durch Zeitablauf

Das Privileg, in der Rangklasse 3 befriedigt zu werden, steht der Gemeinde nicht   23
auf unbegrenzte Zeit zu. Es kann durch **Zeitablauf** verloren gehen, was regelmäßig Forderungsausfall und daher u. U. auch Regressgefahr bedeutet. Zur sorgfältigen

---

6 OVG Lüneburg vom 19. September 1989; Driehaus, KAG, Rn. 244 zu § 8.
7 BGH vom 30. Juni 1988, KKZ 1988, 218.
8 Driehaus, KAG, Rn. 65 zu § 10.
9 NJW 1981, 478.
10 BGH, Beschluss vom 30. März 2012 – V ZB 185/11 – KKZ 2013,12 = Rpfleger 2012, 560 mit weiteren Nachweisen.

Kontrolle des Zeitablaufes ist die genaue Kenntnis der gesetzlichen Regelung unverzichtbar. Verlängert werden können die gesetzlich vorgegebenen Fristen nicht. Eine Stundung der Forderung ist zwar möglich und in Ausnahmefällen sogar vorgeschrieben (§ 135 Abs. 4 BauGB), führt aber niemals zu einer Ausdehnung des Vorrechtszeitraums. Auch eine erneute Festsetzung von Forderungen beispielsweise gegen einen Haftungs- oder Duldungsschuldner begründen keine neue Fälligkeit i. S. d. § 10 Abs. 1 Ziff. 3 ZVG.

Das ZVG unterscheidet hierzu die öffentlichen Lasten in

a. wiederkehrende Leistungen und

b. einmalige Leistungen.

a) Wiederkehrende Leistungen

Wiederkehrende Leistungen sind solche, die nach ihrer Anspruchsgrundlage immer wieder für bestimmte Zeitabschnitte zu erbringen sind (Grundsteuer).

25 Die wiederkehrenden Leistungen werden noch einmal eingeteilt in **„laufende"** und **„rückständige"** Beträge, wobei diese Einteilung mit dem üblichen Sprachgebrauch nicht übereinstimmt. Um diese wichtige Abgrenzung vorzunehmen, benötigt man noch einen weiteren ZVG-Begriff, nämlich den Zeitpunkt der **„ersten Beschlagnahme des Grundstücks"**.

26 Die **Grundstücksbeschlagnahme** erfolgt durch jeden Beschluss, mit welchem eine Zwangsversteigerung oder Zwangsverwaltung angeordnet oder ein Beitritt zugelassen wird (hierzu Rn. 252 ff.). Jeder Gläubiger hat seine eigene Beschlagnahme; es gibt also so viele Beschlagnahmen, wie es Anordnungs- oder Beitrittsbeschlüsse gibt (§§ 20, 27 Abs. 2, 146 ZVG). Für die jetzt anstehenden Berechnungen ist diese Vielfalt aber glücklicherweise ohne Bedeutung, da sich die Berechnung immer nach der zeitlich ersten Beschlagnahme richtet (§ 13 Abs. 4 ZVG) und zwar auch dann, wenn der Gläubiger, welcher diese Beschlagnahme bewirkt hatte, im Laufe der Zeit aus dem Verfahren ausgeschieden ist (z. B. durch Antragsrücknahme).

27 Der **Beschlagnahmetag** bestimmt sich wie folgt:

– entweder Tag der Zustellung des ersten Anordnungsbeschlusses an den Schuldner, oder

– Tag des Eingangs des vollstreckungsgerichtlichen Ersuchens auf Eintragung des Zwangsversteigerungsvermerkes beim Grundbuchgericht, oder

– Beschlagnahmetag einer noch fortbestehenden Zwangsverwaltung. Maßgebend ist jeweils der früheste Tag (§§ 22 Abs. 1, 13 Abs. 4 ZVG).

Entscheidend ist also weder das Datum des Anordnungsbeschlusses noch das der Eintragung im Grundbuch. Die Gemeinde kann daher das genaue Datum der **„ersten Grundstücksbeschlagnahme"** aus ihren Vorgängen nicht feststellen und muss es daher notfalls beim Gericht erfragen. Der erste Beschlagnahmetag ist also jetzt der Angelpunkt, um den sich jede Berechnung dreht.

„Laufend" i. S. d. ZVG sind jene Beträge, welche zuletzt vor diesem Beschlagnahmetag fällig geworden sind (hierzu Rn. 42) und alle später fällig werdenden Beträge (§ 13 Abs. 1 Satz 1 ZVG).   **28**

„Rückständig" i. S. d. ZVG sind alle älteren Beträge (§ 13 Abs. 1 Satz 2 ZVG). Sie sind nur für zwei Jahre privilegiert (§ 10 Abs. 1 Satz 3 ZVG). Nach Ablauf dieser Zeit rücken sie aus der Vorrechtsrangklasse 3 in die ungünstige Rangklasse 7. Durch Beitritt (Rn. 210, 265 ff.) kann allerdings wieder eine Rangverbesserung (nach Rangklasse 5) erreicht werden.

Die hierauf beruhenden Überlegungen der Gemeinde soll folgendes Beispiel erklären:

Die Prüfung durch den Sachbearbeiter erfolgt am 10. Januar 2014. Von einem säumigen Schuldner fordert die Gemeinde Grundsteuern seit 2012, die bei üblicher Quartalsfälligkeit 150 Euro pro Quartal betragen. Es ist noch keine Zwangsversteigerung angeordnet. Würde jetzt die erste Beschlagnahme bewirkt, so wäre die letzte vorgehende Fälligkeit der 15. November 2013, an welchem Tag das vierte Quartal 2013 (= 1. Oktober – 31. Dezember) fällig geworden ist. Dieses Quartal und alle später fällig werdenden Leistungen wären also „laufend" i. S. d. ZVG. „Rückständig", aber noch privilegiert, wären die älteren Leistungen für zwei Jahre, also das letzte Quartal 2011, die vier Quartale 2012 und die drei ersten Quartale 2013. Der Gemeinde droht also noch kein unmittelbarer Rangverlust.   **29**

Die Prüfung durch den Sachbearbeiter erfolgt am 10. April 2014. Letzte Fälligkeit war der 15. Februar 2014 mit dem ersten Quartal 2014 (= laufend). Privilegierter Rückstand die Jahre 2012 und 2013. Achtung! Wenn nun keine Beschlagnahme vor (!) dem 15. Mai 2014 bewirkt wird, verliert das erste Quartal 2012 sein Privileg! Will die Gemeinde das Vorrecht für das erste Quartal 2012 nicht verlieren, kann sie dies nur verhindern, indem sie selbst einen Versteigerungsantrag stellt. Der Antrag muss so rechtzeitig gestellt werden, dass das Gericht die Beschlagnahme vor dem 15. Mai 2014 noch bewirken kann. Sofortiges Handeln wäre daher unabdingbar! Ist dies politisch nicht erwünscht, käme als Minimal-Sicherung eine Sicherungshypothek in Betracht (hierzu Rn. 74 ff). Den Versteigerungsantrag kann sie nur für die bereits fälligen Beträge (also 1. Januar 2012 bis 31. März 2014 also 9 Quartale zu je 150 Euro = 1.350 Euro) stellen. Die Grundsteuer ab 1. April 2014 behält aber dennoch die Rangklasse 3. Bezüglich der Anmeldung siehe Rn. 190.

Das Landesrecht kann vorsehen, dass bestimmte öffentliche Lasten durch Zeitablauf am Grundstück erlöschen[11]. Dies kann z. B. zur Folge haben, dass ein An-   **30**

---

11 So z. B. das Bayerische Ausführungsgesetz zum BGB.

spruch mit dem Verlust der Rangklasse 3 nicht in Rangklasse 7 fällt, sondern einem nicht privilegierten Anspruch (Rn. 48 ff.) gleichsteht. Es wäre sogar denkbar, dass das Landesrecht kürzere Fristen für den Wegfall der dinglichen Haftung des Grundstücks vorsieht. In diesem Fall erfolgt die Rückrechnung für „Rückstände" ebenfalls vom letzten Fälligkeitstag vor der ersten Beschlagnahme (§ 13 Abs. 2 ZVG).

b) Einmalige Leistungen

31 **Einmalige Leistungen** sind jene Beträge, die nur einmal zu zahlen sind, auch wenn sie z. B. in Teilbeträgen für die gleiche Last fällig werden. Sieht z. B. die Satzung vor, dass die **Ausbaubeiträge** in vier gleichen Raten jeweils am 1. März der Jahre 2014, 2015, 2016 und 2017 fällig werden, handelt es sich dennoch um (vier) „einmalige" Leistungen.

32 Gleiches gilt auch für **Vorschüsse,** die aufgrund eines Vorausleistungsbescheides (z. B. §§ 133 Abs. 3, 135 Abs. 1 BauGB) – nicht aber aufgrund einer Vorausleistungsvereinbarung – zu zahlen sind (§ 134 Abs. 2 BauGB). Hat die Gemeinde solche Vorschüsse bereits vom Vollstreckungsschuldner erhalten, gilt dessen Zahlung auch gegenüber dem späteren Ersteher, obwohl der vorschusszahlende Schuldner möglicherweise niemals Beitragsschuldner wird. Die Gemeinde braucht die bereits getilgten Beträge nicht mehr im Verfahren geltend zu machen; darf es auch nicht! Die gegenteilige frühere Auffassung, die auf einer zu formalistischen Entscheidung des BVerwG (vom 16. September 1981) beruhte, ist durch die Gesetzgebung korrigiert. Dies ergibt sich aus § 133 Abs. 3 BauGB und den Landesgesetzen.

33 Im Falle einer **Verrentung,** wie sie z. B. § 135 BauGB und Landesrechte ermöglichen, gelten dagegen die einzelnen Leistungsraten und die hierauf zu entrichtenden Zinsen als wiederkehrende Leistungen i. S. d. ZVG. Die Fristberechnung folgt daher den dort genannten Regeln. Der Unterschied zwischen Zahlung in **Teilbeträgen** (= einmalige Leistung) und Verrentung (= wiederkehrende Leistung) besteht darin, dass im erstgenannten Falle die Fälligkeit satzungsgemäß und für alle an bestimmten Terminen eintritt, im Falle der Verrentung aber durch Individualvereinbarung Teilzahlung gegen Zinsen gewährt wird.

34 bis Bei einmaligen, nicht regelmäßig wiederkehrenden Leistungen besteht der Vor-
37 rang, soweit die Leistungen nicht weiter als vier Jahre zurückliegen. Der BGH hat hinsichtlich der Berechnung der Vierjahresfrist bei einmaligen öffentlichen Lasten entschieden[12], dass diese Ansprüche in die Rangklasse 3 des § 10 ZVG gehören, wenn der Gläubiger innerhalb von vier Jahren nach dem Eintritt der Fälligkeit wegen dieses Anspruchs die Anordnung der Zwangsversteigerung bzw. Zulassung des Beitritts zu einem bereits anhängigen Verfahren beantragt oder seinen An-

---

12 BGH, Beschluss vom 20. Dezember 2007 – V ZB 89/07 – KKZ 2008, 255.

spruch in einem laufenden Verfahren eines anderen Gläubigers innerhalb der Vierjahresfrist angemeldet hat.

Durch die Entscheidung des BGH werden unterschiedliche Meinungen darüber, ob eine Rückrechnung vom Tag der ersten Beschlagnahme oder vom Tag der Zuschlagserteilung[13] zu erfolgen hat, nun mehr durch die höchstrichterliche Rechtsprechung geklärt. Der erste Tag der Beschlagnahme des Grundstücks als maßgeblicher Berechnungszeitpunkt scheidet nach Ansicht des BGH jedenfalls dann aus, wenn diese Beschlagnahme zugunsten eines anderen als des die Rangklasse 3 beanspruchenden Gläubigers erfolgte. Die Regelung in § 13 Abs. 1 ZVG spricht nicht dafür, den Tag der ersten Beschlagnahme des Grundstücks als den Zeitpunkt anzusehen, ab welchem der in § 10 Abs. 1 Nr. 3 ZVG festgelegte Vierjahreszeitraum zu berechnen ist. Denn die Vorschrift gilt nur für wiederkehrende Leistungen, bei denen zwischen laufenden Beträgen und Rückständen zu unterscheiden ist. Um diese voneinander abgrenzen zu können, bedarf es der Festlegung eines bestimmten Zeitpunkts, von dem ab der Eintritt der Fälligkeit der einzelnen Beträge über ihre Zugehörigkeit zu den laufenden Beträgen und den Rückständen entscheidet. Legt man den Tag der ersten Beschlagnahme des Grundstücks als Zeitpunkt für die Berechnung des Vierjahreszeitraums zugrunde, fehlt es an einer Vorschrift im Zwangsversteigerungsgesetz, nach welcher die zwischen der Beschlagnahme und der Versteigerung fällig werdenden einmaligen öffentlichen Lasten in der Rangklasse 3 berücksichtigt werden können.

c) Beiträge als „wiederkehrender Beitrag"

Zunehmend gehen die Bundesländer dazu über, in ihren Kommunalabgabegesetzen[14] (KAG) den Gemeinden zu gestatten, Beiträge (z. B. für den Ausbau der öffentlichen Straßen usw.) statt wie bisher üblich als „einmalige Leistung" vom betroffenen Grundstückseigentümer als wiederkehrender Beitrag auf ihr gesamtes Gebiet oder aber auf Abrechnungseinheiten (Gebietsteile) umzulegen. Geschieht dies, sind diese Umlagebeträge „wiederkehrende Leistungen" i. S. d. ZVG und verlieren ihr Privileg nach zwei Jahren.   37a

4. Die grundstücksbezogene Benutzungsgebühr als öffentliche Last

a) Die gesetzlichen Voraussetzungen

Was genau eine „öffentliche Last" i. S. d. ZVG ist, hat der Gesetzgeber nicht ausdrücklich definiert. Das Wesen einer „öffentlichen Grundstückslast" besteht jedenfalls darin, dass das Grundstück unmittelbar für sie haftet. Daneben kann eine persönliche Haftung bestehen.   37b

---

13 Stöber, ZVG, Rn. 6.17 b) zu § 10.
14 Beispiele: Rheinland-Pfalz, § 10 Abs. 3 KAG; Saarland § 8 a KAG; Sachsen-Anhalt § 6 a KAG; Thüringen § 7 a KAG.; Hessen § 10 KAG.

Die Rechtsgrundlage der öffentlichen Last ist im öffentlichen Recht zu finden (z. B. Grundsteuergesetz, Schornsteinfegergesetz, Baugesetzbuch, Kommunales Abgabengesetz, Gemeindesatzung).

Öffentliche Abgaben sind jedenfalls nur dann öffentliche Grundstückslasten i. S. d. § 10 Abs. 1 Nr. 3 ZVG, wenn sie in einem Bundes- oder Landesgesetz ausdrücklich als öffentliche Lasten bezeichnet sind oder aus der gesetzlichen Regelung eindeutig hervorgeht, dass die betreffende Abgabenschuld auf dem Grundstück lastet und mithin nicht nur eine persönliche Haftung des Abgabenschuldners, sondern auch die dingliche Haftung des Grundstücks besteht[15].

Ohne eine entsprechende landesgesetzliche Regelung können Gemeinden nicht selbstständig in ihrer Satzung einzelne Forderungen als „öffentliche Last im Sinne des ZVG" ausgestalten. Dazu bedarf es vielmehr einer Ermächtigung durch den Landesgesetzgeber, etwa im Kommunalabgabengesetz.

Ob eine Abgabenforderung den Charakter einer „öffentlichen Last" i. S. d. § 10 ZVG erfüllt, ist in den einzelnen Bundesländern teilweise sehr unterschiedlich geregelt.

Grundlegende Voraussetzung ist jedenfalls, dass das Kommunale Abgabengesetz (KAG) des jeweiligen Landes die Kommune ermächtigt, eine Abgabe als öffentliche Grundstückslast auszuweisen und die Kommune in ihrer Satzung von dem Recht auch Gebrauch gemacht hat.

b) Die Privilegierung im Kommunalabgabengesetz

37c Inzwischen haben einige Bundesländer die Möglichkeit genutzt, um in ihrem Landesrecht den Gemeinden auch für ihre grundstücksbezogenen Benutzungsgebühren (Hausgebühren) die Sicherheit der Rangklasse 3 zu verschaffen. Dabei gehen sie verschiedene Wege:

Schon länger ruhen in Rheinland-Pfalz gem. § 7 Abs. 7 KAG neben den Beiträgen auch grundstücksbezogene Benutzungsgebühren als öffentliche Last auf dem Grundstück. Einen Schritt weiter ist man im Saarland gegangen, wo man die Abfall- und Abwassergebühr nicht an den Grundstücksbezug geknüpft hat, sondern im Gesetz diese Gebühren als auf dem an die öffentliche Abfall-/Abwasserbeseitigung angeschlossenen Grundstück des Gebührenpflichtigen ruhende öffentliche Last bestimmt hat (§ 8 Abs. 5 Saarl. AbfallwirtschG; § 50a Abs. 4 SaarlWasserG; Gesetz zur Änderung der Organisation des Entsorgungsverbandes Saar und zur Entlastung der Gemeinden vom 25. Juli 2002, Amtsblatt S. 1414). Auch in Baden-Württemberg, Bayern, Hessen, Mecklenburg-Vorpommern und Nordrhein-West-

---

15 BGH vom 30. Juni 1988, KKZ 1988, 218 = Rpfleger 1988, 541.

falen ruhen mittlerweile nach den Regelungen im Kommunalabgabengesetz grundstücksbezogene Gebühren als öffentliche Last auf dem Grundstück.

Mit Urteil vom 2. März 2007 hat das LG Zweibrücken[16] festgestellt, dass die Müllabfuhrgebühren mangels ausdrücklicher Regelung dann keine öffentlichen Lasten sind und daher nicht in der Rangklasse 3 berücksichtigt werden können, wenn weder im maßgeblichen Kommunalabgabengesetz, noch in der auf diesem Gesetz beruhenden Satzung die Müllabfuhrgebühren expressis verbis als öffentliche Last gekennzeichnet sind. § 7 Abs. 7 KAG Rheinland-Pfalz enthält zwar die Bestimmung, dass Beiträge und grundstücksbezogene Benutzungsgebühren als öffentliche Lasten auf dem Grundstück ruhen. Das KAG regelt jedoch nicht, welche Benutzungsgebühren grundstücksbezogen sind und somit dem Anwendungsbereich des § 7 Abs. 7 KAG Rheinland-Pfalz unterfallen.

Das LG Kleve[17] sieht die Müllabfuhrgebühr dann als öffentliche Last an, wenn die Grundstückseigentümer bzw. die ihnen Gleichgestellten (z. B. Erbbauberechtigten, Wohneigentümer, Nießbraucher) durch Gebührensatz für die Müllabfuhrgebühr in Anspruch genommen werden und die Satzung gleichzeitig vorsieht, dass grundstücksbezogenen Gebühren die Eigenschaft einer öffentlichen Last zuzuordnen ist. Im Entscheidungsfall waren nach der Gebührensatzung die Eigentümer des an die städtische Abfallentsorgung angeschlossenen Grundstücks und die ihnen Gleichgestellten gebührenpflichtig. Nach dem Inhalt der Satzung interessiert nach Ansicht des LG Kleve nicht, wer die Abfallentsorgungseinrichtung – etwa als Mieter oder Pächter oder Betreiber von Unternehmen u. a. – tatsächlich nutzt und die Dienstleistung der öffentlichen Hand in Anspruch nimmt.

Der Anknüpfungspunkt für die Haftung für die Abfallentsorgungsgebühren ist mithin ausschließlich grundstücksbezogen, weil eine sich aus dem Grundstück ergebende Berechtigung Voraussetzung für das Entstehen der Gebührenschuld ist. Selbst wenn einzelne Grundstückseigentümer oder Inhaber grundstücksgleicher Rechte oder sonstige dinglich Berechtigte mangels eines für sie bestehenden Anschluss- und Benutzungszwangs satzungsmäßig gänzlich als Gebührenschuldner von Benutzungsgebühren für die Abfallentsorgung ausscheiden, lässt dies die Frage völlig unberührt, ob die verbleibenden Gebührenpflichtigen nach der rechtlichen Ausgestaltung der Zahlungspflicht insoweit einer persönlichen oder einer dinglichen Haftung des Abgabenschuldners unterliegen. Ob bei einer ausschließlich dinglich ausgestalteten Abgabenschuld die Höhe der Gebühr vom Umfang der tatsächlichen Nutzung der kommunalen Einrichtung abhängig gemacht wird, hat weiter ebenfalls mit der Frage der persönlichen oder dinglichen Haftung nichts zu tun. Andernfalls müssten mit der entsprechenden Begründung auch die Gebüh-

---

16 Rpfleger 2007, 492 = KKZ 2008, 117; bestätigt durch PfälzOLG Zweibrücken vom 27. November 2007, Rpfleger 2008, 218.
17 LG Kleve vom 21. Januar 2009, KKZ 2010, 17.

ren etwa nach der Straßenreinigungssatzung als öffentliche Grundstückslast abgelehnt werden, weil auch die Benutzungsgebühren für die Reinigung der öffentlichen Straßen etwa von der Frontlänge des jeweiligen Grundstücks und damit vom Umfang der Benutzung der öffentlichen Einrichtung abhängig sind.

37d Mittlerweile ist geklärt, dass Kommunalabgaben wie die Kosten der Wasserversorgung und Abwasserbeseitigung oder die Müllabfuhrgebühren landesrechtlich als öffentliche Lasten ausgestaltet werden können[18]. Der BGH hat dazu entscheiden, dass dies durch eine kommunale Satzung nur dann rechtswirksam erfolgen kann, wenn ihre Ermächtigungsgrundlage die Begründung einer öffentlichen Last zulässt[19]. In diesem Zusammenhang kommt es nicht darauf an, ob sich die Höhe der Gebühren nach dem Verbrauch richtet, sondern ob ihre Ausgestaltung im Einzelnen Anforderungen an die Begründung einer öffentlichen Last erfüllt.

So enthalten beispielsweise § 13 Abs. 3 und § 27 KAG BW hinsichtlich der Wasserversorgung eine gesetzliche Ermächtigung, wonach diese Leistung als öffentliche Last ausgestaltet werden kann. Gemäß § 13 Abs. 1 Satz 1 KAG BW können die Gemeinden nämlich für die Benutzung ihrer öffentlichen Einrichtungen Benutzungsgebühren erheben. Sind diese grundstücksbezogen, so ergibt sich aus der im Jahr 2009 eingefügten Verweisung von § 13 Abs. 3 KAG BW auf § 27 KAG BW, dass die Beiträge als öffentliche Lasten auf dem Grundstück ruhen. Das ist in anderen Bundesländern ähnlich und jeweils anhand des Landesrechts zu prüfen.

37e Allein auf Grundlage des Kommunalabgabengesetzes kann meist nicht festgestellt werden, ob es sich bei der Forderung um eine grundstücksbezogene Benutzungsgebühr i. S. d. Gesetzes handelt. Dies richtet sich nach der den Bescheiden zugrunde liegenden kommunalen Satzung, in der geregelt ist, wie die Gebühren im Einzelnen ausgestaltet sind und ob von der gesetzlichen Ermächtigung im jeweiligen KAG Gebrauch gemacht worden ist. Das ist dann nicht der Fall, wenn die Gebührenschuld in der Satzung nicht an die dingliche Berechtigung, also das Grundstückseigentum, sondern **nur** an die Nutzung des Grundstücks anknüpft. Werden neben dinglich Berechtigten auch bloße Nutzer herangezogen, muss aus der Satzung hinreichend deutlich hervorgehen, dass die Leistung nicht ausschließlich personenbezogen erbracht wird, sondern zulasten des Grundstückseigentümers eine öffentliche Last entsteht.

37f Nun haben einige Landesgesetzgeber durch Änderung des kommunalen Abgabengesetzes (KAG) die grundstücksbezogenen Benutzungsgebühren in den Stand einer öffentlichen Last erhoben, um ihnen das Vorrecht in der Zwangsversteigerung

---

18 BGH vom 11. Mai 2010 – IX ZR 127/09 – KKZ 2010, 274 = Rpfleger 2010, 683; Stöber, ZVG, Rn. 6.7 zu § 10; Böttcher, ZVG, Rn. 44 zu § 10; kritisch Traub, ZfIR 2010, 699; Fischer, ZfIR 2011, 468 [471 ff.].
19 BGH vom 22. Mai 1981 – V ZR 69/80 – NJW 1981, 2127, 2128; BGH vom 30. Juni 1988 – IX ZR 141/87 – NJW 1989, 107.

zukommen zu lassen und so die Kommunen vor Forderungsausfällen bei der zwangsweisen Verwertung von Immobilien zu bewahren.

Soweit erkennbar, wurden dazu in den Landesgesetzen keine Überleitungsvorschriften geschaffen. Nach Ansicht des BGH[20], folgt hieraus jedoch nicht, dass nur solche Benutzungsgebühren als öffentliche Lasten i. S. d. § 10 Abs. 1 Nr. 3 ZVG anerkannt werden können, die nach diesem Datum entstanden sind. Maßgeblich soll vielmehr sein, ob zum Zeitpunkt des Inkrafttretens der Regelung die Zwangsversteigerung bereits für einen anderen Gläubiger angeordnet war.

Aus Gründen des Vertrauensschutzes soll dies jedoch nicht unbegrenzt auf alle noch nicht erfüllten rückständigen Gebührenansprüche angewendet werden können. Insoweit führt der BGH aus, dass die Grundsätze über die echte und unechte Rückwirkung von Gesetzen anzuwenden seien.

Eine grundsätzlich unzulässige „echte Rückwirkung" liege vor, wenn ein Gesetz nachträglich in abgewickelte, der Vergangenheit angehörende Tatbestände eingreift. Eine „unechte" und zulässige Rückwirkung sei dann gegeben, wenn eine Neuregelung auf gegenwärtige, noch nicht abgeschlossene Sachverhalte einwirkt und damit Rechtspositionen für die Zukunft entwertet.

Aus den Ausführungen des BGH ist zu schließen, dass die Deklaration von grundstücksbezogenen Benutzungsgebühren als öffentliche Last durch Neufassung eines KAG grundsätzlich dazu führt, dass auch vor dem Inkrafttreten entstandene, grundstücksbezogene Benutzungsgebühren ein Vorrecht haben, soweit die Privilegierung nicht durch die Zwei- bzw. Vierjahresfrist nach § 10 Abs. 1 Satz 3 VVG verloren ist (Rn. 23 bis 37).

Lediglich falls zum Zeitpunkt des Inkrafttretens der Neuregelung bereits die Beschlagnahme des betreffenden Grundstücks zugunsten eines anderen die Zwangsversteigerung betreibenden Gläubigers wirksam geworden ist, hat dieser bereits ein schutzwürdiges Vertrauen dahin erworben, dass seine Rechtsposition nicht durch die „nachträgliche" Begründung einer vorrangigen Belastung beeinträchtigt wird. Dieses Interesse überwiegt gegenüber dem der Kommunen an einer effektiven Durchsetzung des Gebührenaufkommens durch die nachträgliche Begründung einer Sicherheit für rückständige Gebühren.

In solchen Verfahren kann dann das Vorrecht ausnahmsweise nicht beansprucht werden. Ist noch kein Zwangsversteigerungsverfahren anhängig, ist eine Anmeldung oder das Betreiben aus Ansprüchen vor der Zeit des Inkrafttretens der gesetzlichen Regelung zulässig.

Bei vielen Vollstreckungsgerichten besteht Unsicherheit dahin gehend, was genau unter den Begriff der „grundstücksbezogenen Benutzungsgebühren" fällt. Also

20 BGH vom 11. Mai 2010 – IX ZR 127/09 – KKZ 2010, 274 = Rpfleger 2010, 683.

wann für eine kommunale Abgabenforderung das Vorrecht der Rangklasse 3 des
§ 10 ZVG besteht. Häufig wird deshalb durch Aufklärungsverfügung darauf hingewiesen, dass der Vorrechtsanspruch vom Gläubiger nachzuweisen sei oder sich
aus der Satzung unzweifelhaft ergeben müsse, dass ein Anspruch die Eigenschaf-
ten einer grundstücksbezogenen Benutzungsgebühr und somit einer öffentlichen
Last erfüllt. Gleichzeitig wird gefordert, die Abgabensatzung entsprechend zu ändern und im Wortlaut klarzustellen, ob eine grundstücksbezogene Benutzungsgebühr vorliegt.

Dabei ist es höchst fraglich, ob die Unsicherheit der Vollstreckungsgerichte bei der
Einordnung von öffentlichen Abgabenforderungen nur durch aus deren Sicht eindeutige Satzungsregelung erreicht werden muss, wenn die Satzung hinsichtlich
des Gebührenschuldners ausschließlich auf den Grundstückseigentümer oder Erbbauberechtigten abstellt (siehe auch Rn. 48).

Vielmehr haben die Vollstreckungsgerichte zu prüfen, ob nicht die bestehenden
Regelungen ausreichend sind, um die Rechtsnatur eines Anspruchs feststellen zu
können.

c) Was darf nun zu den öffentliche Lasten i. S. d. § 10 ZVG gezählt werden?

37g Durch die Bestimmungen der Kommunalabgabengesetze i. V. m. den jeweiligen
Ortssatzungen zählen (neben der Grundsteuer nach dem Grundsteuergesetz) zu
den öffentlichen Grundstückslasten der Kommunen insbesondere die Beiträge an
die öffentlichen Wasserversorgungs- und Entwässerungsanlagen (z. B. Kanalan-
schluss- und Wasseranschlussbeitrag) und die sonstigen grundstücksbezogenen
Benutzungsgebühren (Hausgebühren). Ebenso gilt der von den Kommunen erhobene Erschließungsbeitrag als öffentliche Grundstückslast. Die Ermächtigungsgrundlage für dessen Erhebung ergibt sich jedoch nicht aus dem Kommunalabgabengesetz, sondern aus § 134 Abs. 2 Baugesetzbuch, also einem Bundesgesetz.

Grundstücksanschlusskosten der Gemeinden für die Herstellung, Erneuerung, Veränderung und Beseitigung sowie für die Unterhaltung eines Grundstücksanschlusses an Versorgungsleitungen und Entwässerungsanlagen, sind grundstücksbezogen[21]. Sie gelten damit (soweit ersichtlich) in allen Bundesländern als öffentliche
Last.

d) Was sind „grundstücksbezogene Benutzungsgebühren"?

37h Schon alleine aus dem Sinn und Zweck der Gebühr kann sich durch Auslegung
des gesetzgeberischen Willens erschließen, ob eine grundstücksbezogene Benutzungsgebühr vorliegt, die als öffentliche Grundstückslast das Rangprivileg des § 10
Abs. 1 Nr. 3 ZVG genießt.

---

21 VGH Kassel vom 4. Juni 1980, NJW 1981, 478.

Glücklicherweise hat der BGH klar festgelegt, wann eine Abgabenverpflichtung eine grundstücksbezogene Benutzungsgebühr ist[22]. Schon deshalb ist es unverständlich, warum die Gesetzesänderung in der vollstreckungsrechtlichen Praxis so viel Unsicherheit hervorruft.

Bei der Entscheidung über eine Rechtsbeschwerde wegen nicht erfolgter Einordnung in die Rangklasse 3 des § 10 ZVG hat der BGH zum wiederholten Mal erläutert, wann ein Anspruch als grundstücksbezogene Benutzungsgebühr und somit als öffentliche Last anzusehen ist.

Neben den bereits aufgezeigten gesetzgeberischen Voraussetzungen durch Bundes- oder Landesgesetz (hier also KAG) ist es nach Ansicht der Bundesrichter nötig, dass entweder die betreffende Benutzungsgebühr ausdrücklich als „grundstücksbezogen" bezeichnet ist oder aber stattdessen durch ihre „rechtliche Ausgestaltung der Zahlungspflicht und aus ihrer Beziehung zum Grundstück" in der Ortssatzung als solche erkannt werden kann.

Um diesen Anforderungen zu entsprechen, muss es sich um eine Abgabenverpflichtung handeln, die auf öffentlichem Recht beruht, durch wiederkehrende oder einmalige Geldleistungen zu erfüllen ist und nicht nur die persönliche Haftung des Schuldners, sondern auch die dingliche Haftung des Grundstücks voraussetzt[23].

e) Ist immer eine Änderung der Abgabensatzung erforderlich?

Die Satzung muss deutlich erkennen lassen, dass das Grundstück für die Erfüllung der Forderung haftet. Daneben kann und darf die persönliche Haftung des Grundstückseigentümers oder anderer Nutzer geregelt sein.   37i

Es ist nicht nachvollziehbar, wie ein solches Verlangen einzelner Gerichte mit der Entscheidung des BGH begründet wird, der dementgegen ausdrücklich keine wörtliche Bezeichnung als „grundstücksbezogen" oder „öffentliche Last" für nötig hält.

Die Grundstücksbezogenheit ist schon dann gegeben, wenn als Abgabenpflichtiger „der Grundstückseigentümer" bezeichnet ist. Haften soll nämlich der Eigentümer mit dem Grundstück, und zwar unabhängig davon, ob er auch der Nutzer der Leistung ist. Nicht erforderlich ist nach Ansicht des BGH ein Wortlaut der Satzung dahin gehend, dass eine Gebühr ausdrücklich und wortwörtlich als „grundstücksbezogene Benutzungsgebühr" oder „öffentliche Grundstückslast" deklariert ist, soweit diese hinsichtlich der Gebührenpflicht ausschließlich auf den Grundstückseigentümer abstellt. Können dagegen noch andere Personen zur Gebührenpflicht herangezogen werden (Nutzungsberechtigte) gilt das unter Rn. 37e Gesagte.

---

22 BGH vom 30. März 2012 – V ZB 185/11 – KKZ 2013,12 = Rpfleger 2012, 560.
23 Ebd.

Da die Rechtsauffassung des BGH und einiger Landgerichte nicht von allen Vollstreckungsgerichten geteilt wird, kommt es bedauerlicherweise vor, dass einem gestellten Zwangsversteigerungsantrag insoweit nicht in vollem Umfang entsprochen wird, als die gewünschte Einordnung der Forderung in die privilegierte Rangklasse 3 verweigert wird.

Dies ist deshalb folgenschwer, weil in der dann zugeteilten ungünstigeren Rangklasse 5 (persönliche Ansprüche) oft nicht mit einer Befriedigung der Ansprüche gerechnet werden kann und die Gemeinde letztendlich mit ihrer eigentlich bevorrechtigten Forderung ausfällt.

Nachteilig ist die fehlerhafte Einordnung der Forderungen ebenso, wenn die Kommune aus den Ansprüchen das Verfahren nicht betreiben möchte, sondern diese nur anmeldet. Eine Anmeldung ist grundsätzlich nur zulässig, soweit die Forderungen als öffentliche Lasten anerkannt werden, denn eine Anmeldung von persönlichen Forderungen ist in der Zwangsversteigerung überhaupt nicht möglich[24]. Demnach geht eine Anmeldung dann vollständig ins Leere, wenn das Vorrecht der geltend gemachten Ansprüche vom Vollstreckungsgericht nicht anerkannt wird.

f) Was kann die Gemeinde tun, wenn das Vorrecht nicht anerkannt wird?

37j   Die Rangklasse, aus der das Verfahren betrieben werden soll, gehört zur Art des Anspruchs und muss nach der Vorschrift des § 16 Abs. 1 ZVG vom Gläubiger im Antrag und vom Vollstreckungsgericht im Anordnungsbeschluss bezeichnet werden[25]. Deshalb sollte die Kommune bereits im Antrag erkennen lassen, dass ihre Ansprüche in die Rangklasse 3 einzuordnen sind. Zur Klarstellung muss sich aus dem Antrag ausdrücklich ergeben, dass für den Anspruch die Vorrechtsrangklasse 3 des § 10 ZVG beansprucht wird.

Im ZVG selbst ist zwar nicht direkt geregelt, wann einem Anspruch eine bestimmte Rangklasse zuzuweisen ist. Die Zuordnung einer Rangklasse des § 10 ZVG bereits bei der Anordnung ist jedoch im Interesse der Rechtsklarheit wünschenswert. Kommen mehrere Rangklassen in Betracht, so ist eine genaue Festlegung der Rangklasse von großer Bedeutung, weil sich der Gläubiger dann rechtzeitig gegen eine falsche Zuordnung zur Wehr setzen kann.

Im Verfahren selbst spielt die Rangposition erst bei der Aufstellung des geringsten Gebots und der Erlösverteilung eine bedeutende Rolle, sodass der Gläubiger nach erfolgter Anordnung in einer nachrangigen und somit schlechteren Rangklasse noch genügend Zeit hat, im Beschwerdeverfahren die Zuweisung einer besseren Rangklasse zu erreichen.

---

24 Siehe Rn. 228.
25 BGH vom 17. April 2008 – V ZB 13/08 – Rpfleger 2008, 375.

An den Gläubigerantrag ist das Gericht hinsichtlich der Rangklasse selbstverständlich dann nicht gebunden, wenn es die beantragte Rangklasse mangels der Voraussetzungen überhaupt nicht zuweisen kann (z. B. bei rückständiger Gewerbesteuer oder Kindergartengebühren). Bei einem Antrag auf Anordnung des Verfahrens wegen einer nicht privilegierten Forderung kann und muss die Einordnung dann in die Rangklasse 5 des § 10 Abs. 1 ZVG („persönliche Forderungen") erfolgen, wenn die Voraussetzungen der Rangklasse 3 (öffentliche Last) nicht vorliegen oder nicht nachgewiesen sind.

Von großer Bedeutung ist also, dass die Kommune in ihrem Antrag das Rangprivileg ausdrücklich beansprucht und dessen Berechtigung auch darlegt. Dazu ist es sicherlich hilfreich, im Falle einer öffentlichen Last auf das jeweilige KAG hinzuweisen und mit dem Vollstreckungsgericht abzuklären, ob die Vorlage der Abgabensatzung gewünscht wird.

Nicht erforderlich scheint es allerdings, in jedem Fall eine aufwendige Satzungsänderung vorzunehmen, die den vom Gericht gewünschten Wortlaut erfüllt.

g) Rechtsmittel bei falscher Rangfeststellung im Anordnungsbeschluss

Entspricht das Vollstreckungsgericht dem Gläubigerantrag auf Zuweisung der gewünschten Rangklasse bei der Anordnung der Zwangsversteigerung oder der Zulassung des Beitritts trotzdem nicht oder fordert es im Wege der Zwischenverfügung Nachweise, welche der Gläubiger nach seiner Ansicht gar nicht vorlegen muss, kann er dagegen das Rechtsmittel der sofortigen Beschwerde einlegen (§ 11 RPflG, § 793 ZPO).

37k

Das gegen eine Entscheidung oder Zwischenverfügung des Rechtspflegers gerichtete Rechtsmittel der sofortigen Beschwerde muss innerhalb von zwei Wochen (§ 569 Abs. 1 ZPO) schriftlich beim Vollstreckungsgericht oder bei dem für die Entscheidung zuständigen Landgericht eingelegt werden (§ 569 Abs. 2 ZPO). Die Rechtsmittelfrist beginnt mit der Zustellung der Entscheidung an den Gläubiger.

Wenn der Rechtspfleger die eingelegte Beschwerde für begründet hält, kann er die angefochtene Entscheidung – also den Anordnungsbeschluss oder die Zwischenverfügung – durch sogenannte Abhilfe (gemeint ist Abänderung zugunsten des Beschwerdeführers) ändern (§ 572 Abs. 1 ZPO).

Bleibt er bei seiner Rechtsauffassung, dann trifft er eine zu begründende Entscheidung über die „Nichtabhilfe" und legt die Sache verzugslos dem Landgericht vor. Zurückweisen kann der Rechtspfleger die sofortige Beschwerde nicht selbst.

Im Falle einer Zurückweisung durch das Landgericht ist der Gläubiger allerdings kostenpflichtig. Die Gerichtsgebühr beträgt 120 Euro (Nr. 2240 KV zum GKG).

Wenn das Landgericht als Beschwerdegericht entscheidet und dies ausdrücklich zulässt, kann gegen die Entscheidung des Landgerichts die Rechtsbeschwerde

(§ 574 ZPO) eingelegt werden. Eine „Nichtzulassungsbeschwerde" kennt die Zivil-prozessordnung hingegen nicht. Lässt also das Landgericht die Rechtsbeschwerde nicht zu, gibt es kein weiteres Rechtsmittel und der Beschluss ist rechtskräftig. Über eine zulässigerweise eingelegte Rechtsbeschwerde entscheidet der BGH (§ 133 GVG). Sie ist innerhalb einer Notfrist von einem Monat ab Zugang der Beschwerdeentscheidung des Landgerichts einzulegen. Bei einer Ablehnung fallen Gerichtsgebühren in Höhe von 240 Euro an (Nr. 2242 KVGKG).

h) Rechtsmittel bei falschem geringsten Gebot

371 Wenn über den Rang der kommunalen Forderung bislang keine Entscheidung getroffen wurde, muss das Vollstreckungsgericht dies spätestens bei der Aufstellung des geringsten Gebots im Zwangsversteigerungstermin tun. Dann wird jedoch erst sehr spät klar, ob die geltend gemachte Forderung als privilegiert anerkannt wird oder nicht. Nachteile ergeben sich in einem solchen Fall dadurch, dass für eine richtige Rangfeststellung durch das Gericht vom Gläubiger nun kaum noch etwas Sinnvolles getan werden kann.

Werden nämlich Ansprüche, welche die Vollstreckungsbehörde für „rangklasse-3-fähig" hält, im geringsten Gebot nicht berücksichtigt, kann dagegen im Versteigerungstermin kein Rechtsmittel eingelegt werden[26].

Letztendlich bleibt der Gemeinde nur die Zuschlagsbeschwerde als Rechtsmittel gegen ein unrichtiges geringstes Gebot[27]. Dieses Rechtsmittel kann aber ausschließlich zu einer Aufhebung eines erteilten Zuschlags führen und nicht etwa zum Bestand des Zuschlags bei gleichzeitiger Festlegung einer besserer Rangklasse für die Abgabenforderung.

Wird der Zuschlag auf die eingelegte Beschwerde hin aufgehoben, ist das gesamte Versteigerungsergebnis hinfällig. Es muss erst ein neuer Versteigerungstermin bestimmt werden, bei dem das Vorrecht dann zwar möglicherweise anerkannt wird, dessen Ausgang aber ungewiss ist. Jedenfalls besteht keinerlei Garantie dafür, dass in einem weiteren Termin ein genau so hohes oder überhaupt ein zuschlagsfähiges Gebot abgegeben wird. Darüber sollten sich alle Beteiligten im Klaren sein.

Sicherlich ist das kein Ergebnis, welches die Gemeinde oder einen anderen, das Verfahren betreibenden Gläubiger zufriedenstellen kann. Schon darum ist es im Interesse einer effektiven und fairen Verfahrensführung nötig, die Rangfeststellung so frühzeitig wie möglich, also regelmäßig bei der Entscheidung über den Anordnungs- bzw. Beitrittsantrag zu treffen.

---

26 Stöber, ZVG, Rn. 10 zu § 44.
27 §§ 83, 95 ZVG.

i) Rechtsmittel gegen falsche Erlösverteilung

Zeigt sich erst im oder nach dem Versteigerungstermin, dass die gewünschte Rang-   37m
klasse nicht anerkannt wurde, kann der Gläubiger noch bis zur Erlösverteilung ak-
tiv werden. Ist nämlich ein Beteiligter mit einem gerichtlichen Teilungsplan unzufrieden, kann er seine abweichende Ansicht durch Rechtsbehelfe verfolgen. Hierbei ist zu unterscheiden, ob es sich um materiell-rechtliche oder formelle Einwendungen handelt.

Grundsätzlich gilt im Erlösverteilungstermin der spezielle Rechtsbehelf des Widerspruchs (§ 115 ZVG). Dieser greift dann, wenn vom Widersprechenden eine Plan-
änderung verlangt wird, weil der Teilungsplan nicht der materiellen Rechtslage
entspricht. So können von Berechtigten beispielsweise Einwendungen gegen die
Zuteilung an sich, den Betrag oder die Person des Beteiligten (Pfändungsgläubiger,
falscher Erbe) geltend gemacht werden.

Ist der Widerspruch rechtzeitig, also bis spätestens im Erlösverteilungstermin erhoben und vom Rechtspfleger als zulässig erachtet worden, müssen sich die Beteiligten dazu erklären. Das Gericht prüft beim Widerspruch nur die Zulässigkeit, nicht
die Begründetheit.

Im Anschluss daran wird sofort über den eingelegten Widerspruch verhandelt. Erkennt der Widerspruchsgegner den Widerspruch an, erfolgt Zuteilung an den Widersprechenden. Kommt es nicht zu einer Einigung, weil entweder der Widerspruchsgegner nicht da ist oder nicht nach gibt, ist der Widerspruch im Klagewege
durchzusetzen.

Bei der Verteilung erfolgt in einem solchen Fall eine bedingte Zuteilung an die Wi-
derspruchsparteien. An den Widersprechenden für den Fall, dass sein Widerspruch
für begründet erklärt wird, andernfalls an den Widerspruchsgegner.

Wird die Widerspruchsklage nicht binnen eines Monats ab Verteilungstermin eingereicht und dies dem Vollstreckungsgericht nachgewiesen, so ist der Teilungsplan
vom Vollstreckungsgericht ohne Rücksicht auf den Widerspruch auszuführen.

j) Sofortige Beschwerde gegen den Teilungsplan als bessere Lösung

Das Widerspruchsverfahren wäre auch bezüglich der Rangfeststellung durchführ-   37n
bar, ist aber aus Sicht der Kommune nicht erstrebenswert. Ein Widerspruch richtet
sich nicht gegen das Gericht, sondern lediglich gegen den Widerspruchsgegner.
Vermutlich wird dieser den Anspruch nicht anerkennen, sodass die Kommune den
mit einem hohen Kostenrisiko behafteten Weg der Klage vor dem Zivilgericht beschreiten muss.

Neben dem Widerspruch gibt es allerdings bei der Erlösverteilung auch das
Rechtsmittel der sofortigen Beschwerde (§ 793 ZPO) gegen die Entscheidung des
Rechtspflegers hinsichtlich der Zuteilung. Die sofortige Beschwerde ist bei der Er-

lösverteilung immer dann zulässig, wenn bei der Planaufstellung eine Prozessvorschrift verletzt wurde, also beispielsweise die Rangfolge des § 10 ZVG nicht eingehalten wurde[28].

Dabei gelten dieselben Regelungen wie bei der sofortigen Beschwerde gegen den Anordnungsbeschluss (s. o.). Eingelegt werden kann das Rechtsmittel nicht nur bis zum Erlösverteilungstermin, sondern innerhalb der Zweiwochenfrist des § 569 Abs. 1 ZPO. Diese Frist beginnt erst mit der Übersendung des Teilungsplans an den Beschwerdeführer, also die Vollstreckungsbehörde oder den Gläubiger.

Alleine weil die Einlegung einer sofortigen Beschwerde gegen den Teilungsplan grundsätzlich in Betracht kommt, hält der BGH die förmliche Zustellung des Teilungsplans für geboten. Nur anhand des ihnen vorliegenden Teilungsplans können die Beteiligten die Entscheidungen des Rechtspflegers überprüfen und feststellen, ob ihre Ansprüche angemessen berücksichtigt wurden oder sie den Beschwerdeweg beschreiten wollen, was im Falle einer fehlerhaften Rangfestlegung bei grundstücksbezogenen Benutzungsgebühren ratsam und Erfolg versprechend ist.

k) Rangprivileg durchsetzen!

370   Wie aufgezeigt, hat die Kommune im Zwangsversteigerungsverfahren mehrere Möglichkeiten, eine fehlerhafte Rangfeststellung im Rechtsmittelverfahren überprüfen zu lassen. Gerade dort, wo die Vollstreckungsgerichte das vom Gesetzgeber geschaffene Rangprivileg für alle öffentlichen Lasten, insbesondere aber für die grundstücksbezogenen Benutzungsgebühren nicht anerkennen wollen, sind die Kommunen als Nutznießer dieser Privilegierung aufgefordert, für ihr Recht zu streiten.

Nur durch eingelegte Rechtsmittel kann eine Entscheidung der zuständigen Landgerichte und nötigenfalls des BGH erreicht werden, die letztendlich Rechtssicherheit schaffen wird.

Sinnvoll ist dabei, bereits bei der Anordnung auf die Feststellung der Rangklasse hinzuwirken. Dazu muss die gewünschte Rangklasse bereits im Zwangsversteigerungsantrag angegeben werden. Erfolgt mit der Anordnung oder der Zulassung des Beitritts keine Rangfeststellung durch das Vollstreckungsgericht, sollte die Kommune innerhalb der kurzen Rechtsmittelfrist von zwei Wochen sofortige Beschwerde gegen den Anordnungsbeschluss einlegen. Beschwerdegrund ist die nicht erfolgte aber erforderliche Rangfeststellung.

Nur hilfsweise kommen die beschriebenen Verfahren der Zuschlagsbeschwerde und der sofortigen Beschwerde gegen den Teilungsplan in Betracht. Sie sind vor allem in den bereits seit längerer Zeit laufenden Zwangsversteigerungsverfahren

---

28   BGH vom 19. Februar 2009 – V ZB 54/08 – Rpfleger 2009, 401.

einzusetzen, soweit die Frist für die Einlegung der sofortigen Beschwerde gegen den Anordnungs- oder Beitrittsbeschluss bereits verstrichen ist.

l) Der Sonderfall: Gesamthaft von Wohnungseigentum für grundstücksbezogene Benutzungsgebühren

Nach der Änderung des kommunalen Abgabengesetzes (KAG) in Nordrhein-West-   37p
falen hat der BGH die Position der Kommunen bei der Versteigerung von Woh-
nungs- oder Teileigentumsrechten erheblich gestärkt. In seiner Entscheidung hat er herausgestellt, dass grundstücksbezogene Benutzungsgebühren auf dem gesamten Grundstück lasten und auch bei einem nach WEG geteilten Grundstück insoweit eine gesamtschuldnerische Haftung aller Wohnungs- bzw. Teileigentumsrechte vorliegt.[29]

So wird der Meinung, die in Nordrhein-Westfalen gemäß § 6 Abs. 5 KAG NRW und anderen Bundesländern bestehende öffentliche Last sei nur insoweit bevor-rechtigt i. S. d. § 10 Abs. 1 Nr. 3 ZVG, als es um die anteilig dem Wohnungseigen-tum zuzuordnenden Gebühren gehe, ein klare Absage erteilt.

Unter Wohnungseigentum versteht man das Sondereigentum an einer Wohnung, unter Teileigentum das Sondereigentum an nicht zu Wohnzwecken dienenden Räumen und zwar jeweils i. V. m. dem Miteigentumsanteil an dem gemeinschaftli-chen Eigentum, zu dem es gehört (§ 1 Abs. 1 bis 3 WEG). Zu dem gemeinschaftli-chen Eigentum gehört namentlich das Grundstück, auf dem die Räume errichtet sind. Die einzelnen Wohnungseigentümer sind damit stets Miteigentümer des Grundstücks (§ 3 Abs. 1 WEG).

Nach Ansicht des BGH ist deshalb für die Gesamthaftung nicht eine ausdrückliche gesetzliche Normierung nötig, sondern umgekehrt müsste eine anteilige Begren-zung der auf dem Grundstück ruhenden öffentlichen Last für Wohnungseigentü-mer auf ihren Miteigentumsanteil festgelegt sein. Eine solche einschränkende Re-gelung gibt es jedenfalls in Nordrhein-Westfalen und in Hessen nicht. In diesem Sinne hatte vorher schon das OVG Münster entschieden, dass die öffentliche Last auf einem Wohnungseigentum in Höhe der gesamten Abgabenschuld lastet[30] und dementsprechend die Wohnungseigentümer für die grundstücksbezogenen Benut-zungsgebühren als Gesamtschuldner haften.

Hingegen wird in den Kommunalabgabengesetzen anderer Länder ausdrücklich geregelt, dass Wohnungseigentümer nur anteilig entsprechend ihrem Miteigen-tumsanteil grundstücksbezogene Benutzungsgebühren und Beiträge schulden und auch nur in diesem Umfang eine dingliche Last auf dem Grundstück ruht (Art. 5 Abs. 6 Satz 2, Abs. 7 Satz 1 BayKAG; § 6 Abs. 8 Satz 4 2. Halbsatz, Abs. 9 letzter

---

29 BGH vom 11. Mai 2010 – IX ZR 127/09 – KKZ 2010, 274 = Rpfleger 2010, 683.
30 KKZ 2007, 105.

Halbsatz NKAG; § 7 Abs. 10 Satz 3, Abs. 11 Satz 1 ThürKAG; jeweils für Beiträge). In Baden-Württemberg besteht für grundstücksbezogene Benutzungsgebühren eine gesamtschuldnerische Haftung der Wohnungseigentümer[31]; hingegen ruht eine dingliche Last nur entsprechend dem Miteigentumsanteil auf dem Grundstück (§ 13 Abs. 3 i. V. m. § 27 letzter Halbsatz, § 21 Abs. 2 Satz 2 Halbsatz 2 KAG Baden-Württemberg).

Durch die unterschiedlichen Regelungen haben die jeweiligen Landesgesetzgeber offenbar gezielt eine uneinheitliche Haftung der Wohnungseigentümer normiert bzw. diese länderspezifischen Abweichungen hingenommen.

In Nordrhein-Westfalen hat sich der Landesgesetzgeber bei der Einfügung von § 6 Abs. 5 KAG durch das am 17. Oktober 2007 in Kraft getretene Gesetz zur Stärkung der kommunalen Selbstverwaltung (GVBl. 2007 S. 380) für eine Regelung entschieden, die der in den Ländern Rheinland-Pfalz, Mecklenburg-Vorpommern und Saarland für Gebühren sowie der in § 8 Abs. 9 KAG NRW für Beiträge entspricht.

Die Gesetzeslage im Saarland wird vom OVG Saarbrücken so bewertet, dass ein Wohnungseigentümer als Gesamtschuldner für die gesamte Abgabe haftet, wenn im Kommunalabgabenrecht die Schuldnerstellung an das Eigentum am Grundstück geknüpft ist und Sonderbestimmungen für Wohnungs- bzw. Teileigentum fehlen[32].

Die aus der Besserstellung der Kommunen und damit einhergehenden Benachteiligung der Kreditinstitute resultierenden nachteiligen Konsequenzen für die Beleihungskriterien der Banken und die Verkehrsfähigkeit von Wohnungseigentum in Nordrhein-Westfalen habe nach Meinung des BGH der Landesgesetzgeber zu verantworten, der eine bessere Sicherung der Kommunen und die Stabilisierung der Einnahmenseite der kommunalen Haushalte durch zu erwartende landesweite Mehreinnahmen in zweistelliger Millionenhöhe als vorrangig angesehen habe.

Im Ergebnis sind also § 6 Abs. 5 KAG NRW und andere vergleichbare Regelungen in den KAGs so auszulegen, dass die grundstücksbezogenen öffentlich-rechtlichen Benutzungsgebühren in ihrer vollen auf das Grundstück bezogenen Höhe als öffentlich-rechtliche Lasten auf dem Wohnungseigentumsrecht ruhen und nicht nur in Höhe des Miteigentumsanteils an dem gesamten Grundstück. Sie sind als öffentliche Lasten nach § 10 Abs. 1 Nr. 3 ZVG vorrangig zu befriedigen.

In derselben Entscheidung wurde klargestellt, dass die Vorschrift des § 10 Abs. 8 Satz 1 WEG als höherrangiges Bundesrecht der landesgesetzlichen Regelung nicht entgegensteht. § 10 Abs. 8 Satz 1 WEG betreffe nämlich ausschließlich die schuldrechtliche Haftung der Wohnungseigentümer für Verbindlichkeiten der Gemein-

---

31 VGH Mannheim, ZMR 2006, 818, 819; NJW 2009, 1017, 1019.
32 OVG Saarland, DÖV 1993, 165.

schaft der Wohnungseigentümer und nicht den Umfang der kraft Gesetzes bestehenden öffentlichen Last auf dem Wohnungseigentum.

Aus dieser Regelung kann jedoch schnell eine ungleiche Behandlung der anderen Gläubiger in einem Zwangsversteigerungsverfahren entstehen. Werden beispielsweise zwei Wohnungen in einer großen Liegenschaft in kurzem Zeitabstand versteigert, kann die Kommune ihre gesamten Forderungen bezüglich des Grundstücks bei der ersten Versteigerung geltend machen. Das führt in dem ersten Verfahren dazu, dass der Anspruch in der Rangklasse 3 sehr hoch ist, zumal er betragsmäßig nicht gedeckelt ist, wie das etwa in der Rangklasse 2 der Fall ist. Der Erlös würde in diesem Verfahren zu einem großen Teil zur Befriedigung der Rangklasse-3-Forderungen verwendet werden müssen, sodass nachrangige Gläubiger nicht oder nur eingeschränkt zum Zug kommen würden.

Bei der Versteigerung der zweiten Wohnung wären hingegen die Forderungen in der Rangklasse 3 sehr niedrig, weil die Kommune ihr Geld schon im ersten Verfahren bekommen hat. Folglich steht dann den Gläubigern in der Rangklasse 4 bei gleichem Versteigerungsergebnis ein ungleich höherer Betrag zur Verfügung, denn die öffentliche Last auf dem Grundstück endete bereits mit dem Erlöschen der Gebührenschuld im anderen Verfahren.

Werden also mehrere Wohnungseigentumsrechte versteigert und der Gebührenanspruch jeweils angemeldet (§ 45 Abs. 1, § 37 Nr. 4 ZVG) und führt die erste Versteigerung zu einer Befriedigung der Kommune, ist die öffentliche Last dann im zweiten Verfahren nicht mehr zu berücksichtigen.

Die so entstehende „Ungerechtigkeit" kann aber nachträglich außerhalb der Zwangsversteigerung wieder beseitigt werden, weil aufgrund der gesamtschuldnerischen Haftung der Wohnungseigentümer dem von der Zwangsversteigerung betroffenen Eigentümer gegen die Miteigentümer Ausgleichsansprüche nach § 426 Abs. 1 und Abs. 2 BGB zustehen. Solche Ausgleichsansprüche kann der „benachteiligte" Gläubiger des ersten Verfahrens aus einem persönlichen Titel gegen den Wohnungseigentümer pfänden und sich überweisen lassen. Die durch diese Vorgehensweise entstehende Belastung der Grundpfandgläubiger durch Mehraufwand bei der Geltendmachung der Forderung überschreitet nach Meinung des BGH die „verfassungsrechtliche Opfergrenze" nicht.

5. Risiko bei langer Verfahrensdauer

Ist die Zwangsversteigerung erst einmal rechtzeitig angeordnet, geht die Gemeinde wegen der wiederkehrenden Leistungen kein Risiko auf Rangverlust ein, solange das Verfahren fortgeführt wird, auch wenn dies jahrelang dauert (wegen der „einmaligen Leistungen" siehe aber Rn. 34). Alle während der Verfahrensdauer fällig werdenden Beträge sind ja „laufend" i. S. d. ZVG und genießen daher die bevorrechtigte Rangklasse 3. Einmal abgesehen davon, das Grundstück hätte einen   **38**

47

so geringen Wert, dass niemand die Gemeindeforderung ausbietet, käme es nur zu einem Verlust, wenn alle das Verfahren betreibenden Gläubiger den Antrag zurücknähmen. Denn in einem neuen Zwangsversteigerungsverfahren werden natürlich die Fristen neu berechnet!

Die Gemeinde kann sich wie folgt vor diesem Risiko schützen:

39 a) Sie vereinbart mit dem (einem) „betreibenden Gläubiger", dass dieser die Aufhebung des Verfahrens nicht ohne rechtzeitige Verständigung der Gemeinde herbeiführt. Dies ist durchaus denkbar, da eine Gläubigerbank daran interessiert sein kann, dass die Gemeinde dem Verfahren nicht beitritt. Diese Variante ist allerdings dann gefährlich, wenn ein Gläubiger sein Versprechen nicht einhält oder deshalb nicht einhalten kann, weil er von einem anderen Gläubiger abgelöst wurde![33]

40 b) Sicher ist nur: **selbst beitreten!** Gerade bei alten Rückständen und langer Verfahrensdauer muss man stets an einen rechtzeitigen Beitritt zu dem Verfahren denken!

Beispiel:

41 Die Grundsteuer mit einer Quartalsfälligkeit von 150 Euro ist seit 2011 rückständig. 2013 wurde auf Antrag einer Bank die Zwangsversteigerung angeordnet. Erste Beschlagnahme ist der 1. Juni 2013. „Laufend" i. S. d. ZVG sind die 2. Quartalsrate 2013 (1. April bis 30. Juni 2013 – Fälligkeit am 15. Mai 2013) und alle späteren Raten. „Rückständig" sind die erste Rate 2013 sowie alle vier Raten für 2012 und die drei letzten Raten für 2011. Bei der ersten Rate 2011 ist demzufolge bereits das Vorrecht „verloren" (= Rangklasse 7). An diesem Ergebnis ändert sich auch nichts, wenn am 31. Dezember 2013 die Zwangsversteigerung immer noch anhängig ist (alle Raten ab 1. April 2013 sind „laufend"!).

Nimmt nun jedoch die Bank am 31. Dezember 2013 den Zwangsversteigerungsantrag zurück, ohne dass die Gemeinde vorher dem Verfahren beigetreten wäre, kann ein neuer sofortiger Versteigerungsantrag günstigstenfalls dazu führen, dass die neue „erste Beschlagnahme" vor dem 15. 2. 2014 erfolgt. Dann wäre „laufend" das vierte Quartal 2013, rückständig privilegiert die drei übrigen Quartale 2013, die vier Quartale 2012 und das letzte Quartal 2011. Alle früheren Quartale stünden in der Rangklasse 7. Dies bedeutet: Drei Quartale 2011 und somit 450 Euro wären sehr wahrscheinlich verloren!

---

33 Die Verfasser vertreten die inzwischen vom BGH bestätigte Auffassung, dass ein ablösender Gläubiger ohne Titelumschreibung bei genügendem Nachweis der Ablösung die Aufhebung des Verfahrens bewilligen kann.

6. Fälligkeit und Nebenleistungen

Soweit es bei allen diesen Berechnungen auf die **Fälligkeit** ankommt, richtet sich 42 diese nach Verwaltungsrecht, also nach den gesetzlichen Regeln oder den Bestimmungen der Satzung. Individuelle Absprachen der Gemeinde mit dem Schuldner, z. B. über **Stundung, Vollstreckungsaufschub** etc. bewirken keine Änderung der Fristberechnung[34]. Daran muss gedacht werden, wenn solche Absprachen geplant sind.

Durch eine voreilige Stundung könnte sich z. B. die Gemeinde selbst der Möglichkeit berauben, einen zur Rettung der Vorrechtsrangklasse 3 erforderlichen Zwangsversteigerungsantrag zu stellen. Sie sollte deshalb auf jeden Fall vor der Stundung zur Absicherung der Forderung eine Zwangssicherungshypothek eintragen lassen, soweit dies nach Landesrecht oder § 322 Abs. 5 der AO zulässig ist.

Werden wiederkehrende Leistungen (z. B. **Grundsteuer) nachberechnet,** so ist auf 43 die Fälligkeit des entsprechenden Bescheides abzustellen. Tritt die Fälligkeit erst nach der ersten Beschlagnahme ein, so gilt für die Unterscheidung zwischen „laufend" und „rückständig" der erste Beschlagnahmetag als Zäsur (§ 13 Abs. 3 ZVG).

Ist die Nacherhebung bereits vor der ersten Beschlagnahme fällig, gibt es keine Be- 44 sonderheit, wenn die Fälligkeit nicht länger als zwei Jahre zurückliegt. Liegt die Fälligkeit der Nacherhebung nach der ersten Beschlagnahme, so gelten die nacherhobenen Beträge ab der Beschlagnahme als laufend; vor der Beschlagnahme als rückständig[35].

Beispiel:

Beschlagnahmetag ist der 1. September 2013. Die Nacherhebung der Grundsteuer 45 für die Zeit vom 1. Januar 2011 bis 31. Dezember 2013 wird am 20. November 2013 zu Zahlung fällig. Folge: „Laufend" sind die Beträge für den Zeitraum vom 1. September 2013 bis zum 31. Dezember 2013 (und natürlich die mutmaßlich jetzt erhöhten Beträge ab 2014!). Rückständig sind die Beträge für die Zeit vor dem 1. September 2013. In diesem Falle soll für den Rückstand die ursprüngliche Quartalsfälligkeit keine Rolle mehr spielen[36]. Somit wäre der Zeitraum 1. September 2011 bis 31. August 2013 als Rückstand noch privilegiert; der Rest des Jahres 2011 hätte nur Rangklasse 7. Müsste die ursprüngliche Quartalsfälligkeit weiter beachtet werden, würde die Gemeinde auch noch das Privileg für den Monat September 2011 verlieren, da dessen Fälligkeitstermin (15. August 2011) außerhalb der Zweijahresfrist liegt.

---

34 Nicht unstreitig, aber h. M.; hierzu ausf. Stöber, ZVG, Rn. 2.8 zu § 13.
35 Stöber, ZVG, Rn. 2.3 zu § 13 unter Bezug auf OLG Oldenburg, Rpfleger 1982, 350.
36 So OLG Oldenburg, Rpfleger 1982, 350, das allerdings die Frage – da nicht entscheidungserheblich – offen ließ.

46 Wichtig ist allerdings, dass die Gemeinde die Nacherhebung noch rechtzeitig (hierzu Rn. 189) anmeldet. Anderenfalls erleidet sie Rangverlust mangels Anmeldung (§ 110 ZVG). Falls die Kasse Kenntnis von einer bevorstehenden Nacherhebung hat, sollte sie sich schnellstens mit dem Fachamt bzw. dem Finanzamt in Verbindung setzen und auf eine rasche Fälligstellung drängen, damit die Forderung zum Verfahren angemeldet werden kann, da ansonsten Forderungsverlust (im schlimmsten Fall sogar verbunden mit Schadensersatzansprüchen gegenüber dem Sachbearbeiter?) droht.

Bei Fälligkeit nach dem Zuschlag siehe Rn. 437.

Wegen der bereits erbrachten aber zum Zeitpunkt des Versteigerungstermins noch nicht abgerechneten und somit noch nicht fälligen einmaligen Leistungen, siehe Rn. 429 ff.

47 Nebenleistungen, wie z. B. **Säumniszuschläge** oder **Zinsen,** sind ebenfalls privilegiert. Sie sind „wiederkehrende Leistungen" und verlieren daher ihr Vorrecht bereits nach zwei Jahren, auch wenn die Hauptsumme (einmalige Leistung) noch privilegiert ist[37].

II. Die nicht privilegierten Forderungen

1. Welche Forderungen sind nicht privilegiert?

48 Wegen der (grundstücksbezogenen) **Benutzungsgebühren** und der umstrittenen Frage, ob ihnen durch Landesrecht die Rangklasse 3 verschafft werden kann, siehe Rn. 37a-p. Nachdem die höchstrichterliche Rechtsprechung den Landesgesetzgebern das Recht zugebilligt hat, Kommunalabgaben mit einem Bezug zum Grundstück als sogenannte „grundstücksbezogene Benutzungsgebühren" auszugestalten[38], wird die an dieser Stelle bislang vertretene sehr restriktive Betrachtungsweise aufgegeben. Obwohl mit den Benutzungsgebühren die tatsächliche Inanspruchnahme einer öffentlichen Einrichtung abgegolten wird und nicht der Vorteil, den die Einrichtung für das Grundstück hat und der den Gebrauchswert, vielfach auch den Verkehrswert des Grundstücks steigert, können sie nicht nur dem jeweiligen Nutzer, sondern stattdessen oder daneben dem Grundstück bzw. dem Grundstückseigentümer zugerechnet werden.

Das kann jedoch durch eine kommunale Satzung nur dann rechtswirksam geschehen, wenn die entsprechende Ermächtigungsgrundlage (das KAG) die Begründung einer öffentlichen Last zulässt[39]. Dies ist jeweils anhand des Landesrechts zu prüfen.

---

37 BGH vom 19. November 2009 – IX ZR 24/09 – Rpfleger 2010, 225.
38 BGH vom 11. Mai 2010 – IX ZR 127/09 – KKZ 2010, 274 = Rpfleger 2010, 683; Stöber, ZVG, Rn. 6.7 zu § 10; Böttcher, ZVG, Rn. 44 zu § 10; kritisch Traub, ZfIR 2010, 699.
39 BGH vom 30. März 2012 – V ZB 185/11 – KKZ 2013,12 = Rpfleger 2012, 560.

Inwieweit eine Gebühr als grundstücksbezogene Benutzungsgebühr zu den öffentlichen Grundstückslasten zu zählen ist, hängt vom Wortlaut der den Bescheiden zugrunde liegenden kommunalen Satzung ab.

Daraus muss erkennbar sein, ob von der gesetzlichen Ermächtigung im jeweiligen KAG Gebrauch gemacht worden ist. Dies ist jedenfalls dann der Fall, wenn ausschließlich der Grundstückseigentümer gebührenpflichtig ist. Ansonsten genügt ein Hinweis in der Satzung, dass es sich bei der Gebühr um eine öffentliche Grundstückslast handelt.

Neben den persönlichen Gebühren, wie etwa der **Kindergartenbenutzungsgebühr,** die übrigens oft fälschlicherweise als Kindergartenbeitrag bezeichnet wird, den **Gebühren für Musik- und Volkshochschulen** sowie den **Verwaltungsgebühren** genießen auch die persönlichen Steuern des Schuldners und Grundstückseigentümers, wie z. B. **Gewerbe-, Hunde-,** Einkommen-, Erbschafts-, Vermögens- und Umsatzsteuer kein Privileg in der Immobiliarvollstreckung. Gleiches gilt selbstverständlich auch für die rein zivilrechtlichen Ansprüche (etwa **Schadensersatzansprüche)** und solche **privatrechtlichen Forderungen,** die nach einigen Verwaltungsvollstreckungsgesetzen im Verwaltungsweg vollstreckt werden dürfen (Rn. 57).   49

Sozialleistungsansprüche, gleich ob sie im Verwaltungswege oder in entsprechender Anwendung der ZPO vollstreckt werden, genießen ebenfalls kein Privileg.   50

2. Wie werden sie verfolgt?

Die Gemeinde hat nach den Bestimmungen des Zwangsversteigerungsgesetzes **keine Möglichkeit, nicht privilegierte Forderungen** zu einem bereits laufenden Verfahren **anzumelden.** Will sie sich bezüglich dieser rein persönlichen Forderungen dennoch aus dem Grundstück befriedigen, so muss sie entweder einem laufenden Verfahren beitreten (Rn. 261) oder selbst die Zwangsversteigerung aus der persönlichen Forderung betreiben, wodurch in beiden Fällen die Rangklasse 5 des § 10 ZVG beansprucht wird (Rn. 226 ff.).   51

Im Gegensatz zur zivilrechtlichen Vollstreckung benötigt die Gemeinde, die ihre öffentlich-rechtliche Forderung nach den Bestimmungen des jeweiligen Landesverwaltungsvollstreckungsgesetzes vollstreckt, hierzu keinen gesonderten Titel. Sie muss unter Berücksichtigung der **Vollstreckungsvoraussetzungen** (Rn. 274) lediglich die **Vollstreckbarkeit** der Forderung bescheinigen. Die Prüfung, ob die Vollstreckungsvoraussetzungen vorliegen, obliegt nicht der Beurteilung (Prüfung) durch das Vollstreckungsgericht[40]. Die für die Vollstreckung in das unbewegliche Vermögen erforderlichen Anträge werden von der jeweils zuständigen **Vollstreckungsbehörde** gestellt (Rn. 166 ff.).   52

---

40 Stöber, ZVG, Rn. 38.4 zu § 15.

53 Neben dem Beitritt bzw. dem Antrag auf Zwangsversteigerung besteht für die Gemeinde auch die Möglichkeit, hinsichtlich der nicht privilegierten Forderung eine **Zwangssicherungshypothek** einzutragen und alsdann aus diesem Rang die Versteigerung zu betreiben (Rn. 93). Dies ist aber nur empfehlenswert, wenn die Zwangsversteigerung nicht sofort beantragt werden soll. Ist ohnehin beabsichtigt, dies zu tun, muss nicht vorher eine Zwangssicherungshypothek eingetragen werden. Zumindest wird auf diese Weise keine bessere Rangposition erreicht, weil die Beschlagnahme in der Zwangsversteigerung ebenfalls die zu diesem Zeitpunkt beste verfügbare Rangstelle sichert. Eine später eingetragene Zwangssicherungshypothek erhält keine bessere Rangstelle als ein Gläubiger, der vorher dem Verfahren aus persönlichen Ansprüchen beigetreten ist (Rn. 67).

3. Nicht nach Verwaltungsvollstreckungsrecht verfolgbare Forderungen

54 Während die Gemeinden hinsichtlich der Vollstreckung ihrer öffentlich-rechtlichen Forderungen ein sogenanntes **„Fiskusprivileg"** genießen und insoweit keinen gesonderten zivilrechtlichen Titel benötigen, um in das unbewegliche Vermögen vollstrecken zu können, werden sie bezüglich der Geltendmachung der **privatrechtlichen Forderungen,** ebenso wie jeder private Gläubiger, auf den Zivilrechtsweg verwiesen.

55 Will eine Gemeinde insoweit **Schadensersatzansprüche** oder solche Forderungen, die aufgrund von **privatrechtlichen Verträgen** entstanden sind, durch Vollstreckung in das unbewegliche Vermögen realisieren, so benötigt sie hierzu zunächst einen Vollstreckungstitel i. S. d. § 750 ZPO, welcher die Gemeinde u. a. berechtigt, das Grundstück des Schuldners mit einer Zwangssicherungshypothek zu belasten. Wurde aufgrund dieses „ZPO-Titels" eine Zwangshypothek eingetragen, kann die Gemeinde mit diesem Titel (also ohne Duldungstitel) im Range der Zwangshypothek die Zwangsversteigerung beantragen (§ 866 Abs. 3 ZPO), wenn das Grundbuchgericht – wozu es verpflichtet ist – die Eintragung auf dem Titel vermerkt hatte. Wurde die Zwangshypothek auf Grund eines öffentlich rechtlichen Titels eingetragen, genügt ein „vollstreckbarer Versteigerungsantrag".

56 Neben dem Antrag auf Zwangsversteigerung im Range der eingetragenen Zwangshypothek (Rangklasse 4) kann die Gemeinde auch weiterhin trotz eingetragenem dinglichen Recht die Zwangsversteigerung lediglich aus der persönlichen Forderung heraus, also in Rangklasse 5, betreiben. Dies wird allerdings nur sehr selten sinnvoll sein, nämlich dann, wenn eine weitere, zugunsten der Gemeinde eingetragene rangungünstigere Zwangshypothek nicht erlöschen soll oder in mehrere Grundstücke des Schuldners vollstreckt werden soll, von denen nur eines mit der Sicherungshypothek belastet ist.

Einige Bundesländer[41] haben entweder in den Verwaltungsvollstreckungsgesetzen   57
oder besonderen Rechtsverordnungen die Zulässigkeit der Vollstreckung **privatrechtlicher Forderungen** im Verwaltungswege zugelassen. Es handelt sich hierbei
vor allem um solche Forderungen, die entstanden sind aus

1. der Inanspruchnahme öffentlicher Einrichtungen,

2. der Nutzung öffentlichen Vermögens oder dem Erwerb von Früchten öffentlichen Vermögens oder

3. der Aufwendung öffentlicher Mittel für öffentlich geförderte, insbesondere so-
   ziale Zwecke.

Zu den o. g. Forderungen zählen u. a. **Geldforderungen aus der Vermietung und**   58
Verpachtung oder sonstigen Überlassung von eigenen Grundstücken, Grund-
stücksteilen, Räumen, Anlagen und Einrichtungen sowie der **Lieferung von Holz**
und sonstigen Forsterzeugnissen. Auch bei Entgelten für die Inanspruchnahme **von**
Kindertagesstätten, Volkshochschulen und Musikschulen kann es sich durchaus
um privatrechtliche Geldforderungen in diesem Sinne handeln, wenn nämlich das
Benutzungsverhältnis privatrechtlich ausgestaltet ist.

In erster Linie waren es praktische und wirtschaftliche Erwägungen, die zu den Regelungen der Vollstreckung privatrechtlicher Geldforderungen im Verwaltungszwangsverfahren geführt haben. Sparen doch Schuldner und Gläubiger viel Zeit
und Kosten, die durch die Erlangung eines zivilrechtlichen Titels entstehen würden.

Die Vollstreckung der im Verwaltungsweg zugelassenen **privatrechtlichen Forde-**   59
rungen ist nur zulässig, wenn die Forderungen gesetzlich feststehen oder in Verträgen nach Grund und Höhe vereinbart oder auf Erstattung verauslagter Beträge gerichtet sind. Erhebt der Schuldner gegen die Forderung Einwendungen, ist die
Gemeinde verpflichtet die Verwaltungsvollstreckung einzustellen und sich einen
zivilrechtlichen Titel zu besorgen (s. o.). Macht der Schuldner von seinem Widerspruchsrecht allerdings keinen Gebrauch, so ist die Gemeinde sowohl berechtigt,
hinsichtlich der fälligen Beträge ohne zusätzlichen Titel eine Zwangssicherungshypothek einzutragen und sich daraus aus dem Grundstück zu befriedigen oder aber
aus der persönlichen Forderung die Zwangsversteigerung selbst zu betreiben bzw.
einem bereits angeordneten Verfahren beizutreten. Dies gilt allerdings nicht für die
hessischen Gemeinden, da diese gem. § 66 HessVwVG bezüglich der im Verwaltungsweg zugelassenen privatrechtlichen Forderungen ausschließlich in das bewegliche Vermögen vollstrecken dürfen.

---

41 Bremen, Hessen, Mecklenburg-Vorpommern, Niedersachsen, Nordrhein-Westfalen, Rheinland-
    Pfalz, Saarland, Sachsen-Anhalt, Schleswig-Holstein und Thüringen.

Kapitel B
Die Verfolgung der Gemeindeforderung mittels Grundpfandrecht

I. Grundpfandrecht ist nur Rangsicherung

Unter Grundpfandrechten versteht bekanntlich das BGB die **Grundschuld,** die   60
Rentenschuld und die **Hypothek;** letztere unterteilt in die **Verkehrshypothek** und
die **Sicherungshypothek.**

Allen Grundpfandrechten ist gemeinsam, dass sie zunächst nur Sicherungsrechte   61
sind, also nicht unmittelbar zur Befriedigung des Berechtigten führen. Erfolgt keine
freiwillige Zahlung, so ist trotz des Grundpfandrechtes die Zwangsversteigerung
erforderlich. Diese erfolgt dann im Range des Grundpfandrechtes.

Konkret bedeutet dies:

- Verfügungen des Schuldners nach Eintragung des Grundpfandrechtes können   62
  den Rang der so gesicherten Forderung nicht mehr verschlechtern.

- Der Rang des Grundpfandrechtes ist nur so gut oder so schlecht, wie er sich   63
  zum Zeitpunkt der Eintragung darstellt. Die Möglichkeit einer Rangverbesserung durch Löschung vorgehender Rechte, etwa nach Tilgung der Forderung,
  unter Ausnutzung des gesetzlichen Löschungsanspruchs oder eines abgetrete-
  nen Rückgewähranspruchs, ist zwar vorgesehen, aber meist nur theoretischer
  Natur.

Wenn sich demzufolge die Gemeinde dazu entschließt, eine solche Sicherheit zu   64
erwerben, muss sie unbedingt einen aktuellen Grundbuchauszug einsehen. Dabei
soll sie für ihre wirtschaftlichen Überlegungen getrost davon ausgehen, dass alle
eingetragenen Rechte in einer evtl. Zwangsversteigerung auch mit dem Nominal-
betrag geltend gemacht werden und ihr im Range vorgehen. Hinzu kommen noch
die Zinsen, welche im Ernstfall eine erhebliche Summe ausmachen. Hierfür einen
Zuschlag von 30 Prozent auf das Nominalkapital vorzusehen, ist nicht übertrieben.

Beispiel:

Die Gemeinde überlegt, ob sie ein vom Schuldner freiwillig bestelltes Grund-   65
pfandrecht als Sicherheit für eine Forderung annehmen soll. Zunächst einmal muss
sie dabei abschätzen, was für einen Erlös das Grundstück wohl bei einer Zwangsversteigerung bringen könnte. Schon hierbei ist ein Abschlag gegenüber dem
Verkehrswert (= Verkaufspreis) angebracht. Angenommen, die Gemeinde hält
200.000 Euro für erzielbar. Eingetragen sind zwei Grundschulden über
100.000 Euro und 80.000 Euro zuzüglich der üblichen (hohen) Zinsen. Es muss
damit gerechnet werden, dass im Ernstfall mindestens ca. 235.000 Euro der Ge-

meinde vorgehen, sie also kaum mit einem Erlösanteil rechnen kann. Ein jetzt eingetragenes Grundpfandrecht wäre höchstwahrscheinlich wertlos. Die Gemeindekasse würde insoweit lediglich ihr Gewissen dem Gemeindevorstand gegenüber beruhigen, irgendetwas getan zu haben. Zumindest wurde ja durch die Bestellung einer Sicherungsgrundschuld oder aber der im Wege der Zwangsvollstreckung vorgenommenen Eintragung der Zwangssicherungshypothek wenigstens die Verjährung der Forderung unterbrochen (Rn. 69).

66 Bezüglich der Zinsen soll man sich auch nicht auf die Versicherung des Schuldners verlassen, die tatsächlich vereinbarten Darlehenszinsen seien erheblich niedriger als die Grundschuldzinsen. Das mag zwar stimmen, aber in der Zwangsversteigerung werden trotzdem die Zinsen laut Grundbuch angesetzt. Diese erhöhen den Kreditrahmen und dienen dem Kreditinstitut zur Absicherung der Darlehensforderung und der eventuell auflaufenden Vollstreckungskosten.

Bei nicht privilegierten Forderungen gilt folgender Grundsatz:

67 **Es ist für den Rang der Forderung gleichgültig, ob an einem bestimmten Tag ein Grundpfandrecht eingetragen, oder die Beschlagnahme in der Zwangsversteigerung bewirkt wird.**

Ob man den letzten Rang der Rangklasse 4 oder den ersten Rang der Rangklasse 5 erwirbt, ist für die spätere Befriedigung einerlei. Muss also die Gemeinde entscheiden, ob sie für ihre nicht privilegierte Forderung ein Grundpfandrecht eintragen lässt oder gleich Zwangsversteigerungsantrag stellt, so kann die Rangfrage außer Betracht bleiben.

Es stellen sich vielmehr folgende Überlegungen:

68 Will man die sofortige Verwertung des Grundbesitzes erreichen, ergibt die Eintragung eines Grundpfandrechtes keinen Sinn. Der hierdurch erworbene „gesetzliche Löschungsanspruch" gegenüber vorgehenden Rechten bringt in der Praxis kaum einen Vorteil. Hier wäre ein Versteigerungsantrag die richtige Entscheidung.

69 Ist ohnehin keine Befriedigung mehr aus dem Grundstück zu erwarten, könnte ein Grundpfandrecht sinnvoll sein: Zunächst einmal ist der Rang gesichert, falls wider Erwarten später in einer Zwangsversteigerung mehr geboten wird, als zuvor angenommen. Die Gemeinde ist in einer solchen Zwangsversteigerung „Beteiligte" (§ 9 ZVG) und wird daher vom Gericht von Amts wegen von der Wertfestsetzung und der Terminsbestimmung benachrichtigt. Soll das Grundstück veräußert werden, kann dies lastenfrei nur mit Zustimmung der Gemeinde geschehen, welche dann evtl. auf dem Verhandlungsweg noch einen Teil der Forderung erhält, obwohl ihr Rang in einer Zwangsversteigerung aussichtslos wäre. Durch die Eintragung der Zwangssicherungshypothek erreicht die Gemeinde zudem eine Unterbrechung der **Verjährung** der Forderung. Nach § 231 Abs. 1 AO dauert die Unterbrechung der Zahlungsverjährung öffentlich-rechtlicher Ansprüche fort, bis die Zwangssi-

cherungshypothek erloschen ist. Bei Forderungen, die keine Abgaben sind – insbesondere bei zivilrechtlichen Ansprüchen – hat der Gläubiger (soweit materiellrechtlich nichts Näheres bestimmt ist) die Vorschriften des BGB zu beachten. Die mit Beginn des Verfahrens, das zum ZPO-Titel führte, eingetretene Hemmung der Verjährung (204 BGB) endet mit dem Antrag auf Eintragung der Zwangshypothek (§ 212 Abs. 1 Satz 2 BGB), sodass die Verjährungsfrist jetzt weiter läuft. Abgesehen davon, dass die Verjährungsfrist für rechtskräftig festgestellte Forderungen 30 Jahre beträgt[42] (§ 197 Abs.1 Satz 3 BGB), wird das Recht, aus der Sicherungshypothek dingliche Befriedigung zu fordern, von der Verjährung der schuldrechtlichen Forderung nicht berührt (§ 216 Abs. 1 BGB).

Ein Grundpfandrecht könnte auch sinnvoll sein, „um nichts zu versäumen", wenn aus politischen Gründen (z. B. Schuldner ist wichtiger Arbeitgeber) eine Zwangsversteigerung zunächst nicht erwogen werden soll. Zusätzlich wird die persönliche Forderung nun dinglich, was im Falle eines Insolvenzverfahrens ein Absonderungsrecht begründet (§ 49 InsO). Die Gemeinde kann auf diese Weise auch nach einer Insolvenzeröffnung eine Zwangsversteigerung durchführen und darauf hoffen, dass die gesicherte Forderung in der Immobiliarvollstreckung befriedigt wird und nicht auf eine geringe quotale Zuteilung aus der Insolvenzmasse verwiesen wird. **70**

Hat sich nun die Gemeinde entschlossen, ein Grundpfandrecht als Sicherheit anzunehmen, kommen praktisch (nur) zwei Möglichkeiten in Betracht: **71**

a) Eine Grundschuld durch Vereinbarung mit dem Schuldner (hierzu Rn. 72) oder

b) Eine Zwangssicherungshypothek ohne Mitwirkung des Schuldners (hierzu Rn. 74 ff. allgemein und für nicht privilegierte Forderungen, und Rn. 110 für Besonderheiten bei privilegierten Forderungen).

II. Grundschuld als Mittel vertraglicher Sicherung

Angesichts der einfachen und relativ kostengünstigen Möglichkeit, sich im Wege der Zwangsvollstreckung (durch Zwangssicherungshypothek) eine dingliche Sicherheit zu verschaffen und aus dieser auch zu vollstrecken (was dem „Normalgläubiger" bislang versagt war), hatte die vertraglich bestellte Grundschuld für die Gemeinde keine große Bedeutung erlangt. Mit Rücksicht auf die Anhebung der Mindestbetragsgrenze für die Eintragung einer Zwangssicherungshypothek und deren Ausdehnung auf die einzelnen Grundstücke im Verteilungsfall (Rn. 90 ff.), sollte man ihr aber künftig gesteigerte Aufmerksamkeit zuwenden. **72**

Die Sicherungsgrundschuld entsteht durch (formlose) Einigung zwischen Grundstückseigentümer und Gemeinde sowie durch Eintragung im Grundbuch, welche aber eine formgebundene Bewilligung des Eigentümers (Rn. 73) voraussetzt. Sie

---

42 Ausgenommen bestimmte wiederkehrende Leistungen (§ 197 Abs. 2 BGB).

kann also nicht im Wege der Zwangsvollstreckung, sondern nur durch Vereinbarung erlangt werden und sollte daher in jedem Fall erwogen werden, wenn ein Schuldner wegen Stundung fälliger Forderungen vorstellig wird.

Gegenüber der Zwangshypothek hat die Sicherungsgrundschuld für die Gemeinde folgende Vorteile:

– Schuldner der Forderung und Eigentümer des Grundstücks müssen nicht identisch sein. Es kann also z. B. die Ehefrau des Schuldners ihr Privatgrundstück wegen der Gewerbesteuerschuld des Ehemannes belasten lassen. Genauso kann das Privatgrundstück des Kaufmannes belastet werden, der seine Geschäfte unter der Firma einer GmbH betreibt.

– Es gibt keinen Mindestbetrag, wie er für die Zwangssicherungshypothek gefordert wird.

– Es können mehrere Grundstücke des gleichen Eigentümers gesamtschuldnerisch belastet werden; es ist also insoweit keine Verteilung erforderlich.

– Es kann eine unbedingte Grundschuld auch für privilegierte Forderungen (Rn. 2 ff.) bestellt werden, bevor das Privileg durch Zeitablauf erloschen ist.

– Die Forderung ist beliebig austauschbar, d. h., die einmal bestellte Grundschuld muss nach Begleichung der ursprünglich gedeckten Forderung nicht gelöscht werden, sondern sie kann für alle künftigen Forderungen erhalten bleiben.

73 Die Eintragung der Grundschuld erfordert eine **Bewilligung** des Grundstückseigentümers (aller Miteigentümer!) und einen Eintragungsantrag. Die Zustimmung der Gemeinde muss dem Grundbuchgericht nicht nachgewiesen werden. Hinsichtlich der Bewilligung muss jedoch zwischen zwei Alternativen unterschieden werden:

Normalerweise wird die Bewilligung (Grundschuldurkunde) beim Notar beurkundet. Ist dies geschehen, so kann mit dieser Urkunde sofort in das Grundstück vollstreckt werden, nachdem die Urkunde durch einen Gerichtsvollzieher dem (den) Eigentümer(n) zugestellt worden ist. Eine Verwaltungsvollstreckung im Range der Grundschuld ist allerdings nicht möglich[43]. Diese „normale Form" der Grundschuldbestellung ist relativ teuer, zumal die Kosten des Notars auch bei Gebührenfreiheit der Gemeinde (vom Eigentümer) zu zahlen wären. Wer beim Grundbuchgericht den Antrag auf Eintragung stellt, schuldet auch die Gerichtsgebühr (§ 2 KostO). Genießt die Gemeinde Gebührenfreiheit (siehe Anhang S. 27), soll sie den Antrag stellen; anderenfalls sollte sie dies dem Schuldner überlassen.

Die Gemeinde kann auch die Grundschuldurkunde selbst verfassen (dazu Anhang: Muster A) und – soweit sie diese Befugnis hat – die Unterschrift des Eigentü-

---

43 Die Bestellung der Grundschuld schafft ein neues Rechtsverhältnis, welches von der gesicherten Forderung weitgehend unabhängig ist.

mers selbst beglaubigen. Anderenfalls wäre die Beglaubigung durch einen Notar erforderlich, was immer noch kostengünstiger wäre, als dessen Beurkundung. Zu beachten ist hierbei allerdings, dass die so errichtete Urkunde der Gemeinde zwar den Rang sichert und im Zwangsversteigerungsverfahren eine Berücksichtigung von Amts wegen erfolgt. Aus ihr kann jedoch die Zwangsversteigerung nicht ohne Weiteres betrieben werden; auch nicht im Wege der Verwaltungsvollstreckung. Will die Gemeinde selbst in diesem Range die Zwangsversteigerung betreiben, muss sie einen aufwendigen Zivilprozess auf Duldung der Zwangsvollstreckung führen. Eine solche Grundschuld eignet sich somit vor allem für solche Forderungen, deren Beitreibung zweifelhaft ist und die nur noch „für alle Fälle" (Rn. 69) gesichert werden sollen.

Die Grundschuld kann auch auf einen Grundstücks-Bruchteil eingetragen werden, was regelmäßig wenig Sicherheit bringt, weil daraus nur ein Verwertungsrecht bezüglich des belasteten Anteils entsteht und nicht bezüglich des gesamten Grundstücks. Anteile an Grundstücken können zwar selbstständig versteigert werden, dazu muss sich aber erst einmal ein Käufer finden. Auf dem Anteil eines Miteigentümers in Gesamthandsgemeinschaft (Rn. 636) kann sie nicht eingetragen werden.

Der Erwerb einer Sicherungsgrundschuld schließt die Verwaltungsvollstreckung einer Forderung im jeweiligen Rang nicht aus. Es wäre insoweit denkbar, dass die Gemeinde wegen einer privilegierten Forderung die Zwangsversteigerung des (mit einer Sicherungsgrundschuld) belasteten Grundstücks betreibt und damit diese (die als solche – siehe oben – nicht vollstreckbar wäre) liquidiert.

Beispiel:

Der Gemeinde wurde eine Sicherungsgrundschuld über 1.000 Euro bestellt, die (da nicht beurkundet, sondern lediglich beglaubigt) nicht vollstreckbar ist. Die Gemeinde fordert 200 Euro Grundsteuer (privilegiert) und 1.100 Euro Gewerbesteuer. Es besteht nun die Möglichkeit, wegen der Grundsteuer die Zwangsversteigerung im Wege der Verwaltungsvollstreckung zu betreiben, wodurch die Grundschuld grundsätzlich erlischt. Bei ausreichendem Erlös würden der Gemeinde im Range der Sicherungsgrundschuld weitere 1.000 Euro (zzgl. Zinsen) zugeteilt, welche mit der rückständigen Gewerbesteuerforderung verrechnet werden könnten.

III. Zwangssicherungshypothek als Sicherungsmittel

1. Die allgemeinen Voraussetzungen

Ohne Mitwirkung und auch gegen den Willen des Schuldners kann eine Zwangssicherungshypothek im Wege der Verwaltungsvollstreckung eingetragen werden. **74**

Die Anträge auf Eintragung einer Zwangssicherungshypothek werden nach den **75** Bestimmungen der meisten Verwaltungsvollstreckungsgesetze bzw. den Verweisungsvorschriften auf die Abgabenordnung (§ 322) von der Vollstreckungsbehörde gestellt. In Hessen gibt es hier die Besonderheit, dass gem. § 58 Abs. 3 Satz 1 HessVwVG die Vollstreckungsbehörde lediglich die Anträge auf Zwangsversteigerung und Zwangsverwaltung stellt. Die Zwangssicherungshypothek dagegen wird – wie es § 867 Abs. 1 Satz 1 ZPO vorschreibt – auf Antrag des Gläubigers der Forderung eingetragen[44]. Der Antrag stellt ein Eintragungsersuchen i. S. d. § 38 GBO dar.

76   In Hessen, wo die Gemeinden größtenteils die Vollstreckungsbefugnisse auf die Kassen der Landkreise übertragen haben und der Kreisausschuss (Kreiskasse) insoweit originäre Vollstreckungsbehörde der jeweiligen Gemeinde ist (Rn. 173), dürfen die Gemeinden nach dem oben Gesagten als Gläubiger ihrer Forderungen selbst den Antrag auf Eintragung einer Zwangssicherungshypothek stellen. Allerdings müssen auch hier in jedem Fall die Vollstreckungsvoraussetzungen nach dem Verwaltungsvollstreckungsgesetz vorliegen.

77   In Rheinland-Pfalz ist dem Schuldner von der Antragstellung Mitteilung zu machen. Die Mitteilung steht einer im Verwaltungsvollstreckungsverfahren ergangenen Verfügung gleich.

78   Ein Antrag auf Eintragung einer Zwangssicherungshypothek darf grundsätzlich dann nicht gestellt werden, wenn das Grundstück bereits überbelastet ist[45], was aber nicht immer so leicht feststellbar ist, denn der Wert eines Grundstücks kann ja nur geschätzt und nicht genau ermittelt werden. Dies ergibt sich u. a. aus dem Grundsatz der **Verhältnismäßigkeit der Mittel,** der von der Verwaltung von Amts wegen zu beachten ist. Gerade in diesem Fall käme eine (vom Schuldner bewilligte) Grundschuld in Betracht, womit die Forderung für die Zukunft noch eine Sicherheit im Falle unvorhergesehener Umstände (Rn. 69) hätte.

78a   Vor der Stellung des Antrages auf Eintragung einer Zwangssicherungshypothek hat die Vollstreckungsbehörde zu prüfen, ob das zu belastende Grundstück auch tatsächlich auf den Namen des Schuldners im Grundbuch eingetragen ist. Ist dies nicht der Fall, muss vor der Eintragung der Zwangshypothek das Grundbuch berichtigt werden, wenn der Schuldner Eigentum oder ein Anwartschaftsrecht darauf erlangt hat, dies aber nicht aus dem Grundbuch ersichtlich ist. Der Antrag hierzu kann auch von der Vollstreckungsbehörde gestellt werden, wenn die Voraussetzungen dafür vorliegen und die Nachweise erbracht werden können (§ 14 GBO).

Die Eintragung einer Zwangshypothek zugunsten einer Gesellschaft des bürgerlichen Rechts (GbR) erfordert eine grundbuchtaugliche Bezeichnung der Gesellschaft mit ihren Gesellschaftern[46].

---

44 OLG Frankfurt – 20 W 284/81 – und Glotzbach, KKZ 1986, 227.
45 Carl, GemH, 1993, 13.
46 Hornung, KKZ 2010, 99

Zum Nachweis der Unrichtigkeit müssen dem Grundbuchamt die diesbezüglichen Urkunden vorgelegt werden. Soweit es sich hierbei um Urkunden handelt, die von einer Behörde, einem Beamten oder einem Notar zu erteilen sind, wie Erbschein, Erbvertrag, Testament usw., kann die Vollstreckungsbehörde die Erteilung anstelle des Schuldners verlangen (§ 792 ZPO). Handelt es sich dagegen um die Beschaffung einer Urkunde, die sich im Besitz einer nicht herausgabebereiten Privatperson befindet, kann der Anspruch auf Grundbuchberichtigung, den der Schuldner gegen den Berichtigungsverpflichteten hat, von der Vollstreckungsbehörde gepfändet und dem Gläubiger zur Einziehung überwiesen werden (§ 894 BGB i. V. m. den Einzelbestimmungen der Verwaltungsvollstreckungsgesetze der Länder). Diese Verfügung gibt dem Gläubiger bzw. der Vollstreckungsbehörde das Recht, die Grundbuchberichtigung auf den Namen des Schuldners vornehmen zu lassen.

Eine Berichtigung des Grundbuches ist dann nicht erforderlich, wenn die Person, deren Recht durch die Eintragung betroffen ist, Erbe des eingetragenen Berechtigten und Abgabenschuldners ist und der Eintragungsantrag durch einen bereits vor dem Tode des Erblassers bestandenen vollstreckbaren Anspruch begründet ist (§ 40 GBO). Bei Ansprüchen, die erst nach dem Tode des Erblassers begründet werden, ist dagegen die vorherige Grundbuchberichtigung erforderlich.

Der Eigentümer des mit einer Zwangssicherungshypothek belasteten Grundstücks kann, wenn er mittels Duldungsbescheid in Anspruch genommen wird, nur den Einwand erheben, der Anspruch, für den die Sicherungshypothek eingetragen ist, sei ganz oder teilweise erloschen (vgl. FG Baden-Württemberg vom 10. Februar 1995, KKZ 1996, 19).

Formell kann der Antrag erst dann gestellt werden, wenn die **Vollstreckungsvo-** 79 **raussetzungen** nach den Verwaltungsvollstreckungsgesetzen vorliegen. Demzufolge muss bei öffentlich-rechtlichen Forderungen ein Verwaltungsakt/Leistungsbescheid ergangen und dem Schuldner **zugestellt bzw. bekannt gegeben** worden sein. Weitere Voraussetzung ist die **Fälligkeit** und die **Mahnung,** wobei die in der Mahnung angegebene Frist von einer Woche verstrichen sein muss. An die Stelle des im Zivilrecht geforderten Titels tritt die Erklärung über die Vollstreckbarkeit der Forderung. Handelt es sich um in der Verwaltungsvollstreckung zugelassene privatrechtliche Forderungen (Rn. 57), so tritt an die Stelle des Verwaltungsaktes die **Zahlungsaufforderung.** Erkennt das Grundbuchgericht bei einem Eintragungsersuchen eines öffentlich-rechtlichen Gläubigers, dass dieser z. B. wegen privatrechtlichen Forderungen nicht in das unbewegliche Vermögen vollstrecken darf (z. B. § 66 Abs. 1 HessVwVG), hat es das Eintragungsersuchen zurückzuweisen. Erfolgt dennoch die Eintragung, ist ein Amtswiderspruch im Grundbuch einzutragen[47]. Bei reinen zivilrechtlichen Ansprüchen, wie z. B. Schadensersatzforderungen, be-

---

47 LG Detmold vom 19. Februar 1993, KKZ 1994, 61.

nötigt die Gemeinde genau wie jeder zivilrechtliche Gläubiger zunächst einen Titel.

79a Grundlage für die Eintragung einer Zwangssicherungshypothek können nicht nur unmittelbar auf Zahlung, sondern auch auf Duldung der Zwangsvollstreckung wegen einer Geldforderung lautende Titel sein.[48]

80 Das Grundbuchgericht hat bei der Eintragung einer Zwangssicherungshypothek lediglich zu prüfen, ob zum Zeitpunkt der Eintragung ein ordnungsgemäßes Eintragungsersuchen (Rn. 124) vorliegt und ob die nachstehend genannten Vollstreckungsvoraussetzungen nach der ZPO erfüllt werden. Materiellrechtliche Voraussetzungen sind dagegen genauso unbeachtlich[49] wie die unter Rn. 79 genannten Voraussetzungen nach Verwaltungsrecht, deren Mangel der Schuldner einzig und allein auf dem Verwaltungsrechtsweg beanstanden kann.

81 Wie oben erwähnt, sieht die Zivilprozessordnung neben den allgemeinen Vollstreckungsvoraussetzungen der Verwaltungsvollstreckungsgesetze noch besondere Vollstreckungsvoraussetzungen vor.

2. Die besonderen Vollstreckungsvoraussetzungen nach der ZPO

a) 750-Euro-Grenze

82 Zunächst einmal muss gem. § 866 Abs. 3 ZPO die Forderung der Gemeinde höher als 750 Euro sein, also mindestens 750,01 Euro betragen.

83 Bei der Berechnung dieses Mindestbetrages gilt Folgendes:

84 – Bisher bereits entstandene Vollstreckungskosten, auch solche die z. B. beim Gericht oder bei einem Gerichtsvollzieher entstanden sind (z. B. für ein Offenbarungsversicherungsverfahren), werden mitgerechnet. Sie müssen getrennt ausgewiesen und belegt werden.

85 – Die Kosten für die Eintragung selbst zählen nicht mit. Wenn es aber zur Zwangsversteigerung kommt, können diese Kosten angemeldet werden und haben dann den Rang der Hypothek.

86 – Zinsen oder Säumniszuschläge können zwar als Nebenforderung mit eingetragen werden, zählen aber bei der Berechnung des Mindestbetrages nicht mit (§ 866 Abs. 3 Satz 2 ZPO). Werden jedoch bereits fällige Zinsen als Summe berechnet und so eingetragen, werden sie im Mindestbetrag berücksichtigt[50].

---

48 BGH vom 4. Juli 2013 – V ZB 151/12 – KKZ 2014, 81.

49 OLG Köln vom 15. Oktober 1990, Rpfleger 1991, 149; so im Ergebnis auch OLG SH vom 24. August 2011, KKZ 2013, 34.

50 H. M.: Stöber, ZVG, Einleitung 66/2; Hock/Klein/Hilbert/Deimann, Immobiliarvollstreckung Rn. 2025 m. w. N. auch für die Gegenmeinung.

Beispiel:

Die Gemeinde hat 720 Euro zzgl. 6 Prozent Zinsen seit 1. Januar 2012 zu vollstrecken und will dafür am 10. Januar 2014 eine Zwangssicherungshypothek eintragen lassen.

Beantragt sie nun eine Zwangssicherungshypothek in Höhe von 720 Euro mit 6 Prozent Zinsen seit 1. Januar 2011, wird ihr Antrag abgewiesen. Beantragt sie die Hypothek jedoch in Höhe von 720 Euro Hauptsumme, hieraus 6 Prozent Zinsen seit 1. Januar 2014, zzgl. 86,40 Euro Zinsen für 2012 und 2013, muss das Gericht dem Antrag stattgeben.

Mehrere Forderungen der Gemeinde können zur Erreichung der Mindestsumme **87** zusammengefasst werden (§ 866 Abs. 3 Satz 3 ZPO), auch wenn sie auf verschiedenen Bescheiden beruhen, also z. B. Gewerbesteuer und Hundesteuer. Es müsste auch möglich sein, eine gemeinsame Sicherungshypothek einzutragen, wenn ein Teil der Forderung durch einen „ZPO-Titel" und der Rest im Verwaltungsvollstreckungsweg ausgewiesen ist.

Jedenfalls können aufschiebend bedingte „privilegierte" Forderungen, soweit sie nach Landesrecht oder der Abgabenordnung (AO) eingetragen werden dürfen, mit gewöhnlichen Forderungen eines Gläubigers zusammen gerechnet werden, um den Mindestbetrag zu erreichen (Rn. 115).

Fraglich ist, ob die Forderungen mehrerer Gläubiger zur Erreichung der Mindest- **88** summe zusammengerechnet werden dürfen, wenn z. B. eine im Wege der **Vollstreckungshilfe** zuständige Vollstreckungsbehörde den Antrag stellt. Zwar sieht dies § 252 AO vor, indem fingiert wird, Gläubigerin sei ohne Rücksicht auf die tatsächliche Berechtigung die Körperschaft, welcher die Kasse angehört. Soweit aber das Landesrecht dies nicht ausdrücklich vorsieht, erscheint eine entsprechende Anwendung des § 252 AO auf die Vollstreckung der Gemeinden nicht unbedenklich[51]. Lässt man allerdings eine entsprechende Anwendung zu, so müsste auch die Zusammenrechnung mit einer Forderung, die nur im Wege der Amtshilfe vollstreckt wird, zulässig sein, da ja ein einheitlicher Abgabengläubiger fingiert und auch nur dieser im Grundbuch als Gläubiger eingetragen wird.

Eine spätere **„Erweiterung"** einer bereits eingetragenen Sicherungshypothek um **89** eine neue Forderung ist nicht möglich; auch nicht „Nachtrag" einer vergessenen Nebenleistung. Es muss ein neuer Antrag gestellt werden; die Forderung muss wieder über 750 Euro liegen und die Hypothek erhält nur den nächstoffenen Rang. Allerdings: Hat das Grundbuchgericht einem Antrag nur teilweise stattgegeben und

---

51 Ob Schöner/Stöber, Grundbuchrecht, Anm. 2218–2220, für die entsprechende Anwendung des § 252 AO eintreten, ist nicht klar ersichtlich. Die Anmerkung Krauthhausen zu AG Osnabrück in Rpfleger 1989, 344 kann nicht herangezogen werden, da dort eine Bundesbehörde im Wege der Rechtshilfe vollstreckte.

kann – z. B. Nachreichung fehlender Unterlagen; Beschwerde-Entscheidung zugunsten der Gemeinde – jetzt der Rest eingetragen werden, bedarf es nicht mehr der Mindestsumme[52]. Die früher eingetragene Zwangshypothek kann nicht „ergänzt" werden; der Nachtrag erfolgt mit dem jetzt noch möglichen Rang. Ist die an sich verzinsliche Hauptforderung unverzinst eingetragen, können die Zinsen in der Veränderungsspalte des Grundbuchs nachgetragen werden. Den Rang bestimmt § 1119 BGB[53].

b) Kein Gesamtrecht

90 Eine Zwangssicherungshypothek als Gesamtrecht auf **mehreren Grundstücken** des (gleichen) Schuldners ist nicht möglich. Hat der Schuldner mehrere Grundstücke, so hat die Gemeinde die Wahl, ob sie nur eines dieser Grundstücke mit der Gesamtforderung belasten will, oder ob sie die Gesamtforderung auf alle oder einige Grundstücke aufteilen will (§ 867 Abs. 2 ZPO). Die Höhe der Teilbeträge unterliegt ihrem Ermessen, sie muss aber die Teilbeträge bereits im Antrag beziffern (§ 867 Abs. 2 Satz 2 ZPO). Auch die einzelnen Teilbeträge müssen den Betrag von 750 Euro übersteigen, also mindestens 750,01 Euro betragen (§ 867 Abs. 2 Satz 2 ZPO).

91 Haften mehrere Personen für die Forderung als **Gesamtschuldner** und haben alle Grundbesitz, so kann die Forderung als Gesamtrecht bei jedem Gesamtschuldner eingetragen werden; bei mehreren Grundstücken eines Gesamtschuldners aber nur einmal, oder aber dort verteilt. Somit kann bei Bruchteilseigentum und Gesamthaft (z. B. Eheleute) eine einheitliche Zwangshypothek am ganzen Grundstück eingetragen werden.

Beispiel:

Die Gemeinde fordert 1.600 Euro. Die Schuldner Hans, Klaus und Friedrich haften als Gesamtschuldner. Hans ist Eigentümer von Grundstück A, Klaus der Grundstücke B und C, Friedrich gehört das Grundstück D.

Die Gemeinde kann nun z. B.

– nur das Grundstück A mit 1.600 Euro belasten,

– nur die Grundstücke B und C mit jeweils 800 Euro (oder auch z. B. mit 751 Euro und 849 Euro) belasten,

– die Grundstücke A und D mit jeweils 1.600 Euro und die Grundstücke B und C mit z. B. 780 Euro und 820 Euro belasten.

---

52 Hock/Klein/Hilbert/Deimann, Immobiliarvollstreckung, Rn. 2017 ff. m. w. N.
53 Hock/Klein/Hilbert/Deimann, Immobiliarvollstreckung, Rn. 2028.

Sie kann aber z. B. nicht

– alle vier Grundstücke mit jeweils 1.600 Euro

– die Grundstücke B und C mit 700 Euro und 900 Euro belasten (700 Euro wäre aufgrund der Mindestbetragsgrenze unzulässig).

Haftet bei **Bruchteilseigentum** nur einer der Miteigentümer, kann nur an dessen **92** Grundstücksbruchteil eine Eintragung erfolgen. Steht das Grundstück in Gesamthandseigentum (z. B. **Erbengemeinschaft),** kann die Sicherungshypothek nur eingetragen werden, wenn die Forderung gegen alle Miteigentümer vollstreckbar ist (wegen einer evtl. **Teilungsversteigerung** nach Pfändung siehe Rn. 641). Ausnahme: Sind die Eheleute Eigentümer in **Gütergemeinschaft,** so kann die Eintragung (am Gesamtgrundstück) auch erfolgen, wenn nur derjenige haftet, der das Gesamtgut der Gütergemeinschaft allein verwaltet – was sich aus dem Gütervertrag ergeben muss – sonst Gesamtverwaltung! – (§ 740 ZPO) – oder aber, wenn der Haftende ein Erwerbsgeschäft betreibt (§ 741 ZPO).

3. Die Verfolgung der Sicherungshypothek

a) Zwangsversteigerung

Will die Gemeinde die Zwangsversteigerung aus der Zwangssicherungshypothek **93** betreiben, so geschieht dies – anders als bei der rechtsgeschäftlich bestellten Grundschuld – im Wege der Verwaltungsvollstreckung. Die erforderlichen Anträge stellt die Vollstreckungsbehörde. Die Vollstreckungsbehörde muss in ihrem Antrag ausdrücklich erklären, dass sie die Anordnung der Zwangsversteigerung im Range der – genau bezeichneten – Sicherungshypothek betreiben will (also „dinglich" vollstrecken) oder aber im Antrag angeben, dass nur persönlich vollstreckt werden soll. Sie kann beides nebeneinander verlangen, was u. U. sinnvoll ist, wenn die Forderung auf mehrere Grundstücke verteilt war, damit ein Gesamtausgebot möglich wird.

Hat zwischen Eintrag und Versteigerungsantrag ein Eigentumswechsel stattgefun- **94** den, so benötigt die Gemeinde zur Vollstreckung im Range der Sicherungshypothek einen **dinglichen Titel,** gleichgültig, ob sie die Hypothek mit ZPO-Titel oder im Wege der Verwaltungsvollstreckung erworben hat.

Bei der Verwaltungsvollstreckung erlangt sie diesen durch Duldungsbescheid gegen den neuen Eigentümer.

Für die Sicherungshypothek mit ZPO-Forderungstitel gilt Folgendes: Im Falle einer **Gesamtrechtsnachfolge** auf Schuldnerseite, also z. B. beim Tod des Schuldners, kann sie diesen Titel gegen den Gesamtrechtsnachfolger umschreiben lassen. Dies muss analog für die Umschreibung im Falle der Insolvenzeröffnung (gegen den Insolvenzverwalter) und im Falle der Verschmelzung (§ 2 Ziff. 1 Umwandlungsgesetz) gegen den „übernehmenden" Rechtsträger gelten.

Wurde jedoch das Grundstück nach Eintragung der Zwangshypothek veräußert, erfordert § 17 ZVG einen Titel gegen den neuen Eigentümer, welcher in diesem Fall nicht durch Umschreibung sondern nur durch dingliche Klage erworben werden kann. Der hinsichtlich der privatrechtlichen Forderung erstrittene Titel bleibt gegen den bisherigen Eigentümer des Grundstücks – und nur gegen diesen – nach wie vor vollstreckbar. Der neue Eigentümer haftet nur mit dem Grundstück, nicht aber persönlich. Um aus der Sicherungshypothek gegen diesen neuen Grundstückseigentümer (Käufer) vollstrecken zu können, muss die Gemeinde sich im Zivilprozess zunächst einen dinglichen Titel (auf Duldung der Zwangsvollstreckung) beschaffen.

b) Keine Anmeldung erforderlich

95 Wird die Zwangsversteigerung von einem anderen Gläubiger betrieben, so braucht die Gemeinde ihre Hypothek hinsichtlich des eingetragenen Kapitalbetrags und der während der Versteigerung auflaufenden Zinsen nicht anzumelden. Sie wird insoweit von Amts wegen berücksichtigt (§ 45 Abs. 1 ZVG) und erhält bei ausreichendem Erlös auch eine Zuteilung. Für rückständige Zinsen und die Kosten der Eintragung ist allerdings Anmeldung erforderlich (Rn. 369).

c) Zwangshypothek und Insolvenz

96 Die Eröffnung des Insolvenzverfahrens nimmt Einfluss auf das Schicksal der Zwangssicherungshypothek. Hat nämlich ein Insolvenzgläubiger im letzten Monat vor dem Antrag auf Eröffnung des Insolvenzverfahrens oder nach diesem Antrag durch Zwangsvollstreckung eine Sicherung an dem zur Insolvenzmasse gehörenden Vermögen des Schuldners erlangt, so wird diese Sicherung (in unserem Fall die Zwangssicherungshypothek) mit der Eröffnung des Verfahrens unwirksam. Handelt es sich um ein Verbraucherinsolvenzverfahren gilt diese Rückschlagsperre für innerhalb der letzten drei Monate vor dem Antrag eingetragene Sicherungsrechte.

Ist eine von der insolvenzrechtlichen Rückschlagsperre erfasste Zwangssicherungshypothek erloschen, bedarf es zu deren Löschung im Grundbuch entweder der Bewilligung des Gläubigers oder eines den in § 29 Abs. 2 GBO genannten Anforderungen genügenden Unrichtigkeitsnachweises; eine Bescheinigung des Insolvenzgerichts über den Zeitpunkt des Eingangs des Antrags, aufgrund dessen das Insolvenzverfahren eröffnet wurde, ist kein solcher Nachweis.[54]

Die Zwangshypothek gewährt der Gemeinde im Insolvenzverfahren ein Absonderungsrecht (§ 49 InsO.) Aufgrund dieses Rechtes kann die Gemeinde im Wege der Zwangsversteigerung oder Zwangsverwaltung ihre Befriedigung aus dem Grundstück suchen. Um die Zwangsversteigerung zur Realisierung des Erlöses zu betreiben bedarf es eines Titels gegen den Verwalter auf Duldung der Zwangsvollstre-

---

54 BGH vom 12. Juli 2012 – V ZB 219/11 – KKZ 2013, 43.

ckung. Dazu Rn. 722. Gibt der Verwalter das Grundstück aus der Masse frei, richtet sich die Zwangsversteigerung gegen den Gemeinschuldner.

Nach § 165 InsO i. V. m. § 172 ZVG ist der Insolvenzverwalter auch selbst berechtigt, die Zwangsversteigerung oder Zwangsverwaltung des mit der Zwangssicherungshypothek belasteten Grundstücks zu betreiben.

4. Weiteres Schicksal der Sicherungshypothek

a) bei Maßnahmen des Verwaltungsgerichts

Das zuständige Verwaltungsgericht kann z. B. in das Schicksal der Hypothek wie   97
folgt eingreifen:

– es hebt den Leistungsbescheid auf;

– es erklärt die Zwangsvollstreckung aus diesem Bescheid für unzulässig oder ordnet deren (endgültige) Einstellung an;

– es ordnet die einstweilige Einstellung der Zwangsvollstreckung unter gleichzeitiger Aufhebung der Vollstreckungsmaßnahme an.

In diesen Fällen erwirbt der Eigentümer (= jetziger Eigentümer bei Eigentumswechsel) die Hypothek (§ 868 ZPO) und zwar als **Eigentümergrundschuld** (§ 1177 BGB). Der Rechtsübergang tritt kraft Gesetzes ein. Die nur noch deklaratorische Umschreibung (Grundbuchberichtigung) erfolgt unter Vorlage der Entscheidung des Verwaltungsgerichts (§ 22 Grundbuchordnung – GBO). Die gerichtliche Entscheidung muss hierfür noch nicht bestandskräftig sein. Hebt ein übergeordnetes Gericht die Entscheidung auf, so erlangt die Gemeinde ihre Hypothek nicht mehr zurück. Die Sicherung ist verloren. Es käme allenfalls Pfändung des Eigentümerrechtes in Betracht, wenn kein Eigentumswechsel stattgefunden hat.

b) bei Zahlung des Schuldners

Zahlt der Schuldner die Forderung, so erwirbt er die Hypothek nach bürgerlichem   98
Recht (§ 1163 Abs. 1 Satz 2 BGB). Auch dieser Rechtsübergang erfolgt kraft Gesetzes, sodass an sich eine Grundbuchberichtigung nach § 22 GBO mit Quittungsnachweis (löschungsfähige Quittung) in Betracht käme. Wegen des noch formell existenten Titels, welcher zur Eintragung geführt hat, werden in der Literatur in diesem Fall gegen eine Berichtigung mit Unrichtigkeitsnachweis Bedenken erhoben. Teilt das Grundbuchgericht diese Bedenken, muss die Gemeinde die Löschung oder die Umschreibung auf den Eigentümer gemäß § 19 GBO bewilligen.

Da die zulässige Eintragung einer Zwangssicherungshypothek auf den Grundstü-   99
cken mehrerer Eigentümer (Gesamtschuldner – hierzu Rn. 91) ein reguläres **Gesamtrecht** schafft, gelten im Falle der Befriedigung der Gemeinde durch **einen** Eigentümer die entsprechenden Vorschriften.

100 Der Eigentümer, welcher die Gemeinde befriedigt, erwirbt an seinem Grundbesitz die Hypothek als Eigentümergrundschuld, die wiederum von anderen Gläubigern (auch von der Gemeinde wegen einer neuen Forderung) gepfändet werden kann und dem gesetzlichen Löschungsanspruch nachstehender Grundpfandgläubiger unterliegt. Am Grundbesitz der Gesamtschuldner erlöschen die Hypotheken; können also dort nicht mehr gepfändet werden. (§ 1173 Abs. 1 Satz 1 BGB).

IV. Die Kosten der Eintragung

1. Die Gerichtskosten für die Eintragung

101 Die **Gerichtskosten** für die Eintragung einer Grundschuld oder einer Zwangssicherungshypothek richten sich nach dem zum 1. August 2013 an die Stelle der Kostenordnung getretenen Gerichts- und Notarkostengesetz) und nicht etwa nach dem Gerichtskostengesetz. Erhoben wird eine volle Gebühr (Nr. 14121 KV zum GNotKG) nach der Tabelle B zu § 34 GNotKG und zwar aus dem Nennbetrag des Grundpfandrechtes sowie etwaigen Auslagen. Kostenschuldner für die Gerichtsgebühren ist zunächst einmal der Antragsteller (§ 22 GNotKG). Daher ist zu unterscheiden, ob es sich um eine Sicherungsgrundschuld oder um eine Zwangssicherungshypothek handelt.

Bei der Zwangssicherungshypothek ist die Gemeinde immer Antragstellerin und muss daher die Kosten (Gebühren und Auslagen) zahlen, wenn sie nicht nach Landesrecht Gebührenfreiheit genießt. Ist dies der Fall, zahlt sie nur evtl. Auslagen; die Gebühr wird dem Schuldner nach § 27 Ziff. 4 GNotKG auferlegt.

Bei der Sicherungsgrundschuld kommt es darauf an, wer den Antrag stellt (also nicht auf die Bewilligung). Genießt die Gemeinde Gebührenfreiheit, soll (nur) sie den Antrag stellen; anderenfalls soll dies der Schuldner tun, der dann auch die Kosten zu übernehmen hat (vgl. hierzu Anhang: Muster A).

Höhe der Eintragungsgebühr

Die Grundgebühr bis zu einem Geschäftswert von 500 Euro beträgt 15 Euro. Sie erhöht sich wie folgt:

bei Wert bis	2.000 Euro	um 4 Euro pro angefangene	500 Euro
bei Wert bis	10.000 Euro	um 6 Euro pro angefangene	1.000 Euro
bei Wert bis	25.000 Euro	um 8 Euro pro angefangene	3.000 Euro
bei Wert bis	50.000 Euro	um 10 Euro pro angefangene	5.000 Euro
bei Wert bis	200.000 Euro	um 27 Euro pro angefangene	15.000 Euro
bei Wert bis	500.000 Euro	um 50 Euro pro angefangene	30.000 Euro

Die Mindestgebühr beträgt 15 Euro (§ 34 Abs. 5 GNotKG).

Rechenbeispiel:

Wert: 9.000 Euro Gebühr: 69 Euro (= 15 Euro + 3×4 + 7×6 Euro)

Wert: 35.000 Euro Gebühr: 135 Euro
                             (= 15 Euro + 3×4 + 8×6 + 5x8 + 2x10 Euro)

Wert: 150.000 Euro Gebühr: 354 Euro
                             (= 15 Euro + 3×4 + 8×6 + 5x8 + 5x10 + 7x27 Euro)

Wert: 410.000 Euro Gebühr 785 Euro
                             (= 15 Euro + 3×4 + 8×6 + 5x8 + 5x10 + 10x27 +
                             7x50 Euro)

2. Kosten bei verteiltem Gesamtrecht

Bei einer Verteilung der Forderung auf mehrere Grundstücke (Rn. 247) müssten an   **102**
sich so viele Gebühren erhoben werden, wie Einträge erfolgen. Dazu wurde bislang die Auffassung vertreten[55] in diesem Sonderfall sei trotz Verteilung auf mehrere Grundstücke nur eine Gebühr aus dem Gesamtbetrag zu erheben.

Nach der Neuregelung der Kosten in Grundbuchsachen ist das jetzt in der Vorbe-
merkung zu Ziff. 1.4 des Kostenverzeichnisses zum GNotKG ausdrücklich geregelt. Demnach gilt als „Eintragung desselben Rechts", auch die Eintragung eines
nicht gesamtrechtsfähigen Rechts bei mehreren Grundstücken", sodass nur eine
volle Gebühr aus dem Gesamtbetrag aller eingetragenen Zwangssicherungshypotheken fällig ist.

Dies gilt ebenso, wenn Zwangshypotheken an je einem Grundstück verschiedener
Eigentümer (Gesamtschuldner) eingetragen wurden. Erfolgten die Einträge bei ver-
schiedenen Grundbuchämtern, ist Nr. 14122 KV zum GNotKG zu beachten. Die
Gebühr für die Eintragung erhöht sich ab dem zweiten für jedes weitere beteiligte
Grundbuchamt um 0,2.

3. Rechtsbehelfe gegen den Kostenansatz

Gegen die gerichtliche Kostenanforderung ist als **Rechtsbehelf** die Erinnerung   **103**
nach § 81 GNotKG vorgesehen. Sie muss beim Grundbuchgericht, nicht aber bei
der Gerichtskasse, eingelegt werden. Es entscheidet zunächst der Rechtspfleger
des Grundbuchgerichts, wenn der Kostenbeamte seinen Kostenansatz nicht auf die
Erinnerung hin von sich aus ändert.

---

55 Korintenberg/Lappe/Bengel/Reimann, KostO, Anm. 15 zu § 63, leider immer noch nicht h. M.

104 Gemäß § 81 GNotKG sowie § 11 Abs. 2 RPflG ist die Entscheidung des Rechtspflegers wie folgt anfechtbar:

105 – Geht es im Gebührenstreit um einen Betrag von mehr als 200 Euro, ist unbefristete Beschwerde zum Landgericht zulässig. In diesem Fall käme bei Zulassung durch das Landgericht eine weitere Beschwerde zum Oberlandesgericht in Betracht.

106 – Wird um 200 Euro oder weniger gestritten, ist innerhalb einer Frist von zwei Wochen Erinnerung zum Grundbuchrichter einzulegen, welcher (falls der Rechtspfleger nicht jetzt noch seine Meinung ändert) den Streit endgültig entscheidet.

4. Notarkosten

107 Für die Beurkundung einer vom Schuldner der Gemeinde bestellten Grundschuld erhebt der **Notar** ebenfalls eine volle Gebühr. Dazu kommen noch erhebliche Auslagen und die Mehrwertsteuer. Landesrechtliche Gebührenbefreiung der Gemeinde kommt hier nicht zum Tragen; ganz abgesehen davon, dass der Notar seine Kosten bei der Beurkundung vom Schuldner verlangen wird.

V. Die „bedingte" Sicherungshypothek für öffentliche Lasten

1. Besonderheit

108 Die öffentlichen Grundstückslasten dürfen als solche nicht im Grundbuch eingetragen werden (§ 54 GBO). Dies ist auch nicht erforderlich, da sie eine bessere Rangklasse (nämlich die Rangklasse 3) als Grundpfandrechte (Rangklasse 4) genießen. Ausnahmen müssen gesetzlich ausdrücklich angeordnet oder zugelassen werden, wie z. B. die Geldleistungen im Umlegungsverfahren nach § 64 Abs. 6 BauGB oder der Bodenschutzvermerk.

109 Solange demzufolge das Vorrecht der Rangklasse 3 nicht erloschen ist, kann eine Sicherungshypothek für die bevorrechtigte Forderung nicht entstehen. Dies wäre für die Gemeinde ärgerlich, weil sie im Falle einer Stundung oder eines Zahlungsverzuges für die vorsorgliche Sicherung ihrer Forderung erst spät tätig werden könnte, nämlich erst nach Verlust des Vorrechts. Es wurde daher nach einem Weg gesucht, für die Leistungspflicht als solche frühzeitig einen Eintrag in einer dem Grundbuchrecht angepassten Form herbeizuführen. Das Ergebnis dieser Überlegung war die „bedingte Sicherungshypothek".

2. Die bedingte Sicherungshypothek

Gemäß § 322 Abs. 5 AO bzw. den gleichlautenden Vorschriften in den Vollstre- **110** ckungsgesetze der Länder[56] wird für noch bevorrechtigte Forderungen (öffentliche Lasten) die Sicherungshypothek mit der Maßgabe eingetragen, dass zwar die Eintragung sofort erfolgt, die Hypothek aber erst entsteht, wenn das Vorrecht wegfällt und die Forderung noch offen steht. Die Hypothek ist also „aufschiebend bedingt", obwohl die Forderung unbedingt ist.

Was bedeutet das?

a) Das Grundpfandrecht wird sofort eingetragen, ist aber noch nicht entstanden. **111** Dennoch bestimmt die Eintragung den Rang (§ 879 BGB). Fällt durch Zeitablauf (hierzu Rn. 23, 215 ff.) das Vorrecht weg, entsteht gleichzeitig die Hypothek im Range des Eintrags, ohne dass noch irgendwelche Anträge zu stellen oder Einträge vorzunehmen wären.

b) Bis zum Wegfall des Vorrechtes behält die Forderung aber die Rangklasse 3. Sie **112** muss nach den hierfür geltenden Regeln verfolgt werden.

c) Unbedingt beachten: Die Sicherungshypothek kann den Verlust der Rangklasse **113** 3 nicht aufhalten! Die Forderung wechselt mit dem Rangverlust von der Rangklasse 3 in die Rangklasse 4. Sie ist dann nur so gut oder so schlecht gesichert, wie dies der Rang der Hypothek ausweist. War also das Grundstück zum Zeitpunkt der Eintragung der bedingten Sicherungshypothek schon so hoch belastet, dass diese Rangstelle keine Zuteilung zu erwarten hatte, ist die Hypothek wertlos. Dies muss bei einer Stundung bevorrechtigter Forderungen gegen Sicherungshypothek unbedingt beachtet werden.

3. Voraussetzungen für die Eintragung

Für die bedingte Sicherungshypothek gelten zunächst die allgemeinen Regeln; **114** also:

Für das vollstreckbare Eintragungsersuchen: Rn. 74 ff.

Für die Mindestforderung: Rn. 82

Für die Verteilung auf mehrere Grundstück: Rn. 90

Für die Kosten: Rn. 101 ff.

---

56 Baden-Württemberg: § 15 LVwVG mit Verweis auf AO. Bayern: Art. 26 Abs. 2 VwZVG. Berlin: § 5 VwVG mit Verweis auf AO. Brandenburg: § 5 VwVG mit Verweis auf AO. Bremen: § 6 BremGVG mit Verweis auf AO. Hamburg: § 70 Abs. 2, Satz 2 VwVG. Hessen: § 58 Abs. 3 VwVG. Mecklenburg-Vorpommern: Art. III Abs. 1 EGVwR mit Verweis auf AO. Nordrhein-Westfalen: § 51 Abs. 1, Satz 3 VwVG. Niedersachsen: § 58 Abs. 5 NVwVG. Rheinland-Pfalz: § 58 Abs. 1, Satz 2 LVwVG. Saarland: § 69 Abs. 2 VwVG. Sachsen: § 15 Abs. 3 VwVG mit Verweis auf AO. Sachsen-Anhalt: § 72 Abs. 5 VwVG. Schleswig-Holstein: § 313 Abs. 2, Satz 2 LVwG. Thüringen: § 38 Abs. 1, Ziff. 4 VwZVG mit Verweis auf AO.

Im Eintragungsersuchen ist anzugeben, dass **die Hypothek mit der aufschiebenden Bedingung eingetragen werden soll und dass das Vorrecht des § 10 Ziff. 3 ZVG erlischt.**

115 Anders als im Zwangsversteigerungsantrag (hierzu Rn. 282 ff.) kann die Gemeinde die bevorrechtigte Forderung beliebig auf mehrere Grundstücke des Schuldners verteilen. Sie ist nicht daran gebunden, die Forderung jenen Grundstücken zuzuweisen, auf welchen sie dinglich entstanden ist. Dies folgt daraus, dass ja das Recht nicht in Rangklasse 3, sondern in Rangklasse 4 zur Entstehung gelangt.

Zum Erreichen der Mindestsumme des § 866 Abs. 3 ZPO wird es als zulässig erachtet, dass bedingte und unbedingte Forderungen zusammen gerechnet werden also z. B. fällige Grundsteuer und Hundesteuer. Die Praxis sieht darin keinerlei Probleme und weit verbreitet wird solchen Anträgen der Vollstreckungsbehörden entsprochen. In der Kommentierung zur Grundbuchordnung wird die Frage der Eintragungsfähigkeit ebenfalls bejaht [57].

Es ist auch überhaupt nicht nachvollziehbar, was der Zusammenrechnung von bedingten und unbedingten Forderungen entgegen stehen könnte. Wird eine Zwangssicherungshypothek für grundsätzlich privilegierte Forderungen wie Grundsteuern eingetragen, geschieht das regelmäßig mit dem Zusatz, dass die Hypothek dadurch aufschiebend bedingt ist, dass Vorrecht des § 10 Abs. 1 Ziff. 3 ZVG also wegfällt, bevor die Forderung erlischt.

Tatsächlich wird in solchen Fällen aber vom Grundbuchamt nicht geprüft, ob für die ihrer Art nach grundsätzlich bevorrechtigten Ansprüche, wie beispielsweise Grundsteuern, tatsächlich noch das Vorrecht des § 10 Abs. 1 Ziff. 3 ZVG besteht, diese also nicht älter als zwei Jahre sind.

In vielen Fällen dürfte bis zum Zeitpunkt der Eintragung der Vorrechtszeitraum schon teilweise abgelaufen sein, sodass bei der Eintragung ohnehin schon bedingte und unbedingte Ansprüche in der selben Hypothek enthalten sind.

Mit voranschreitender Zeit werden immer weitere Teilansprüche aus dem Vorrechtszeitraum fallen, was dazu führt, dass aus bedingten Hypothekenteilen unbedingte werden. Der Wandel der bedingten zur unbedingten Zwangssicherungshypothek erfolgt also schrittweise, wodurch im Umwandlungszeitraum immer eine Mischung aus bedingten und unbedingten Anteilen der Zwangssicherungshypothek vorhanden sein wird, bis sich die bedingte Zwangssicherungshypothek in eine in vollem Umfang unbedingte verwandelt hat.

Schon alleine weil bei jeder als „bedingt" eingetragenen Zwangssicherungshypothek nach und nach unbedingte Anteile entstehen und es somit zu einem Nebeneinander von „bedingt" und „unbedingt" kommt, sollten einer von Anfang an „ge-

---

57 Meikel, GBO, Rn. 73 zu § 54.

mischt" eingetragenen Zwangssicherungshypothek keine rechtlichen Gründe entgegen stehen.

Natürlich muss im Antrag genau angegeben werden, für welchen Forderungsteil infolge des Privilegs zunächst nur eine bedingte Hypothek eingetragen werden soll.

4. Die Rechtsverfolgung aus der bedingten Sicherungshypothek

Ein Zwangsversteigerungsantrag kann aus der Sicherungshypothek erst nach Eintritt der Bedingung (= Wegfall der Rangklasse 3) gestellt werden. Bis dahin aber kann die privilegierte Forderung ohne Rücksicht auf die Hypothek nach den allgemeinen Regeln durch Antrag auf Zwangsversteigerung oder Anmeldung geltend gemacht werden. Wegen der Anmeldung der Sicherungshypothek in der Zwangsversteigerung siehe Rn. 95. 116

Wird die Zwangsversteigerung durchgeführt bevor der **Rangverlust** eingetreten ist, muss die Forderung wie üblich angemeldet werden. § 45 Abs. 1 ZVG ersetzt die Anmeldung nicht! 117

Beispiel:

Im Grundbuch ist eine bedingte Sicherungshypothek für die Grundsteuer der Jahre 2011 und 2012 mit je 800 Euro eingetragen. Die erste Grundstücksbeschlagnahme war am 20. Februar 2014.

Es ergibt sich folgende Konstellation:

– Nicht mehr privilegiert sind 800 Euro für 2011, daher jetzt Rangklasse 4.

– Noch privilegiert sind 800 Euro für 2012 sowie die Beträge für 2013 und ab 2014.

Die Gemeinde muss also die Grundsteuer für 2012 und für die folgenden Fälligkeiten unbedingt in Rangklasse 3 anmelden, wobei die Forderung für 2011, welche kein Vorrecht mehr genießt aber aufgrund der Sicherungshypothek in Rangklasse 4 zu berücksichtigen ist, nicht angemeldet werden muss (hierzu Rn. 370).

Unterlässt die Gemeinde im Vertrauen auf den Grundbucheintrag die Anmeldung für 2012 und der Erlös würde ausreichen, um die Sicherungshypothek abzudecken, so würden die 800 Euro für 2011 aus dem Erlös befriedigt, da insoweit die Hypothek durch Wegfall des Vorrechts entstanden ist.

Die Grundsteuer für 2012 in Höhe von 800 Euro kann jedoch nicht berücksichtigt werden, da aus Rangklasse 4 keine Befriedigung erfolgen kann, weil die Hypothek als solche noch nicht entstanden ist. In Rangklasse 3 fehlt es an der Anmeldung, daher Rangverlust nach § 110 ZVG. Aufmerksame Vorgesetzte könnten den Bediensteten der Vollstreckungsstellen bei dieser Konstellation leicht grobe Fahrlässigkeit vorwerfen, was im Regelfall sogar mit einer Schadensersatzforderung verbunden sein kann.

5. Weiteres Schicksal der bedingten Sicherungshypothek

118 Erlischt die Forderung (z. B. durch Schuldnerzahlung), bevor das Vorrecht weggefallen ist, kann die Hypothek nicht entstehen. Sie wird also nicht zur Eigentümergrundschuld (und kann daher nicht wegen einer neuen Forderung gepfändet werden). Erlischt die Forderung später, gelten die allgemeinen Regeln.

119 Es ist für den Bestand der Hypothek unschädlich, wenn nach der Eintragung ein Teil der Forderung erlischt und die Hypothek daher nur noch für einen Betrag von weniger als 750,01 Euro zur Entstehung gelangt[58]. Hat der Vollstreckungsschuldner mehrere Grundstücke, so gilt die Beschränkung auf eine „bedingte Sicherungshypothek" nur für jeweils jene Beträge, welche an diesem Grundstück entstanden sind. Die Gemeinde hat die Möglichkeit, an den anderen Grundstücken eine unbedingte Sicherung vornehmen zu lassen. Nach der hier vertretenen Auffassung kann sie jedoch nicht gleichzeitig an einem Grundstück eine bedingte und am anderen Grundstück eine unbedingte Sicherungshypothek verlangen, da sie sonst nach Eintritt der Bedingung (Wegfall des Privilegs) eine gesetzlich nicht gewollte **Doppelsicherung** hätte. Bei Zwangssicherungshypotheken wegen privatrechtlicher Forderungen wird eine Doppelsicherung dadurch verhindert, dass die Eintragung der Zwangssicherungshypothek auf dem Vollstreckungstitel vermerkt wird bzw. eine Eintragungsnachricht mit dem Titel verbunden wird. Der Vermerk verhindert, dass für die selbe Forderung eine weitere Zwangssicherungshypothek eingetragen wird. Bei öffentlich-rechtlichen Forderungen funktioniert diese Kontrolle deshalb nicht, weil für dieselbe Forderung beliebig viele Vollstreckbarkeitsbescheinigungen bzw. vollstreckbare Ersuchen ausgestellt werden können.

Beispiel:

120 Die Gemeinde fordert 2.000 Euro für Ausbaubeiträge, zahlungsfällig seit einem Jahr und entstanden am Bauplatz des Schuldners in X-Dorf. Der Schuldner ist auch Eigentümer eines Hauses in Y-Stadt. Die Gemeinde kann nun entweder am Bauplatz in X-Dorf eine bedingte Sicherungshypothek über 2.000 Euro oder am Haus in Y-Stadt eine unbedingte Sicherungshypothek über 2.000 Euro bzw. als weitere Alternative am Bauplatz eine bedingte Sicherungshypothek über z. B. 800 Euro und am Haus eine unbedingte Sicherungshypothek über 1.200 Euro eintragen lassen; nicht aber 2.000 Euro an beiden Grundstücken.

121 Da die Hypothek nicht entstanden ist, wenn die Forderung vor Wegfall des Privilegs erlischt, ist die Löschung im Grundbuch nur Grundbuchberichtigung. Hier müsste eine Quittung der Gemeinde (mit Siegel) genügen, aus welcher sich die

---

58 Meikel, GBO, Rn. 70 zu § 54.

Identität der bezahlten mit der gesicherten Forderung eindeutig ergibt (löschungsfähige Quittung – § 22 GBO). Da hier das dingliche Recht nicht entstanden ist, kann die formelle Fortgeltung des Titels kein Hindernis sein. Den Antrag auf Grundbuchberichtigung sollte aus Kostengründen der Schuldner stellen. In Betracht käme aber auch eine Löschung von Amts wegen (auf Anregung der Gemeinde) nach § 84 Abs. 1 und 2 Ziff. a GBO, da das Recht nicht entstanden ist und auch nicht mehr entstehen kann. Dies wäre nach § 69 Abs. 1 Satz 2 KostO gebührenfrei.

Für die **Gerichtskosten** gelten bei der bedingten Sicherungshypothek im Übrigen keine Besonderheiten.

VI. Die Rechtsbehelfe

1. Vorbemerkung

Die Tätigkeit des „Grundbuchgerichtes" ist Gerichtsbarkeit im Sinne der Rechtsordnung und keine Verwaltungstätigkeit. Deshalb ist der eingebürgerte Ausdruck „Grundbuchamt" missverständlich. Besser wäre in diesem Fall, „Grundbuchgericht" zu sagen, wie man ja auch „Nachlassgericht" oder „Vormundschaftsgericht" sagt. 122

Daraus ergibt sich, dass die Rechtsbehelfe jene der Gerichtsbarkeit sein müssen. Die Tätigkeit des Rechtspflegers unterliegt seiner sachlichen Unabhängigkeit. (§ 9 RPflG). Die Verwaltung (Amtsvorstand) kann ihm keine sachlichen Weisungen erteilen. Insoweit ist eine Bitte an den Dienstvorstand (z. B. Direktor des Amtsgerichts), ihn zu einer bestimmten Entscheidung zu veranlassen, unzulässig. Eine Dienstaufsichtsbeschwerde wäre allenfalls geeignet, den Rechtspfleger zur Entscheidung in angemessener Zeit anzuhalten oder aber ungehörige Formulierungen zu rügen. 123

2. Die Rechtsbehelfe der Gemeinde

Der Rechtspfleger ist nicht befugt, die sachliche Berechtigung der gewünschten Vollstreckungsmaßnahme zu überprüfen. Seine formelle Prüfungspflicht bezüglich des Eintragungsersuchens der Gemeinde beschränkt sich auf folgende Punkte: 124

– Unterliegt die Forderung dem Verwaltungsvollstreckungsverfahren?
– Sind die Voraussetzungen im Antrag bestätigt?
– Ist die ersuchende Behörde allgemein berechtigt, ein Ersuchen im Verwaltungsvollstreckungswege zu stellen?
– Sind Unterschrift und Siegel (§ 29 Abs. 3 GBO) vorhanden?

Er darf z. B. nicht prüfen, ob (bei Gütergemeinschaft) der Vollstreckungsschuldner das Gesamtgut allein verwaltet oder ein Erwerbsgeschäft betreibt[59]. 125

---

59 BayObLG vom 28. Februar 1984 – BReg. 2 Z 13/84 – Rpfleger 1984, 232.

126 Sodann prüft er die grundbuchmäßige Voraussetzung, ob der im Ersuchen genannte Schuldner im Grundbuch als Eigentümer eingetragen ist bzw. ob die vorgenannten besonderen Vollstreckungsvoraussetzungen der ZPO vorliegen. Für Vollstreckung nach dem Tod des Schuldners siehe Rn. 685 ff.

127 Lehnt der Rechtspfleger die Eintragung der Zwangshypothek ab oder begehrt er im Wege der Zwischenverfügung Unterlagen, die er nicht verlangen darf, hat die Gemeinde hiergegen die unbefristete Beschwerde des § 71 Abs. 1 GBO, über welche gemäß § 72 GBO nach nicht erfolgter Abhilfe gemäß § 75 GBO das Oberlandesgericht entscheidet.

128 Der Rechtspfleger kann auch noch nach Einlegung der Beschwerde seine Entscheidung zugunsten der Gemeinde ändern (abhelfen).

129 Gegen die Entscheidung des Urkundsbeamten (z. B. bei Verweigerung der Grundbucheinsicht) ist die Erinnerung zum Grundbuchrechtspfleger (also nicht mehr zum Richter) möglich (§ 12c Abs. 4 GBO). Eine Dienstaufsichtsbeschwerde ist hier fehl am Platz.

130 Der Rechtspfleger ist zwar nicht befugt, den Urkundsbeamten dahin gehend anzuweisen, seine Ansicht zu ändern. Er kann aber in eigener Befugnis die gewünschte Handlung selbst vornehmen (z. B. die verweigerte Akteneinsicht gewähren), wenn er das Verlangen der Gemeinde als berechtigt ansieht.

3. Die Rechtsbehelfe des Schuldners

131 Da das Gericht nicht befugt ist, die verwaltungsvollstreckungsrechtlichen Voraussetzungen zu prüfen, kann der Schuldner beim Grundbuchgericht keinen Rechtsbehelf einlegen, wenn er deren Fehlen rügt. In Betracht kämen nur die Rechtsbehelfe des Verwaltungsrechts. Weil jedoch der Leistungsbescheid regelmäßig bestandskräftig sein dürfte, ist dies nur ausnahmsweise möglich, so z. B. wenn Besonderheiten als Vollstreckungsvoraussetzung vorgetragen sind oder das Landesrecht im konkreten Fall eine Immobiliarvollstreckung nicht zulässt.

132 Rügt der Schuldner dagegen die Voraussetzungen, welche das Gericht zu prüfen hat, so kann er gegen die (eingetragene) Sicherungshypothek Beschwerde beim Grundbuchgericht mit dem Ziel einlegen,

– einen Widerspruch einzutragen (§ 53 GBO), wenn der Eintrag aufgrund einer Verletzung des Gesetzes erfolgte oder

– die Sicherungshypothek zu löschen, wenn sie sich als erkennbar inhaltlich unzulässig (z. B. für weniger als 750,01 Euro) erweist (§ 71 Abs. 2 GBO).

133 Wurde ein solcher Widerspruch eingetragen bevor ein „gutgläubiger Erwerb" stattgefunden hat, kann anschließend die Löschung verlangt werden[60].

---

60 BayObLG vom 28. Februar 1984 – BReg. 2 Z 13/84 – Rpfleger 1984, 232.

Kapitel C
Die Verfolgung der Gemeindeforderung in der Zwangsversteigerung

I. Das „geringste Gebot"

1. Begriff

Für jeden Versteigerungstermin muss das Gericht ein **„geringstes Gebot"** errech-   134
nen. Dies ist der Betrag, mit welchem die Versteigerung beginnen darf. Ein unter
diesem Betrag liegendes Gebot müsste der Rechtspfleger zurückweisen (§§ 71
Abs. 1, 44 Abs. 1 ZVG). Es ist vom Wert des Grundstücks völlig unabhängig, und
darf nicht verwechselt werden mit den „Zuschlagsgrenzen" der §§ 74a, 85a ZVG.

Das geringste Gebot setzt sich zusammen aus den im § 109 Abs. 1 ZVG genannten   135
Gerichtskosten des Verfahrens und jenen Forderungen, die einen besseren Rang
haben als der bestberechtigte aller Gläubiger, welche die Versteigerung „betreiben", die also für ihre Forderung einen Anordnungs- oder Beitrittsbeschluss erwirkt
haben.

Merke: Der Grundstückswert ist für die Höhe des geringsten Gebotes völlig gleich-   136
gültig. Das geringste Gebot kann durchaus auch höher sein als der Wert des
Grundstücks!

2. Die Berechnung des geringsten Gebotes

a) Suche nach dem bestberechtigten Gläubiger

Wenn das geringste Gebot neben den Verfahrenskosten aus den Forderungen jener   137
Gläubiger besteht, deren Rang besser ist als der Bestberechtigte aller Gläubiger, so
beginnt die Berechnung damit, diesen Gläubiger zu suchen. Hierzu gelten folgende Grundsätze:

Nur Gläubiger, welche einen Anordnungs- oder Beitrittsbeschluss erwirkt haben,   138
kommen für die „Zäsur" in Betracht. **Ein Gläubiger – besser bezeichnet als Berechtigter –, der seine Forderung nur angemeldet hat, kann das geringste Gebot nicht
bestimmen.**

Gläubiger, die den Versteigerungsantrag zurückgenommen haben, oder denen ge-   139
genüber das Verfahren einstweilen eingestellt ist, bleiben ebenfalls außer Betracht.
Sie können jedoch selbst im geringsten Gebot stehen, wenn ihr Rang besser ist als
jener des bestberechtigten „betreibenden Gläubigers".

Schließlich bleiben noch jene Gläubiger außer Betracht, deren Anordnungs- oder   140
Beitrittsbeschluss oder (im Falle einer einstweiligen Einstellung) Fortsetzungsbe-

schluss dem Schuldner nicht wenigstens vier Wochen vor dem Termin zugestellt ist (§ 44 Abs. 2 ZVG). Aber auch sie können im geringsten Gebot stehen.

141 Bleibt nach dieser Prüfung kein Gläubiger übrig, muss das Gericht den Versteigerungstermin aufheben. Bleibt nur ein Gläubiger übrig, so bestimmt dieser das geringste Gebot. Bleiben mehrere Gläubiger übrig, muss nun deren Rang geprüft werden, wobei zunächst die Rangklasse entscheidend ist.

142 Hat die Gemeinde für eine privilegierte Forderung (öffentliche Last) rechtzeitig Versteigerungsantrag gestellt, so wird sie so gut wie immer[61] „besten Rang" haben und daher das geringste Gebot bestimmen.

143 Innerhalb der Rangklassen gelten für den Vorrang folgende Regeln:

Rangklasse 3: Alle Gläubiger haben untereinander Gleichrang.

Rangklasse 4: Es entscheidet der „Grundbuchrang" gem. § 879 BGB (§ 11 Abs. 1 ZVG).

Rangklasse 5: Es entscheidet die frühere „Beschlagnahme" (§ 11 Abs. 2 ZVG).

Zur Beschlagnahme siehe §§ 20, 22 ZVG.

b) Wer hat einen noch besseren Rang?

144 Das Gericht muss die Verfahrenskosten berechnen und feststellen, welche Berechtigten mit ihren angemeldeten oder von Amts wegen zu berücksichtigenden Ansprüchen einen noch besseren Rang haben als der wie vorstehend festgestellte „bestberechtigte betreibende Gläubiger". So ergibt sich das geringste Gebot.

145 **Merke:** Die Forderung des Gläubigers, der das „geringste Gebot" bestimmt, kommt selbst **nicht** ins geringste Gebot. Bei ihm beginnt das Risiko der Versteigerung. Das geringste Gebot schützt nur die dem betreibenden Gläubiger vorgehenden Berechtigten vor einem Nachteil durch die Verwertung eines nachrangigen Gläubigers.

Wird also in einem Verfahren lediglich der Betrag des geringsten Gebots erreicht und darauf der Zuschlag erteilt, bekommen nur die vorgehenden Berechtigten Geld. Der Gläubiger geht in einem solchen Fall leer aus.

c) Das „bestehenbleibende Recht"

146 Kommt nach dieser Feststellung ein Recht der Rangklasse 4 (also ein Recht, das im Grundbuch eingetragen ist) ins geringste Gebot, so wird das Stammrecht nicht in bar eingesetzt. Vielmehr muss der Ersteigerer das Recht übernehmen; es wird also nicht gelöscht. Es handelt sich hier um ein sog. „bestehenbleibendes Recht".

---

61 Falls nicht eine WEG-Gemeinschaft aus der Rangklasse 2 betreibt!

Zum besseren Verständnis soll dies an folgendem **Beispiel** erklärt werden:
Das Grundstück ist laut Grundbuch wie folgt belastet:

Hypothek	A:	20.000 Euro
Grundschuld	B:	50.000 Euro
Grundschuld	C:	60.000 Euro

Die Gemeinde hat wegen der (nicht privilegierten) Gewerbesteuer die Versteige- **147** rung beantragt. Sie hat außerdem 500 Euro privilegierte Grundsteuer angemeldet. Der Gläubiger B ist wegen seiner Grundschuld (50.000 Euro und 5.000 Euro Zinsen) dem Verfahren rechtzeitig beigetreten. Zur Hypothek A wurden 2.000 Euro Zinsen angemeldet.

Da die Gemeinde nur Rangklasse 5 beanspruchen kann, geht Grundschuld B (da **148** Rangklasse 4) dem Recht der Gemeinde im Range vor. Dass die Gemeinde zuerst kam und einen Anordnungsbeschluss erwirkte, während Gläubiger B nur einen Beitrittsbeschluss erwirkt hat, ist nicht maßgebend. Es entscheidet einzig und allein der bessere Rang.

Gläubiger B bestimmt demzufolge das geringste Gebot.

Im geringsten Gebot stehen demnach:

– an erster Stelle die Verfahrenskosten, sagen wir	3.000 Euro
– an zweiter Stelle die Grundsteuer (Rangklasse 3)	500 Euro
– an dritter Stelle die Zinsen von A mit	2.000 Euro
Das Mindestbargebot beträgt somit	5.500 Euro

Als bestehenbleibendes Recht steht das Recht A mit 20.000 Euro ebenfalls im ge- **149** ringsten Gebot, welches sich zusammensetzt aus dem

Mindestbargebot:	5.500 Euro
und dem bestehenbleibenden Recht A:	20.000 Euro

Will nun jemand das Grundstück ersteigern, müssen wenigstens 5.500 Euro geboten werden, wobei die Hypothek A zusätzlich zu übernehmen ist. Weniger geht nicht. Ob das Grundstück später auch zu diesem Preis zugeschlagen werden kann, entscheiden die §§ 74a, 85a ZVG (dazu Rn. 411, 417).

Variante 1:

150 Angenommen, die Gemeinde hatte die 500 Euro Grundsteuer nicht nur angemeldet, sondern deshalb die Versteigerung beantragt. Die Folge wäre, dass keiner einen besseren Rang als die Gemeinde hätte und insoweit nur die Verfahrenskosten dem Anspruch der Gemeinde vorgehen.

Also: Mindestbargebot = Verfahrenskosten = 3.000 Euro – keine bestehenbleibenden Rechte!

Variante 2:

151 Es betreibt nur die Gemeinde aus der Gewerbesteuer. Angemeldet ist die Grundsteuer sowie Zinsen aus Hypothek A : 2.000 Euro; aus Grundschuld B: 5.000 Euro und aus Grundschuld C: 6.000 Euro.

Es ergibt sich folgende Berechnung:

Verfahrenskosten	3.000 Euro
Grundsteuer:	500 Euro
Zinsen A:	2.000 Euro
Zinsen B:	5.000 Euro
Zinsen C:	6.000 Euro
Mindestbargebot:	16.500 Euro
Bestehenbleibende Rechte: A + B + C =	130.000 Euro

152 **Risiko:** Ist niemand bereit, unter Berücksichtigung der bestehenbleibenden Rechte für das Grundstück 146.500 Euro auszugeben, bleibt die Versteigerung ergebnislos und die Gemeinde zahlt die Verfahrenskosten. Auch bei Gebührenfreiheit können diese (Auslagen) noch sehr hoch sein! Hätte die Gemeinde den Versteigerungsantrag auch aus der Grundsteuer gestellt, hätte sie zwar voraussichtlich die Gewerbesteuer nicht bekommen (da hierzu ein Gebot von mehr als 146.500 Euro erforderlich gewesen wäre!), das Grundstück wäre aber wahrscheinlich versteigert worden und sie hätte die Kosten gespart.

3. Risiken der Gemeinde

a) Verschiedene Gläubiger in Rangklasse 3

153 Können gleich mehrere öffentlich-rechtlichen Gläubiger wegen privilegierter Forderungen Versteigerungsanträge stellen[62], so kann ein Gläubiger den anderen aus

---

62 In Rheinland-Pfalz z. B. die Verbandsgemeindekasse und die Kreisverwaltung.

dem geringsten Gebot drängen, weil ja alle Forderungen der Rangklasse 3 untereinander gleichen Rang haben und nur die vorgehenden Ansprüche ins geringste
Gebot fallen. Absprachen unter den Gläubigern der Rangklasse 3 sind geboten!

b) Gemeinde bringt eigenes im Grundbuch eingetragenes Recht zum Erlöschen

Zu den Einträgen im Grundbuch gehören nicht nur die Grundpfandrechte (3. Ab- **154**
teilung des Grundbuchs), sondern auch die Rechte, welche in der 2. Abteilung eingetragen sind, also z. B. Wegerechte, Wohnungsrechte, Leibgeding, etc. (wegen
des Erbbauzinses siehe Rn. 600 ff.). Sie alle haben Rangklasse 4. Wenn nun die
Gemeinde aus einer privilegierten Forderung die Versteigerung beantragt, so
drängt sie alle vorgenannten Rechte aus dem geringsten Gebot mit der Folge, dass
diese erlöschen. Ein unüberlegter Versteigerungsantrag aus der Rangklasse 3 kann
also z. B. dazu führen,

- dass ein Wegerecht erlischt, das für die Gemeinde wichtig ist,

- dass ein Wohnungsrecht erlischt und die Oma hierdurch evtl. sozialhilfebe-
  dürftig wird, oder

- dass bei der Versteigerung eines von der Kommune ausgegebenen Erbbaurechts eine Erbbauzinsreallast erlischt, weil aus einem Rangklasse-3-Anspruch
  betrieben wird.[63]

In Frage kämen dann Anträge auf **„abweichende Versteigerungsbedingungen"** **155**
(§ 59 ZVG) oder beim Altenteil bzw. Leibgeding auch die Sonderregelung in § 9
EGZVG i. V. m. Landesrecht. Abweichende Versteigerungsbedingungen sind sehr
schwierig durchzusetzen und sollten unbedingt rechtzeitig vorher mit dem Rechtspfleger erörtert werden.

Wegen der im Baulastverzeichnis eingetragenen Rechte siehe Rn. 158 ff.

c) Gemeinde hat verschiedene Ansprüche in Rangklasse 3

Hat die Gemeinde mehrere privilegierte Forderungen, z. B. Erschließungsbeitrag **156**
und Grundsteuer, kommt keine ins geringste Gebot, wenn sie auch nur aus einer
der Forderungen betreibt. Sie kann aber natürlich z. B. aus den Erschließungsbei-
trägen betreiben und die Grundsteuer anmelden. Im geringsten Gebot steht diese
dann zwar nicht; reicht der Erlös aber aus, wird beides bezahlt.

d) Insolvenzverwalter betreibt die Zwangsversteigerung (§§ 172 ff. ZVG)

Stehen der Insolvenzmasse Forderungen mit dem Rang des § 10 Abs.1 Ziff. 1a ZVG **156a**
zu, kann der das Verfahren betreibende Insolvenzverwalter verlangen, dass außer
den Kosten des § 109 ZVG nur die Forderungen der Rangklasse 1 in das geringste

---

63 Zu den Folgen siehe Goldbach, KKZ 2014, 157.

Gebot kommen (§ 174a ZVG). Die privilegierten Forderungen der Gemeinde (Rangklasse 3) stehen dann nicht im geringsten Gebot, werden jedoch in der genannten Rangklasse später aus dem Erlös beglichen, falls dieser hierzu ausreicht. Hat das Grundstück keinen besonderen Wert, die Gemeinde aber hohe Forderungen, muss sie unter Umständen mitbieten, wenn sie Interesse daran hat, das Grundstück lieber zu ersteigern, als einen Einnahmeverlust zu erleiden. In jedem Fall sollte sie den Versteigerungstermin aber wahrnehmen, soweit es sich um eine Versteigerung nach § 172 ZVG handelt.

e) Risiko, wenn ein Objekt nach WEG versteigert wird!

156b Seit 1. Juli 2007 haben gewisse „Hausgeld-Ansprüche" die Rangklasse 2 und damit Vorrang auch vor den privilegierten Ansprüchen der Gemeinde. Einzelheiten dazu Rn. 736 ff. Wenn also die Versteigerung aus einem solchen Vorrang betrieben wird, muss die Gemeinde den Termin wahrnehmen, da ihre Forderung nicht durch das geringste Gebot gesichert ist und ohne Zahlung erlöschen könnte. Als Gegenmaßnahme käme – zumal die Forderung der WEG-Gemeinschaft meist nicht allzu hoch sein wird – Folgendes in Betracht:

– Mitbieten, bis die eigene Forderung „ausgeboten" ist, oder

– die Forderung der WEG-Gemeinschaft „ablösen". Dazu Rn. 348a.

4. Rechtsbehelfe

157 Gegen die Nichtaufnahme einer Forderung in das geringste Gebot gibt es keinen Rechtsbehelf; insbesondere gibt es keine Erinnerung zum Richter nach § 11 RPflG, obwohl die Entscheidung auch unanfechtbar wäre, wenn sie der Richter erlassen hat. Auch eine Erinnerung nach § 766 ZPO ist nicht möglich. Es handelt sich um eine „unselbständige Zwischenentscheidung", welche nach § 95 ZVG nicht anfechtbar ist. War das geringste Gebot falsch, so kann mit dieser Begründung nur der Zuschlag angefochten werden (§ 83 Ziff. 1 ZVG). Dies aber auch nur dann, wenn nur so der Fehler korrigiert werden kann. Reicht der Erlös zur „richtigen" Verteilung aus, wird kaum eine Zuschlagsversagung in Betracht kommen. Vielmehr ist dann der Streit im Verteilungstermin auszutragen.

5. Das Baulastverzeichnis

158 Unter **„Baulast"** versteht man eine öffentlich-rechtliche Verpflichtung des Grundstückseigentümers, etwas zu tun, zu dulden oder zu unterlassen. Diese Verpflichtung kann in manchen Bundesländern in ein (kommunales) Verzeichnis eingetragen werden (Baulastverzeichnis), welches bei der Bauaufsichtsbehörde geführt wird.

159 Das Schicksal eines solchen Rechtes in der Zwangsversteigerung ist rechtlich immer noch ungeklärt. Jedenfalls kann die Entscheidung des BVerwG vom 29. Okto-

ber 1992[64] so nicht rechtens sein, weil sie keine Rücksicht auf die bereits im Grundbuch eingetragenen Rechte nimmt. Einem Grundstückseigentümer würde so die Möglichkeit eingeräumt, ein Grundpfandrecht nachträglich wertlos zu machen.

Nach der hier vertretenen Auffassung kann der Eintrag allgemein keinen Bestand **160** haben, wenn der Gläubiger aus einem vorher erlangten Recht betreibt[65]. In diese Richtung geht auch die Entscheidung des OVG Münster[66], das Einträgen nach dem Zwangsversteigerungsvermerk keinen Bestand einräumt. Man wird aber auch nach der Art der eingetragenen Verpflichtung unterscheiden müssen. Einträge über Verpflichtungen, die auch den Ersteher aus öffentlich-rechtlichen Erwägungen treffen, können Bestand haben; solche die freiwillig übernommen wurden, können die bereits eingetragenen Rechte nicht beeinträchtigen. Der Grundpfandgläubiger wird kaum hinnehmen müssen, dass der Schuldner zeitlich nach dem Grundpfandrecht, z. B. durch Übernahme der Parkplatzpflichten des Nachbargrundstücks, sein eigenes Grundstück wertlos macht.

Jedenfalls unterliegen diese Fragen nicht der Beurteilung des Vollstreckungsge- **161** richts. Sie sind vielmehr im Verwaltungsrechtsstreit seitens des Erstehers oder des Grundpfandgläubigers zu klären. Das Gericht sollte einen Auszug aus dem Baulastverzeichnis fordern und im Versteigerungstermin bekannt geben. Ob es hierzu verpflichtet ist, erscheint fraglich.

6. Der Bodenschutzvermerk[67]

Wurden öffentliche Mittel zur Gefahrenabwehr aufgewendet (insbesondere Besei- **161a** tigung von **Altlasten),** entsteht ein Anspruch auf einen Ausgleichsbetrag, der als „öffentliche Last" auf dem Grundstück ruht. Ausnahmsweise wird die Existenz, nicht aber die Höhe der Forderung, im Grundbuch in der zweiten Abteilung eingetragen. Ist die Gemeinde Berechtigte des Ausgleichsbetrages, hat sie Folgendes[68] zu beachten:

– ist die Forderung bereits der Höhe nach festgestellt (also fällig), muss sie zum Versteigerungstermin in Rangklasse 3 angemeldet werden und wird aus dem Erlös bezahlt. Versäumte Anmeldung bedeutet Forderungsverlust. Der Ersteher muss nicht zahlen.

– Ist die Forderung noch nicht anmeldbar, da der Höhe nach nicht festgestellt (und somit noch nicht fällig), trifft die Zahlungspflicht den Ersteher. An sich muss die Gemeinde nichts unternehmen. Es ist jedoch ein „Erfordernis des An-

64 BVerwG vom 29. Oktober 1992 – 4 B 218/92 – Rpfleger 1993, 208.
65 So auch Stöber, ZVG, Rn. 6.5 zu § 66 ZVG.
66 NJW 1996, 1362, hierzu auch Böttcher, ZVG, Rn. 7a zu § 56.
67 Gesetz zum Schutz des Bodens (BBodSchG), BGBl. 1998 I, 502.
68 Mayer, RpflStudHeft 1999, 108.

standes", dem Gericht unverbindlich zur Bekanntgabe im Versteigerungstermin mitzuteilen, was bis jetzt über Umfang der Arbeiten und mutmaßlicher Höhe der Forderung gesagt werden kann.

– Die Gemeinde muss in jedem Fall vermeiden, dass die Festsetzung (Fälligkeit) zwischen Versteigerungstermin und Zuschlag eintritt. Konnte mangels Bezifferung keine Anmeldung zum Versteigerungstermin erfolgen – jene erst zum Verteilungstermin hätte Rangverlust § 110 ZVG – haftet der Ersteher nicht, weil die Fälligkeit vor dem Zuschlag eingetreten ist. Die Gemeinde hat die dingliche Sicherheit verloren. Ihr haftet nur noch der bisherige Grundstückseigentümer persönlich.

161b Der Bodenschutzvermerk wird in der Zwangsversteigerung nicht gelöscht, wenn der Ersteher für den zukünftigen Ausgleichsbetrag haftet, da ja die öffentliche Last an seinem Grundstück fortbesteht. Dies gilt auch dann, wenn die Arbeiten bereits abgeschlossen, aber am Zuschlagstag noch nicht abgerechnet (festgestellt) sind.

II. Die Anmeldung der Forderung

1. Allgemein

162 Das Zwangsversteigerungsgesetz unterscheidet hinsichtlich der Anmeldung zwischen solchen Forderungen, die von Amts wegen zu berücksichtigen sind und solchen, die einer gesonderten Anmeldung bedürfen (§ 9 ZVG).

163 Neben dem die Zwangsversteigerung betreibenden Gläubiger (gleich ob Anordnungs- oder Beitrittsgläubiger) muss auch derjenige Beteiligte am Verfahren, für den zum Zeitpunkt der Eintragung des Vollstreckungsvermerks ein Recht im Grundbuch eingetragen ist, seine Forderungen nicht zu dem Verfahren anmelden. Eine Berücksichtigung erfolgt vielmehr von Amts wegen durch das Vollstreckungsgericht. Zu den Beteiligten, die ihre Rechte nicht gesondert anmelden müssen, gehören insbesondere Berechtigte aus Hypotheken, Grundschulden, Reallasten, Grunddienstbarkeiten, beschränkten persönlichen Dienstbarkeiten, Nießbrauch, Dauerwohnrecht usw.

164 Alle anderen Gläubiger, welche zum Zeitpunkt der Eintragung des Vollstreckungsvermerks nicht im Grundbuch eingetragen sind, werden erst durch die Anmeldung **Beteiligte** am Verfahren. Hierzu gehören insbesondere auch die Gemeinden hinsichtlich ihrer Forderungen aus öffentlichen Grundstückslasten (Rn. 2 ff.), die aus dem Grundbuch nicht ersichtlich sind.

165 Bei den Gemeinden, die ihre öffentlich-rechtlichen Geldforderungen im Verwaltungszwangsverfahren vollstrecken, werden die erforderlichen Anträge des Gläubigers auf Vollstreckung in das unbewegliche Vermögen durch deren Vollstreckungsbehörden gestellt. Nach den Bestimmungen der Gemeindekassenverordnungen i. V. m. den Verwaltungsvollstreckungsgesetzen handelt es sich hierbei um eine unentziehbare Aufgabe der Gemeinde- bzw. Kreiskassen, d. h., eine Übertragung der Vollstreckung öffentlich-rechtlicher Geldforderungen auf eine andere Stelle, insbesondere einen Dritten (z. B. ein privates Inkasso-Büro) ist ausgeschlossen. Will die Gemeinde lediglich eine Forderung aus einer öffentlichen Last zum Verfahren **anmelden,** ist hierzu nicht unbedingt die Einschaltung der Vollstreckungsbehörde erforderlich, d. h. in Hessen und Thüringen kann die Anmeldung auch von der Gemeindekasse vorgenommen werden, obwohl die Vollstreckung auf den Landkreis (Kreiskasse) delegiert wurde.

In den einzelnen Bundesländern werden die Aufgaben der Vollstreckungsbehörde **166** von folgenden Stellen wahrgenommen:

Baden-Württemberg

Nach § 4 LVwVG i. V. m. § 1 Abs. 1 Satz 2 GemKVO sind grundsätzlich die Ge-   **167** meindekassen selbst zuständig. Das Verfahren richtet sich gem. § 15 LVwVG nach § 322 AO.

Bayern

In Bayern, wo gem. Art. 26 Abs. 2 BayVwZVG – von einigen Ausnahmen abgese-   **168** hen – grundsätzlich ohnehin die ordentlichen Gerichte für die Vollstreckung zu ständig sind, werden die entsprechenden Anträge an das Amtsgericht nach Art. 24 i. V. m. Art. 26 BayVwZVG von den Gemeinden gestellt. Das gesamte Verfahren richtet sich dann nach den Bestimmungen der ZPO.

Berlin

Gemäß § 5 Abs. 2 VwVfG Berlin gelten für das Vollstreckungsverfahren der Behör-   **169** den Berlins die Bestimmungen des Verwaltungsvollstreckungsgesetzes des Bundes entsprechend, wobei die Befugnisse von den Finanzämtern wahrgenommen werden. Das Verfahren hinsichtlich der Vollstreckung in das unbewegliche Vermögen richtet sich nach § 5 Abs. 1 VwVG (Bund) i. V. m. § 322 AO.

Brandenburg

Die amtsfreien Gemeinden, Ämter, Landkreise und kreisfreien Städte nehmen die   **170** Befugnisse der Vollstreckungsbehörde gem. § 17 Abs. 2 VwVG wahr. Das Verfahren richtet sich gem. § 22 Abs. 1 VwVG nach den Bestimmungen der Abgabenordnung (§ 322).

Bremen

Nach § 5 BremGVG sind Vollstreckungsbehörden und somit für die Anträge auf   **171** Zwangsversteigerung zuständig:

a) für das Land und die Stadtgemeinde Bremen, das Finanzamt Bremen Mitte,

b) für die Stadtgemeinde Bremerhaven und die Stadtwerke Bremerhaven AG, der Magistrat und

c) für das stadtbremische Überseehafengebiet Bremerhaven, das Finanzamt Bremerhaven.

Durch die Verweisung in § 6 BremGVG sind für das Verfahren die Bestimmungen der AO (§ 322) anzuwenden.

Hamburg

172 In Hamburg sind die Bezirksämter für die Vollstreckung von Geldforderungen zuständig (§ 4 HambVwVG). Das Verfahren richtet sich nach § 70 VwVG (mit Verweisung auf ZPO).

Hessen

173 Nach § 16 Abs. 1 HessVwVG sind grundsätzlich die Kassen der Gemeinden und Landkreise für die Vollstreckung zuständig. Allerdings haben in Hessen die meisten Kommunen von ihrem Recht Gebrauch gemacht, die Befugnisse der Vollstreckungsstelle auf die Kasse des Landkreises zu übertragen, dem sie angehören (§ 16 Abs. 2). Der Kreis (Kreiskasse) ist dann insoweit originäre Vollstreckungsbehörde der kreisangehörigen Gemeinde mit der Folge, dass auch nur er (für die Gemeinde) berechtigt ist, entsprechende Anträge beim Amtsgericht zu stellen. Für die Vollstreckung in das unbewegliche Vermögen gelten die Bestimmungen des § 58 HessVwVG, der hinsichtlich des Verfahrens auf die ZPO verweist.

Mecklenburg-Vorpommern

174 Gemäß § 111 des Verwaltungsverfahrens-, Zustellungs- und Vollstreckungsgesetzes des Landes Mecklenburg-Vorpommern gelten für die Vollstreckung öffentlichrechtlicher Geldforderungen die §§ 1 bis 3 und 5 des Verwaltungsvollstreckungsgesetzes des Bundes, die hinsichtlich der Vollstreckung in das unbewegliche Vermögen wiederum auf die Bestimmungen der §§ 322, 323 AO verweisen. Zuständig für die Anträge sind

– der Landrat bei dem Landkreis,

– der Bürgermeister bei der amtsfreien Gemeinde,

– der Amtsvorsteher bei der amtsangehörigen Gemeinde und dem Amt und

– der Verbandsvorsteher bei dem Zweckverband.

Niedersachsen

175 Die Befugnisse der Vollstreckungsbehörde werden in Niedersachsen nach § 6 NVwVG von den Kassen der Gemeinden und Landkreise ausgeübt. Durch eine Verweisung in § 58 NVwVG gelten für das eigentliche Verfahren die Bestimmungen der ZPO.

Nordrhein-Westfalen

Bei den Gemeinden, Kreisen und Landschaftsverbänden sind deren Kassen gem. 176
§ 2 VwVG NRW für die Vollstreckung in das unbewegliche Vermögen zuständig.
Die Zwangsvollstreckung erfolgt gem. § 51 VwVG NRW nach den Vorschriften für
gerichtliche Zwangsvollstreckungen (ZPO).

Rheinland-Pfalz

Die Anträge zu den Zwangsversteigerungsverfahren werden gem. § 59 Abs. 2 177
LVwVG von der Vollstreckungsbehörde gestellt, wobei sich das Verfahren nach der
ZPO richtet. Die Stadt- und Verbandsgemeindekassen sowie die Kassen der ver-
bandsfreien kreisangehörigen Gemeinden nehmen die Befugnisse der Vollstreckungsbehörde genauso wahr, wie die Kreiskassen.

Saarland

Die Kassen der Städte und Gemeinden stellen gem. § 69 Abs. 1 letzter Satz SVwVG 178
die entsprechenden Anträge, wobei sich das Verfahren nach der ZPO richtet.

Sachsen

Die Anträge werden von den Kassen der Städte und Gemeinden selbst gestellt, die 179
in Sachsen die Befugnisse der Vollstreckungsbehörde wahrnehmen. Maßgebend
sind gem. § 15 Abs. 1 Nr. 3 SächsVwVG die Bestimmungen der Abgabenordnung
(§ 322). Aufgrund der Verweisung in § 322 AO richtet sich das Verfahren nach der
ZPO.

Sachsen-Anhalt

Nach § 6 VwVG LSA sind die Kassen der Gemeinden und Landkreise befugt, ent- 180
sprechende Anträge hinsichtlich der Vollstreckung in das unbewegliche Vermögen
zu stellen. Aufgrund der Verweisung in § 58 VwVG LSA richtet sich das Verfahren
nach den Bestimmungen der ZPO.

Schleswig-Holstein

Vollstreckungsbehörden sind nach § 263 LVwG 180a

1. für Forderungen des Landes und der der Aufsicht des Landes unterstehenden
   Körperschaften des öffentlichen Rechts ohne Gebietshoheit und rechtsfähige
   Anstalten und Stiftungen des öffentlichen Rechts, die durch Gesetz oder durch
   Verordnung der Landesregierung bestimmten Behörden,

2. für Forderungen des Kreises der Landrat,

3. für Forderungen der amtsfreien Gemeinde die Bürgermeisterin oder der Bürgermeister,

4. für Forderungen der amtsangehörigen Gemeinde oder des Amtes die Amtsdirektorin oder der Amtsdirektor, in ehrenamtlich verwalteten Ämtern die Amtsvorsteherin oder der Amtsvorsteher.

Das Verfahren hinsichtlich der Vollstreckung in das unbewegliche Vermögen richtet sich nach § 313 LVwG, wobei die Anträge von der entsprechenden Vollstreckungsbehörde zu stellen sind.

Thüringen

181 Nach § 36 Abs. 1 ThürVwZVG sind die Kassen der Gemeinden, Landkreise, Verwaltungsgemeinschaft sowie eines Zweckverbandes für die Anträge zuständig. Genauso wie in Hessen, so sind auch die Gemeinden in Thüringen nach § 36 Abs. 2 ThürVwZVG berechtigt, die Befugnisse der Vollstreckungsbehörde auf die Kasse des Landkreises, dem sie angehören, zu delegieren, soweit ihre eigene Verwaltungskraft zur Übernahme hierzu nicht ausreicht. Machen die Gemeinden von dieser Möglichkeit Gebrauch, so ist einzig und allein die Kreiskasse berechtigt, entsprechende Anträge zu stellen. Für die Vollstreckung in das unbewegliche Vermögen gelten aufgrund der Verweisungsvorschrift in § 38 Abs. 1 Nr. 4 ThürVwZVG die Bestimmungen der §§ 322, 323 AO, die hinsichtlich des gesamten Verfahrens wiederum auf die ZPO verweisen.

2. Leistungsbescheid

182 Anders als jeder private Gläubiger benötigt die Gemeinde hinsichtlich der Vollstreckung ihrer öffentlich-rechtlichen Geldforderungen und solcher privatrechtlichen Forderungen, die nach einigen Verwaltungsvollstreckungsgesetzen im Verwaltungswege beigetrieben werden können (Rn. 57) keinen gesonderten Titel.[69] Der in der Zivilvollstreckung geforderte Titel wird hier vielmehr ersetzt durch die Erklärung (Bescheinigung) über die **Vollstreckbarkeit der Forderung.**

183 Erforderlich ist ein **Leistungsbescheid,** durch den der Schuldner zur Leistung aufgefordert worden ist, die Leistung muss fällig sein, der Schuldner muss grundsätzlich gemahnt worden und die in der Mahnung gesetzte Frist (eine Woche) verstrichen sein.

184 Will die Gemeinde – ausgenommen jener zivilrechtlicher Forderungen, die nach einigen Verwaltungsvollstreckungsgesetzen im Verwaltungswege vollstreckt werden dürfen – wegen einer rein zivilrechtlichen Forderung (z. B. aus Schadenersatz) die Vollstreckung in das unbewegliche Vermögen betreiben, so benötigt sie hierzu wie jeder private Gläubiger einen gesonderten Titel. Gleiches gilt, wenn sie ein Eigentümerrecht gepfändet hat und daraus die Vollstreckung betreibt[70].

---

69 OVG NRW vom 19. Juni 2012 – 14 B 1137/11 – KKZ 2013, 16.
70 Stöber, ZVG, Rn. 38.2 zu § 15.

3. Form und Zeitpunkt der Anmeldung

Da für die Anmeldung eine besondere Form nicht vorgeschrieben ist, gelten die **185** allgemeinen Regeln der ZPO. Die Anmeldung erfolgt insofern

– grundsätzlich schriftlich; Dienstsiegel ist zwar nicht vorgeschrieben, aber empfehlenswert, da das Gericht insoweit der Verpflichtung enthoben wird, die Berechtigung des Anmeldenden nachzuprüfen. Der Rechtspfleger ist für eine rechtzeitige Anmeldung dankbar!

– per Fax; dies sollte wirklich nur auf eilige Fälle begrenzt werden.

– mündlich zu Protokoll der Geschäftsstelle (ist grundsätzlich nicht üblich).

– mündlich im Termin (sollte auf Ausnahmen beschränkt werden).

Telefonische Anmeldung ist nur möglich, wenn der Urkundsbeamte, wozu er jedoch nicht verpflichtet ist (streitig), sich bereit erklärt, über das Gespräch ein Protokoll aufzunehmen.

Aus der Anmeldung muss ersichtlich sein, um welche Forderung es sich handelt. **186** Daneben ist die Höhe des Betrages sowie der beanspruchte Rang anzugeben. Die Angabe der Fälligkeit ist zwar nicht zwingend erforderlich, aber dennoch sinnvoll, da hierdurch u. U. erforderliche Rückfragen des Rechtspflegers (etwa hinsichtlich der Überprüfung der zeitlichen Begrenzung der öffentlichen Lasten) vermieden werden. Der Antrag bzw. die Anmeldung sind stets an das jeweilig zuständige Vollstreckungsgericht zu richten. Auf Verlangen eines anderen beteiligten Gläubigers ist die Forderung glaubhaft zu machen[71], was allerdings nach h. M.[72] insbesondere bei Behörden dadurch geschieht, dass dem Antrag neben einer Bescheinigung über die Vollstreckbarkeit der Forderung (bei reiner Anmeldung nicht erforderlich) eine spezifizierte Aufstellung (Rechtsgrund, Betrag, Fälligkeit, Rang) beigefügt wird. Nach der gesetzlichen Regelung kann das Vollstreckungsgericht eine Glaubhaftmachung der angemeldeten Forderung nicht verlangen.

Für den Fall, dass Zwangsversteigerung und Zwangsverwaltung nebeneinander her **187** laufen, muss ersichtlich und erkennbar sein, ob sich die Anmeldung auf eines dieser Verfahren, bejahendenfalls auf welches, oder auf beide Verfahren bezieht. Bei Anmeldung zu einem der Verfahren kann dies auch für das andere gedacht sein, weil ja eine bestimmte Form nicht vorgeschrieben ist. Bestehen seitens des Gerichts Zweifel, so ist es zweckmäßig, wenn das Gericht eine Rückfrage an die Vollstreckungsbehörde richtet und bis zur Klärung den Anmeldenden bei Zustellungen und Mitteilungen zunächst als Beteiligten behandelt, um etwaige Haftungen auszuschließen.

---

71 Stöber, ZVG, Rn. 4.1 zu § 45.
72 Stöber, ZVG, Rn. 6.21 zu § 10.

188 Für die zeitliche Begrenzung bei der Anmeldung von Forderungen muss grundsätzlich unterschieden werden, ob eine Anmeldung die Berücksichtigung des Rechtes im Verfahren erst ermöglicht oder ob sie ein anmeldefreies Recht beziffert. Im letztgenannten Fall genügt die Anmeldung im Verteilungstermin. Zu denken ist hier z. B. an die Bezifferung der Forderung für ein erloschenes Recht, welches nicht auf Kapitalzahlung gerichtet ist (z. B. ein erloschener Erbbauzinsanspruch oder ein erloschenes Wegerecht; auch die Anmeldung, dass ein Grundpfandrecht nur noch teilweise geschuldet wird).

189 **Spätester Zeitpunkt der Anmeldung** für alle übrigen Forderungen, insbesondere derjenigen der Rangklasse 3 (öffentliche Lasten) ist vor der Aufforderung zur Abgabe von Geboten im Zwangsversteigerungstermin. Anmeldungen, die später eingehen, sind zwar noch entgegenzunehmen, sind aber im Rang nach allen anderen Ansprüchen zu befriedigen[73]. Ist eine Anmeldung – weshalb auch immer – unterblieben, so bedeutet dies die Nichtberücksichtigung des Anspruchs.

190 Bei der Anmeldung von Forderungen muss die Vollstreckungsbehörde darauf achten, dass nach § 47 Abs. 1 ZVG die laufenden Beträge wiederkehrender Leistungen für die Zeit bis zum Ablauf von zwei Wochen nach dem Versteigerungstermin in das geringste Gebot aufzunehmen und daher auch anzumelden sind. Endpunkt der wiederkehrenden Leistungen eines in das geringste Gebot aufgenommenen Anspruchs ist nach § 56 ZVG und § 103 BGB der Tag vor dem Zuschlag; vom Zuschlag an (dieser Tag eingeschlossen) hat der Ersteher die Lasten zu tragen. Unter Berücksichtigung des § 56 Satz 2 ZVG werden die rückständigen wiederkehrenden Leistungen (z. B. Grundsteuern) nur bis einschl. des Tages vor dem Versteigerungstermin angemeldet. Um aber die Frist des § 47 ZVG zu wahren, müssen dann die Leistungen für fünfzehn und nicht etwa vierzehn Tage im geringsten Gebot hinzugerechnet werden, da die Frist ja erst am vierzehnten Tag nach dem Versteigerungstermin endet[74]. Ist demnach der Versteigerungstermin z. B. auf den 21. Mai terminiert, so meldet die Vollstreckungsbehörde die Grundsteuer bis einschl. 20. Mai zuzüglich 15 Tage, also bis 4. Juni, anteilmäßig zu dem Verfahren an. Empfehlenswert ist, wenn die Gemeinde dem Rechtspfleger über die „14-Tagesfrist" des § 47 hinaus, noch die weiteren (auf den Tag umgerechneten) wiederkehrenden Leistungen zur Kenntnis bringt, da ansonsten vielleicht einmal die Gefahr besteht, dass doch einmal ein Gericht feststellt, die öffentlichen Lasten wären über den konkret angegebenen Berechnungstag hinaus nicht angemeldet[75].

191 Die Anmeldung einer Forderung gilt an sich für die gesamte Dauer des Versteigerungsverfahrens. Da aber im Laufe eines Versteigerungsverfahrens meist neue Forderungen fällig werden (z. B. laufende Grundsteuern oder Vorauszahlungen), wird

---

73 § 110 ZVG; vgl. auch Hintzen, Immobiliarzwangsvollstreckung, Rn. 637.
74 Ebd.
75 Storz/Kiderlen, Zwangsversteigerung, TH 4.4.6 zu C.

zu einem neuen Versteigerungstermin auch immer eine neue Anmeldung erforderlich werden.

4. Was kann angemeldet werden? (Rangklassen)

Ein Recht auf Befriedigung aus dem Grundstück gewähren die Ansprüche nach 192
§ 10 ZVG. Andere Ansprüche, insbesondere der Anspruch eines persönlichen
Gläubigers, welcher das Verfahren nicht selbst betreibt, werden nicht berücksichtigt.

Nicht anzumelden sind die **Verfahrenskosten** (§ 109 ZVG) sowie die zum Zeit- 193
punkt der Eintragung des Zwangsversteigerungsvermerks aus dem Grundbuch ersichtlichen Rechte, die genauso wie auch die laufenden wiederkehrenden Leistungen aus diesen Rechten von Amts wegen berücksichtigt werden.

Anzumelden sind insbesondere 194

– alle Rechte aus dem Grundbuch, die nach dem Zwangsversteigerungsvermerk
eingetragen wurden;

– alle dinglichen Rechte, die nicht aus dem Grundbuch ersichtlich sind (**öffentliche Lasten**) oder ohne Eintragung im Grundbuch entstehen (z. B. Sicherungshypothek i. S. v. § 848 Abs. 2 ZPO);

– die Ansprüche auf **rückständige** wiederkehrende und einmalige Leistungen,
unabhängig davon, ob das Recht vor oder nach dem Zwangsversteigerungsvermerk im Grundbuch eingetragen ist;

– die Kosten der dinglichen Rechtsverfolgung, insbesondere die von der Gemeinde tatsächlich gezahlten Gerichtskosten für die Anordnung oder den Beitritt sowie die für das Verfahren evtl. aufgewendeten Rechtsanwaltskosten, die
Kosten für einen zur Vorbereitung benötigten Grundbuchauszug und evtl. einer
Flurkarte.

– evtl. in der Zwangsverwaltung geleistete Vorschüsse.

Die Zwangsversteigerung dient nicht allein der Befriedigung des betreibenden 195
Gläubigers, sondern auch anderer Gläubiger, die ihm sogar vorgehen können. Für
die Befriedigung besteht daher eine bestimmte Rangordnung unter den Gläubigern.

Der **Ranggrundsatz** ist der wohl wichtigste Grundsatz im gesamten Zwangsverstei- 196
gerungsverfahren. Vereinfacht ausgedrückt besagt er, dass der jeweils rangbessere
Gläubiger zunächst voll befriedigt wird, ehe der Nächste in der Rangfolge eine
Zahlung erhält.

Die **Rangordnung** verschiedener Rechte in derselben Rangklasse und die Rangord- 197
nung gleicher Rechte untereinander wird in den § 11, 12 ZVG geregelt. Hiernach
haben die in Rangklasse 3 (bzw. Rangklasse 7) anzumeldenden öffentlichen

Grundstückslasten unter sich gleichen Rang[76]. Für die Rangklassen 4, 6 oder 8 ist das Rangverhältnis maßgebend, welches unter den Rechten besteht. Die dinglichen Rechte haben hierbei in ihrer jeweiligen Klasse im Verhältnis zu Rechten derselben Klasse grundbuchmäßigen Rang, also nach § 879 BGB, und zwar in derselben Grundbuchabteilung nach der Reihenfolge der Eintragung, in verschiedenen Abteilungen nach dem Eintragungstag, bei gleichem Eintragungstag gleichrangig. In der Rangklasse 5 richten sich die Ansprüche in ihrem Rangverhältnis zueinander nach dem Zeitpunkt der Beschlagnahme.

198 Soweit der Gemeinde ein Privileg zusteht (öffentliche Last), muss sie die Forderung so genau bezeichnen, dass das Gericht das Privileg erkennen und prüfen kann. Ein ausdrücklicher Hinweis auf eine Vorrechtsrangklasse ist zwar nicht erforderlich, aber dienlich.

199 Nach § 10 Abs. 1 ZVG werden insgesamt acht Rangklassen untergliedert. Die Kosten des Verfahrens werden außerhalb der Rangklassen vorweg befriedigt (§ 109 Abs. 1 ZVG).

Rangklasse 1

200 In der Vorrechtsrangklasse 1 sind die Ansprüche der Gläubiger auf Ersatz ihrer Ausgaben zur Erhaltung oder nötigen Verbesserung des Grundstücks zu erstatten. Die Betonung liegt hier auf „Erhaltung oder nötigen Verbesserung des Grundstücks". Hieraus folgt, dass die als Vorschuss geleisteten Ausgaben auch tatsächlich der Erhaltung oder Verbesserung des Objekts unmittelbar dienen. Ein Gläubiger, der Ausgaben getätigt hat, die das in der Zwangsversteigerung befindliche Objekt verbessern oder erhalten und die sich in der Höhe des Versteigerungserlöses niederschlagen können, soll gegenüber dinglich gesicherten Gläubigern nicht dadurch benachteiligt werden, dass möglicherweise nur diesen eine durch nützliche Aufwendungen bewirkte Wertsteigerung des Grundstücks zugute kommt. Vielmehr soll der Gläubiger, der Ausgaben zur Erhaltung und Verbesserung des Objekts erbracht hat, an einer Wertsteigerung des Objektes auch partizipieren können. Wenn sich Ausgaben, die der Gläubiger als Vorschuss in der Zwangsverwaltung gezahlt hat, nicht unmittelbar auf den Wert des Objektes auswirken, besteht kein Grund für eine bevorrechtigte Befriedigung in der Zwangsversteigerung. Unter diesem Gesichtspunkt können z. B. durch den Gläubiger als Vorschuss gezahlte Hausgebühren (Müllabfuhrgebühren, Wassergeld etc.) in der Zwangsversteigerung nicht in der Rangklasse 1 zum Zuge kommen.

201 Zur Rangklasse 1 gehören insbesondere Ausgaben für erforderliche Gebäudereparaturen, Instandsetzungskosten, Kosten zur Vervollständigung eines Neubaues oder der Fertigstellung vermieteter Räume, Vorschüsse zur Anschaffung von

---

76 Stöber, ZVG, Rn. 2 zu § 11.

Dünge und Futtermitteln oder zur Bezahlung von Versicherungen, die beschlagnahmte Gegenstände betreffen. Auch Zinsen, die dem Gläubiger zur Beschaffung des Vorschusses entstanden sind, werden in dieser Rangklasse berücksichtigt.

Entstehen während der Zwangsverwaltung Kosten der **Ersatzvornahme** (siehe Rn. 552), die erforderlich sind, um das Grundstück nutzbar zu machen, so sind die hierfür geleisteten Vorschüsse ebenfalls der Rangklasse 1 zuzuordnen.   202

Das Vorrecht der Rangklasse 1 kann allerdings nur dann beansprucht werden, wenn die Zwangsverwaltung auch bis zum Zuschlag im Zwangsversteigerungsverfahren angedauert hat. Beide Verfahren (Zwangsverwaltung und Zwangsversteigerung) laufen insoweit nebeneinander her. Will ein Gläubiger der Rangklasse 1 seine Forderungen im Zwangsversteigerungsverfahren insoweit geltend machen, darf er keinesfalls die Zwangsverwaltung vor dem Zuschlag zurücknehmen.   203

Da die Ansprüche aus dem Grundbuch nicht ersichtlich sind, müssen sie von dem Gläubiger rechtzeitig, spätestens im Versteigerungstermin vor der Aufforderung zur Abgabe von Geboten, zu dem Verfahren angemeldet werden.   204

Rangklasse 1a

Im Falle einer Zwangsversteigerung, bei der das Insolvenzverfahren über das Vermögen des Schuldners eröffnet wurde, werden an dieser Rangstelle die zur Insolvenzmasse gehörenden Ansprüche auf Ersatz der Kosten der Feststellung der beweglichen Gegenstände, auf die sich die Versteigerung erstreckt, geltend gemacht (§§ 170, 171 InsO). Die Kosten sind pauschal mit 4 % des Verwertungserlöses (§ 74a Abs. 5 Satz 2 ZVG) anzusetzen. Die Rede ist hier von den Zubehörgegenständen, die zusammen mit dem Grundstück zur Zwangsversteigerung anstehen. Diese Kosten werden auf Anmeldung durch den Insolvenzverwalter in Vorrangposition bei der Erstellung des geringsten Gebotes und bei der Verteilung der Insolvenzmasse berücksichtigt[77].   204a

Rangklasse 2

Dieser Vorrang kommt nur in Betracht, wenn ein Objekt nach dem WEG (Eigentumswohnung oder Teileigentum) versteigert wird. Einzelheiten Rn. 736 ff.   205

Bei den Forderungen, die in dieser Rangklasse zu berücksichtigen sind, handelt es sich um die im Falle der Vollstreckung in Wohnungseigentum fälligen Ansprüche auf Zahlung der Beiträge zu den Lasten und Kosten des gemeinschaftlichen Eigentums oder des Sondereigentums, die nach § 16 Abs. 2 („Jeder Wohnungseigentümer ist den anderen Wohnungseigentümern gegenüber verpflichtet, die Lasten des gemeinschaftlichen Eigentums sowie die Kosten der Instandhaltung, Instandsetzung, sonstigen Verwaltung und eines gemeinschaftlichen Gebrauchs des gemein-

---

77 Einzelheiten: Stöber, ZVG, Rn. 3 zu § 10.

schaftlichen Eigentums nach dem Verhältnis seines Anteils (Absatz 1 Satz 2) zu tragen.")‚ § 28 Abs. 2 und 5 des Wohnungseigentumsgesetzes geschuldet werden, einschl. der Vorschüsse und Rückstellungen sowie der Rückgriffsansprüche einzelner Wohnungseigentümer.

Das Vorrecht erfasst hier die laufenden und die rückständigen Beträge aus dem Kalenderjahr der Beschlagnahme und den letzten zwei davor liegenden Kalenderjahren (siehe hierzu ausführlich Rn. 736 ff). Allerdings ist das Vorrecht einschl. aller Nebenleistungen nach § 10 Abs. 1 Nr. 2 begrenzt auf Beträge in Höhe von nicht mehr als fünf Prozent des nach § 74a Abs. 5 festgesetzten Wertes.

Bei der Schaffung des Vorrechts für die Wohnungseigentümer nach dem WEG ist sich der Gesetzgeber bewusst gewesen, dass die dinglich berechtigten Gläubiger benachteiligt werden: er hat dies jedoch u. a. wegen der betragsmäßigen Begrenzung des Vorrangs auf 5 Prozent des festgesetzten Verkehrswertes des Versteigerungsobjekts für angemessen gehalten. Als unangemessen und deshalb nicht gerechtfertigt anzusehen ist es demnach, wenn den Grundpfandrechtsgläubigern die Fünfprozentgrenze übersteigenden Ansprüche in der Rangklasse 2 des § 10 Abs. 1 ZVG vorgehen. Dies wäre nicht nur der Fall, wenn ein einziger, 5 Prozent des festgesetzten Verkehrswerts übersteigender Hausgeldanspruch in voller Höhe der Rangklasse 2 zugeordnet würde, sondern auch dann, wenn mehrere solcher Ansprüche, die zusammen mehr als die maßgeblichen 5 Prozent ergeben, ebenfalls vollständig in die Rangklasse 2 gehörten.

Daran ändert sich auch nichts dadurch, wenn nach der betragsmäßig vollständigen Ausschöpfung des Vorrechts ein Dritter die Forderungen ablöst und später neue Hausgeldansprüche der Rangklasse 2 zugeordnet werden[78]. Denn obwohl in diesem Fall den Ansprüchen der Grundpfandrechtsgläubiger (Rangklasse 4 des § 10 Abs. 1 ZVG) Hausgeldansprüche in der Rangklasse 2 wiederum höchstens bis zu der Fünfprozentgrenze vorgehen, müssten sie wegen der bereits früher erfolgten Ablösung anderer Forderungen einen höheren Betrag als diese 5 Prozent aufwenden, um den Vorrang durch die Ablösung auch der neuen Forderungen zu beseitigen. Bei lange andauernden Zwangsversteigerungsverfahren, während derer immer neue Hausgeldansprüche gegen die Schuldner entstehen, hätte die Zuordnung dieser neuen Ansprüche zu der Rangklasse 2 die Folge, dass die Grundpfandrechtsgläubiger zur Rettung ihrer Rechte immer wieder die Forderungen ablösen müssten, obwohl die Fünfprozentgrenze längst überschritten ist. Das ist für sie unzumutbar und sollte ihnen von dem Gesetzgeber auch nicht zugemutet werden. Deshalb muss nach Ansicht des BGH[79] in diesem Fall der Grundsatz der Einmaligkeit gelten; Hausgeldansprüche können nur einmal der Rangklasse 2 des § 10 Abs. 1 ZVG bis zur Höhe von 5 Prozent des festgesetzten Verkehrswerts des Ver-

---

78 BGH vom 4. Februar 2010, Rpfleger 2010, 333.
79 Ebd.

steigerungsobjekts zugeordnet werden, selbst wenn die Forderungen zwischenzeitlich von nachrangigen Grundpfandrechtsgläubigern abgelöst wurden.

Nach § 10 Abs. 3 müssen zur Vollstreckung mit dem Range der Rangklasse 2 die dort genannten Beträge die Höhe des Verzugsbetrages nach § 18 Abs. 2 Nr. 2 des Wohnungseigentumsgesetzes („der Wohnungseigentümer sich mit der Erfüllung seiner Verpflichtungen zur Lasten- und Kostentragung (§ 16 Abs. 2) in Höhe eines Betrages, der drei vom Hundert des Einheitswertes seines Wohnungseigentums übersteigt, länger als drei Monate in Verzug befindet") übersteigen, wobei für die Vollstreckung ein Titel genügt, aus dem die Verpflichtung des Schuldners zur Zahlung, die Art und der Bezugszeitraum des Anspruchs sowie seine Fälligkeit zu erkennen sind.

Die Mindesthöhe bestimmt sich nach § 10 Abs. 3 Satz 1 ZVG i. V. m. § 18 Abs. 2 Nr. 2 WEG nicht nach dem Verkehrswert der zu versteigernden Wohnung, sondern nach deren Einheitswert. Damit ist der nach §§ 2 Abs. 1 Sätze 1 und 2, 9 BewG festzusetzende Wert wirtschaftlicher Einheiten gemeint. Das ergibt sich aus der Bezugnahme auf den in den steuerrechtlichen Bewertungsvorschriften verwandten Begriff des Einheitswertes, vor allem aber daraus, dass das Wohnungseigentumsgesetz in seiner Ursprungsfassung in dem damaligen § 61 WEG die bewertungsrechtliche Behandlung von Wohnungseigentum ausdrücklich, wenn auch nicht vollständig, regelte. Dass die Vorschrift heute in § 93 BewG aufgegangen ist, ändern an dem inhaltlichen Bezug von § 18 Abs. 2 Nr. 2 WEG zum steuerlichen Bewertungsrecht nichts.

Den Nachweis der Vollstreckungsvoraussetzungen hat der Gläubiger mit Hilfe von Urkunden zu erbringen (§ 16 Abs. 2 ZVG). Dies ist hinsichtlich des Einheitswerte nur durch die Vorlage eines Einheitswertbescheids beim Vollstreckungsgericht möglich, den aber der Gläubiger wegen des in § 30 AO vorgesehenen Steuergeheimnisses ursprünglich nicht bekommen konnte.

Nach Änderung der §§ 18 Abs. 2 WEG und 10 Abs. 3 ZVG steht das Steuergeheimnis einer Bekanntgabe des Einheitswerte nicht entgegen. Der Gläubiger hat einen Anspruch auf Mitteilung des Einheitswerte durch die Finanzbehörden, wenn er einen Vollstreckungstitel vorlegt.

Liegt demgemäß der Eigentumswohnung ein Einheitswert von 25.000 Euro zu Grunde, so ist die Zwangsversteigerung aus dieser Rangklasse nur möglich, soweit der Schuldner mit mehr als 750 Euro über einen Zeitraum von mehr als drei Monate rückständig ist (der Mindestbetrag ist unbeachtlich, wenn aus dieser Rangklasse „nur" angemeldet wird).

Rangklasse 3

206 Die Rangklasse 3 ist die Rangklasse, der die kommunalen Vollstreckungsbehörden die größte Bedeutung beizumessen haben, da hier die Ansprüche auf Entrichtung der **öffentlichen Grundstückslasten** (Rn. 2 ff.) berücksichtigt werden.

207 Die öffentliche Last, die grundsätzlich nicht im Grundbuch eingetragen wird (Rn. 108), ruht auf dem Grundstück. Ab dem Tag des Zuschlags hat der Ersteher gem. § 56 ZVG die öffentliche Last zu tragen.

208 Zu berücksichtigen ist, dass das Vorrecht der 3. Rangklasse nicht unbegrenzt besteht. Es unterliegt zwar keinem absoluten Höchstbetrag wie etwa die Rangklasse 2, wird jedoch nach Maßgabe des § 10 Abs. 1 Nr. 3 für wiederkehrende Leistungen (z. B. Grundsteuer und Zinsen) auf die laufenden Beträge und auf Rückstände aus den letzten zwei Jahren eingeschränkt (Rn. 23 ff.). Bei einmaligen, nicht regelmäßig wiederkehrenden Leistungen, wie z. B. dem Erschließungsbeitrag, besteht der Vorrang, soweit sie nicht weiter als vier Jahre zurückliegen (Rn. 34).

209 Das Vorrecht der Rangklasse 3 kann über die genannten Zeiträume nicht erhalten werden, in dem die Kommune dem Schuldner (Grundstückseigentümer) die Beträge stundet, um so die Fälligkeit hinauszuschieben[80]. Von der Stundung ist hierbei allerdings die Zahlung der Hauptsachebeträge in Teilbeträgen (etwa beim Erschließungsbeitrag gem. § 135 BauGB) zu unterscheiden, da diese Ansprüche wiederkehrenden Leistungen i. S. d. § 10 Abs. 1 Nr. 3 ZVG gleich stehen (§ 135 Abs. 3 letzter Satz BauGB).

210 Ältere öffentliche Lasten, die nicht in die Vorrechtsfristen fallen, werden grundsätzlich in Rangklasse 7 berücksichtigt (Rn. 231), es sei denn, dass aus ihnen das Verfahren selbst betrieben bzw. einem bereits angeordneten Verfahren beigetreten wird, wodurch die 5. Rangklasse beansprucht wird, weil insoweit dann aus dem persönlichen Anspruch betrieben wird.

211 Neben den Hauptsachebeträgen der öffentlichen Lasten genießen ebenso die steuer- bzw. abgabenrechtlichen **Nebenleistungen** das Vorrecht der 3. Rangklasse und sind deshalb gleichfalls zusammen mit der Hauptforderung anzumelden. Hierzu zählen insbesondere **Zinsen** (§§ 233 ff. AO), **Stundungszinsen** (§ 234 AO), **Hinterziehungszinsen** (§ 235 AO) sowie **Säumniszuschläge** (§ 240 AO). Auch die notwendigen Kosten der dinglichen Rechtsverfolgung sind in derselben Rangklasse wie der Hauptanspruch zu berücksichtigen. Dies gilt allerdings nur insoweit, als sie durch eine die Befriedigung aus dem Grundstück bezweckende Rechtsverfolgung entstanden sind. Kosten in diesem Sinne sind z. B. solche, die durch eine dingliche Duldungsklage entstanden sind oder Kosten für die Einholung eines Grundbuchauszuges, Anordnungs- und Beitrittskosten.

---

80 Stöber, ZVG, Rn. 2.7 zu § 13.

Nicht zu den Kosten der dinglichen Rechtsverfolgung und somit nicht privilegiert **212** sind z. B. die Mahngebühren, da es sich hierbei um rein persönliche Forderungen gegen den Schuldner handelt. Auch die Vollstreckungsgebühren können nicht zugleich mit der Hauptforderung in der Vorrechtsrangklasse 3 angemeldet werden. Meldet die Gemeinde dagegen die Forderungen nicht nur lediglich zu einem bestehenden Verfahren an, sondern stellt selbst den Antrag auf Versteigerung bzw. tritt einem angeordneten Verfahren bei, sollte man auch die Mahn- und Vollstreckungs-Kosten eines Mobiliarvollstreckungsversuches als Kosten i. S. d. § 10 Abs. 2 ZVG verlangen. Begründung: Nach Landesrecht darf der Versteigerungsantrag nur gestellt werden, wenn ein Mobiliarvollstreckungsversuch ergebnislos blieb. Insofern sind dies (auch) Kosten der Vorbereitung der Zwangsversteigerung.

Mehrere Ansprüche innerhalb der Rangklasse 3 haben untereinander den gleichen **213** Rang.

Werden die Ansprüche im Zwangsversteigerungstermin nicht spätestens vor der **214** Aufforderung zur Abgabe von Geboten angemeldet, können sie erst nach allen anderen Rechten Berücksichtigung finden (§ 110 ZVG).

Hat die Gemeinde Forderungen gegen einen Schuldner aus einer öffentlichen **215** Grundstückslast, so sollte sie das Privileg des Vorrechts in Rangklasse 3 nie aus dem Auge verlieren, d. h. sie muss stets darauf achten, dass die Vorrechtsfrist nicht abzulaufen droht. Bei der Grundsteuer, bei der es sich in aller Regel zwar um relativ geringe Beträge handelt, bleiben der Gemeinde zwei Jahre, innerhalb derer sie die Möglichkeit hat, die Forderung durch einen Antrag auf Zwangsversteigerung zu realisieren. Handelt es sich um einmalige Leistungen, so kann sie sich sogar vier Jahre Zeit lassen, um letztendlich im Zwangsversteigerungsverfahren aus der bevorrechtigten Rangklasse 3 befriedigt zu werden. Geradezu sträflich wäre es, würde die Gemeinde es versäumen, die öffentlichen Lasten zu einem bereits angeordneten Verfahren anzumelden, da dies mit fast an Sicherheit grenzender Wahrscheinlichkeit mit einem Forderungsverlust gleichzusetzen ist.

Manche Gemeinden melden unter dem Begriff **„Grundbesitzabgaben"** sämtliche **216** rückständigen Forderungen, also auch nicht bevorrechtigte Hausgebühren, unberechtigterweise in der Rangklasse 3 an. Hierzu Rn. 37b ff.

Rangklasse 4

In der Rangklasse 4, die – sieht man einmal von der für die Kommunen aufgrund **217** des Fiskusprivilegs bedeutenden Rangklasse 3 ab – praktisch die größte Bedeutung hat, sind die sogenannten dinglichen Rechte zusammengefasst, soweit sie nicht in Rangklasse 6 oder 8 fallen. Hierzu zählen insbesondere die **Hypotheken, Grundschulden, Grunddienstbarkeiten,** beschränkte persönliche Dienstbarkeiten, Nießbrauch sowie **Sicherungs- und Zwangshypotheken.** Das Vorrecht der vierten Rangklasse genießen neben dem Hauptanspruch und den einmaligen Nebenleistungen auch die laufenden und für zwei Jahre rückständigen wiederkehrenden Leistungen sowie die notwendigen Kosten der dinglichen Rechtsverfolgung.

218 Im Gegensatz zur Rangklasse 3 werden in der Rangklasse 4 die Ansprüche mit Ausnahme der wiederkehrenden Nebenleistungen ohne zeitliche Begrenzung berücksichtigt, sodass sie durchaus auch älter als vier Jahre sein können.

219 Für das Rangverhältnis der dinglichen Rechte am Grundstück gelten die Regelungen der §§ 879 bis 881 BGB. Bei mehreren Rechten in derselben Grundbuchabteilung bestimmt sich das Recht nach der Reihenfolge der Eintragungen, in verschiedenen Abteilungen nach dem Eintragungstag[81].

220 Werden während der Dauer des Zwangsversteigerungsverfahrens Grundbucheinträge, insbesondere Zwangshypotheken, vorgenommen, sind diese den betreibenden Gläubigern gegenüber unwirksam. Wird allerdings das Verfahren aufgehoben und es kommt später zu einem neuen Verfahren, sind diese Einträge gemäß ihrem Rang ohne erneute Anmeldung zu berücksichtigen, da sie nun vor dem neuen Zwangsversteigerungsvermerk stehen. Betreiben mehrere Gläubiger ein Verfahren, so ist ein Grundbucheintrag (z. B. Zwangshypothek), welcher zwischen der ersten und der zweiten Beschlagnahme erfolgte (Anmeldung vorausgesetzt), dem ersten Gläubiger gegenüber unwirksam, dem zweiten gegenüber jedoch wirksam („relativer Rang").

221 Die aus dem Grundbuch ersichtlichen dinglichen Rechte der Rangklasse 4 werden in dem Verfahren von Amts wegen berücksichtigt und brauchen daher nicht angemeldet zu werden (§ 45 Abs. 1 ZVG). Dies gilt auch für die aus dem Grundbuch ersichtlichen laufenden wiederkehrenden Leistungen.

222 Rückständige wiederkehrende Leistungen oder aus dem Grundbuch nicht ersichtliche laufende wiederkehrende Leistungen sowie die Kosten der dinglichen Rechtsverfolgung (§ 10 Abs. 2 ZVG) müssen dagegen grundsätzlich angemeldet werden.

223 Für die Unterscheidung zwischen „laufenden" und „rückständigen" Nebenleistungen gelten die gleichen Grundsätze wie für die Grundsteuer als wiederkehrender öffentlicher Last i. S. v. § 10 ZVG. Bei Grundpfandrechten mit vereinbarter Fälligkeit gilt diese für die Unterscheidung zwischen „laufend" und „rückständig", wobei wiederum die letzten Fälligkeit vor der ersten Beschlagnahme noch als „laufend" gilt. Bei Zwangshypotheken, die keine eigentliche Zinsfälligkeit kennen, gilt der erste Beschlagnahmetag als Zäsur; ältere Zinsen sind „rückständig", Zinsen ab diesem Termin „laufend".

---

81 Stöber, ZVG, Rn. 3 zu § 11.

Ein Recht, welches nach dem Zwangsversteigerungsvermerk eingetragen wurde   224
(z. B. Zwangssicherungshypothek) wird selbst bei Kenntnis des Gerichtes nur auf
Anmeldung berücksichtigt.

Der Grundstückseigentümer selbst kann aus einer ihm zustehenden Eigentümer-   225
grundschuld keine Zinsen in der Zwangsversteigerung verlangen (§ 1197 Abs. 2
BGB). Er kann sein Recht nebst Zinsen mit rückwirkendem Beginn abtreten.
Gleichzeitig besteht auch die Möglichkeit der Vollstreckungsbehörde, die eventuell entstandene Eigentümergrundschuld zu pfänden um hieraus die Zwangsversteigerung zu betreiben.

Rangklasse 5

In Rangklasse 5 finden sich alle persönlichen Ansprüche, aus denen die Zwangs-   226
versteigerung betrieben wird.

Der Anspruch eines Gläubigers wird nur dann der Rangklasse 5 zugeordnet, wenn   227
er nicht als dinglicher Anspruch in einer bevorrechtigten Rangklasse (1 bis 4) Berücksichtigung findet. Dies trifft z. B. dann zu, wenn die Kommune hinsichtlich
rückständiger **Gewerbesteuern** des Grundstückseigentümers bereits eine Zwangssicherungshypothek hat eintragen lassen. Damit diese Zwangssicherungshypothek
auch im geringsten Gebot aufgenommen wird (vorausgesetzt, das Verfahren wird
nicht von einem rangbesseren Gläubiger betrieben) würde es sich bei dieser Konstellation empfehlen, hinsichtlich etwa vorhandener rückständiger Hausgebühren,
soweit es sich hierbei nicht um eine öffentliche Last (grundstücksbezogene Benutzungsgebühr) handelt, das Verfahren aus der Rangklasse 5 selbst zu betreiben.

Um es klar zu sagen: **In der Rangklasse 5 werden keine Ansprüche lediglich ange-**   228
meldet. Wer die Rangklasse 5 beansprucht, betreibt entweder selbst das Verfahren
oder tritt einem bereits angeordneten Verfahren bei. Betreiben gleichzeitig mehrere Gläubiger aus dieser Rangklasse, richtet sich der Rang danach, für welchen
die Beschlagnahme des Grundstücks zuerst erfolgt ist (§ 11 Abs. 2 ZVG).

Ansprüche der Rangklasse 5 brauchen als solche nicht gesondert angemeldet zu   229
werden, soweit sie sich aus dem Anordnungs- oder Beitrittsbeschluss ergeben. An-
meldepflichtig sind allerdings auch in dieser Rangklasse die Anordnungs- bzw.
Beitrittskosten des Gläubigers sowie die notwendigen Kosten der dinglichen
Rechtsverfolgung (§ 10 Abs. 2 ZVG), weil diese in aller Regel erst gegen Ende des
Verfahrens besser überschaubar sind.

Rangklasse 6

In die Rangklasse 6 gehören Ansprüche der Rangklasse 4, die nach dem Wirksam-   230
werden der Beschlagnahme eingetragen worden und dem betreibenden Gläubiger
gegenüber unwirksam sind. Zu denken ist hierbei vor allem daran, dass der
Schuldner nach Anordnungsbeschluss z. B. im Rahmen einer Umschuldung ver-

sucht, die Zwangsversteigerung abzuwenden und der neue Gläubiger (meistens eine Bank) seine Forderung durch eine Hypothek sichert. Diese Möglichkeit besteht, da die Beschlagnahme als solche keine allgemeine Grundbuchsperre bewirkt. Die so eingetragene Hypothek hat nur Vorrang gegenüber einem nach ihrer Eintragung dem Verfahren beigetretenen neuen Gläubiger. Man nennt dies „relativen Rang".

Rangklasse 7 und 8

231 In Rangklasse 7 werden die älteren Rückstände der öffentlichen Grundstückslasten und in Rangklasse 8 die älteren Rückstände der dinglichen Rechte aus Rangklasse 4 berücksichtigt. Die Rechte dieser Rangklassen müssen, obwohl kaum eine Befriedigungsaussicht besteht, stets angemeldet werden. Meistens verzichten die Gläubiger darauf, diese Ansprüche zu den Verfahren anzumelden, da sie sich keine Befriedigungschancen ausrechnen. Da allerdings eine Anmeldung in aller Regel keine besonderen Kosten verursacht, sollten die Vollstreckungsbehörden auf die theoretische Chance einer Befriedigung nicht von vornherein verzichten. In einer Teilungsversteigerung kommen diese Forderungen zum Zuge und müssen daher unbedingt angemeldet werden.

232 Für die kommunalen Vollstreckungsbehörden ergeben sich aus der Nennung der Rangklassen folgende **Schlussfolgerungen:**

– solange noch das Vorrecht der öffentlichen Grundstückslasten besteht, sollten diese entweder zu einem bereits bestehenden Verfahren in der Vorrechtsrangklasse 3 angemeldet werden oder die Vollstreckungsbehörde sollte – wenn die Vorrechtsfrist abzulaufen droht – selbst die Versteigerung betreiben;

– Ansprüche aus Zwangssicherungshypotheken (z. B. aufgrund rückständiger Gewerbesteuer oder Grundbesitzabgaben und dergleichen) werden in einem Verfahren von Amts wegen berücksichtigt, wobei rückständige wiederkehrende Leistungen sowie die Kosten der dinglichen Rechtsverfolgung anzumelden sind;

– es gibt keine einzige Rangklasse, in welcher z. B. rückständige **Gewerbesteuern** angemeldet werden können. Wegen der „Hausgebühren" siehe Rn. 37b ff. Will die Kommune aus solchen (persönlichen) Forderungen eine Befriedigung erzielen, bleibt einzig und allein die Möglichkeit, selbst zu betreiben oder einem bereits bestehenden Verfahren beizutreten (= Rangklasse 5).

Beispiel für die Anmeldung rückständiger kommunaler Forderungen

233 Das Grundstück des Karl Ehrenwert soll auf Antrag des Gläubigers A am 15. August 2014 versteigert werden. Tag der ersten Beschlagnahme ist der 21. Mai 2014. Ehrenwert gilt bei der Kommune schon seit jeher als „amtsbekannt zahlungsunwillig" und schuldet der Gemeinde seit 1. Juli 2011 rückständige Grundsteuer (jährlich 800 Euro). Für sein Grundstück sind weiterhin Erschließungsbeiträge in Höhe

von 6.850 Euro (fällig am 14. Februar 2012) zur Zahlung offen. Hinsichtlich der aus seinem Gewerbebetrieb rückständigen Gewerbesteuern in Höhe von 45.000 Euro hat die Gemeinde im Jahr 2013 eine Zwangssicherungshypothek eintragen lassen. Zwischenzeitlich schuldet Ehrenwert der Gemeinde seit 1. Oktober 2013 neue Gewerbesteuern in Höhe von insgesamt 14.500 Euro. Auch die laufenden Hausgebühren (Müll, Wasser, Kanal, Straßenreinigung) sind seit 1. April 2011 rückständig und belaufen sich auf derzeit 5.850 Euro.

(1) Grundsteuer

Bei der Grundsteuer handelt es sich um eine wiederkehrende öffentliche Grundstückslast, die als Jahressteuer mit Beginn des jeweiligen Kalenderjahres entsteht und vierteljährlich, jeweils am 15. Februar, 15. Mai, 15. August und 15. November zur Zahlung fällig wird. Aufgrund der vorliegenden Grundsteuermessbescheide des Finanzamtes und der hieraus resultierenden Steuerbescheide der Gemeinde hat Ehrenwert jährlich 800 Euro an Grundsteuer zu entrichten. **234**

Die letzte Fälligkeit vor dem Tag der ersten Beschlagnahme (21. Mai 2014) war der 15. Mai 2014. An diesem Tag war die Grundsteuer für die Zeit vom 1. April 2014 bis 30. Juni 2014 fällig und zwar in Höhe von 200 Euro (1/4 von 800 Euro). Dieser Betrag sowie die künftigen während des anhängigen Verfahrens fällig werdenden Beträge gelten als *„laufend"* und werden mithin als wiederkehrende öffentliche Lasten in der Vorrechtsrangklasse 3 angemeldet. **235**

Die vor dem 1. April 2014 fällig gewordenen Beträge sind **Rückstände.** Hiervon genießen nun die rückständigen Beträge aus den letzten zwei Jahren, also vom 1. April 2012 bis 31. März 2014 ebenfalls das Vorrecht der Rangklasse 3. In unserem Beispiel wären dies insgesamt 1.600 Euro (8 × 200 Euro). **236**

Die noch älteren Rückstände des Karl Ehrenwert, nämlich für die Zeit vom 1. Juli 2011 bis 31. März 2012 (= 600 Euro) können unter Berücksichtigung der zeitlichen Begrenzung des § 10 Abs. 1 Nr. 3 nicht mehr bevorrechtigt angemeldet werden. Die Gemeinde müsste diese Beträge daher grundsätzlich in Rangklasse 7 anmelden. Eine Rangverbesserung kann allerdings dadurch erreicht werden, dass die Gemeinde aus diesen Ansprüchen die Zwangsversteigerung selbst betreibt oder aber dem bereits angeordneten Verfahren mit diesen Beträgen beitritt, wodurch automatisch die Rangklasse 5 beansprucht wird. **237**

Aufgrund des Sachverhaltes ist die Grundsteuer – geht man einmal davon aus, die Gemeinde wollte mit den älteren Ansprüchen der Rangklasse 7 das Verfahren nicht betreiben – wie folgt zu melden:

Grundsteuer für die Zeit vom 1. April 2012
bis 30. Juni 2014 =   1.800 Euro Rangklasse 3

Grundsteuer für die Zeit vom 1. Juli 2014
bis 14. August 2014 =   99,90 Euro Rangklasse 3

Grundsteuer für weitere zwei Wochen nach dem
Versteigerungstermin (zzgl. Versteigerungstag)
gem. § 47 ZVG = 33,30 Euro Rangklasse 3
Grundsteuer für die Zeit vom 1. Juli 2011
bis 31. März 2012 = 600 Euro Rangklasse 7

238 Die Nebenforderungen (Rn. 47) teilen den Rang der Hauptforderung, werden demzufolge also in der gleichen Rangklasse angemeldet.

239 Für die Grundsteuerbeträge, welche erst nach Zuschlag fällig werden, haftet der Ersteher, da dieser gem. §§ 52, 56 ZVG ab dem Zuschlag die öffentlichen Lasten zu tragen hat (Rn. 424). Vergisst die Gemeinde die Anmeldung der Grundsteuern oder setzt das Finanzamt nach Zuschlag rückwirkend die Beträge höher fest, so besteht zwar gegenüber dem ehemaligen Schuldner nach wie vor eine persönliche Forderung der Gemeinde. Eine Haftung des Erstehers bzw. des Grundstücks scheidet hier jedoch aus.

240 Um sich vor der Gefahr des Einnahmeverlustes einer nach Zuschlag durch das Finanzamt festgesetzten höheren Grundsteuer zu schützen, empfiehlt es sich, rechtzeitig mit dem Finanzamt Kontakt aufzunehmen, um so eventuell die Möglichkeit zu haben, die rückwirkende Erhöhung noch im Verfahren geltend zu machen.

(2) Erschließungsbeiträge

241 Bei dem Erschließungsbeitrag handelt es sich ebenso wie bei der Grundsteuer um eine öffentliche Grundstückslast. Die einmalige Leistung genießt das Vorrecht, soweit sie nicht weiter als vier Jahre zurückliegen[82] (siehe hierzu Rn. 34). Versäumt die Gemeinde die Anmeldung, besteht zwar noch eine persönliche Zahlungsverpflichtung des ehemaligen Grundstückseigentümers. Gegenüber dem Ersteher besteht jedoch keine Möglichkeit, die Forderung – weder persönlich, noch aus dem Grundstück – geltend zu machen.

(3) Gewerbesteuer in Höhe von 45.000 Euro

242 Die durch Zwangssicherungshypothek im Grundbuch eingetragene rückständige Gewerbesteuer braucht als dingliches Verwertungsrecht nicht zu dem Verfahren angemeldet zu werden; sie wird vielmehr von Amts wegen berücksichtigt (Rn. 370). Dies gilt gleichermaßen für die laufenden wiederkehrenden Zinsen oder Säumniszuschläge. Rückständige Zinsen bzw. Säumniszuschläge müssen dagegen zu dem Verfahren gesondert (in Rangklasse 4) angemeldet werden (Rn. 369).

---

82 BGH vom 20. Dezember 2007 – V ZB 89/07 – KKZ 2008, 255 mit Anmerkung Glotzbach.

(4) Gewerbesteuer in Höhe von 14.500 Euro

Die Gewerbesteuer, welche seit dem 1. Oktober 2013 rückständig ist, wurde von 243
der Gemeinde **nicht** durch Zwangssicherungshypothek gesichert. Da es innerhalb
des § 10 ZVG keine einzige Rangklasse gibt, in welcher man Gewerbesteuern anmelden könnte, bleibt der Gemeinde nur die Möglichkeit, hinsichtlich dieser Forderung dem bereits angeordneten Verfahren beizutreten, wodurch automatisch
die Rangklasse 5 beansprucht wird (zur Frage ob und wann sich ein Beitritt lohnt,
siehe Rn. 266).

Da ein am gleichen Tag erfolgter Beitritt die gleiche Rangstelle eröffnet wie ein 244
Grundbucheintrag an diesem Tag (Rn. 261), käme auch die Eintragung einer Sicherungshypothek mit anschließender Anmeldung aus diesem Recht in Betracht. Wegen des „relativen Ranges" hätte diese Hypothek Rangklasse 6 nur gegenüber A;
gegenüber jedem weiteren Beitrittsgläubiger aber Rangklasse 4. Der Vorteil dieser
Vorgehensweise liegt einmal darin, dass die Kosten für die Eintragung der Zwangssicherungshypothek geringer als die eines Beitritts sind und keine Haftung für die
Kosten des Verfahrens besteht. Weiterhin wurde eine Sicherung der Forderung
auch noch nach Aufhebung der Zwangsversteigerung erreicht. Allerdings kann die
Gemeinde in diesem Fall (Nachteil) keinen Einfluss auf die Weiterführung oder
Aufhebung des laufenden Verfahrens nehmen. Bewilligt insoweit der betreibende
Gläubiger die einstweilige Einstellung des Verfahrens oder nimmt gar seinen Antrag zurück, so kann die Gemeinde nur aus einem neuen Verfahren eine Befriedigung erlangen; dies allerdings nur dann, wenn ihr aus dem Rang der Zwangssicherungshypothek eine Zahlung zusteht.

(5) Hausgebühren

Hierzu Rn. 37b ff. Soweit das Landesrecht diese nicht als öffentliche Last deklariert 245
(grundstücksbezogene Benutzungsgebühr), käme nur ein Beitritt in Rangklasse 5
in Betracht. Ansonsten ist eine Anmeldung oder ein Beitritt in der Rangklasse 3
möglich.

5. Mehrere Grundstücke

Bezüglich der öffentlichen Lasten gibt es keine Gesamthaft. Sie ruhen dinglich im- 246
mer nur auf dem Grundstück, auf welchem sie auch entstanden sind. Dies ist beider Anmeldung zu berücksichtigen. Leider ergeben sich hieraus oft Schwierigkeiten und auch Differenzen mit dem Vollstreckungsgericht, da bei mehreren Grundstücken des Schuldners in wirtschaftlicher Einheit meist „Gesamtveranlagung" erfolgte. Diese kann jedoch nur die persönliche Schuld des Eigentümers betreffen
und hat keinen Einfluss auf die dingliche Haftung.

Werden daher mehrere Grundstücke des Schuldners versteigert, so muss die Ge- 247
meinde bei der Anmeldung der privilegierten Forderung das Grundstück bezeich-

nen, auf welchem die Forderung dinglich ruht. Dies ist problemlos, wenn eindeutige Kriterien vorliegen, z. B.:

– der Eigentümer hat ein Haus (Grundsteuer B) und einen Acker (Grundsteuer A) oder

– der Kanalanschluss wurde an einem von drei nebeneinander liegenden rechtlich selbstständigen, wirtschaftlich aber einheitlichen, Grundstücken vorgenommen.

248 Hat aber z. B. der Eigentümer zehn landwirtschaftliche Grundstücke, so wird oft genug nur ein einheitlicher Einheitswert vorliegen, so dass eine rechtlich exakte Trennung der Grundsteuerschuld nicht möglich ist. Dennoch benötigt das Gericht die Einzelwerte. Warum also streiten!? Man kann z. B. die Gesamtgrundsteuerschuld nach den Flächengrößen verteilen oder notfalls schätzen! Das Gericht hat auch keinen besseren Verteilungsmaßstab und wird damit zufrieden sein.

Zur Zwangssicherungshypothek an mehreren Grundstücken siehe Rn. 90. Zum Zwangsversteigerungsantrag gegen mehrere Grundstücke siehe Rn. 391 ff.

6. Folgen der Anmeldung

249 Mit der Anmeldung wird geltend gemacht, dass und in welchem Umfang der Gläubiger sein Recht bei der Feststellung des geringsten Gebotes und bei der Verteilung des Erlöses berücksichtigt werden soll. Meldet ein Beteiligter sein Recht in dem Zwangsversteigerungsverfahren an, macht es aber auf Verlangen des Vollstreckungsgerichts nicht glaubhaft, wird er so behandelt, als wäre er nie Beteiligter i. S. v. § 9 Nr. 2 ZVG gewesen.[83]

250 Durch die Anmeldung einer Forderung wird der Gläubiger Beteiligter i. S. v. § 9 ZVG. Der Vorteil, Beteiligter zu sein, liegt u. a. darin, dass alle Beteiligten in allen Abschnitten des Verfahrens hinzugezogen werden. So werden den Beteiligten die Bestimmung des Versteigerungstermins zugestellt (§§ 41, 43 Abs. 2 ZVG). Durch die Anmeldung beeinflussen sie die Festsetzung des geringsten Gebots und der Versteigerungsbedingungen (§ 59). Die Beteiligten werden zur Verkehrswertfestsetzung gehört (§ 74a Abs. 5); können verlangen, dass andere Beteiligte nach § 9 Nr. 2 ihr Recht glaubhaft machen; können Gruppen- und/oder Gesamtausgebote verlangen, soweit mehrere Grundstücke gemeinsam versteigert werden (§ 63); können abgesonderte Versteigerung oder anderweitige Verwertung i. S. v. § 65 beantragen; können im Versteigerungstermin Sicherheiten verlangen (§ 67 Abs. 1); können ggfs. gem. § 85 Abs. 1 einen neuen Versteigerungstermin beantragen oder eine gerichtliche Verwaltung des Grundstücks beantragen (§ 94). Ferner steht den Beteiligten gem. § 97 Abs. 1 das Recht zu, den Zuschlagsbeschluss anzufechten.

---

83 BGH vom 6. Juni 2013 – V ZB 7/12 – Rpfleger 2013, 692.

Allerdings stehen demjenigen, der lediglich durch Anmeldung „Beteiligter" ge-   251
worden ist, nicht sämtliche Antragsrechte zu. So ist er z. B. nicht berechtigt, die
einstweilige Einstellung des Verfahrens (§ 30 ZVG) bzw. die Fortsetzung desselben
(§ 31 ZVG) zu beantragen. Diese Rechte stehen ausschließlich dem „Gläubiger"
zu. Gläubiger in diesem Sinne, also nach dem Verständnis des Zwangsversteigerungsgesetzes, ist nur derjenige, aufgrund dessen Antrags das Verfahren angeordnet oder der Beitritt zugelassen wurde (sog. **betreibender Gläubiger**).

III. Der Versteigerungsantrag – das Beitrittsgesuch

1. Allgemein

Neben der Möglichkeit, rückständige Forderungen zu bereits angeordneten   252
Zwangsversteigerungsverfahren anzumelden, hat die Gemeinde auch das Recht,
selbst die Zwangsversteigerung zu beantragen bzw. einem Verfahren beizutreten.

Nach den Verwaltungsvollstreckungsgesetzen werden die Anträge des Gläubigers   253
durch die für die Beitreibung der Forderung zuständige Vollstreckungsbehörde gestellt. In Nordrhein-Westfalen kann die zuständige Vollstreckungsbehörde auch
die entsprechende Behörde am Sitz des Gerichts oder Grundbuchgerichts darum
ersuchen.

Im Rahmen der länderübergreifenden Vollstreckung ist die grundsätzlich ersu-   253a
chende Behörde selbst berechtigt, einen entsprechenden Antrag in dem „fremden"
Bundesland zu stellen. Das Vollstreckungsorgan prüft hier lediglich, ob die Forderung ihrer Art nach einem Verwaltungszwangsverfahren unterliegt[84]. Ist jedoch
nach angeordnetem Verfahren eine Teilnahme zu dem Zwangsversteigerungstermin erforderlich oder geboten, so besteht nach den Regeln der Amtshilfe (VwVfG)
die Möglichkeit, die örtlich zuständige Vollstreckungsbehörde um Wahrnehmung
und Vertretung zu bitten, da dies für die ersuchende Behörde nur mit verhältnismä-
ßig großem Aufwand (§ 5 VwVfG) möglich wäre.

Die Vollstreckungsbehörde kann unter Berücksichtigung des Grundsatzes der **Ver-**   254
hältnismäßigkeit der Mittel (Rn. 257) zwar die Vollstreckungsmaßnahme, die zum
Erfolg der Einziehung der Forderung führen soll, frei wählen. Dennoch kann es
hinsichtlich der Vollstreckung in das unbewegliche Vermögen – der für den
Schuldner härtesten Zwangsmaßnahme – durchaus sinnvoll sein, vor dieser Maßnahme zunächst mit dem Gläubiger Rücksprache zu halten. Dies z. B. aus politischen Motiven, um etwa durch Zwangsversteigerung eines Fabrikgeländes keine
Arbeitsplätze zu gefährden.

---

84 Schöner/Stöber, Grundbuchrecht, Rn. 2217.

255 Anträge auf Zwangsversteigerung oder Zwangsverwaltung sind nur zulässig, wenn feststeht, dass der Geldbetrag durch Pfändung in das bewegliche Vermögen nicht beigetrieben werden kann.

256 Das Verwaltungsvollstreckungsgesetz von Hessen enthält gegenüber anderen Bundesländern eine zusätzliche Schutzbestimmung hinsichtlich von Schuldnern bewohnten **Kleinsiedlungen, Kleinwohnungen, Eigenheimen** und **Eigentumswohnungen,** deren Zwangsversteigerung nur mit Zustimmung des Schuldners möglich ist. Diese zusätzliche Vollstreckungsschutzbestimmung soll verhindern, dass niemand wegen öffentlich-rechtlicher Abgaben aus dem von ihm bewohnten bescheidenen Grundbesitz vertrieben werden soll. Die Regelung gilt allerdings nicht, soweit die Gemeinde privatrechtliche Forderungen gegenüber dem Schuldner geltend macht.

257 Während für die Eintragung einer Zwangssicherungshypothek ein Mindestbetrag gefordert wird (Rn. 82), ist der Antrag auf Zwangsversteigerung grundsätzlich nicht von der Forderungshöhe abhängig. Insoweit ist es durchaus denkbar, auch wegen einer **Bagatellforderung** die Befriedigung aus dem Grundbesitz zu suchen. Gerade bei rückständigen Bagatellforderungen spricht einiges für die Böswilligkeit oder Gleichgültigkeit des Schuldners, da dieser durch Zahlung eben dieses Betrages jederzeit leicht die Möglichkeit hat, die Zwangsversteigerung zu verhindern[85]. Allerdings muss die Vollstreckungsbehörde hierbei – wie im gesamten Vollstreckungsrecht auch – den Grundsatz der **Verhältnismäßigkeit der Mittel** von Amts wegen beachten[86]. Unter diesem Gesichtspunkt wäre es sicherlich rechtsmissbräuchlich, wegen eines geringen Betrages (z. B. Grundsteuer A) gleich die Zwangsversteigerung zu beantragen, ohne auch nur die Vollstreckung in bewegliches Vermögen versucht zu haben. Hat aber umgekehrt die Vollstreckungsbehörde alle Möglichkeiten ausgeschöpft und den Schuldner auf die bevorstehende Zwangsversteigerung hingewiesen, so wäre es inkonsequent, die Durchsetzung von Kleinbeträgen in der Zwangsvollstreckung zu versagen, ohne zugleich auch den Rechtsschutz im Erkenntnisverfahren entsprechend einzuschränken.

258 Zur Prüfung des Rechtsschutzbedürfnisses werden die Interessen von Gläubiger und Schuldner gegeneinander abgewogen. Der Schuldner darf keinesfalls dadurch, dass das Rechtsschutzbedürfnis versagt wird, dazu ermuntert werden, geringe Forderungen nicht zu begleichen. Das Rechtsschutzbedürfnis fehlt allerdings, wenn für das Vollstreckungsgericht erkennbar zweckwidrige und nicht schutzwürdige Ziele verfolgt werden. Soll der Schuldner offensichtlich schikaniert oder ihm Schaden zugefügt werden, ist der Rechtsschutz des Gläubigers zu versagen[87].

---

85 Eickmann, Teilungsversteigerung, II 2. zu § 3; OLG Düsseldorf, NJW 1980, 1181.
86 BGH vom 26. März 1973 – III ZR 43/71 – KKZ 1974, 37.
87 Hintzen, in: Dassler/Schiffhauer/Hintzen/Engels/Rellermeyer, ZVG, Rn. 12 zu § 15.

Beantragt die Gemeinde nach Ausschöpfung aller übrigen Zwangsmaßnahmen die 259
Zwangsversteigerung als letzte Möglichkeit, um eine Zahlung zu erzielen, so muss
sie sich andererseits darüber im Klaren sein, dass die Maßnahme einen erheblichen wirtschaftlichen Eingriff darstellt, der oft genug auch schwerwiegende Folgen
für die Existenz und das Leben des Schuldners und seiner Familie mit sich bringt.
Insbesondere darf auch nicht verkannt werden, dass die Gemeinde durch die
Zwangsversteigerung auch das Risiko eingeht, den gleichen Schuldner in einer Ge-
meindewohnung unterbringen zu müssen, was letztlich wieder mit Kosten verbunden ist. Andererseits kann aber wiederum jede Verzögerung für die Gemeinde als
Gläubigerin erhebliche Nachteile mit sich bringen. Ganz abgesehen davon, dass
sich die laufenden Grundbesitzabgaben im Laufe der Zeit immer weiter erhöhen.

Einer dieser Nachteile liegt u. a. darin, dass die Gemeinde die Gefahr läuft, das 260
Vorrecht der öffentlichen Last zu verlieren. Beantragt nach Ablauf der Vorrechtsfrist ein Dritter die Zwangsversteigerung, so ist dies für die Gemeinde mit an Sicherheit grenzender Wahrscheinlichkeit mit einem **Einnahmeverlust** gleichzusetzen.

Die Zwangsversteigerung des Grundstücks erfolgt gem. § 15 ZVG immer auf An- 261
trag und nicht etwa von Amts wegen. Der **Beitritt** zu einem Verfahren ist erst nach
Anordnung des Verfahrens zulässig und möglich. Der „Beitrittsgläubiger" hat die
gleichen Rechte, wie wenn auf seinen Antrag hin die Versteigerung angeordnet
worden wäre (§ 27 Abs. 2 ZVG). Sowohl „Antragsgläubiger" wie auch „Beitrittsgläubiger" werden im Zwangsversteigerungsverfahren als **„Gläubiger"** (= **betreibender Gläubiger**) bezeichnet.

Für die Form des Antrags muss unterschieden werden:

Vollstreckt die Gemeinde ausnahmsweise nach den Regeln der ZPO, ist der Antrag 262
(falls er nicht zu Protokoll der Geschäftsstelle erklärt wird) schriftlich einzureichen,
ohne dass er einer weiteren Form bedarf. Vollstreckt die Gemeinde jedoch – wie
üblich – im Verwaltungszwangsverfahren, ist der „Antrag" in Wirklichkeit ein „ti-
telersetzendes Ersuchen auf Anordnung der Zwangsversteigerung" und kann daher
nur schriftlich, also auch nicht „zu Protokoll der Geschäftsstelle" gestellt werden.
Der Antrag auf Zwangsversteigerung erfolgt grundsätzlich formfrei. Nach der hier
vertretenen Auffassung ist die Beifügung eines Dienstsiegels grundsätzlich entbehrlich (siehe hierzu Rn. 278). Dennoch hindert dies die Vollstreckungsbehörde
nicht, den Antrag im Hinblick auf den amtlichen Charakter dennoch mit einem
Dienstsiegel zu versehen.

Örtlich zuständig ist das Amtsgericht, in dessen Bezirk sich das Grundstücks befin- 263
det, falls die Landesjustizverwaltung nicht ein Amtsgericht für mehrere Amtsge-
richtsbezirke bestellt hat (§ 1 ZVG).

264 Zur Zwangsvollstreckung im Range einer Zwangssicherungshypothek benötigt weder die Gemeinde noch ein privater Gläubiger einen besonderen „dinglichen Titel". Hat die Gemeinde ausnahmsweise die Eintragung mit einem ZPO-Titel (privatrechtliche Forderung) erwirkt, legt sie auch zum Versteigerungsantrag diesen Titel vor.

Wird die Versteigerung allerdings aus einem von der Gemeinde gepfändeten Eigentümerrecht betrieben, benötigt die Gemeinde – wie jeder andere Gläubiger auch – einen zusätzlichen dinglichen Titel.

265 Tritt die Gemeinde einem bereits angeordneten Verfahren bei (§ 27), so erfolgt statt des Versteigerungsbeschlusses die Anordnung, dass der Beitritt des Antragstellers zu dem Verfahren zugelassen wird. Eine gesonderte Eintragung dieser Anordnung in das Grundbuch findet dagegen nicht statt. Für den Beitritt gelten die gleichen Voraussetzungen wie für den eigentlichen Antrag auf Zwangsversteigerung. Zu beachten ist allerdings, dass die Gemeinde – will sie das geringste Gebot bestimmen – dem Verfahren so rechtzeitig beitritt, dass der ergangene Beschluss dem Schuldner vier Wochen vor dem Versteigerungstermin durch das Gericht zugestellt werden kann, da er ansonsten für die Berechnung des geringsten Gebotes keine Berücksichtigung findet (§ 44 Abs. 2 ZVG). Um die Vierwochenfrist zu wahren, muss der Beitritt also (gerichtliche Bearbeitungszeit eingerechnet!) mindestens ca. sechs Wochen vor dem Versteigerungstermin beantragt werden. Wird diese Frist eingehalten, so

– kann die Forderung der Gemeinde „bestrangiger Gläubiger" sein und das „geringste Gebot" beeinflussen (Rn. 137 ff.);

– kann ohne Zustimmung der Gemeinde der Versteigerungstermin nicht aufgehoben werden (hierzu Rn. 266);

– wird allerdings auch das Verfahren zugunsten der Gemeinde einstweilen eingestellt, wenn niemand auf das Grundstück bietet (§ 77 ZVG).

Ist die Gemeinde dem Verfahren rechtzeitig (§ 44 Abs. 2 ZVG) beigetreten, hat jedoch nicht den besten Rang, und bewilligt der bestrangige Gläubiger im Termin die einstweilige Einstellung (oder nimmt den Versteigerungsantrag zurück), muss das Verfahren für die Forderung der Gemeinde weitergeführt werden. Hierzu muss zunächst das geringste Gebot neu berechnet werden. In schwierigen Fällen wird dies so rasch nicht möglich sein und der Rechtspfleger deshalb von Amts wegen den Termin aufheben. Kann jedoch die Berechnung rasch erfolgen, wird die Versteigerung mit dem neuen geringsten Gebot fortgesetzt. Hatte die Bietzeit bereits begonnen, muss eine neue Bietzeit beginnen. **Achtung! – Kostenrisiko:** Nunmehr trägt die Gemeinde, falls sie jetzt „bestrangiger Gläubiger" ist, die weiter anfallenden Verfahrenskosten allein, wenn das Grundstück nicht versteigert wird. Will die Gemeinde dies verhindern, muss sie ebenfalls die einstweilige Einstellung bewilligen.

Die Praxis hat gezeigt, dass die Gemeinden in den seltensten Fällen selbst bereit **266** sind, Anträge auf Zwangsversteigerungen zu stellen, obwohl dies insbesondere hinsichtlich der Geltendmachung von öffentlichen Lasten unter Berücksichtigung der zeitlichen Begrenzung des Vorrechts die Gefahr eines Rangverlustes, verbunden mit Einnahmeverlusten, in sich birgt. Dagegen werden in letzter Zeit immer häufiger Beitritte durch Kommunen festgestellt. Unverständlich ist die Zurückhaltung der Kommunen vor allem in den Bundesländern, in denen Kostenfreiheit besteht. Aber auch da, wo die Gemeinden kostenpflichtig sind, besteht für einen Antrag der Gemeinde kein sehr hohes Kostenrisiko, so lange die betreibenden Ansprüche in die Rangklasse 3 fallen. Wenn das Objekt nach Bauzustand und Marktlage überhaupt versteigerbar ist, sollte vor der Durchführung des Verfahrens nicht zurückgeschreckt werden.

Der Beitritt ist – abweichend von dem oben Gesagten – grundsätzlich (abgesehen von der Absicht, das geringste Gebot zu bestimmen) noch bis zur Verkündung des Zuschlags möglich. Allerdings erfolgt er dann schon eher aus taktischen Gründen, um z. B. bei rein persönlichen Forderungen (Gewerbesteuer, Kindergartengebühr) Druck auf den Schuldner für den Fall auszuüben, dass der oder die vorrangigen Gläubiger ihren Antrag zurücknehmen oder die einstweilige Einstellung des Verfahrens bewilligen. Tritt nämlich dieser (relativ häufig vorkommende) Fall ein, so wird zwar der erste Versteigerungstermin aufgehoben. Wenn aber die kurz vor Versteigerungstermin beigetretene Gemeinde nicht ebenfalls die einstweilige Einstellung bewilligt, wird wegen ihrer Forderung ein neuer Versteigerungstermin vom Gericht bestimmt. Der Schuldner bringt das Verfahren insoweit nur dann zum endgültigen Stillstand, wenn er auch die Gemeinde befriedigt (oder sich anderweitig mit ihr einigt).

Bevor das Gericht die Versteigerung anordnet bzw. den Beitritt hierzu zulässt, prüft **267** es, ob der Antragsteller Vollstreckungsbehörde ist (die Gemeinden in Hessen und Thüringen, welche sich hinsichtlich der Vollstreckung ihrer öffentlich-rechtlichen Geldforderungen oft der Kasse des Landkreises bedienen, dem sie angehören, sind keine Vollstreckungsbehörden i. d. S. und daher auch nicht berechtigt, entsprechende Anträge zu stellen), ob ein im Verwaltungsvollstreckungsverfahren durchsetzbarer Anspruch geltend gemacht wird und ob ein formgerechter Antrag mit Bescheinigung über die Vollstreckbarkeit der Forderung durch die Vollstreckungsbehörde vorliegt. Weiterhin prüft das Gericht die Übereinstimmung des Schuldnernamens mit dem Grundbucheintrag (Rn. 278). Sind Eheleute in **Gütergemeinschaft** eingetragen und verwaltet einer der Ehegatten das Gesamtgut der Gütergemeinschaft allein (muss sich aus dem Gütervertrag ergeben, welcher sich bei den Grundakten befindet und dort eingesehen werden kann), so genügt ein Titel (Vollstreckungsersuchen) allein gegen diesen Ehegatten (§ 740 Abs. 1 ZPO). Verwalten beide Ehegatten das Gesamtgut gemeinsam (dies ist die Regel), genügt ein Titel gegen einen von ihnen nur dann, wenn der Schuldner ein Erwerbsgeschäft betreibt

(§ 741 i. V. m. § 740 Abs. 2 ZPO). Zur Gütergemeinschaft siehe §§ 1415 ff. – insbesondere § 1421 – BGB (Verwaltung).

2. Wirkung

268 Wenn alle Voraussetzungen für die Zwangsvollstreckung in das Grundstück vorliegen, ordnet das Gericht die Zwangsversteigerung an, ohne den Schuldner vorher zu hören und ersucht gleichzeitig das Grundbuchgericht von Amts wegen um Eintragung der Anordnung in das Grundbuch (§ 19). Der Beschluss ist dem Schuldner gem. § 22 ZVG zuzustellen. Ist der Aufenthaltsort des Schuldners (Grundstückseigentümers) nicht bekannt, so kann nur eine **öffentliche Zustellung** im Sinne der §§ 185 ff. ZPO erfolgen, was die Gemeinde beim Vollstreckungsgericht anregen sollte (Rn. 680).

269 Die **Beschlagnahme** des Grundstücks bewirkt nach § 23 Abs. 1 ZVG ein **relatives Veräußerungsverbot** im Sinne von § 136 BGB zu Lasten des Eigentümers. Es dient dem Schutz des betreibenden Gläubigers vor verfahrensschädlichen Verfügungen des Schuldners bzw. vor Zwangsvollstreckungsmaßnahmen Dritter.

270 Wirksam wird die Beschlagnahme des Grundstücks (wobei jeder Gläubiger seinen eigenen Beschlagnahmezeitpunkt hat) wie folgt:

– Für den zeitlich ersten Gläubiger durch Zustellung des Anordnungsbeschlusses an den Schuldner, oder durch Eingang des Ersuchens auf Eintragung des Zwangsversteigerungsvermerks beim Grundbuchgericht (§ 22 Abs. 1 ZVG).

– Für den Beitrittsgläubiger durch Zustellung des Beitrittsbeschlusses an den Schuldner.

Wegen der Bedeutung der zeitlich ersten Beschlagnahme zur Berechnung der „laufenden/rückständigen" öffentlichen Lasten oder Zinsen siehe Rn. 27.

271 Wird das Grundstück nach dem Tag der Beschlagnahme z. B. durch Eintragung einer erneuten Zwangssicherungshypothek belastet, so ist diese Hypothek dem betreibenden Gläubiger gegenüber unwirksam und wird insoweit nur in Rangklasse 6 berücksichtigt. Rechte, die nach dem Zwangsversteigerungsvermerk eingetragen werden, sollen dem Vollstreckungsgericht vom Grundbuchgericht mitgeteilt werden (§ 19 Abs. 3 ZVG), was aber die Anmeldung durch den Berechtigten des Rechtes nicht ersetzt.

272 Wird der Anordnungsbeschluss auf Gläubigerverlangen auch den Mietern zugestellt, können diese nunmehr mit dem Schuldner keine Vorausverfügungen über den Mietzins mit Wirkung gegen den späteren Ersteher mehr treffen (§ 57b ZVG). Gleichzeitig beginnt mit Zustellung des Beschlusses und der Belehrung des Schuldners gem. § 30b die 14tägige Frist, innerhalb derer der Schuldner berechtigt ist, mittels „Vollstreckungsschutzantrag" die einstweilige Einstellung des Verfahrens zu erreichen (hierzu Rn. 323 ff.).

3. Das vollstreckbare Ersuchen und die Bezeichnung der Forderung

Wie bei allen Vollstreckungsmaßnahmen durch die kommunalen Vollstreckungs- **273**
behörden, so müssen selbstverständlich auch alle in den Verwaltungsvollstreckungsgesetzen der Länder bestimmten **Vollstreckungsvoraussetzungen** vorliegen,
um in das unbewegliche Vermögen vollstrecken zu können.

Bei öffentlich-rechtlichen Geldforderungen muss insoweit ein Leistungsbescheid **274**
(Verwaltungsakt) vorliegen, der dem Schuldner gegenüber bekannt gegeben (teilweise sogar zugestellt) sein muss. Gleichzeitig muss die Geldleistung fällig, dem
Schuldner die Vollstreckung durch eine Mahnung angedroht worden und die in
der Mahnung angegebene Frist verstrichen sein. Für solche privatrechtlichen Forderungen, die nach manchen Verwaltungsvollstreckungsgesetzen im Verwaltungswege vollstreckt werden dürfen (Rn. 57), gilt das Gleiche, wobei lediglich an die
Stelle des bei öffentlich-rechtlichen Geldleistungen geforderten Verwaltungsaktes
die **Zahlungsaufforderung** tritt. In Hessen darf allerdings wegen dieser privatrechtlichen Forderung nicht im Verwaltungswege in das unbewegliche Vermögen vollstreckt werden.

Das Verwaltungsvollstreckungsrecht gibt einer Behörde die Möglichkeit, Ansprü- **275**
che durch Erklärung über die Vollstreckbarkeit der Forderung selbst zu titulieren
und Vollstreckungsmaßnahmen selbst vorzunehmen, ohne dazu die eigentlich zuständigen Organe der Justiz in Anspruch zu nehmen.

Mit diesem Zugeständnis an die öffentlichen Kassen hat der Gesetzgeber das der
gegenseitige Kontrolle staatlicher Organe dienende Prinzip der Gewaltenteilung
durchbrochen und ureigene Aufgaben der Justiz auf die Verwaltung übertragen.

In dem Bewusstsein, dass der Gesetzgeber auf die gesetzestreue Ausübung der erteilten Befugnisse ohne weitere Überprüfung durch eine andere staatliche Gewalt
vertraut, haben die mit dem Verwaltungszwangsverfahren beauftragten Behörden
ihre Tätigkeit sorgfältig auszuüben.

Hat der Gläubiger einer öffentlich-rechtlichen Forderung seine Befugnisse zur
Selbsttitulierung nicht auf eine andere Vollstreckungsbehörde (z. B. den Kreis)
übertragen, kann er sowohl die Vollstreckungsvoraussetzungen selbst schaffen als
auch die Zwangsvollstreckung gegen den Schuldner eigenständig durchführen.
Die Inanspruchnahme der Justiz ist dabei grundsätzlich nicht nötig. Die Vollstreckungsbehörde bedient sich dazu eigener Bediensteter, nämlich der im Vollstre-
ckungsinnen- und -außendienst tätigen Mitarbeiter.

Das gilt jedoch nur für die Mobiliarvollstreckung und die Forderungspfändung. Zur
Zwangsvollstreckung in unbewegliches Vermögen, die durch Eintragung einer
Zwangssicherungshypothek, durch Zwangsversteigerung oder Zwangsverwaltung
erfolgt, müssen die Zivilgerichte als Vollstreckungsgerichte eingeschaltet werden.

Es ist also insoweit der ordentliche Rechtsweg nach der Zivilprozessordnung (ZPO) mit der speziellen Regelung im Zwangsversteigerungsgesetz (ZVG) zu beschreiten.

Anders als jeder Zivilrechtsgläubiger benötigt die Gemeinde – soweit sie öffentlich-rechtliche Geldleistungen vollstreckt – zur Vollstreckung in das unbewegliche (und bewegliche) Vermögen keinen Titel. Vielmehr genügt die Erklärung, dass der Anspruch vollstreckbar ist. Weitere Erklärungen der Vollstreckungsbehörde, etwa darüber, dass der Anspruch durch Pfändung nicht beigetrieben werden konnte, sind nicht erforderlich. Auch ist es nicht notwendig, die Unpfändbarkeitsbescheinigung des Vollziehungsbeamten beizufügen. Allerdings kann es sich aus Vereinfachungsgründen als zweckmäßig erweisen, statt der erforderlichen Bezeichnung des Anspruchs in dem Antrag insoweit auf den beigefügten Auszug Bezug zu nehmen.

Im Antrag muss die Vollstreckungsbehörde allerdings zur Rechtsnatur der Forderungen hinreichend genaue Angaben machen, denn nur dann kann das Vollstreckungsgericht die Einordnung in eine Rangklasse vornehmen.

Zur Einordnung in die Rangklasse 3 ist es für das Vollstreckungsgericht unter anderem wichtig, dass sich die Grundstücksbezogenheit der Forderung zum Vollstreckungsobjekt, also beispielsweise dem zu versteigernden Grundstück oder Wohnungseigentum ergibt.

Nur, soweit sich die geltend gemachte Forderung auf den Gegenstand der Vollstreckung bezieht, kann eine Berücksichtigung in der bevorrechtigten Rangklasse 3 erfolgen. Enthält die Vollstreckbarkeitsbescheinigung dazu keine ausreichenden Angaben, wird die Einordnung vermutlich in die Rangklasse 5 erfolgen, in der ein Gläubiger wesentlich schlechtere Chancen auf eine Zahlung aus dem Erlös hat.

Das Vorrecht der Rangklasse 3 gilt auch für Säumniszuschläge[88].

Die im Antrag genannten Ansprüche des Gläubigers gelten dann als i. S. d. § 45 glaubhaft gemacht, wenn „eine spezifizierte Aufstellung" eingereicht wird[89]. Das ist erfüllt, soweit sie sich im Einzelnen dem Antrag oder der Vollstreckbarkeitsbescheinigung entnehmen lassen.

276 Grundbuch- und Vollstreckungsgericht sind nicht befugt, die Vollstreckbarkeit der Forderung und das vorausgegangene Verfahren der Vollstreckungsbehörde (§ 322 Abs. 3 AO und VwVG der Länder) oder gar die materielle Berechtigung des Anspruchs zu prüfen[90]. Die Prüfung des Gerichts beschränkt sich vielmehr darauf, ob die Voraussetzungen der §§ 864 bis 871 ZPO bzw. die einschlägigen Bestimmun-

---

88 BGH vom 19. November 2009 – IX ZR 24/09 – KKZ 2010, 142 = Rpfleger 2010, 225 = ZfIR 2010, 154.
89 Stöber, ZVG, Rn. 6.2 zu § 10.
90 Hornung, KKZ 1975, 137.

gen der GBO und des ZVG vorliegen und ob die Zuständigkeit der antragstellenden Vollstreckungsbehörde gegeben ist und der Antrag (das Ersuchen) der gültigen Form entspricht. Die Vorlage des der Vollstreckbarkeitsbescheinigung zugrunde liegenden Leistungsbescheids kann vom Vollstreckungsorgan nicht verlangt werden.

Nach den Verwaltungsvollstreckungsgesetzen soll ein Antrag auf Vollstreckung in   **277**
das unbewegliche Vermögen nur gestellt werden, soweit eine Vollstreckung in das bewegliche Vermögen erfolglos verlaufen ist. Es handelt sich hierbei um eine „Sollvorschrift", die sich ausschließlich an die Vollstreckungsbehörde, nicht dagegen an das Vollstreckungsgericht richtet. Ein dieser Bestimmung zuwiderlaufender Antrag auf Zwangsversteigerung ist daher für das Gericht bindend. Die Qualifizierung dieser Rechtsnorm als Sollvorschrift ist dadurch gerechtfertigt, dass durchaus Fälle denkbar sind, in denen die Vollstreckung in das unbewegliche Vermögen für den Vollstreckungsschuldner eine geringere Härte darstellt, als eine Pfändung in bewegliches Vermögen. Trotzdem muss auch hier der Grundsatz der Verhältnismäßigkeit der Mittel in jedem Fall Beachtung finden (Rn. 257).

Das **„vollstreckbare Ersuchen"** auf Anordnung der Zwangsversteigerung an das   **278**
Amtsgericht ersetzt den Titel, welchen ein nach der ZPO betreibender Gläubiger vorlegen müsste. Es muss daher schriftlich gestellt werden.

In der ZPO oder anderen zivilrechtlichen Vorschriften gibt es keine Regelung, die ausdrücklich das Beidrücken eines Dienstsiegels auf dem Antrag an das Vollstreckungsgericht oder der Vollstreckbarkeitsbescheinigung fordert. Dies ist vermutlich darauf zurückzuführen, dass die Verwaltungsvollstreckung in der ZPO keine Erwähnung findet, sondern in diesen zivilrechtlichen Vorschriften lediglich die Vollstreckung aus privatrechtlichen Forderungen geregelt ist. Aber auch zu diesen Vollstreckungstiteln gibt es keine Formvorschriften im Prozessrecht.

Eine Ausnahme bildet die Grundbuchordnung, die in § 29 Abs. 3 fordert, dass Erklärungen oder Ersuchen einer Behörde, aufgrund deren eine Grundbucheintragung vorgenommen werden soll, zu unterschreiben und mit Siegel oder Stempel zu versehen sind.

Aus dem Fehlen einer gesetzlichen Regelung darf wohl geschlossen werden, dass die Beidrückung eines Siegels (außer beim Antrag auf Eintragung einer Zwangssicherungshypothek), seitens des Vollstreckungsgerichts nicht verlangt werden kann, soweit nicht ausnahmsweise landesrechtliche Bestimmungen dies explizit vorsehen. Das OLG Frankfurt nimmt dazu in einer Entscheidung[91] ausführlich Stellung. Mangels einer ausdrücklichen gesetzlichen Regelung könne ein Siegel auf einer Vollstreckbarkeitsbescheinigung nicht verlangt werden. Außerdem sieht das Gericht den ursprünglichen Sinn des Siegels als Kennzeichnung eines amtlichen

---

91 OLG Frankfurt am Main vom 4. November 1959 – 2 W 111/59 – NJW 1960, 1675.

Dokuments und zum Schutz vor Fälschungen nicht mehr als zeitgemäß an. Dies sei durch den verwendeten Briefkopf ausreichend gegeben. Im Zwangsversteigerungsverfahren sei der Form dann genügt, wenn die handelnde Behörde erkennbar und der Antrag handschriftlich unterzeichnet sei.

Dennoch ist in der täglichen Praxis die Verwendung des Siegels gebräuchlich und empfehlenswert, keinesfalls aber zu beanstanden.

Das Versteigerungsobjekt ist eindeutig zu bezeichnen. Bei nur einem Grundstück genügt die Angabe des Grundbuchblattes. Bei mehreren Grundstücken auf demselben Blatt bedarf es zusätzlich der katastermäßigen Bezeichnung oder der Angabe der laufenden Nummer des Bestandsverzeichnisses. Wird in Grundstücksbruchteile vollstreckt, muss deren Anteilsgröße angegeben werden[92]. Die genaue Angabe des Eigentümers ist erforderlich, damit das Gericht die Identität des in der Erklärung über die Vollstreckbarkeit der Forderung genannten Schuldners mit dem im Grundbuch eingetragenen Eigentümer feststellen kann. Außerdem muss der Anspruch der Gemeinde eine Geldforderung zum Gegenstand haben, die unter Angabe der Fälligkeit und der Beanspruchung des Ranges nach Kosten, Zinsen und Hauptforderung aufzuschlüsseln ist. Aus dem Antrag muss auch ersichtlich sein, ob nur wegen der Kosten, der Zinsen oder der Hauptforderung das Verfahren betrieben werden soll bzw. die Gemeinde den Antrag aus einem dinglichen Recht oder einer persönlichen Forderung oder aus beidem zusammen stellt.

279 Die Forderung der Gemeinde, aus der die Versteigerung betrieben wird, sollte in dem Ersuchen genau bezeichnet werden. Angaben wie etwa „Sonstiger Rückstand" oder „Abgaben" werden bei einem aufmerksamen Rechtspfleger aufgrund der unterschiedlichen Rangklassen sicherlich zu Rückfragen führen.

An das Amtsgericht Neustadt   Neustadt, 04.11.2014

– Immobiliarvollstreckung –

Gerichtsstr. 2, 98765 Neustadt

Zwangsversteigerungsantrag

der Stadt Neustadt – Stadtkasse als Vollstreckungsbehörde –

Rathausplatz 1, 98765 Neustadt   **Gläubigerin**

Aktenzeichen: ZV 13-11-3

gegen

---

92 Hintzen, in: Dassler/Schiffhauer/Hintzen/Engels/Rellermeyer, ZVG, Rn. 3 zu § 16.

Herrn Heinrich Schulz, Hauptstraße 15,   **Schuldner**
98765 Neustadt

Der Schuldner ist Eigentümer des im Grundbuch von Neustadt,

Blatt 1234, eingetragenen Grundstücks

lfd. Nr. 1, Gemarkung Innenstadt, Flur 1, Flurstück 30/3, Hauptstraße 15 = 456 m²

Zum Eigentumsnachweis wird gemäß § 17 ZVG auf das Grundbuch Bezug genommen.

Wegen der auf dem bezeichneten Grundstück lastenden **öffentlich-rechtlichen Ansprüche** (§ 10 Abs. 1 Ziff. 3 ZVG) der Gläubigerin auf:

   1.340,70 € Grundsteuern vom 01.07.2013 bis 30.09.2014

     820,00 € Müllabfuhrgebühren (grundstücksbezogene Benutzungsgebühr) vom 01.07.2014 bis 30.09.2014

      25,00 € Mahngebühren dazu

      18,00 € Säumniszuschläge

sowie wegen der **dinglichen Ansprüche** (§ 10 Abs. 1 Ziff. 4 ZVG) der Gläubigerin auf:

2.784,33 € Zwangssicherungshypothek

nebst 1 % Zinsen daraus monatlich seit dem 29.04.2011

und wegen der **persönlichen Ansprüche** (§ 10 Abs. 1 Ziff. 5 ZVG) der Gläubigerin auf:

6.430,00 € Gewerbesteuerforderung für die Jahre 2012 und 2013

und auf die Kosten dieses Verfahrens,

wird beantragt, die Zwangsversteigerung (und/oder die Zwangsverwaltung) des genannten Grundstücks anzuordnen.

Die Vollstreckbarkeit der geltend gemachten Forderung wird bescheinigt.

Im Auftrag

(Unterschrift)

4. Mehrere Grundstücke

a) Die Gemeinde will wegen nicht privilegierter Forderung betreiben

In der Rangklasse 5 gibt es eine Gesamthaft aller Grundstücke. Betreibt also die   280
Gemeinde wegen einer nicht privilegierten Forderung die Versteigerung (Versteigerungsantrag oder Beitrittsgesuch), so kann sie den Antrag aus der Gesamtforderung gegen alle Grundstücke stellen. Jedes einzelne Grundstück wird dann also
wegen der Gesamtforderung beschlagnahmt. Die rechtliche Wirkung ist ähnlich

einer Gesamthypothek. Erforderlich ist nur, dass die Gemeinde im Vollstreckungsersuchen alle Grundstücke bezeichnet, deren Versteigerung sie will.

281 Ist das Verfahren bereits angeordnet, genügt die Bezeichnung „Beitritt zum bereits angeordneten Verfahren". In diesem Falle erhält die Gemeinde einen Beitrittsbeschluss bezüglich aller noch beschlagnahmten Grundstücke des Schuldners. Will sie mehr oder weniger Grundstücke beschlagnahmen, muss sie dies im Antrag angeben.

b) Die Gemeinde will wegen privilegierter Forderung betreiben

282 Hier muss die Gemeinde beachten, dass es bezüglich der dinglichen Last keine Gesamthaft gibt. Die Gemeinde kann also das Privileg nur an jenen Grundstücken fordern, an denen die Last dinglich entstanden ist.

283 Da jedoch der Schuldner insgesamt persönlich haftet, kann die Gemeinde diese persönliche Haftung in Rangklasse 5 noch zusätzlich verfolgen und die dort bestehende Möglichkeit der Gesamthaft nutzen. Aus zwei Gründen soll die Gemeinde unbedingt diesen Doppel-Antrag stellen:

284 – Betreibt die Gemeinde allein, so könnte ohne diesen Doppel-Antrag keine Verbindung der Verfahren und damit kein Gruppen- oder Gesamtausgebot stattfinden.

– Kostengründe.

Beispiel:

285 Der Schuldner hat fünf Grundstücke, A, B, C, D, E. Alle fünf Grundstücke sind etwa gleich groß und mit Grundsteuer B einheitlich mit jährlich 300 Euro bei üblicher Fälligkeit belastet. Die Gemeinde will im Januar 2014 die rückständige Grundsteuer von 2012 und 2013 beitreiben.

Sie könnte nun den Antrag stellen, wegen einer Forderung der Rangklasse 3 die Zwangsversteigerung über jedes der fünf Grundstücke wegen 120 Euro rückständiger Grundsteuer 2012/13 anzuordnen.

Folgen: Der Rechtspfleger erlässt fünf Anordnungsbeschlüsse. Das ist gut für seine Statistik; schlecht für die Gemeinde, die fünf Anordnungsgebühren zahlen muss. Selbst wenn der Rechtspfleger (was problematisch ist), die fünf Versteigerungstermine zu einem Termin „vermischt", bleiben es dennoch fünf getrennte Verfahren; es gibt weder Gruppenausgebote noch ein Gesamtausgebot. Beantragt die Gemeinde aber, die Zwangsversteigerung aller fünf Grundstücke wegen einer Gesamtforderung von 600 Euro anzuordnen mit der Maßgabe, dass diese Forderung in Höhe von je 120 Euro an jedem der fünf Grundstücke dinglich entstanden und somit der Rangklasse 3 zuzuordnen ist, so wird der Rechtspfleger einen einheitlichen Anordnungsbeschluss, etwa folgenden Inhaltes erlassen :

„wird die Zwangsversteigerung der Grundstücke A, B, C, D, E wegen einer Forderung der Gläubigerin in Höhe von 600 Euro angeordnet mit der Maßgabe, dass ein Teilbetrag von je 120 Euro an jedem der Grundstücke der Rangklasse 3 zuzuordnen ist."

Im Übrigen ist diese Festlegung (Rangklasse 3) im Anordnungsbeschluss nicht konstitutiv. Selbst wenn das Gericht die Forderung nicht ausdrücklich der Rangklasse 3 zuordnet, kann das Privileg – wenn es tatsächlich besteht – noch bei der Erlösverteilung gefordert werden!   **285a**

In obigem Verfahren wird nur eine Anordnungsgebühr erhoben; der Rechtspfleger kann nach § 18 ZVG das Verfahren verbinden[93]. Damit können später Anträge auf Gruppen- und Gesamtausgebot gestellt werden (hierzu Rn. 391 ff.). Anschließend muss die Gemeinde dann die Grundsteuer 2014 für jedes Grundstück getrennt anmelden, was natürlich in einem Schriftsatz möglich ist.

c) Die Gemeinde will aus mehreren Zwangshypotheken betreiben

Besitzt der Schuldner mehrere Grundstücke und hatte deshalb die Gemeinde ihre   **286**
Forderung bei der Eintragung der Zwangshypotheken verteilt (hierzu Rn. 90) und will jetzt die Versteigerung im Range der Zwangshypotheken (Rangklasse 4) betreiben, so führt dies ebenso wie bei der Rangklasse 3 (hierzu bei b.) zu getrennten Anordnungs- oder Beitrittsbeschlüssen, da ja keine Gesamthypotheken vorhanden sind. Um den unter b. genannten Problemen auszuweichen, wäre es immer sinnvoll, gleichzeitig wegen der gesamten persönlichen Forderung auch einen „Gesamt-Antrag" in Rangklasse 5 zu stellen.

Beispiel:

Die Gemeinde hatte auf die Grundstücke A und B eine Forderung von 4.000 Euro   **287**
aus rückständiger Gewerbesteuer für das Jahr 2013 dergestalt verteilt, dass auf Grundstück A eine Sicherungshypothek in Höhe von 1.600 Euro und auf Grundstück B eine solche in Höhe von 2.400 Euro eingetragen wurde. Will die Gemeinde nun hieraus vollstrecken, sollte sie den Antrag auf Zwangsversteigerung

- einmal aus den beiden eingetragenen Sicherungshypotheken in das jeweils belastete Grundstück und

- außerdem aus der Rangklasse 5 wegen der Gesamtforderung in Höhe von 4.000 Euro in beide Grundstücke

stellen.

Hat die Gemeinde noch weitere Forderungen, z. B. aus Gewerbesteuer-Vorauszahlungen 2014, kann sie diese mit in den Antrag aufnehmen, erhält aber insoweit

---

93 Es wird angenommen, dass dieser gemeinsame Anordnungsbeschluss bereits eine Verbindung nach
§ 18 ZVG bewirkt und es daher keiner weiteren Verbindung durch Beschluss bedarf.

natürlich auch nur die Rangklasse 5. Sind noch privilegierte Forderungen vorhanden (z. B. Grundsteuer aus 2013), so kann die Gemeinde entweder diese Grundsteuer später zu dem Verfahren anmelden, oder aber auch insoweit einen gesonderten Versteigerungsantrag stellen, was allerdings letztlich dazu führen kann, dass alle Rechte der Rangklasse 4 (also auch die eigenen) erlöschen.

Was sollte sie tun?

288 Wenn sie die Versteigerung ernsthaft betreiben will, sollte sie wegen der Grundsteuer Versteigerungsantrag stellen. Da dann alle Rechte erlöschen (auch die beiden Zwangshypotheken der Gemeinde), bedeutet dies die endgültige Liquidation. Sie weiß nun, ob ihre beiden Hypotheken „werthaltig" waren, also Zuteilung erhalten, oder von Anfang an wertlos waren, also ausgefallen sind. Höchstwahrscheinlich wird es aber soweit nicht kommen, da eine Gläubigerbank (die zur Zeit noch keine Zwangsversteigerung anstrebt), die Grundsteuer ablöst (hierzu Rn. 382 ff.).

289 Wird die Gemeinde abgelöst, kann sie die Versteigerung wegen der übrigen Forderungen immer noch in der Rangklasse 4 und 5 weiterbetreiben, wenn sie sich hier von eine Befriedigung verspricht oder damit rechnet, dass der Schuldner durch das Versteigerungsverfahren doch noch zahlungswillig wird.

5. Anmeldung oder Beitritt?

290 Wird das Verfahren von einem anderen Gläubiger betrieben, und entschließt sich die Gemeinde, ihre privilegierte Forderung nicht durch ein Beitrittsgesuch zu verfolgen, sondern nur anzumelden, so muss sie Folgendes beachten:

291 Sie selbst kann das Verfahren nicht beeinflussen. Sie bestimmt weder das geringste Gebot, noch ist ihre Mitwirkung bei einer evtl. einstweiligen Einstellung des Verfahrens oder seiner Aufhebung erforderlich. Dies hat zur Folge, dass das Verfahren ohne jede Vorankündigung aufgehoben werden kann und die Gemeinde nun zur Rettung ihrer privilegierten Forderung vor dem Rangverlust durch Zeitablauf selbst die Zwangsversteigerung neu beantragen muss. Hat sie im Vertrauen auf die Anmeldung zu lange gewartet, kann bereits ein Rangverlust eingetreten sein. Aber selbst wenn sie ihren neuen Versteigerungsantrag noch rechtzeitig stellt, sind alle Gerichtskosten neu angefallen und die Gemeinde haftet dafür. Im Falle des rechtzeitigen Beitritts zum „alten" Verfahren wären diese Kosten höchstwahrscheinlich einem anderen Gläubiger zur Last gefallen. Sie soll sich nicht auf eine evtl. Gebührenfreiheit verlassen; gerade in der Zwangsversteigerung fallen hohe Auslagen an, für die es keine Gebührenbefreiung gibt. Außerdem wird niemand die Gemeinde ablösen (dazu Rn. 382 ff.), da die Anmeldung den „betreibenden Gläubiger" nicht stört.

Besondere Vorsicht ist geboten, wenn die Gemeinde eine bedingte Sicherungshypothek (hierzu Rn. 108 ff.) für ihre privilegierten Forderungen hatte eintragen lassen.   **292**

Hierbei ist Folgendes zu beachten:

Ist die Rangklasse 3 bereits durch Zeitablauf erloschen, so ist eine unbedingte Hypothek entstanden, welche Rangklasse 4 hat. Für sie gilt das Gleiche wie für die Hypotheken. Steht sie im geringsten Gebot, so bleibt sie bestehen und wird vom Ersteher zur Zahlung übernommen. Steht sie nicht im geringsten Gebot, erhält die Gemeinde eine Zuteilung, wenn der Erlös für den Rang der Hypothek reicht. Eine Anmeldung ist nicht erforderlich, es sei denn, es wären neben der Hauptsumme „rückständige wiederkehrende Leistungen" angefallen, also z. B. Zinsen. Diese müssen angemeldet werden und erleiden Rangverlust nach den gleichen Regeln, die für die wiederkehrenden Leistungen der Rangklasse 3 gelten. Bei Sicherungshypotheken sind grundsätzlich Zinsen ab dem Tag der ersten Beschlagnahme „laufend" (und damit nicht anmeldepflichtig), ältere Zinsen „rückständig" (und damit anmeldepflichtig).   **293**

Hat aber die Forderung (ganz oder teilweise!) das Privileg der Rangklasse 3 noch nicht durch Zeitablauf verloren, so ist die Anmeldung dieses Betrages unverzichtbar. Die noch nicht entstandene Hypothek ermöglicht keine Zuteilung; auch nicht in Rangklasse 4!   **294**

Zur Bedeutung des Beitritts siehe auch Rn. 266.

6. Sonderfall: Vollstreckung aus einer Grundschuld

Hat die Gemeinde als Sicherheit für ihre Forderung eine Grundschuld im Grundbuch eintragen lassen, so kann sie aus ihr in Rangklasse 4 vollstrecken. Allerdings ist die Durchführung einer Zwangsversteigerung oder -verwaltung im Wege der Verwaltungsvollstreckung aus der Grundschuldforderung nicht möglich, auch wenn die Forderung an sich im Wege der Verwaltungsvollstreckung verfolgbar wäre. Der Unterschied zwischen der Grundschuld und der Zwangshypothek, aus welcher die Verwaltungsvollstreckung möglich wäre, besteht darin, dass die Grundschuld ein neues, von der gesicherten Forderung unabhängiges, Rechtsobjekt ist, während die Zwangshypothek sich als ein forderungsabhängiges Sicherungsmittel darstellt.   **295**

Zum Zwangsversteigerungsantrag im Range der Grundschuld bedarf es eines Titels nach der ZPO. Hat sich der Schuldner in der Bestellungsurkunde der sofortigen Zwangsvollstreckung aus der Grundschuld unterworfen (das ist meist der Fall und muss auch im Grundbuch eingetragen werden), ist die Urkunde ein Vollstreckungstitel (§ 794 Ziff. 5 ZPO). Sie muss nun noch vom Notar mit einer Vollstreckungsklausel versehen und dem Schuldner zugestellt werden, damit mit ihr ein Versteigerungsantrag/Beitrittsgesuch gestellt werden kann.   **296**

297 Allerdings darf der Beschluss erst zwei Wochen nach der Zustellung erlassen werden (§ 798 ZPO), was bei der Antragstellung beachtet werden sollte.

298 Fehlt die Unterwerfungsklausel (Rn. 73), muss Klage auf Duldung der Zwangsvollstreckung vor dem Prozessgericht (nicht Verwaltungsgericht) erhoben werden.

299 Die Gemeinde ist aber auch nicht gehindert, die Forderung als solche (in Rangklasse 5) im Wege der Verwaltungsvollstreckung zu verfolgen, auch wenn sie zu ihrer Sicherung eine Grundschuld erworben hat. Anders als bei der Zwangshypothek könnte sich die Gemeinde auch zur Absicherung einer noch privilegierten Forderung eine Grundschuld bestellen lassen, die sofort „unbedingt" wäre. Einen Sinn hat dies aber nur, wenn eine privilegierte Forderung auf lange Zeit gestundet werden soll. Hier könnte sie, solange das Privileg noch besteht, trotz vorhandener Grundschuld in Rangklasse 3 vollstrecken, wenn z. B. die Stundung weggefallen ist.

300 Hat die Gemeinde die Grundschuld im Wege der Abtretung erworben, muss sie sich beim Notar eine Rechtsnachfolgeklausel erteilen lassen und diese dem Schuldner zustellen (§§ 727, 750 Abs. 2, 795 ZPO). Auch hier gilt die Wartefrist von zwei Wochen.

7. Kosten

a) Die Kosten der Anordnung/des Beitritts

301 Für die Entscheidung über den Versteigerungsantrag/das Beitrittsgesuch erhebt das Gericht eine Pauschalgebühr von 100 Euro (Nr. 2210 des Gebührenverzeichnisses zum GKG), zuzüglich der Kosten für die Zustellung. Besteht landesrechtliche Gebührenfreiheit, zahlt die Gemeinde nur die Zustellungsauslagen. Die Gerichtskosten für die Anordnung oder den Beitritt kann die Kommune zum Verfahren anmelden und erhält darauf bei der Erlösverteilung eine Zuteilung in der Rangklasse des Hauptanspruchs (§ 10 Abs. 2 ZVG).

302 Bei mehreren Forderungen in einem Antrag wird die Gebühr nur einmal erhoben. Tritt die Gemeinde im Laufe eines Verfahrens diesem mehrfach bei (z. B. weil immer wieder neue Forderungen fällig wurden) sind die Kosten immer wieder neu geschuldet.

303 Achtung bei mehreren Grundstücken:

Ein einheitlicher Antrag auf Versteigerung mehrerer Grundstücke wegen einer oder mehreren Forderungen löst nur eine Gebühr aus. Beantragt aber die Gemeinde die Zwangsversteigerung mehrerer Grundstücke nur wegen der Forderungen aus Rangklasse 3, welche ja nicht als „Gesamtrecht" bestehen können oder die Zwangsversteigerung mehrerer Grundstücke jeweils aus der dort eingetragenen Zwangshypothek, so handelt es sich kostenrechtlich um so viele Anträge, wie

Grundstücke vorhanden sind. Um dies zu vermeiden, sollte man noch daneben einen gemeinsamen Antrag gegen alle Grundstücke aus der Rangklasse 5 stellen.

Diese Kosten haben jeweils den Rang der Hauptsumme (§ 10 Abs. 2 ZVG), stehen **304** also normalerweise nicht im geringsten Gebot. Es sei denn, die Hauptforderung steht ausnahmsweise im geringsten Gebot, weil die Gemeinde die einstweilige Einstellung bewilligt hat und ein nachrangiger Gläubiger das Verfahren weiterführt. Die Kosten müssen angemeldet werden. Betreibt die Gemeinde aus einer Zwangshypothek, sollte sie daran denken, auch die Kosten der Eintragung anzumelden. Selbstverständlich darf die Gemeinde nur solche Kosten anmelden, die sie auch zahlen musste.

Die Kosten fallen auch für die Ablehnung eines Versteigerungsantrages an. In die- **305** sem Falle bleibt die Gemeinde, sofern sie die Kosten nicht vom Schuldner erhält, auf ihren Kosten sitzen.

Um dies zu vermeiden, sollte der Gläubiger bzw. die Vollstreckungsbehörde auf eine eventuelle Zwischen- oder Aufklärungsverfügung des Amtsgerichts reagieren. Besteht ein Vollstreckungsmangel, wird das Gericht den Antrag niemals sofort zurückweisen. Das Amtsgericht ist gemäß § 139 ZPO[94] verpflichtet, dem Gläubiger Gelegenheit zur Richtigstellung oder zur Antragsrücknahme zu geben. Kann die Beanstandung behoben werden, sollte das der Gläubiger innerhalb der gesetzten Frist tun oder aber Fristverlängerung beantragen. Ist der Mangel nicht zu beheben, weil beispielsweise der Schuldner nicht mehr Grundstückseigentümer ist, dann sollte der Antrag zurückgenommen werden. Die Antragsrücknahme vor einer Zurückweisung ist nämlich kostenfrei!

Merke: Formelle Fehler, Untätigkeit oder Unwissenheit, die zur Ablehnung eines **306** Versteigerungsantrages führen, kosten die Gemeinde mehr als dieses Buch!

b) Die Verfahrenskosten

Verfahrenskosten sind jene Kosten, welche gemäß § 109 ZVG vorweg dem Erlös **307** zu entnehmen sind und daher stets im geringsten Gebot stehen.

Das Gericht erhebt eine halbe Gebühr (0,5 der vollen Gebühr) für das Verfahren **308** als solches, die sich auf 0,25 der vollen Gebühr ermäßigt, wenn sich das Verfahren erledigt, bevor der Rechtspfleger eine Terminsbestimmung unterschrieben hat.

Hat der Rechtspfleger in einem Versteigerungstermin zur Abgabe von Geboten **309** aufgefordert, löst dies erneut eine halbe Gebühr aus; es sei denn, wegen §§ 74a, 85a ZVG würde kein Zuschlag erteilt. Die Durchführung des Verteilungsverfahrens kostet nochmals eine halbe Gebühr (Nr. 2211 bis 2213 und 2215 KV zum GKG).

---

94 BGH vom 10. Oktober 2013 – V ZB 181/12 – Rpfleger 2014, 95.

310 Die beiden erstgenannten Gebühren errechnen sich meist aus dem festgesetzten Verkehrswert; fehlt dieser, aus dem Einheitswert. Die Gebühr für das Verteilungsverfahren rechnet sich aus dem baren Meistgebot und den bestehen bleibenden Rechten (§ 54 GKG). An Hand dieses Wertes wird die Gebühr nach der Tabelle des § 34 GKG abgelesen.

Beispiel dazu:

Gerichtlich festgesetzter Verkehrswert:	100.000 Euro	
Meistgebot in bar:	60.000 Euro	
Bestehenbleibende Grundschuld:	20.000 Euro	
Gebühr für das Verfahren:	Wert 100.000 Euro	Gebühr: 513 Euro
Gebühr für den Termin:	Wert 100.000 Euro	Gebühr: 513 Euro
Gebühr für die Verteilung:	Wert 80.000 Euro	Gebühr: 393 Euro

311 Hinzu kommen noch die Auslagen, z. B. für die Begutachtung zur Ermittlung des Verkehrswertes, für die Veröffentlichungen und die Zustellungen, die allein schon aufgrund der relativ hohen „Schätzungskosten" wahrscheinlich höher sind als die Gesamtsumme der vorgenannten Gebühren. Wird die Versteigerung durchgeführt, braucht sich die Gemeinde um diese Kosten nicht zu kümmern, zumal sie (anders als normale Gläubiger) auch als Antragsteller nicht vorschusspflichtig ist (§ 22 Abs. 6 Kostenverfügung). Das Gericht bedient sich seiner Kosten vorweg aus dem Erlös (§ 109 ZVG).

312 In drei Fällen besteht die Gefahr, dass die Gemeinde die Kosten selbst zu tragen hat:

– wenn sie das Verfahren allein betreibt und die Versteigerung ergebnislos verläuft weil niemand das Grundstück ersteigern will, zahlt sie diese Kosten, zumindest (bei Gebührenfreiheit) die Auslagen,

– wenn sie einen Versteigerungsantrag zurücknimmt, z. B. weil der Schuldner die Forderung bezahlt hat und

– wenn sie abgelöst werden soll, bleibt die Haftung für die bereits zu ihren Lasten angefallenen Kosten bestehen.

313 **Also:** In den beiden letztgenannten Fällen immer beim Gericht nachfragen, mit welcher Kostenbelastung noch gerechnet werden muss und den Antrag erst zurücknehmen, wenn geklärt ist, wer die Kosten des Verfahrens trägt!

Selbst wenn das Gericht ankündigt, der Gemeinde keine Kosten in Rechnung zu stellen, kann dies jeder andere Gläubiger tun, dem die Gerichtskosten auferlegt werden. Mehrere betreibende Gläubiger haften nämlich für die Kosten gesamtschuldnerisch und sind untereinander zur Ausgleichung verpflichtet. Es ist zunehmend zu beobachten, dass die Kreditinstitute dies auch tun. So kann es passieren, dass ein Grundstück aus der Zwangsversteigerung heraus freihändig veräußert wird. Die Gemeinde erhält auf ihre Forderung eine Zahlung aus dem Kaufpreis und nimmt im Gegenzug den Zwangsversteigerungsantrag zurück. Den Rest des Kaufpreises erhält das Kreditinstitut und nimmt ebenfalls seinen Antrag zurück, damit der Verkauf wirksam werden kann. Daraufhin stellt die Gerichtskasse dem Kreditinstitut eine Kostenrechnung aus. Aus dieser verlangt das Kreditinstitut dann von der Gemeinde den hälftigen Betrag. Um eine Zahlung kommt die Gemeinde nicht herum und muss oftmals mehr an anteiligen Gerichtskosten zahlen, als sie auf die Forderung erhalten hat.

Deshalb ist es immer ratsam, über eine Regelung hinsichtlich der Kosten zu sprechen und diese in einen Kaufvertrag aufzunehmen. Wird ein sogenannter Treuhandauftrag erteilt, sollte der Notar angewiesen werden, von einer Antragsrücknahme nur Gebrauch zu machen, wenn aus dem Verkaufserlös die Forderung der Gemeinde und die Gerichtskosten des Verfahrens bezahlt werden.

Erfolgt eine Einigung mit dem Schuldner, muss ebenfalls geklärt werden, dass dieser sowohl die offene Forderung als auch die noch zu erwartenden Gerichtskosten zahlt!

c) Kosten des Zuschlags

Auch der Ersteher kommt nicht ungerupft davon. Er zahlt für den Zuschlag ebenfalls eine halbe Gebühr aus seinem baren Meistgebot und den bestehen bleibenden Rechten. Wurden mehrere Grundstücke an verschiedene Ersteher zugeschlagen, zahlt natürlich jeder für seinen Zuschlag (Nr. 2214 KV zum GKG).

314

8. Rechtsbehelfe

a) Rechtsbehelfe der Gemeinde bei Ablehnung des Antrags

Lehnt das Gericht die Anordnung der Zwangsversteigerung bzw. die Zulassung des Beitritts ab oder fordert es im Wege der Zwischenverfügung Unterlagen bzw. Angaben, die es nach Ansicht der Gemeinde nicht fordern darf, kann die Gemeinde hiergegen sofortige Beschwerde beim Landgericht einlegen (§ 11 RPflG). Im Falle der Zurückweisung ist die Entscheidung kostenpflichtig; die Gebühr beträgt 120 Euro (Nr. 2240 KV zum GKG).

315

Die Beschwerde muss innerhalb von zwei Wochen (§ 569 Abs. 1 ZPO) schriftlich (§ 569 Abs. 2 ZPO) eingelegt werden. Die Frist beginnt mit der Zustellung der Entscheidung an die Gemeinde. Der Rechtspfleger kann seine Entscheidung ändern (§ 572 Abs. 1 ZPO) und er ist in jedem Fall verpflichtet, eine begründete Entscheidung über die „Nichtabhilfe" zu treffen, bevor er (unverzüglich) die Sache dem Landgericht zur Entscheidung vorlegt.

316

316a Die frühere „weitere Beschwerde" zum OLG ist abgeschafft. Nur wenn das Landgericht (Beschwerdegericht) dies ausdrücklich zulässt, kann die neu geschaffene **„Rechtsbeschwerde"** (§ 574 ZPO) eingelegt werden. Eine „Nichtzulassungsbeschwerde" ist nicht vorgesehen. Lässt also das Landgericht die Rechtsbeschwerde nicht zu, ist sein Beschluss rechtskräftig. Die Rechtsbeschwerde führt (§ 133 GVG) zum BGH und ist innerhalb einer Frist von einem Monat einzulegen. Eine Ablehnung kostet 240 Euro (Nr. 2242 KV zum GKG).

Ausnahme: Handelt es sich nur um einen **Streit über** die Berücksichtigung von **Kosten** im Anordnungs- bzw. Beitrittsbeschluss (jedoch nicht um die Höhe der Gerichtskosten dieses Verfahrens!), also z. B. über bisherige Vollstreckungskosten, welche die Gemeinde fordert und der Rechtspfleger nicht anerkennen will, ist zu unterscheiden:

317 Beträgt der Streitwert 200 Euro oder weniger, so hat die Gemeinde gebührenfreie Erinnerung zum Referatsrichter, welche ebenfalls innerhalb von zwei Wochen einzulegen ist. Der Rechtspfleger kann seine Entscheidung ändern. Hilft er der Erinnerung nicht ab, entscheidet der Richter endgültig.

Geht es um mehr als 200 Euro, gelten die vorgenannten allgemeinen Regeln.

Ist die Höhe oder Zahlungspflicht von Gerichtskosten (also der Kostenrechnung) im Streit, gilt Rn. 318.

b) Rechtsbehelf gegen den Kostenansatz

318 Erhebt das Gericht bei der Gemeinde Gerichtskosten, welche diese ihrer Ansicht nach nicht schuldet, kann sie eine (unbefristete) Erinnerung bei dem Gericht einlegen; also nicht an die Gerichtskasse richten! Das Verfahren richtet sich nach § 66 GKG. Es entscheidet zunächst der Rechtspfleger, nachdem der Kostenbeamte bzw. er selbst geprüft hat, ob er den Kostenansatz aufrecht erhält. Ändert der Rechtspfleger seine oder die Entscheidung des Kostenbeamten nicht ab, so ist wiederum zu unterscheiden:

Bei einem Streitwert von 200 Euro oder weniger hat die Gemeinde gebührenfreie Erinnerung (§ 11 RPflG) zum Referatsrichter, der endgültig entscheidet. Der Rechtspfleger kann der Erinnerung abhelfen; Einlegungsfrist: zwei Wochen.

Geht es um mehr als 200 Euro hat die Gemeinde die Möglichkeit der unbefristeten Beschwerde zum Landgericht (§ 66 Abs. 2 GKG), welches endgültig entscheidet. Der Rechtspfleger kann der Beschwerde abhelfen. Das Verfahren ist gebührenfrei; außergerichtliche Kosten (Anwaltskosten) werden auch dann nicht erstattet, wenn die Gemeinde obsiegt (§ 66 Abs. 8 GKG).

c) Rechtsbehelf des Schuldners

Da der Schuldner vor der Anordnung bzw. vor dem Beitritt regelmäßig nicht gehört 319
wird, ist ihm gegenüber die Tätigkeit des Rechtspflegers keine „Entscheidung des
Gerichts", sondern „Vollstreckungshandlung". Folge: Der Schuldner hat gegen die
Rechtspflegerentscheidung die unbefristete Erinnerung nach § 766 ZPO, über welche der Vollstreckungsrichter entscheidet. Gegen dessen Entscheidung dann be-
fristete (zwei Wochen) sofortige Beschwerde zum Landgericht.

Der Schuldner kann die Beschwerde schriftlich oder zu Protokoll der Geschäfts- 320
stelle einlegen. Es besteht kein Anwaltszwang. Wurde der Schuldner ausnahmsweise vor der Entscheidung über die Anordnung der Zwangsversteigerung (bzw.
Zulassung des Beitritts) gehört, hat er die gleichen Rechtsbehelfe wie die Gemeinde.

Eine **Rechtsbehelfsbelehrung** gemäß § 232 ZPO soll nach der Gesetzesbegrün- 320a
dung bei Zwangsvollstreckungsmaßnahmen regelmäßig nicht nötig sein[95].

Wird allerdings dem Gläubigerantrag nicht in vollem Umfang entsprochen oder
wurde der Schuldner vor der Anordnung ausnahmsweise angehört, dürfte eine Belehrung erforderlich sein, weil dann das Vollstreckungsgericht eine streitige Sach-
entscheidung trifft, die mit sofortiger Beschwerde angegriffen werden kann.

Wenn eine erforderliche Rechtsmittelbelehrung nicht vorgenommen wird, ändert
das nichts an der Wirksamkeit der gerichtlichen Entscheidung oder am Beginn der
Rechtsmittelfrist. Soweit der Belehrungsmangel jedoch ursächlich zur Versäumung
der Rechtsmittelfrist führt, ist bei der Prüfung einer beantragten Wiedereinsetzung
in den vorigen Stand ein fehlendes Verschulden des Rechtsmittelführers bei der
Fristversäumnis unwiderleglich zu vermuten (§ 233 Satz 2 ZPO).

---

95 Gesetzentwurf der Bundesregierung zur Einführung einer Rechtsbehelfsbelehrung im Zivilprozess,
   BT-Drs. 17/10490 vom 15. August 2012.

Kapitel D

Einstellung, einstweilige Einstellung, Fortsetzung, Aufhebung des Verfahrens

Das Verfahren ist nach § 29 ZVG aufzuheben, wenn der Versteigerungsantrag von **321** dem (betreibenden) Gläubiger zurückgenommen wird. Hierbei genügt jede Erklärung des Gläubigers, die erkennen lässt, dass das Verfahren aufgehoben werden soll. Eine Begründung ist nicht erforderlich. Der Antrag auf Aufhebung des Verfahrens ist auch noch nach Schluss der Versteigerung, jedoch nur bis zur Verkündung des Zuschlags möglich (§ 73 Abs. 2 ZVG); in diesem Fall mit der Folge der Zuschlagsversagung nach § 33 ZVG. Der betreibende Gläubiger hat es insoweit jederzeit und in jedem Stadium des Verfahrens in der Hand, das gesamte Verfahren gänzlich zum Stillstand zu bringen.

Das Verfahren wird nach § 75 ZVG auch (von Amts wegen) eingestellt, wenn der **321a** Schuldner oder ein Dritter im Versteigerungstermin einen Einzahlungs- oder Überweisungsnachweis einer Bank oder Sparkasse oder eine öffentliche Urkunde vorlegt, aus der sich ergibt, dass der Schuldner oder ein Dritter, der berechtigt ist, den Gläubiger zu befriedigen, den zur Befriedigung und zur Deckung der Kosten erforderlichen Betrag an die Gerichtskasse gezahlt hat[96]. Vorzulegen ist das Original oder eine Ausfertigung des entsprechenden Belegs über die Zahlung an die Gerichtskasse. Eine Teilzahlung hat das Vollstreckungsgericht zurückzuweisen. Betreiben mehrere Gläubiger die Zwangsversteigerung und wird die Zahlung nur zur Befriedigung eines der Gläubiger geleistet, kann das Verfahren auch nur in Bezug auf diesen Gläubiger eingestellt werden.

Zur Zahlung berechtigt ist neben dem Schuldner jeder Dritte, der Gefahr läuft, durch die Versteigerung ein Recht zu verlieren. Dies gilt auch für den Mieter oder Pächter als Besitzer des Grundbesitzes. Nicht zur Zahlung berechtigt sind die Gläubiger, deren Rechte bzw. Ansprüche im geringsten Gebot bereits berücksichtigt sind und auch nicht ein Dritter, der nach § 267 BGB für den Schuldner zahlen will.

Hat ein Dritter als Inhaber eines Grundpfandrechtes zur Ablösung des Rechts, aus dem die Zwangsversteigerung betrieben wird, an die Gerichtskasse gezahlt, ist das Verfahren nach § 75 ZVG nicht auf Antrag, sondern von Amts wegen einzustellen.

---

96 Vgl. BGH vom 16. Oktober 2008, Rpfleger 2009, 96.

I. Einstweilige Einstellung bei nur angemeldeter Forderung

321b Hat die Gemeinde ihre Forderung nur angemeldet, kann sie auf das Verfahren keinen Einfluss nehmen. Es kann also von dem oder den betreibenden Gläubigern einstweilen eingestellt, fortgesetzt oder der bereits bestimmte Versteigerungstermin aufgehoben werden, ohne dass die Gemeinde zustimmen müsste bzw. dies verhindern könnte. Besonders bei älteren öffentlichen Lasten, also Forderungen der Rangklasse 7 (solange noch das Vorrecht besteht = Rangklasse 3), sollte geprüft werden, ob man sich nicht zur Vermeidung eines Rangverlustes durch ein Beitrittsgesuch dem Verfahren anschließt. Dies gilt insbesondere bei „einmaligen Leistungen". Obwohl es im Gesetz nicht ausdrücklich vorgesehen ist, sollte die Gemeinde unbedingt vor jedem Versteigerungstermin eine neue Anmeldung vornehmen, auch wenn sich ausnahmsweise nichts geändert hat.

II. Einstweilige Einstellung bei Anordnungs- oder Beitrittsbeschluss

322 Hat die Gemeinde selbst einen Anordnungs- oder Beitrittsbeschluss für ihre Forderung erwirkt, kann sie in vielfältiger Weise in Entscheidungen über Verfahrensaufhebung, einstweilige Einstellung, oder Terminsaufhebung eingebunden sein.

1. Schuldnerantrag auf einstweilige Einstellung gem. § 30a ZVG

323 Nach jedem Anordnungs- oder Beitrittsbeschluss[97] wird der Schuldner vom Gericht darüber belehrt, dass er innerhalb von zwei Wochen die einstweilige Einstellung beantragen kann. Es versteht sich von selbst, dass von dieser Möglichkeit reger Gebrauch gemacht wird. Infolgedessen wird die Gemeinde bei einem Versteigerungsantrag (Beitrittsgesuch) oft mit einem solchen Schuldnerwunsch und der gerichtlichen Aufforderung zur Stellungnahme konfrontiert. Tatsächlich sind aber die gesetzlichen Voraussetzungen so restriktiv gefasst, dass diese Anträge nur selten zum Erfolg führen (§ 30a ZVG).

Der Schuldner kann also gleich zu Beginn des Verfahrens einen Antrag stellen, um das Zwangsversteigerungsverfahren für maximal sechs Monate aufzuschieben. Voraussetzung ist, dass dieser Aufschub dem Schuldner nützt, die Versteigerung soll nämlich dadurch vermieden werden und der Aufschub dem Gläubiger nicht unzumutbar schaden.

Zugemutet wird dem Gläubiger, dass er auf die Fortführung seiner Zwangsvollstreckungsmaßnahme eine gewisse Zeit warten muss, dann aber ungehindert seinen Antrag weiter verfolgen kann, wenn der Aufschub keine andere Lösung gebracht hat.

---

97 Vorausgesetzt, dass der Schuldner die Einstellungsmöglichkeiten noch nicht verbraucht hat (§ 30c ZVG), erfolgt ausnahmsweise auch bei der Fortsetzung eines nach § 30a ZVG eingestellten Verfahrens eine Belehrung über das Einstellungsrecht, weil der Schuldner die Möglichkeit hat, erneut die einstweilige Einstellung gemäß § 30a ZVG zu beantragen.

Die Regelung gilt lediglich für die Zwangsversteigerung, in der Zwangsverwaltung kann der Schuldner einen solchen Antrag nicht stellen.

Der Schutzantrag ist an eine Frist von zwei Wochen gebunden, die mit der Zustellung der Belehrung über dieses Einstellungsrecht beginnt. Üblicherweise erfolgt dies zeitgleich mit der Zustellung des Anordnungsbeschlusses.

Möchte der Schuldner den Antrag mündlich stellen, so kann er zum zuständigen Vollstreckungsgericht gehen und den Antrag dort zu Protokoll geben. Das heißt, der Antrag wird dort für den Schuldner geschrieben. Er kann dies auch bei jedem anderen Amtsgericht tun, wenn das zuständige Amtsgericht für den Schuldner nicht oder nur mit großen Schwierigkeiten zu erreichen ist.

Hierbei ist nicht entscheidend, ob der Antrag genau nach dem Gesetz mit dem richtigen Paragrafen bezeichnet ist, es kommt vielmehr darauf an, dass erkennbar ist, was der Schuldner erreichen möchte. Das Vollstreckungsgericht wird dann über diesen Schutzantrag entscheiden.

Der Vollstreckungsschutzantrag wird nur dann eine Aussicht auf Erfolg haben, wenn er ausführliche Angaben zu den unten genannten und für die Einstellung relevanten Einstellungsvoraussetzungen enthält. Vor allem muss eindeutig erkennbar werden, wie durch die zeitweilige Unterbrechung des Verfahrens die Versteigerung endgültig verhindert werden kann.

Soweit möglich, sollten die Angaben glaubhaft gemacht werden, damit der für die Entscheidung zuständige Rechtspfleger von der Richtigkeit des Vortrags überzeugt werden kann.

Das Vollstreckungsgericht kann die Glaubhaftmachung der Angaben ohnehin verlangen, tut dies aber tatsächlich eher selten. Meist ergeht die Entscheidung aufgrund des Antrags und der daraufhin eingeholten Stellungnahme des Gläubigers. Wenn der Antrag nicht überzeugend abgefasst und mit den entsprechenden Unterlagen versehen ist, droht die sofortige Zurückweisung.

Formulierungen wie „falls noch Unterlagen benötigt werden, wird um entsprechenden Hinweis gebeten" oder „Glaubhaftmachung kann, soweit erforderlich, jederzeit erfolgen" sind wenig hilfreich.

Das Gesetz sieht die Möglichkeit vor, über den Einstellungsantrag mündlich zu verhandeln. Davon wird in der Praxis so gut wie nie Gebrauch gemacht, sodass fast ausschließlich im schriftlichen Verfahren entschieden wird.

Der Schuldner muss darlegen und (§ 30b Abs. 2 Satz 3 ZVG) auf gerichtliches Verlangen glaubhaft machen[98], dass die einstweilige Einstellung nach der Art der

324

---

98 Glaubhaft machen = § 294 ZPO. Hier kommen wohl nur dem Antrag beigefügte Schriftstücke (Urkunden) als „präsente Beweismittel" oder eben eine Versicherung an Eides statt in Frage.

Schuld sowie nach seinen persönlichen und wirtschaftlichen Verhältnissen der Billigkeit entspricht und er die Versteigerung über die einstweilige Einstellung auch vermeiden kann.

Der Schuldner sollte also in der Lage sein, innerhalb der Einstellungszeit die Gläubigerforderung zu bezahlen. Denkbar wäre auch eine Umschuldung, Stundung oder Ratenzahlungsvereinbarung.

Der Antrag des Schuldners muss Angaben enthalten über:

- die persönlichen Verhältnisse in Bezug auf die Schutzbedürftigkeit und Schutzwürdigkeit des Schuldners und seiner Familie. Angaben zu Gesundheit, Bereitschaft zur Schuldenregulierung und Herkunft der Verbindlichkeiten können bei der Interessenabwägung durch das Gericht eine Rolle spielen.

- die wirtschaftlichen Verhältnisse des Schuldners mit Angaben zu Vermögens- und Einkommensverhältnissen, Arbeitsplatz, Unterhaltsverpflichtungen sowie Art und Höhe sonstiger Verbindlichkeiten, aus denen sich die Sanierungsfähigkeit des Schuldners erkennen lässt.

- die Aussicht, wie durch die einstweilige Einstellung die Versteigerung verhindert werden soll, und zwar innerhalb der Einstellungszeit von höchstens sechs Monaten (dies ist die höchstzulässige Einstellungszeit); bei größtem Wohlwollen auch noch innerhalb eines Jahres, da die einstweilige Einstellung (§ 30 d ZVG) einmal wiederholt werden könnte.

Für die Entscheidung auf einstweilige Einstellung des Verfahrens nach dieser Vorschrift ist die Schutzwürdigkeit des Schuldners nur dann gegeben, wenn sie der Billigkeit entspricht. Hierfür werden die persönlichen und wirtschaftlichen Verhältnisse des Schuldners auf der einen Seite und die Art der Schuld auf der anderen Seite bewertet.

Nach Art der Schuld kann ein Aufschub bei Unterhaltsforderungen oder einer Forderung aus unerlaubter Handlung ausgeschlossen sein.

325 Die Einstellung muss trotz dieser Voraussetzungen unterbleiben, wenn sie der Gemeinde unter Berücksichtigung ihrer wirtschaftlichen Verhältnisse nicht zuzumuten ist oder sie hierdurch erhebliche Nachteile in Kauf nehmen müsste (trotz der sehr angespannten Wirtschaftslage wird es der Gemeinde wohl in aller Regel schwer fallen, dies hinreichend und glaubwürdig zu begründen). Genauso müsste die Einstellung unterbleiben, wenn zu befürchten ist, dass sich die Grundstücksverhältnisse derart verschlechtern, dass nach Ablauf der Einstellungszeit ein wesentlich geringerer Erlös zu erwarten ist (§ 30a Abs. 2 ZVG).

325a Die Entscheidung über eine einstweilige Einstellung erfolgt auf Antrag des Schuldners. Eine Prüfung oder Beweiserhebung von Amts wegen findet nur im Rahmen der richterlichen Aufklärungspflicht statt (§ 139 ZPO). Entscheidungsgrundlage ist der Vortrag von Gläubiger und Schuldner mit entsprechender Glaubhaftmachung der Angaben, falls dies vom Gericht verlangt wird.

In der Praxis führt ein Antrag des Schuldners ganz selten zu einer Einstellung des Verfahrens, da in den meisten Fällen die Voraussetzungen nicht vorliegen oder nicht nachgewiesen werden können.

Oft sind die Anträge sehr kurz gefasst und enthalten keine Angaben dazu, wie genau durch die Einstellung die Versteigerung verhindert werden soll. Da sie aber vielfach zu einer Verfahrensverzögerung führen, sind sie für den Schuldner in gewisser Weise dennoch erfolgreich. Durch die Entscheidung des Vollstreckungsgerichts und gegebenenfalls der Beschwerdeinstanz erreicht der Schuldner nämlich häufig eine Verzögerung des Verfahrens von mindestens sechs Monaten.

Der Zeitgewinn ergibt sich daraus, dass bis zur endgültigen Entscheidung über den Einstellungsantrag keine anderen Verfahrensschritte eingeleitet werden.

Da nach dem Antrag des Schuldners zunächst die Anhörung des Gläubigers vorgesehen und oft daraufhin eine weitere Stellungnahme des Schuldners angefordert wird, vergehen sehr schnell zwei bis drei Monate.

Wenn gegen die Entscheidung über den Einstellungsantrag Rechtsmittel eingelegt wird, kommt es zu einer weiteren Verschleppung.

Fraglich bleibt, ob dem Schuldner mit diesem Aufschub gedient ist. Einerseits erlangt er hier einen zeitlichen Vorteil, den er zur Schuldenregulierung nutzen kann. Andererseits laufen jedoch für die Dauer der Einstellung oder der Verzögerung die Zinsen des Gläubigers weiter. Möglicherweise unternimmt der Gläubiger zwischenzeitlich andere Vollstreckungsversuche, sodass weitere Vollstreckungskosten entstehen.

Ein eingestelltes Verfahren wird nur fortgesetzt wird, wenn der Gläubiger rechtzeitig einen Fortsetzungsantrag stellt. Andernfalls hat das Gericht das Verfahren aufzuheben (§ 31 ZVG).

Die Fortsetzungsfrist beträgt für den Gläubiger sechs Monate und beginnt erst mit dem Ende der Einstellungszeit.

Tipp für die Gemeinde:

Hat der Schuldner keinen akzeptablen Zahlungsvorschlag unterbreitet, sondern nur ganz allgemeine Ausführungen hierzu gemacht, sollte man mit der Begründung, dass eine Vermeidung der Versteigerung nicht erkennbar sei, die Abweisung des Antrags fordern. 326

Hat der Schuldner einen konkreten Zahlungsvorschlag unterbreitet und ist die erste Rate alsbald fällig, so bittet man das Gericht, die Entscheidung bis zur Zahlung der ersten Rate zurückzustellen, um so zu sehen, ob der Schuldner seine Ver- 327 sprechungen auch tatsächlich einhält. Zahlt der Schuldner die erste Rate, so mag Hoffnung auf Befriedigung der Forderungen aufkommen, denn „zahlen schafft Frieden".

328 Zahlt der Schuldner die angebotene Rate nicht, so beantragt man mit dieser Begründung die Abweisung des Einstellungsantrages.

329 Es steht im freien Ermessen der Gemeinde, entweder dem Gericht mitzuteilen, dass sie dem Einstellungsantrag des Schuldners zustimmt oder aber die einstweilige Einstellung bewilligt (siehe Rn. 331 ff.).

330 Im erstgenannten Fall stellt sie die Entscheidung ins pflichtgemäße Ermessen des Gerichts, welches insoweit die einstweilige Einstellung dennoch ablehnen kann. Gibt das Gericht dem Antrag des Schuldners auf einstweilige Einstellung statt, sollte die Gemeinde das Gericht darum bitten, Zahlungsfristen zu bestimmen und den Fortbestand der Einstellung davon abhängig zu machen, dass die Zahlungen auch pünktlich eingehalten werden (§ 30a Abs. 5 ZVG). Hält der Schuldner daraufhin die Raten nicht ein, teilt die Gemeinde dies dem Gericht mit, welches über die Aufhebung der Einstellung zu entscheiden hat.

330a Ein Antrag des Schuldners führt in einem von einem Grundpfandrechtsgläubiger betrieben Verfahren eher selten zu einer Einstellung, da in den meisten Fällen die gesetzlichen Einstellungsvoraussetzungen nicht vorliegen oder nicht nachgewiesen werden können.

Das liegt in erster Linie daran, dass bei der Zwangsversteigerung durch eine Bank oder Sparkasse wegen einer Immobilienfinanzierung regelmäßig hohe Beträge vollstreckt werden. Der Schuldner ist in solchen Verfahren so gut wie nie in der Lage, die gesamten betreibenden Ansprüche innerhalb der maximalen Einstellungszeit zurückzuzahlen.

Bei den vergleichsweise geringen Forderungen, aus denen die Kommunen ein Versteigerungsverfahren betreiben, sieht das aber häufig ganz anders aus. Hier ist es dem Schuldner oftmals möglich, die Forderung innerhalb von sechs Monaten zu begleichen um so die Zwangsversteigerung abzuwenden.

Dies kann sich die Kommune zu Nutze machen um mit dem Schuldner über das Vollstreckungsgericht Zahlungsvereinbarungen zu treffen. Für die Laufzeit der Vereinbarung – maximal sechs Monate – wird das Verfahren einstweilen eingestellt, ohne dass ein Antrag auf einstweilige Einstellung durch die Kommune als Gläubigerin nach § 30 ZVG nötig wird, die ja nur zweimal in jedem Verfahren zulässig ist.

Im Rahmen des Einstellungsverfahrens hat die Kommune als Gläubigerin eine gute Möglichkeit, das Verfahren zu beeinflussen. Sie muss zwar nicht zwingend eine Stellungnahme zum Antrag des Schuldners abgeben, sollte dies aber schon deshalb tun, weil sie die persönlichen und wirtschaftlichen Verhältnisse des Schuldners in aller Regel besser kennt, als das Vollstreckungsgericht.

Zeigt der Schuldner in seinem Einstellungsantrag Kooperationsbereitschaft, besteht die Chance, den Vorschlag des Schuldners aufzugreifen um ihm quasi unter Vermittlung des Vollstreckungsgerichts ein Ratenzahlungsangebot zu unterbreiten.

Ist der Schuldner hingegen amtsbekannt zahlungsunfähig oder ist aus anderen Gründen klar, dass der Einstellungsantrag nicht ernsthaft, sondern nur zur Verzögerung gestellt ist, kann die Gemeinde (Vollstreckungsbehörde) den Argumenten des Schuldners entgegentreten, um damit dem Gericht eine breitere Grundlage für eine Entscheidung über den Schuldnerantrag zu liefern. Zumal bei dieser gerichtlichen Entscheidung nur die Vorträge von Gläubiger und Schuldner berücksichtigt werden und normalerweise keine weitere Ermittlung durch das Gericht stattfindet.

Ratsam ist es ebenso, für den Fall einer angestrebten einstweiligen Einstellung darauf zu bestehen, dass diese nur für einen bestimmten Zeitraum von weniger als sechs Monaten und mit Auflagen[99] nach den Abs. 3 bis 5 des § 30 a ZVG erfolgen soll.

Unter Umständen kann hiermit sogar erreicht werden, dass das Verfahren schneller wieder fortgesetzt wird, als bei einer Zurückweisung des Antrags mit anschließender Rechtsmittelinstanz.

Gerade bei der Einstellung unter Auflagen zeigt sich schnell, wie ernst es der Schuldner meint und ob er tatsächlich in der Lage ist, die Versteigerung zu verhindern.

Zur Antragstellung des Insolvenzverwalters nach § 30d ZVG siehe Rn. 722.

2. Die Einstellungsbewilligung

Die Gemeinde kann jederzeit von sich aus durch Erklärung gegenüber dem Gericht die einstweilige Einstellung des Verfahrens bewilligen; sogar noch im Versteigerungstermin bis zur Verkündung des Zuschlags. Sie muss diese Erklärung nicht begründen. Das Gericht hat kein Ermessen, es muss dem Antrag stattgeben.　331

Außerhalb des Versteigerungsverfahrens vereinbarte Zuzahlungen des Meistbietenden an den betreibenden Gläubiger, die diesen dazu veranlassen sollen, seinen Einstellungsantrag zurückzunehmen oder nicht zu stellen, verletzen die Rechte des Schuldners und führen zu einer Versagung des Zuschlags[100]　331a

Achtung: Der Antrag kann nur zweimal zur einstweiligen Einstellung führen. Ein dritter Antrag bedeutet gleichzeitig Verfahrensaufhebung mit Verlust der Beschlag-　332

99　Zu Auflagen und Rechtsmitteln siehe Schneider/Goldbach, KKZ 2014, 49.
100　BGH vom 31. Mai 2012 – V ZB 207/1 – Rpfleger 2012, 640; vgl. auch Goldbach, ZfIR 2013, 793.

nahme, unnötigem Kostenaufwand und evtl. Rangverlust (§ 30 Abs. 1 Satz 2 ZVG). Der Antrag, einen bereits bestimmten Versteigerungstermin aufzuheben, führt kraft Gesetzes (§ 30 Abs. 2 ZVG) ebenfalls zur Einstellung, gegebenenfalls sogar zur Verfahrensaufhebung. Es gibt Gerichte, welche der Auffassung sind, dass auch ein Antrag, keinen Versteigerungstermin zu bestimmen, die gleiche Rechtsfolge hätte. Im Übrigen dürfte das Gericht einem solchen Antrag regelmäßig nicht stattgeben.

3. Die Fortsetzung des Verfahrens

333 Die Fortsetzung des Verfahrens (§ 31 ZVG) erfolgt grundsätzlich nur auf Antrag des Gläubigers[101].

Achtung: Der Antrag ist an eine bestimmte Frist gebunden. Wird die Frist versäumt, erfolgt Verfahrensaufhebung mit allen obengenannten Nachteilen. Die Frist beträgt sechs Monate und sie beginnt, wenn der Schuldner den Antrag nach § 30a gestellt hat (siehe nachfolgendes Beispiel 1), mit dem Ende der Einstellungszeit, die im Beschluss bestimmt worden ist. Bewilligt die Gemeinde die einstweilige Einstellung (§ 30 ZVG), beginnt die Frist mit der Zustellung des Einstellungsbeschlusses (siehe nachfolgendes Beispiel 2). In beiden Fällen beginnt die Frist jedoch nicht, bevor nicht der Gemeinde eine Belehrung über den Fristbeginn und die Folge der Fristversäumung zugestellt worden ist.

Die Einhaltung der Frist ist vom Gläubiger selbst zu überwachen. Das Gericht wird ihn weder an die rechtzeitige Fortsetzung des Verfahrens erinnern noch einen verspätet gestellten Fortsetzungsantrag annehmen. Ein verspäteter Fortsetzungsantrag führt auch dann zur Aufhebung des Verfahrens, wenn das Gericht beim verspäteten Eingang des Fortsetzungsantrages das Verfahren noch nicht aufgehoben hatte.

Beispiel 1

334 Das Gericht stellt am 19. September 2013 das Verfahren bis zum 15. März 2014 einstweilen ein und belehrt die Gemeinde am 30. September 2013 darüber, dass die Frist für den Fortsetzungsantrag (bei Meidung der Aufhebung) am 16. März 2014 beginnen wird. Die Frist für die Fortsetzung beginnt also am 16. März 2014 und endet (nach sechs Monaten) am 15. September 2014 (= letzter Tag der Frist). Bis dahin muss der Antrag beim Gericht eingegangen sein!

Beispiel 2

335 Das Gericht stellt am 19. September 2013 mit Bewilligung der Gemeinde einstweilen ein und stellt ihr am 30. September 2013 den Einstellungsbeschluss samt

---

101 Fortsetzung ohne Antrag: Wenn das Gericht nach § 769 Abs. 2 ZPO unter Fristsetzung einstweilen eingestellt hat, um dem Schuldner zu ermöglichen, eine Entscheidung des Prozessgerichts (z. B. des Verwaltungsgerichts) beizubringen, setzt es nach fruchtlosem Fristablauf das Verfahren von Amts wegen fort.

Belehrung zu. Die Frist hat am 30. September 2013 begonnen. Letzter Tag der Frist ist also der 30. März 2014[102].

Im Beispiel 1 kann die Gemeinde das Fortsetzungsgesuch nur stellen, wenn die gerichtlich gesetzte Frist abgelaufen ist, oder der Schuldner eine gerichtliche Auflage nicht einhält.

Im Beispiel 2 kann die Gemeinde jederzeit (innerhalb der Frist) und ohne Angabe von Gründen die Fortsetzung verlangen; also z. B. schon nach drei Wochen seit Einstellung!

4. Die Aufhebung des Verfahrens

Die Aufhebung des Verfahrens erfolgt entweder von Amts wegen nach einer einstweiligen Einstellung oder gem. § 29 ZVG auf Antrag der Gemeinde (Antragsrücknahme). Stellt die Gemeinde den Aufhebungsantrag, kann sie ihn – sobald er beim Gericht eingegangen ist – nicht mehr zurücknehmen (streitig!). 336

Hat der Schuldner die Forderung der Gemeinde bezahlt, so sollte sich die Gemeinde im Hinblick auf eventuelle Kostenhaftung – **bevor** sie den Antrag zurücknimmt – unbedingt beim Gericht erkundigen, ob und welche Kosten noch offen stehen, da eine Fortsetzung des aufgehobenen Verfahrens nicht mehr möglich ist. Versäumt die Gemeinde eine Nachfrage beim Gericht und es bestehen noch Kosten aus dem nunmehr eingestellten Verfahren, wäre ein neuer Versteigerungsantrag mit erneuten Kosten und neuer Beschlagnahme und evtl. neuer Berechnungen, die zum Verlust des Privilegs führen könnten, erforderlich. 337

Betreibt noch ein weiterer Gläubiger das Verfahren, könnte die Gemeinde wegen einer privilegierten Forderung (deren Rangverlust noch nicht droht) den Versteigerungsantrag auch zurücknehmen und die Forderung sowie die Kosten zum weitergehenden Verfahren anmelden. Sie hat dann aber auf die Gesamtaufhebung des Verfahrens keinen Einfluss mehr. 338

5. Sonderfälle

Wegen der Einstellung mangels Gebote siehe Rn. 419. 339

Einstellung nach Schuldnerzahlung im Termin oder Ablösung: Rn. 382 ff., 389.

Die Einstellungsfälle nach der ZPO, z. B. § 765a ZPO, sollen hier nicht erörtert werden.

---

102 Fristberechnung nach § 222 Abs. 1 ZPO i. V. m. §§ 187 Abs. 1 und 188 BGB; Samstage sowie Sonn- und Feiertage werden bei allen Beispielen in diesem Buch nicht beachtet (hierzu aber § 222 Abs. 2 ZPO).

6. Die Rechtsbehelfe bei Einstellung und Fortsetzung

340 Rechtsbehelfe der **Gemeinde** kommen z. B. in Betracht,

– wenn das Gericht gegen den Willen der Gemeinde das Verfahren einstweilen einstellt oder

– wenn es einem Fortsetzungsantrag (z. B. wegen Fristablaufes) nicht stattgibt oder

– wenn es das Verfahren aufhebt, obwohl keine wirksame Aufhebungsbewilligung vorgelegen hat.

341 Dass das Gericht einer Einstellungs- oder Aufhebungsbewilligung nicht nachkommt, dürfte theoretischer Natur sein.

342 Rechtsbehelfe des **Schuldners** kommen z. B. in Betracht,

– wenn das Gericht seinen Einstellungsantrag ablehnt oder

– wenn das Gericht ohne Rechtsgrund (z. B. ohne Fortsetzungsantrag) das einstweilen eingestellte Verfahren fortsetzt oder

– wenn nach Schuldneransicht die Voraussetzungen für eine einstweilige Einstellung oder Aufhebung gegeben wären, ohne dass das Gericht entsprechend entscheidet (z. B. die Frist für den Fortsetzungsantrag ist ergebnislos abgelaufen, es erfolgt aber keine Verfahrensaufhebung!)

343 Als Rechtsbehelf – sowohl für Gläubiger als auch Schuldner – sieht § 11 RPflG die sofortige Beschwerde zum Landgericht vor; Frist zwei Wochen ab Zustellung der Entscheidung. Weist das Landgericht die Beschwerde zurück, ist eine volle Gebühr (Nr. 2241 GVerzGKG) aus dem vom Landgericht festgesetzten Wert geschuldet. Die weitere Beschwerde zum OLG ist abgeschafft. In Betracht käme allenfalls eine Rechtsbeschwerde zum BGH falls das Landgericht diese ausnahmsweise zugelassen hätte. Im Normalfall ist also die Entscheidung des Landgerichts rechtskräftig.

III. Die Ablösung durch einen Gläubiger

1. Was bedeutet „Ablösung"?

344 Betreibt ein Gläubiger die Zwangsversteigerung[103], kann jeder, der hierdurch ein Recht am Grundstück verlieren würde, die Forderung des Gläubigers durch Bezahlung ablösen (§ 268 Abs. 1 BGB). Durch die Ablösung gehen sowohl die Forderung selbst, als auch die Nebenrechte wie die Rangposition auf den Ablösenden über. Der Gläubiger muss die Ablösung über sich ergehen lassen und die Zahlung grundsätzlich annehmen, auch wenn der Schuldner widerspricht. § 267 Abs. 2 BGB findet hier keine Anwendung.

---

103 Das besondere Ablösungsrecht gegenüber einem Grundpfandrecht (§ 1150 BGB) soll hier nicht erörtert werden.

Wie jeder Gläubiger, so kann selbstverständlich auch die Gemeinde abgelöst wer- 345
den. Regelmäßig wird ihr dies nur angeboten werden, wenn ihre Forderung privilegiert ist. Forderungen der Rangklasse 5 sind für eine Ablösung meist ohne Interesse.

Der Ablösende kann sich darauf beschränken, nur die Forderungen der Rangklasse
3 abzulösen. Die Gemeinde wird zwar immer versuchen, dass nicht privilegierte
Forderungen ebenfalls abgelöst werden, kann aber eine Ablösung nicht zurückweisen, wenn der Ablösende nur die ihm im Weg stehenden bevorrechtigten Ansprüche ablösen möchte[104].

Die mit der bevorrechtigten Rangklasse 3 verbundene Position des bestrangig be- 346
treibenden Gläubigers führt dazu, dass die Gemeinde für Banken (meist Rangklasse 4) ein besonders bevorzugtes „Ablöse-Objekt" darstellt. Der Sachbearbeiter,
welcher den Versteigerungstermin wahrnimmt, muss also immer damit rechnen,
dass er mit einem Ablöseverlangen konfrontiert wird. Er sollte sich daher entsprechend vorbereiten[105]. Die Ablösung ist noch bis zur Verkündung des Zuschlags
möglich[106].

2. Wer kann die Gemeinde ablösen?

Voraussetzung für eine Ablösung ist, dass die Gemeinde die Zwangsversteigerung 347
„betreibt", also einen Anordnungs- oder Beitrittsbeschluss erwirkt hat. Eine nur
„angemeldete" Forderung kann nicht abgelöst werden. Dauert ein Zwangsversteigerungsverfahren schon ziemlich lange und ist die betreibende Bank offenbar an
einer endgültigen Verwertung nicht sonderlich interessiert, käme evtl. ein Beitritt
wegen offenstehender privilegierter Beträge in der Hoffnung in Betracht, dass dann
Ablösung erfolgt.

Die Ablösung kann durch jeden erfolgen, der durch die Zwangsversteigerung ein 348
Recht am Grundstück verlieren würde. Das sind alle Beteiligten, zu deren Gunsten
im Grundbuch ein Recht eingetragen ist, da ja bei einer Versteigerung auf Antrag
der Gemeinde aus einer privilegierten Forderung alle eingetragenen Rechte erlöschen würden. In Betracht käme auch ein Gläubiger der Rangklasse 5 (streitig)
oder ein zum Besitz des Grundstücks Berechtigter, also ein Mieter oder Pächter;
beides wird aber kaum vorkommen. Der Schuldner ist nicht ablöseberechtigt.
Zahlt er die Forderung, so erlischt diese und geht nicht auf den Schuldner über.

---

104 BGH vom 10. Juni 2010 – V ZB 192/09 – Rpfleger 2010, 609; BGH vom 6. Oktober 2011 – V ZB
     18/11 – Rpfleger 2012, 271.
105 Ausführlich zur Ablösung: Stöber, ZVG, Rn. 20 zu § 15 ZVG.
106 In Anlehnung an die Entscheidungen des BGH vom 15. März 2007 – V ZB 95/06 – Rpfleger 2007,
     414 kann die Ablösung erfolgen, bis der gesamte Tenor des Zuschlagsbeschlusses gesprochen ist.

3. Wen sollte die Gemeinde ablösen?

348a Die Gemeinde sollte eine Forderung der WEG-Gemeinschaft ablösen, wenn

– diese in Rangklasse 2 die Zwangsversteigerung betreibt, und

– die Gemeinde nicht gewillt ist, ihre eigene Forderung „auszubieten" und

– somit die Gefahr besteht, dass das Grundstück zu einem Gebot zugeschlagen wird, welches die Gemeindeforderung nicht deckt.

Wenn also die Versteigerung aus der Rangklasse 2 betrieben wird, sollte die Gemeinde zur Vorbereitung des Termins unbedingt Folgendes überlegen:

– Ist mit Sicherheit damit zu rechnen, dass z. B. die Eigentumswohnung nicht zu einem Preis versteigert werden kann, der die Gemeindeforderung nicht deckt; dabei (Rn. 417) nicht auf § 85a ZVG verlassen!

– Sollte bis zur Deckung der eigenen Forderung mitgeboten werden? Bietevollmacht Rn. 367.

– Oder sollte die Forderung der WEG-Gemeinschaft notfalls abgelöst werden?

4. Wie erfolgt die Ablösung?

349 Die Ablösung erfolgt durch Zahlung an die Gemeinde. Es ist dazu weder ein Antrag oder ein Ankündigung beim Gericht noch bei der Gemeinde nötig. Ein Zahlungsversprechen genügt nicht. Gezahlt werden muss die Forderung, welche abgelöst werden soll; dazu die Gerichtskosten, welche die Gemeinde bereits bezahlt hat oder für welche sie noch in Anspruch genommen werden kann[107] (beim Gericht erfragen!). Die Ablösung kann – nachdem das Gericht den Versteigerungsantrag der Gemeinde zugelassen hat – jederzeit und zwar bis zur Antragsrücknahme bzw. bis zum Zuschlag erfolgen (also auch noch im Versteigerungstermin oder im Verkündungstermin, bis zur Zuschlagserteilung – Rn. 349). Bisher konnte – nach § 75 ZVG – die Bank die Ablösungszahlung für die Gemeinde auch an das Gericht leisten, wenn die Gemeinde nicht ordnungsgemäß (Kassenbedienstete oder Inkasso-Vollmacht; dazu Rn. 367) vertreten war. Dies ist jetzt nicht mehr durch Bareinzahlung, sondern nur noch durch vorherige Überweisung möglich. Deshalb muss die Gemeinde, wenn sie damit rechnet, abgelöst zu werden, im Termin durch einen mit Geldempfangsberechtigung ausgestatteten Bediensteten vertreten sein.

---

107 Nichtzahlung der Kosten verhindert die Wirkungen der Ablösung, BGH vom 12. September 2013 – V ZB 161/12 – Rpfleger 2014, 93.

5. Rechtsfolgen der Ablösung

Mit der Ablösung geht die Forderung kraft Gesetzes einschließlich der Neben-   350
rechte auf den Ablösenden über (§§ 401, 412 BGB). Dies hat zur Folge, dass die
von der Gemeinde erworbene „Beschlagnahme" nun für den Ablösenden wirkt.
Der Ablösende erwirbt insoweit auch das Privileg der Forderung (also der Rangklasse 3).

Betreibt die Gemeinde die Zwangsversteigerung aus einem Grundpfandrecht   351
(Rangklasse 4), so erwirbt der Ablösende nicht nur die Beschlagnahme, sondern
auch das Grundpfandrecht. Das Grundbuch wird durch die Ablösung unrichtig.

Der Ablösende ist berechtigt, die einstweilige Einstellung des Verfahrens oder des-   352
sen Aufhebung zu beantragen. Hierzu muss er lediglich die Ablösung anmelden
und durch die Vorlage von Urkunden (nicht notwendig öffentlich beglaubigte Urkunden) nachweisen[108].

Die Gemeinde muss im Falle der Ablösung in der Quittung, welche sie dem Ablösenden (der hierauf gem. § 368 Abs. 1 Satz 2 BGB einen Rechtsanspruch hat) erteilt, ersichtlich machen, dass es sich um die Zahlung jener Forderung handelt, für
welche sie die Versteigerung betreibt.

Will der Ablösende allerdings nunmehr die Fortsetzung des Verfahrens aus der ab-   353
gelösten Forderung betreiben, muss er einen auf sich lautenden Vollstreckungstitel
vorlegen.

Hatte die Gemeinde ausnahmsweise aus einem ZPO-Titel betrieben, also z. B. aus   354
einer **Grundschuld,** muss sie dem Ablösenden den Titel aushändigen und die erfolgte Ablösung in öffentlich beglaubigter Form (mit Dienstsiegel) anerkennen, damit der neue Gläubiger eine auf ihn lautende Vollstreckungsklausel erlangen kann.

Erfolgt die Vollstreckung – wie üblich – im Verwaltungswege, kann der Ablösende   355
nicht weiter vollstrecken, da ihm die Verwaltungsvollstreckung nicht zusteht. Auch
eine „Umschreibung" des Verwaltungstitels kommt nicht in Betracht.

Der Ablösende kann in diesem Fall die abgelöste Forderung der Rangklasse 3 oder   356
4 nur anmelden, wozu er keinen besonderen Titel benötigt. Es besteht allerdings
auch die Möglichkeit, dass er sich durch Klage (auf Duldung der Zwangsvollstreckung) einen Titel besorgt, um aus diesem die Versteigerung zu betreiben. Dies gilt
insbesondere auch, wenn er aus einer abgelösten und daher auf ihn übergegange-
nen Sicherungshypothek vollstrecken will. Für die Grundbuchberichtigung würde
das Anerkenntnis der Gemeinde, abgelöst zu sein, in der Form des § 29 Abs. 3
GBO genügen (einer Abtretung bedarf es nicht).

---

108 BGH vom 5. Oktober 2006 – V ZB 2/06 – Rpfleger 2007, 93.

357 Hat ein Gläubiger ganz ausnahmsweise nur einen Teil der privilegierten Forderung abgelöst, aus welcher die Gemeinde betreibt (z. B. nur den Erschließungsbeitrag, nicht aber die Grundsteuer), so hat die Gemeinde innerhalb der Rangklasse 3 ausnahmsweise für ihre verbliebene Forderung Vorrang (§ 268 Abs. 3 Satz 2 BGB). Würde also dann der Ablöser aus dem Erschließungsbeitrag betreiben, käme die Grundsteuer ins geringste Gebot, nicht aber die lediglich angemeldeten Beträge (welche dann Gleichrang hätten!).

357a Hat die Gemeinde aber eine Forderung der Rangklasse 2 abgelöst (Rn. 348a), kann sie die Forderung sowohl in Rangklasse 2 anmelden als auch sich den Titel der WEG-Gemeinschaft aushändigen lassen, ihn „umschreiben" lassen (d. h. also sich eine neue Vollstreckungsklausel erteilen lassen) und dann auch in Rangklasse 2 die Versteigerung selbst betreiben. Erfolgt die Ablösung im Termin, sollte die Gemeinde den Rechtspfleger bitten, dies im Terminsprotokoll zu beurkunden. Dies genügt für die „Umschreibung" des Titels.

Kapitel E
Die Gemeinde im Versteigerungstermin

I. Die Vertretung der Gemeinde gegenüber dem Gericht

Entgegen einer weitverbreiteten „Chef-Meinung" ist es durchaus keine Zeitver-   358
schwendung der Bediensteten, den Versteigerungs- oder Verteilungstermin wahr-
zunehmen. Im Termin werden die Weichen für den Erfolg oder Misserfolg des Verfahrens gestellt. Der Gläubiger hat sowohl die Möglichkeit, sich mit den anderen
Beteiligten und dem Rechtspfleger auszutauschen als auch auf die Interessenten
einzuwirken. Dabei stellt sich allerdings die Frage, wer die Gemeinde im Termin
vertreten kann, bzw. wer welche Vollmachten benötigt.

1. Vertretung bei der Beitreibung einer Geldforderung

Erklärungen, durch welche die Gemeinde bzw. der Landkreis verpflichtet werden   359
soll, bedürfen grundsätzlich der Schriftform. Sie sind nur rechtsverbindlich, wenn
sie vom Bürgermeister (bzw. Oberbürgermeister, Bürgervorsteher, Amtsdirektor,
Amtsvorsteher, Gemeindedirektor, Stadtdirektor oder Landrat) oder dessen allgemeinen Vertreter sowie von einem weiteren Mitglied des „ausführenden Organs"
(Gemeindevorstand, Magistrat, Kreisausschuss etc.) handschriftlich unterzeichnet
und mit einem Dienstsiegel versehen sind. Dies gilt allerdings **nicht** für **Geschäfte
der laufenden Verwaltung,** die für die Gemeinde von nicht erheblicher Bedeutung
sind.

Zu diesen „**Geschäften der laufenden Verwaltung**" zählen u. a. auch die **Kassen-**   360
geschäfte. Nach den Gemeindeordnungen und den Gemeindekassenverordnungen i. V. m. den jeweiligen Landesverwaltungsvollstreckungsgesetzen sind den
Kassen u. a. auch die Aufgaben der Beitreibung und der Einleitung der Zwangsvollstreckung – unbeschadet der Möglichkeit, diese Befugnisse auf eine andere Körperschaft zu delegieren[109] – unentziehbar übertragen.

Ist die Gemeinde im Versteigerungs- oder Verteilungstermin vertreten, weil sie   361
eine Geldforderung angemeldet hat bzw. wegen einer solchen das Verfahren betreibt, so sind neben dem Leiter der Kasse alle Kassenbediensteten (ausweislich eines Dienstausweises) befugt, die Kasse im Gerichtstermin zu vertreten. Einer gesonderten Vollmacht bedarf es insoweit nicht. Andere Bedienstete der Gläubigerbehörde bedürfen einer Vertretungsvollmacht, die u. a. auch vom Kassenleiter unterzeichnet werden kann. Trägt die Vollmacht das Dienstsiegel sowie die
Funktionsbezeichnung des Unterzeichnenden, prüft das Gericht die Berechtigung

---

109 z. B. in Hessen und Thüringen, vgl. Rn. 173, 181.

zur Vollmachtserteilung nicht nach[110]. Es kann generell davon ausgehen, dass der Unterzeichner des Antrags vertretungsberechtigt ist. Unterhält die Gläubigerbehörde selbst keine eigene Vollstreckungsstelle (Vollstreckungsbefugnisse wurde z. B. auf den Landkreis delegiert), so sind weder diese Kassenbedienstete, noch der Bürgermeister der Gläubigerbehörde berechtigt, die Gemeinde vor dem Gericht zu vertreten, falls sie keine Vollmacht des Vertretungsberechtigten vorlegen.

362   Die Vertretungsbefugnis umfasst alle zur Vertretung erforderlichen Erklärungen, so z. B.

- die Anmeldung von Forderungen,

- das Recht auf Sicherungsverlangen (Rn. 399 ff.),

- Widerspruch gegen ein Gebot (Rn. 409),

- Stellungnahme zu einem Beteiligtenantrag auf abweichende Versteigerungsbedingungen, wenn nur die Geldforderung, nicht aber ein Recht der Gemeinde betroffen ist,

- Stellungnahme zur Festsetzung des Zuzahlungsbetrages (Rn. 377 ff.),

- Bewilligung der einstweiligen Einstellung,

- der Anträge auf Aufhebung und Fortsetzung des Verfahrens.

- Geld oder einen Scheck in Empfang zu nehmen, falls der Schuldner oder ein Dritter (Ablösung) die Gemeindeforderung bezahlen will.

363   Die Vertretungsbefugnis umfasst auch das Recht, vorstehende Erklärungen schriftlich außerhalb der Termine abzugeben, soweit dies zulässig ist. Der Kassenleiter bzw. der zur Vertretung der Kasse befugte Bedienstete ist auch berechtigt, im Versteigerungs- oder Verteilungstermin (z. B. Ablösung Rn. 382 ff; Schuldnerzahlung Rn. 389) **Geld** entgegenzunehmen. Dienstrechtliche Verbote, diese Befugnis auszuüben, bleiben unberührt. Andere Bedienstete der Gläubigerbehörde benötigen eine Inkasso-Vollmacht.

2. Vertretung in anderen Fällen

364   Bei dem Antrag auf **abweichende Versteigerungsbedingung,** wo es nicht um die Verfolgung einer Geldforderung, sondern um die Rettung eines Gemeinderechtes geht, handelt es sich um eine **„Vertretung vor Gericht"** im eigentlichen Sinn, d. h. **nicht** um „Geschäfte der laufenden Verwaltung", die von der Gemeindekasse wahrgenommen werden könnten. Wer hierzu befugt ist, bestimmt die Gemeindeordnung. Regelmäßig dürfte dies der Bürgermeister der Körperschaft, die Berechtigte des fraglichen Rechtes ist[111], sein. Der Bürgermeister oder sein bestellter Vertreter wiederum ist berechtigt, sich durch Vollmacht vertreten zu lassen. Sollte z. B.

---

110 Steiner u.a., ZVG, Rn. 11 zu §§ 15, 16.
111 In Rheinland-Pfalz z. B. der Verbandsbürgermeister, nicht aber der Ortsbürgermeister.

der Leiter des Liegenschaftsamtes hierzu allgemein bevollmächtigt sein, ist es sinnvoll, dies dem Gericht mitzuteilen, damit die Vertretungsvollmacht dort „offenkundig" ist.

Die Ausführungen gelten entsprechend, wenn es z. B. darum geht, zur Höhe des 365 **„Zuzahlungsbetrages"** bzgl. eines Gemeinderechtes einen Vorschlag zu unterbreiten oder im Verteilungstermin den **„Ersatzbetrag"** für ein erloschenes Gemeinderecht anzumelden.

Es ist umstritten, ob die **Abgabe eines Gebotes** als Prozesshandlung oder „Willens- 366 erklärung" zu qualifizieren ist[112]. Die Gemeinde muss jedoch auch dann mündlich im Termin bieten, wenn nach der Gemeindeordnung Schriftform und Dienstsiegel für Rechtsgeschäfte vorgesehen sind. Sieht die Gemeindeordnung vor, dass die rechtsgeschäftliche Vertretung von zwei Personen vorzunehmen ist, müssen entweder beide im Versteigerungstermin erscheinen und gemeinsam bieten, oder entsprechende Vollmachten vorgelegt werden, wobei auch beide Vertreter gemeinsam einen Dritten (z. B. einen Bediensteten der Kasse) zum Bieten bevollmächtigen können. Die Vollmacht muss schriftlich erteilt und mit Dienstsiegel versehen sein. Sie muss im Termin vorliegen. Bestimmt die Gemeindeordnung, dass der Grundstückserwerb eines Beschlusses des Gemeinderates bedarf, so gehört dies zum „Innenverhältnis" und muss daher nicht nachgewiesen werden[113].

Eine **Vollmacht,** die zum Bieten bzw. zur **Abgabe von Geboten** berechtigt, muss 367 insoweit nach den gesetzlichen Bestimmungen der Gemeindeordnungen handschriftlich von zwei Behördenvertretern unterzeichnet und mit einem Dienstsiegel versehen sein. Inhaltlich soll es sich hier um eine **„Bietevollmacht"** handeln. Eine „Generalvollmacht" (für alle Rechtsgeschäfte) genügt ebenso wie eine „Artvollmacht" (zum Erwerb von Grundbesitz), wobei das Gericht nicht prüft, ob der Bürgermeister überhaupt berechtigt war, allein eine solche Vollmacht ausstellen zu dürfen. Eine sog. „Prozessvollmacht" (zur Vertretung vor Gericht) genügt zur Abgabe von Geboten nicht.

Die Vollmacht muss zwingend bei der Gebotsabgabe vorgelegt werden. Nachreichen ist unzulässig, weil im Moment der Gebotsabgabe die Vertretungsberechtigung nachgewiesen sein muss (§ 71 Abs. 2 ZVG)!

---

112 Die heute wohl h. M. in der Literatur qualifiziert die Abgabe eines Gebotes als Prozesshandlung. Dazu Eickmann, ZfIR 2006, 653 mit zahlreichen Nachweisen. Der BGH (24. November 2005 – V ZB 98/05 – Rpfleger 2007, 91) dagegen beharrt ohne die Frage zu untersuchen auf der als überholt anzusehenden Auffassung (Willenserklärung).
113 BGH vom 20. September 1984 – III ZR 47/83 – BGHZ 92, 164 = NJW 1985, 1778 und BGH vom 6. März 1986 – VII ZR 235/84 – BGHZ 97, 224 = NJW 1986, 1758.

II. Letzte Frist für die Anmeldungen

368 In der Regel sollte die Gemeinde ihre Forderungen beim Gericht spätestens zwei Wochen vor dem Versteigerungstermin schriftlich anmelden, da der Rechtspfleger das „geringste Gebot" vorbereiten muss und hierzu die Anmeldungen benötigt. Theoretisch könnte die Gemeinde ihre Forderungen noch vor der Aufforderung zur Abgabe von Geboten mündlich anmelden. Dies hätte zur Folge, dass der Rechtspfleger seine gesamten Berechnungen ändern müsste, worüber dieser sicherlich nicht glücklich wäre. Eine solche Verfahrensweise schadet mehr einer vertrauensvollen und kollegialen Zusammenarbeit, als es ihr dient und sollte unter allen Umständen vermieden werden.

369 **Unverzichtbar** ist die Anmeldung

– für alle Forderungen der Rangklasse 3 und 7, für welche kein Anordnungs- oder Beitrittsbeschluss erwirkt wurde,

– für alle Gerichtskosten, welche für den Anordnungs- oder Beitrittsbeschluss bezahlt worden sind,

– für Nebenleistungen, insbesondere Zinsen aus einem Grundpfandrecht, die

– nicht mehr zu dem Begriff „laufend" i. S. d. ZVG gehören (Rn. 28),

– für die Gerichtskosten, die für die Eintragung des Grundpfandrechtes bezahlt worden sind.

370 **Verzichtbar** aber durchaus sinnvoll ist die Anmeldung

– für alle Beträge, die in einem Anordnungs- oder Beitrittsbeschluss stehen, wenn das Verfahren insoweit nicht aufgehoben ist (§ 114 Abs. 1 Satz 2 ZVG),

– für das Kapital eines Grundpfandrechtes und seine „laufenden" Zinsen (§ 45 Abs. 2 ZVG).

371 Im Versteigerungstermin wird der Rechtspfleger zunächst die Anmeldungen verlesen, welche die Gemeinde und andere Gläubiger bereits schriftlich abgegeben haben. Der am Verfahren anwesende Bedienstete der Gemeinde sollte daraufhin kontrollieren, ob die Angaben richtig und vollständig sind. Sodann wird der Rechtspfleger dazu auffordern, bis jetzt unterbliebene Anmeldungen nachzuholen (§ 66 Abs. 2 i. V. m. § 37 Ziff. 4 ZVG). Was jetzt nicht sofort angemeldet wird, verliert die Rangklasse und wird bei einer Verteilung erst nach allen übrigen Rechten (mithin also an fast immer aussichtsloser Position) berücksichtigt (§ 110 ZVG). Nach der Anmeldung wird das geringste Gebot aufgestellt (Rn. 137 ff.).

III. Abweichende Versteigerungsbedingungen

372 Hierbei handelt es sich um eines der schwierigsten Kapitel im ZVG überhaupt. Es soll daher insoweit nur dargestellt werden, was für die Gemeinde wirklich von Bedeutung sein kann.

Die Gemeinde sollte einen Antrag auf **abweichende Versteigerungsbedingung** stellen, wenn auf Grund des geringsten Gebotes ein im Grundbuch eingetragenes Recht erlöschen würde, welches für die Gemeinde wichtig ist.

Abgesehen vom **Erbbauzins** kommen hier insbesondere Dienstbarkeiten, wie z. B. das Wegerecht oder Leitungsrechte, in Betracht.

Beispiel:

Im Grundbuch ist an erster Rangstelle eine Grundschuld für die Bank, an zweiter Rangstelle das Recht der Gemeinde eingetragen, einen Kanal durch das Grundstück zu führen. Betreibt nun die Bank die Zwangsversteigerung, so würde das Kanalrecht grundsätzlich erlöschen. Die Gemeinde sollte sich nun nicht darauf verlassen, dass sie mit öffentlich-rechtlichem Zwang gegen den Ersteher den Verbleib des Kanals durchsetzen könnte (denn sie müsste den Ersteher wahrscheinlich nochmals finanziell entschädigen!), sondern sie sollte versuchen, im Wege der abweichenden Versteigerungsbedingung (§ 59 ZVG) das Bestehenbleiben des Rechtes zu erreichen. Diesen Antrag kann die Gemeinde nur bis zur Aufforderung zur Abgabe von Geboten (§ 66 Abs. 2 ZVG) stellen und nach diesem Zeitpunkt nicht mehr zurücknehmen. Stellt sie den Antrag, gibt es zwei Möglichkeiten: | 373

Stimmt die Bank zu, gibt es kaum Probleme. Das Gericht wird das Bestehenbleiben des Kanalrechtes als Versteigerungsbedingung bestimmen. Wer das Grundstück ersteigert, muss das Recht dulden. Die Zustimmung nachstehender Beteiligter ist nicht erforderlich (§ 59 Abs. 3 ZVG). Ob der Schuldner hierzu zählt oder zustimmen muss, ist streitig[114]. Nach der hier vertretenen Auffassung muss er nicht zustimmen. | 374

Stimmt die Bank nicht zu, wird das Gericht ein Doppelausgebot anordnen (§ 59 Abs. 2 ZVG) und zwar nur, um festzustellen, ob die Bank durch das Bestehenbleiben des Kanalrechtes beeinträchtigt ist oder nicht. Nun ist jeder berechtigt, auf beide Ausgebote zu bieten, wobei es für den Zuschlag darauf ankommt, ob die Bank beim Ausgebot ohne Kanalrecht mehr Geld erhalten würde als bei der Abweichung. | 375

Beispiel:

Die Bank hat eine Forderung in Höhe von 50.000 Euro. Gerichtskosten und evtl. Forderungen der Rangklasse 3 betragen zusammen 3.000 Euro. | 376

Geboten wird

– mit Kanalrecht 55.000; ohne Kanalrecht 60.000 Euro

  Die Folge hierbei wäre: das Kanalrecht bleibt bestehen und die Bank bekommt ihr Geld.

---

114 Hierzu Stöber, ZVG, Rn. 7 zu § 59 und Mayer, Rpfleger 2003, 281

– mit Kanalrecht 48.000 Euro; ohne Kanalrecht 50.000 Euro

Folge: das Kanalrecht fällt weg, da die Bank ansonsten in ihrem Recht beeinträchtigt wäre (Ausfall für die Bank bei Zuschlag mit Kanalrecht = 2.000 Euro).

Die Gemeinde könnte in unserem Beispiel der Bank 2.000 Euro für die Zustimmung zum Zuschlag „mit Kanalrecht" anbieten, um so zu erreichen, dass das Recht bestehen bleibt.

Wird nur – wie das regelmäßig der Fall sein wird – auf das Ausgebot mit Kanalrecht geboten, so ist die Rechtslage sehr streitig[115]. Nach der hier vertretenen Auffassung kann ohne die jetzt noch mögliche Zustimmung der Bank nur zugeschlagen werden, wenn wenigstens 53.000 Euro geboten wurden und die Bank somit keinen Nachteil erleidet.

IV. Der „Zuzahlungsbetrag" für ein bestehenbleibendes Recht

377   Der **Zuzahlungsbetrag,** manchmal unkorrekterweise auch **„Ersatzbetrag"** genannt, hat (nur) folgende Bedeutung: Es könnte durchaus sein, dass ein Recht zum Zeitpunkt der Feststellung des geringsten Gebots im Grundbuch eingetragen war und nach den Regeln über das geringste Gebot bestehen bleibt, obwohl es in Wirklichkeit überhaupt nicht besteht (z. B. Hypothek oder Grundschuld besteht nicht oder war von einer Bedingungen abhängig, die nicht eingetreten ist). Zugegeben, das kommt so gut wie nie vor, ist aber trotzdem denkbar. Tritt der Fall jedoch ein, hätte der Ersteher einen ungerechten Vorteil, weil er ja bei der Abgabe des Gebotes davon ausgegangen ist, dass er das Recht übernehmen muss. Diesen Vorteil muss er durch eine „Zuzahlung" ausgleichen (§§ 50, 51 ZVG); er muss also noch etwas über sein Gebot hinaus zahlen. Aber wie viel? Dies ist kein Problem, soweit es sich um ein Grundpfandrecht handelt. Er zahlt dann eben den Nennbetrag. Wenn jedoch das Recht keinen eingetragenen Geldbetrag als Wert hat (z. B. ein Wohnungsrecht), muss das Gericht einen bestimmten Wert festsetzen (§ 51 Abs. 2 ZVG).

Beispiel:

378   Im geringsten Gebot steht ein Wohnungsrecht als bestehenbleibendes Recht. Der Ersteher muss es übernehmen und bietet deshalb viel weniger, als er ohne Wohnungsrecht geboten hätte. Wenn sich nun herausstellt, dass die Wohnungsberechtigte kurz vor dem Zuschlag verstorben und das Recht deshalb erloschen ist, muss der Ersteher für den Wegfall des Rechtes eine Zuzahlung leisten.

Merke:

379   Die Zuzahlung kommt nur in Betracht, wenn das Recht aufgrund gesetzlicher Regeln nicht (oder nicht mehr) besteht. Keinesfalls kann der Ersteher das Recht durch

---

115 Stöber, ZVG, Rn. 6.2 zu § 59.

Zahlung „ablösen". Festgesetzt wird der Wert des Vorteils, den der Ersteher durch den Wegfall hat und nicht der Wert, den das Recht für den Berechtigten gehabt hätte.

Sieht man einmal davon ab, dass diese Festsetzung die Gerichtskostenhöhe und **380** die Zuschlagsgrenzen (§§ 74a, 85a ZVG) berührt, ist die Frage für die Gemeinde eigentlich nur von Interesse, wenn das Recht der Gemeinde selbst zusteht. Steht es einem Dritten zu, sollte die Gemeinde nicht ohne besonderen Grund dem gerichtlichen Vorschlag widersprechen, wenn sie im Termin zur Stellungnahme aufgefordert wird. Ist sie selbst Rechtsinhaber, sollte sie einen Vorschlag für die Höhe des Zuzahlungsbetrages machen. Normalerweise wird das Recht ohnehin bestehen (und damit bestehen bleiben!) und die Summe ist nur theoretischer Natur. Es lohnt sich insoweit kaum, mit dem Rechtspfleger über die Höhe des Zuzahlungsbetrages zu diskutieren. Für den Erbbauzins siehe Rn. 603.

V. Der Ersatzbetrag für ein erlöschendes Recht

Erlischt ein im Grundbuch eingetragenes Recht, so erhält der Berechtigte Geldersatz, solange der Erlös hierzu ausreicht. Bei Grundpfandrechten ist dies einfach, **381** bei Reallasten und Dienstbarkeiten schwierig. Da die Feststellung des Ersatzbetrages erst im Verteilungstermin erfolgt und keiner Anmeldung im Versteigerungstermin bedarf, wird diese u. U. für die Gemeinde sehr wichtige Frage unter Rn. 469 ff. behandelt.

VI. Die Ablösung der Gemeindeforderung durch einen Gläubiger

Zur Ablösung im Allgemeinen darf an dieser Stelle auf die Ausführungen unter **382** Rn. 344 ff. verwiesen werden.

Die Ablösung kann noch im Termin erfolgen. Der Gläubiger zahlt dann die Forde- **383** rung der Gemeinde an den anwesenden Gemeindevertreter, falls dieser sich als Kassenbeamter ausweisen kann oder eine Inkassovollmacht dabei hat. Nachdem eine hilfsweise Zahlung an das Gericht nicht mehr möglich ist, sollte eine solche Vollmacht immer dabei sein, wenn eine Ablösung in Betracht kommt.

1. Was muss gezahlt werden?

– die abzulösende Forderung, wie sie im Anordnungs- oder Beitrittsbeschluss **384** steht; nicht aber lediglich angemeldete andere Forderungen,

– die Gerichtskosten für den Anordnungs- oder Beitrittsbeschluss (natürlich nur, soweit die Gemeinde sie auch bezahlen musste),

– evtl. noch die Gemeinde treffenden Verfahrenskosten, was jetzt sofort zu erfragen wäre.

Beispiel:

385 Die Gemeinde ist wegen Grundsteuer 2013 mit 1.000 Euro und Hundesteuer in Höhe von 200 Euro dem Verfahren beigetreten, wodurch ca. 57 Euro Gerichtskosten entstanden sind. Sie hat zum Termin zusätzlich noch Grundsteuer 2014 mit 300 Euro angemeldet. Nun will die Bank ablösen, aber nur die vorgehenden (= privilegierten) Beträge. Der Rechtspfleger sichert der Gemeinde zu, dass die Bank alle Verfahrenskosten vorgeschossen hat und daher keine Inanspruchnahme mehr erfolgt.

Gezahlt werden müssen von der Bank (nur) die 1.000 Euro + 57 Euro Gerichtskosten; nicht aber die 300 Euro für Grundsteuer 2014 und die 200 Euro Hundesteuer. Da letztere nur Rangklasse 5 hat, die Bank aber Rangklasse 4 (Grundpfandrecht), kann und will sie diese 200 Euro nicht ablösen.

2. Folge der Ablösung

386 Die Ablösung erfolgt durch die Übergabe von Geld oder eines Schecks, wenn ihn die Gemeinde als Erfüllung annimmt. Mit der Übergabe ist die Ablösung vollzogen. Das Gericht wird sie protokollieren. Nunmehr kann die Bank bezüglich der 1.000 Euro die einstweilige Einstellung bewilligen. Hat der Rechtspfleger ob dieser Befugnis Zweifel, sollte sich die Gemeinde diesem Antrag anschließen. Betreibt die Bank aus ihrer eigenen Forderung das Verfahren weiter, kann sie die 1.000 Euro + 57 Euro neben den 300 Euro der Gemeinde zum geringsten Gebot anmelden.

387 Bewilligt jedoch die Bank auch wegen ihrer Forderung die einstweilige Einstellung, besteht für die Gemeinde Handlungsbedarf! Nun betreibt nämlich die Gemeinde allein wegen der 200 Euro Hundesteuer; wahrscheinlich im aussichtslosen Rang (nämlich Rangklasse 5). Wenn sie nicht sofort auch die einstweilige Einstellung bewilligt, fallen ihr alle künftigen Verfahrenskosten zur Last. **Also:** sofort wegen der 200 Euro ebenfalls die einstweilige Einstellung bewilligen und evtl. anschließend wegen der 300 Euro neu beitreten.

3. Zahlung an das Gericht

388 Die früher mögliche Zahlung an das Gericht (wenn die Gemeinde nicht vertreten war oder der Vertreter keine ausreichende Vollmacht hatte) ist nach der Neufassung des § 75 ZVG nicht mehr möglich; die jetzt dort vorgesehene Alternative ohne praktischen Sinn. Ob Bank und Gemeinde nach Treu und Glauben einen anderen Weg sehen, die einstweilige Einstellung zu erreichen (z. B. die Gemeinde glaubt dem Zahlungsversprechen und bewilligt die einstweilige Einstellung) entscheidet der Einzelfall. Die Gemeinde muss jedoch beachten, dass ihre bewilligte einstweilige Einstellung – anders als jene nach § 75 ZVG alten Rechts – bei der Zahl der zulässigen Einstellungsbewilligungen (Rn. 332) mitzählt!

VII. Schuldner-Zahlung

Selbstverständlich kann auch der Schuldner noch im Termin die Gemeindeforde- 389
rung bezahlen und damit evtl. sogar den Termin zu Fall bringen. Es handelt sich
hierbei allerdings nicht um eine „Ablösung". Die Forderung geht nicht über, sondern sie erlischt. An sich muss der im Termin anwesende Vertreter die Zahlung annehmen. Reicht sie aus, um die Forderung und die Gerichtskosten zu decken,
könnte er auch sofort die Aufhebung des Verfahrens beantragen. Meist wird es aber
genügen, wenn er zunächst die einstweilige Einstellung bewilligt und dann später
nach Abrechnung „in Ruhe" die Aufhebung beantragt.

Früher konnte der Schuldner (oder ein zur Ablösung berechtigter Dritter) auch an 389a
das Gericht zahlen, wenn der Gläubiger nicht vertreten war. Dies ist nicht mehr
möglich. Die gesetzliche Ersatzlösung der Zahlung an die Gerichtskasse vor dem
Versteigerungstermin ist ohne praktischen Sinn, da es sich meist erst im Termin ergibt, ob und gegen welchen Betrag die Aufhebung erfolgen kann. Aus verfassungs-
rechtlichen Erwägungen darf jedoch dem Schuldner diese letzte Möglichkeit, sein
Eigentum zu retten, nicht aus formalistischen Erwägungen abgeschnitten werden.
Folgendes wäre zu erwägen:

– Gläubiger sind in der Pflicht, im Termin Zahlung anzunehmen. Betreibt (!) die
  Gemeinde selbst die Zwangsversteigerung, ist sie gehalten, im Termin durch einen zum Geldempfang berechtigten Vertreter präsent zu sein. Gegen eine Zahlung zwischen Schuldner/Ablösenden und Gläubiger „vor Gericht" bestehen
  keine rechtlichen Bedenken. Der Gläubiger bestätigt zu Protokoll den Geldempfang.

– Ist der Gläubiger nicht vertreten und der Schuldner/Ablösende zeigt die zur
  Aufhebung des Termins ausreichenden Geldmittel vor, wird ihn der Rechtspfleger auffordern, das Geld bei der Zahlstelle als Verwahrgeld einzuzahlen, so
  lange die Justizverwaltung dies noch ermöglicht.

– Verhindert die Justizverwaltung diese Möglichkeit, muss der Rechtspfleger den
  Termin unterbrechen, wenn der Gläubiger innerhalb kurzer Frist auf tel. Aufforderung zum Gericht kommen kann. Sodann erfolgt die Zahlung an ihn.

In allen drei Fällen stellt der Rechtspfleger jetzt das Verfahren einstweilen ein
(§§ 775 Nr. 4, 776 ZPO). Da es sich nicht um eine bewilligte einstweilige Einstellung handelt, zählt diese bei der Zahl der zulässigen Einstellungen (Rn. 332) nicht
mit. Die Aufhebung erfolgt gegebenenfalls durch Antragsrücknahme im Anschluss
an den Termin.

Kommt keine der vorgenannten Möglichkeiten in Betracht, bleibt nur noch ein 389b
Schuldner-Antrag nach § 765a ZPO, dem stattzugeben wäre, wenn die Terminauf-
hebung an der mangelnden Präsenz des Gläubigers scheitert.

390 Es versteht sich von selbst, dass die Gemeinde eine so erlangte Schuldnerzahlung oder Ablösesumme auf keine andere Forderung verrechnen darf als auf jene, zu deren Tilgung oder Ablösung die Zahlung bestimmt war. Die Regeln des BGB haben insoweit Vorrang vor den Verrechnungsbestimmungen im Gemeinderecht.

VIII. Die Versteigerung mehrerer Grundstücke

1. Allgemein

391 Kann das Gericht gemäß § 18 ZVG mehrere Grundstücke in einem Verfahren versteigern, muss es dennoch grundsätzlich diese Grundstücke einzeln zur Versteigerung anbieten (Einzelausgebot, § 63 Abs. 1 ZVG). Von dieser Regel kann es von Amts wegen nicht abweichen. Hierzu bedarf es immer eines Antrags eines Beteiligten, es sei denn, die Grundstücke sind einheitlich bebaut.

2. Das Gesamtausgebot

392 Hierunter versteht man das Ausgebot aller in diesem Verfahren angebotenen Grundstücke auf ein gemeinsames Gebot. Dies ist immer sinnvoll, wenn die Grundstücke eine wirtschaftliche Einheit bilden, welche durch eine Einzelversteigerung zerstört würde (z. B. Bauernhof; Haus steht auf zwei Bauplätzen).

393 Den Antrag auf das Gesamtausgebot kann die Gemeinde stellen, auch wenn sie ihre Forderung nur angemeldet hat.

Steht ein Grundstück in Bruchteilseigentum und haften die Eigentümer (z. B. Eheleute) als Gesamtschuldner, muss das Gericht nach h. M. die Grundstücksbruchteile getrennt ausbieten, wenn das Grundstück nicht bebaut ist und kein Beteiligter Antrag auf Gesamtausgebot stellt. Die Gemeinde sollte in einem solchen Fall immer den Antrag stellen.

394 Auch nach Anordnung des Gesamtausgebotes muss das Gericht die Grundstücke bzw. die Grundstücksbruchteile daneben einzeln ausbieten, wenn nicht alle Beteiligten, die im Termin anwesend sind und deren Forderung nicht im geringsten Gebot steht, der Unterlassung zustimmen (§ 63 Abs. 4 ZVG).

395 bis
396 Der Antrag auf Gesamtausgebot kann vor dem Termin schriftlich und im Termin mündlich gestellt werden, jedoch spätestens vor der Aufforderung zur Abgabe von Geboten (§ 63 Abs. 2 i. V. m. § 66 Abs. 2 ZVG). Bis zu diesem Zeitpunkt können die Beteiligten auch den Verzicht auf die Einzelausgebote (Rn. 394) erklären (§ 63 Abs. 4 ZVG).

3. Das Gruppenausgebot (§ 63 Abs. 2 ZVG)

397 Hierunter versteht man die Möglichkeit, mehrere (aber nicht alle) Grundstücke auf ein Gebot ersteigern zu können. Es kann durchaus vorkommen, dass mehrere Grundstücke wirtschaftlich derart zusammengehören, dass nur ein gemeinsamer

Erwerb sinnvoll ist, z. B. zwei Parzellen bilden zusammen einen Bauplatz, ein gesamtbewirtschafteter Acker besteht aus drei selbstständigen Grundstücken, obwohl man keine Grenzen mehr erkennt. Gerade die Gemeinde, welche meist die Gegebenheiten besser kennt als das Gericht, sollte hier durch sinnvolle Anträge dafür sorgen, dass Gebote auf wirtschaftliche Einheiten möglich werden. Das Gericht benötigt immer einen Antrag. Für den Antrag und für die Einzelausgebote gelten die unter 2. genannten Regeln. Allerdings muss (!) das Gericht dem Antrag nur stattgeben, wenn diese betroffenen Grundstücke (und nicht alle) mit einem einheitlichen Recht belastet sind. Anderenfalls entscheidet es nach pflichtgemäßem Ermessen, ob es dem Antrag stattgeben will.

Beispiel:

Es werden fünf Grundstücke (A, B, C, D, E) versteigert.   398

A = Wohnhaus

B = Garten zum Wohnhaus

C = Bauplatz gegenüber

D und E = einheitlich bewirtschafteter Acker in der Flur.

Folgende Möglichkeiten wären z. B. denkbar :

– niemand stellt einen Antrag. Das Gericht muss jedes Grundstück einzeln anbieten. Niemand kann z. B. auf ein Gebot den ganzen Acker ersteigern!

– die Gemeinde beantragt, die Grundstücke A + B sowie D + E auch gemeinsam anzubieten. Das Gericht lässt den Antrag zu. Alle anwesenden Beteiligten sind damit einverstanden, dass A, B, D, E nicht getrennt angeboten werden. In diesem Fall kann (nur) geboten werden auf

A und B gemeinsam,

C für sich allein,

D und E gemeinsam.

– die Bank beantragt auch noch das Gesamtausgebot. In diesem Fall kann auch noch ein gemeinsames Gebot auf alle fünf Grundstücke abgegeben werden.

– der Schuldner ist anwesend und widerspricht der Unterlassung der Einzelausgebote. Gruppen- und Gesamtausgebot kann er nicht verhindern, aber das Gericht muss jetzt ausbieten:

1. Variante: Gebote auf alle fünf Grundstücke gemeinsam.

2. Variante: Gebote auf A + B, und auf D + E.

3. Variante: Gebote auf jedes der fünf Grundstücke einzeln.

Wie dann zugeschlagen wird, regelt § 63 Abs. 3 Satz 2 ZVG. Das wirtschaftlich beste Gebot erhält den Zuschlag. Auf Einzelheiten soll nicht näher eingegangen werden.

IX. Das Sicherheitsverlangen

1. Kann die Gemeinde vom Bieter Sicherheit fordern?

399 Gemäß § 67 ZVG kann die Gemeinde von einem Bieter Sicherheit fordern, wenn das Gebot hoch genug ist, um hieraus auf die Forderung der Gemeinde einen Geldbetrag (auch nur einen Teilbetrag) zuzuteilen und die Gemeinde bei **Nichterfüllung** des Gebots beeinträchtigt werden würde. Es ist hierfür grundsätzlich gleichgültig, ob die Gemeinde das Verfahren auch selbst betreibt oder ihre Forderung nur angemeldet hat. Bietet aber der Inhaber eines Grundpfandrechtes (nicht der Schuldner!) so viel, dass er auf seine Grundschuld bereits eine Zuteilung bekommen könnte, kann die Gemeinde ausnahmsweise von ihm nur dann Sicherheit verlangen, wenn sie das Verfahren selbst betreibt (§ 67 Abs. 2 ZVG), nicht aber, wenn sie die Forderung nur angemeldet hat.

Beispiel:

400 Die Verfahrenskosten betragen 2.000 Euro, die Gemeinde hat 1.000 Euro Grundsteuern **angemeldet** (die im geringsten Gebot stehen) und ist dem Verfahren wegen 10.000 Euro Gewerbesteuer **beigetreten**. Im Grundbuch sind zwei Grundschulden eingetragen, nämlich

Grundschuld A mit 20.000 Euro und 2.000 Euro Zinsen,

Grundschuld B mit 30.000 Euro und 3.000 Euro Zinsen.

Grundschuld A betreibt ebenfalls die Zwangsversteigerung, Grundschuld B nicht. Geringstes Gebot also 3.000 Euro.

401 Der Bieter Y bietet jetzt 10.000 Euro. Die Gemeinde kann nun Sicherheit verlangen, da sie bei **Nichtzahlung** des Meistgebotes ihre Forderung in Höhe von 1.000 Euro nicht erhalten würde.

402 Wenn nun B 24.000 Euro bietet, könnte die Gemeinde ebenfalls Sicherheit verlangen. B hat zwar eine Grundschuld, bekäme aber bei diesem Gebot noch keine Zuteilung auf seine Grundschuld (der Erlös würde wie folgt verteilt: 2.000 Euro Verfahrenskosten; 1.000 Euro Grundsteuer der Gemeinde; 21.000 Euro an A).

Erhöht B sein Gebot auf 26.000 Euro, kann die Gemeinde von B keine Sicherheit mehr verlangen, da B jetzt selbst eine Zuteilung bekäme. Die vorher geleistete Sicherheit wird zurückgegeben!

Bietet Y 28.000 Euro könnte die Gemeinde Sicherheit verlangen. Wie wäre nun zu verfahren, wenn B 60.000 Euro bietet?

Gedeckt würden 2.000 Euro an Verfahrenskosten, 1.000 Euro für die Gemeinde,   **403**
22.000 Euro für A, 33.000 Euro für B und 2.000 Euro Restbetrag an die Gemeinde
für Gewerbesteuer. Die Gemeinde könnte nun – da sie aus der Gewerbesteuer betreibt und hierauf auch eine Zuteilung bekäme – von B wieder Sicherheit verlangen.

Von sicherheitsfreien Bietern (§ 67 Abs. 3 ZVG, sowie Sondergesetze und auch   **404**
landesrechtliche Befreiungen) kann auch die Gemeinde keine Sicherheit verlangen. Ob man von der Gemeinde als Bieterin Sicherheit verlangen darf, entscheidet
das Landesrecht (§ 10 EGZVG), meist ist dies nicht der Fall.

2. Wie verlangt man Sicherheit?

Sicherheit kann man nur mündlich im Termin verlangen und zwar nach Abgabe   **405**
eines Gebotes. Man kann also weder schriftlich im Voraus, noch bei Terminbeginn
allgemein Sicherheit fordern. Alleine das sollte schon Grund genug sein, an dem
Termin teilzunehmen. Die Bietsicherheit reicht meist dazu aus, die Forderungen
der Rangklasse 3 abzudecken. Zahlt später der Meistbietende sein Gebot nicht, hat
aber Sicherheit geleistet, so wird die Gemeinde aus der Sicherheitsleistung befriedigt, soweit diese hierzu ausreicht (ansonsten anteilig).

Das Verlangen muss sofort (§ 67 Abs. 1 Halbsatz 2 ZVG) nach Abgabe des Gebotes
gestellt werden. Allerdings gilt das Verlangen grundsätzlich auch für die weiteren
Gebote des gleichen Bieters (§ 67 Abs. 1 Satz 2 ZVG). Das Gericht entscheidet sofort (§ 70 ZVG) über das Verlangen. Bei Meidung der Zurückweisung des Gebotes
ist die erforderliche Sicherheit vom Bieter auch sofort zu leisten; Nachbringen ist
nicht möglich[116]. Nur die erhöhte Sicherheit nach § 68 Abs. 2 und 3 ZVG
(Rn. 407a) – in der Praxis sehr selten – kann bis zum Zuschlag nachgereicht werden. Nicht zuletzt deshalb wird es dem Rechtspfleger aber nach pflichtgemäßem
Ermessen – um ein höheres Gebot zu erreichen – entgegen der recht grundsätzlichen Aussage des BGH[117] – erlaubt sein, die Bietzeit kurz zu verlängern, wenn
noch ein Bieter mit Sicherheitsmittel „unterwegs" ist.

Verlangt die Gemeinde Sicherheit, das Gericht lässt jedoch das Gebot sicherheits-   **406**
frei zu, kann die Gemeinde dem sofort widersprechen. Tut sie dies nicht, gilt ihr
Verlangen als zurückgenommen (§ 70 Abs. 3 ZVG).

Sicherheit ist zu leisten in Höhe von 10 Prozent des gerichtlich festgesetzten Ver-   **407**
kehrswertes, welchen das Gericht zwingend in der Terminsbestimmung veröffent-
lichen muss. Somit müssen alle Bieter – wenn sie zur Sicherheitsleistung herange-

---

116 Die früher vertretene unzutreffende Auffassung, dem Bieter müsse Gelegenheit gegeben werden,
     die Sicherheit zu holen, wird vom BGH in seiner Entscheidung vom 12. Januar 2006 – V ZB 147/
     05 – Rpfleger 2006, 211 nicht geteilt.
117 BGH vom 12. Januar 2006 – V ZB 147/05 – Rpfleger 2006, 211.

zogen werden – in gleicher Höhe Sicherheit leisten. Damit entfällt auch die früher notwendige Erhöhung der Sicherheit im Laufe des Bietegeschäftes.

Wurde das Sicherheitsverlangen zugelassen, kann es nicht mehr zurückgenommen werden.

407a In zwei Fällen kann **höhere Sicherheit** in Betracht kommen:

– Bestimmte Gläubiger (dazu § 68 Abs. 2 ZVG) können manchmal höhere Sicherheit fordern. Die Praxis zeigt allerdings, dass dies so gut wie nie vorkommt. Dazu Rn. 407c.

– Bietet der Schuldner oder ein neuer Eigentümer, welcher das Grundstück nach Eintragung des Zwangsversteigerungsvermerks erworben hat, kann ein „betreibender Gläubiger" Sicherheit bis zur Höhe seiner Befriedigung (aber natürlich nicht mehr als das Meistgebot) verlangen (§ 68 Abs. 3 ZVG). Dazu Rn. 407c ff.

3. Das Verfahren, wenn „erhöhte Sicherheit" verlangt wird

a) Vorbemerkung

407b Bedauerlicherweise hat der Gesetzgeber – nach der hier vertretenen Auffassung ohne jede Notwendigkeit – das bisher geltende System durch eine Ausnahme für die beiden vorgenannten Fälle (§ 68 Abs. 2 und 3 ZVG) durchbrochen. Offenbar von der Vorstellung geplagt, dass jemand im Versteigerungstermin mit einem Erhöhungsverlangen konfrontiert werden könnte, wurde für diesen Fall das Nachreichen der Sicherheit ermöglicht. Falls diese Notwendigkeit tatsächlich für den in der Praxis extrem seltenen Fall[118] des § 68 Abs. 2 ZVG bestanden hätte, erscheint es jedoch ohne jeden Sinn, den Bietern nach § 68 Abs. 3 ZVG (die ja wissen, dass sie mit diesem Verlangen konfrontiert werden können) ein einfaches und risikoloses Mittel zur Versteigerungsverzögerung an die Hand zu geben. Ein Musterbeispiel praxisferner und ideologisch motivierter Gesetzgebung. Einiges ist noch umstritten und harrt der gerichtlichen Klärung[119].

b) Wie nun verfahren wird

407c Wird ganz ausnahmsweise im Falle des § 68 Abs. 2 ZVG oder – praxisüblich – vom mitbietenden Schuldner oder jener Person, die von ihm das Objekt während des Verfahrens erworben hat (§ 68 Abs. 3 ZVG) erhöhte Sicherheit verlangt, so muss die „Regelsicherheit" (10 Prozent des Verkehrswertes) sofort geleistet werden. Der höhere Betrag kann bis zur Entscheidung über den Zuschlag nachgebracht werden (§§ 68 Abs. 4 ZVG).

---

118 Der Mitverfasser ist seit fast 20 Jahren als in der Zwangsversteigerung tätig und hat den Fall noch nie erlebt.

119 Dazu Hintzen/Alff, Rpfleger 2007, 233 und Hock, Rpfleger-Studienheft 2007, 97.

Entgegen der Regel erlischt ein bis dahin abgegebenes und zugelassenes „Unter-   **407d**
Gebot" nicht, falls die erhöhte Sicherheit nicht sofort geleistet wurde (§ 72 Abs. 4
ZVG).

Was der Gesetzgeber aber offenbar übersehen hat: Es muss möglich sein, dass wei-   **407e**
tere „Untergebote" von anderen Bietern abgegeben und zugelassen werden. Anderenfalls könnte der Schuldner jede Versteigerung definitiv verhindern.

Diesen gesetzgeberischen Unsinn kann man nur an einem **Beispiel** erklären: **407f**

Die Gemeinde hat eine Grundsteuer-Forderung von 2.000 Euro angemeldet; das
Verfahren wird von einer Bank betrieben und diese fordert 72.000 Euro. Die Gemeinde ist dem Verfahren wegen Gewerbesteuer in Höhe von 20.000 Euro beigetreten. Der Verkehrswert wurde auf 100.000 Euro festgesetzt. Nunmehr werden
folgende Gebote abgegeben:

A bietet 50.000 Euro. Niemand verlangt Sicherheit.

– Der Schuldner bietet 60.000 Euro. Die Gemeinde verlangt Sicherheit. Sie kann
  nur die Regelsicherheit verlangen, da sie bei 60.000 Euro nur die (nur angemeldete) Grundsteuer bekäme, nicht aber die „betreibende Forderung" (Gewerbesteuer). Der Schuldner leistet 10.000 Sicherheit und sein Gebot wird zugelassen.

– A bietet 61.000 Euro. Niemand verlangt Sicherheit. Das Gebot wird zugelassen.

– Der Schuldner bietet 150.000 Euro. Die Gemeinde verlangt „erhöhte Sicherheit" und diese wird antragsgemäß festgesetzt auf: Verfahrenskosten
  3.000 Euro, Grundsteuer 2.000 Euro, Bank 72.000 Euro und Gewerbesteuer
  20.000 Euro, also auf 97.000 Euro, von denen bereits 10.000 Euro geleistet
  sind. Die restlichen 87.000 Euro darf er „nachbringen".

Das Gebot des A über 61.000 Euro ist nicht erloschen und noch zuschlagsfähig,
wenn der Schuldner die vorgenannten 87.000 Euro nicht zahlt.

Nun kommt die „Lücke im modernen Gesetz":   **407g**

Kein Mensch wird mehr als 150.000 Euro bieten! Es muss aber zulässig sein, dass
noch jemand mehr als 61.000 Euro bietet mit der Folge, dass das neue Gebot –
„bedingt"[120] – zuzulassen ist für den Fall, dass der Schuldner nicht zahlt. Das Gebot des A erlischt nach den üblichen Regeln.

Würde man diese Lücke im Gesetz nicht in dieser Weise füllen, käme Folgendes
in Betracht: Der Schuldner bietet sofort nach Beginn einen unsinnig hohen Betrag,

---

120 Das Gebot wird hier als „schwebendunwirksam" angesehen, da es bis zur vollständigen Sicherheitsleistung nicht die Kraft hat, andere Gebote zum Erlöschen zu bringen oder zu verhindern.

leistet die Regelsicherheit und zahlt die erhöhte Sicherheit nicht. Die Versteigerung ist gescheitert, die Regelsicherheit wird dem Schuldner zurückgegeben – für den nächsten Termin.

Oder aber: Zuerst bietet des Schuldners Strohmann eine niedrige Summe, der Schuldner dann den unsinnig hohen Betrag, den niemand überbieten will und der Strohmann bekäme das Objekt zum Schleuderpreis auf Kosten der Gläubiger!

c) Die Zuschlagsentscheidung

407h Wenn diese neue Regelung auch nur die Spur eines wirtschaftlichen Sinnes haben soll, dann jenen, dass der mit dem erhöhten Verlangen konfrontierte Bieter etwas Zeit gewinnt, die erhöhte Sicherheit nachzubringen. Dann darf aber der Rechtspfleger den Zuschlag nicht im Termin erteilen, sondern muss auch diese Zeit gewähren. Wie viel das sein wird, muss individuell entschieden werden und wird Gegenstand heftiger Kontroversen zwischen Gläubiger, Schuldner und Rechtspfleger sein.

4. Die Sicherungsmittel

408 Sicherheit kann seit 15. Februar 2007 nicht mehr mit Bargeld, sondern nur noch mit folgenden Sicherungsmitteln geleistet werden (§ 69 ZVG):

– Bundesbankschecks und im Inland zahlbare Verrechnungsschecks einer in Deutschland zugelassenen und in der EU-Liste verzeichneten Bank, die frühestens am dritten Werktag vor dem Versteigerungstermin ausgestellt worden sind[121];

– Bankbürgschaften (nicht für den Schuldner und neu eingetretenen Eigentümer) in der Form des § 69 Abs. 2 ZVG;

– Die Bürgerschaft muss unbedingt, unbefristet und selbstschuldnerisch sein. Die Verpflichtung aus der Bürgschaft muss im Inland zu erfüllen sein.

– Überweisung auf ein Konto der Gerichtskasse, wenn der Betrag der Gerichtskasse vor dem Versteigerungstermin gutgeschrieben ist und ein Nachweis hierüber im Termin vorliegt. Zulässig ist auch die Einzahlung von Bargeld bei einem Kreditinstitut auf ein Konto der Gerichtskasse, soweit dies vor dem Zwangsversteigerungstermin erfolgt[122].

Um dem Gericht die Problematik der Einlösefrist zu ersparen, wurde auf das Ausstellungsdatum abgestellt. Damit hat das Gericht genügend Zeit, den Scheck einzulösen (dazu Art. 29, 55, 56 Scheckgesetz). Da es sich um eine formelle Erleichterung handelt, das Grund-Prinzip aber gewahrt blieb (Gericht hat noch vier Tage

---

121 Einlösebestätigungen sind nicht mehr erforderlich, was angesichts der Qualität der Scheckaussteller auch sachgemäß ist.
122 BGH vom 28. Februar 2013 – V ZB 164/12 – Rpfleger 2013, 560.

Zeit, den Scheck einzulösen), darf nach der hier vertretenen Auffassung das Gericht auch noch bestätigte Schecks annehmen, deren Garantie – wie bisher – noch vier Tage Bestand hat. Jedenfalls darf der Zuschlag nicht versagt werden, wenn der Scheck dann tatsächlich eingelöst wird[123]. Zumindest aber mit Zustimmung des Berechtigten (Rn. 408a). muss diese Annahme zulässig bleiben.

Nach wie vor ist es zulässig[124], dass mit Zustimmung dessen, der Sicherheit verlangt hat (= alle, die berechtigt Sicherheit verlangen) eine andere Sicherheit vereinbart werden kann. Nach der hier vertretenen Auffassung können jedoch nur hinterlegungsfähige Gegenstände zur Sicherheit übergeben werden. Bargeld in Euro darf vom Versteigerungsrechtspfleger[125] nicht mehr angenommen werden, wohl aber andere Währung, wenn diese mit Zustimmung des Bieters wie Urkunden verwahrt (also nicht umgetauscht) werden soll (§ 7 Abs. 2 Hinterlegungsordnung)[126]. **408a**

X. Widerspruch gegen ein Gebot

Ist die Gemeinde – was wohl selten der Fall sein dürfte – der Meinung, das Gebot des Bieters sei aus irgendeinem Grund unzulässig, kann sie gegen das Gebot Widerspruch einlegen. Folge: Das bisher letzte Gebot geht nicht unter und das Gericht muss bei der Entscheidung über den Zuschlag die Argumentation der Gemeinde prüfen; deshalb sollte man den Widerspruch auch begründen. **409**

Beispiel:

F bietet 10.000 Euro; K bietet 10.100 Euro. Der Gemeindevertreter weiß, dass K minderjährig ist und widerspricht dem Gebot. K behauptet, er sei volljährig; aufgrund seiner Erscheinung glaubt ihm der Rechtspfleger und lässt das Gebot zu. Noch vor dem Zuschlag bringt die Gemeinde den Nachweis der Minderjährigkeit. **410**

Folge: F erhält den Zuschlag.

Hätte die Gemeinde nicht sofort widersprochen, hätte weder F noch K den Zuschlag erhalten können. Termin wäre ergebnislos geblieben!

---

123 BGH vom 20. Juli 2006 – V ZB 168/05 – Rpfleger 2006, 665.
124 Aus einem Nebensatz in der Entscheidung des BGH (BGH vom 12. Januar 2006 – V ZB 147/05 – Rpfleger 2006, 211) könnte man herauslesen, dass der BGH grundsätzlich keine vereinbarten Sicherungsmittel als zulässig ansieht. Die Verfasser möchten so weit nicht gehen, da der BGH in dieser Entscheidung mit dem Problem nicht befasst war.
125 Er könnte natürlich eine Verlängerung der Bietezeit in Aussicht stellen und den Bieter mit seinen Euro zur Gerichtszahlstelle schicken, solange diese noch Verwahrgeld annehmen darf. Nach Rückkehr mit Einzahlungsnachweis (Verwahrgeld) wäre dies eine zulässige, abweichende Sicherheit.
126 Schönfelder, Deutsche Gesetze, Nr. 121.

XI. Der Antrag auf Versagung des Zuschlags (§ 74a ZVG)

411 Das Gericht muss auf Antrag eines Berechtigten den Zuschlag versagen, wenn nicht wenigstens 70 Prozent des festgesetzten Verkehrswertes geboten sind. Der Antrag ist nicht mehr zulässig, wenn in einem früheren Termin bereits Zuschlagsversagung nach § 85a oder eben nach § 74a ZVG erfolgt ist.

412 Antragsberechtigt ist jeder „Berechtigter", dessen Anspruch ganz oder teilweise durch das Meistgebot nicht gedeckt ist, aber bei einem Gebot in der genannten Höhe voraussichtlich gedeckt sein würde[127].

Die Gemeinde kann in zweierlei Hinsicht mit dieser Problematik konfrontiert werden:

a) Gemeinde stellt selbst den Antrag

413 Dies kann sie nur, wenn sie bei einem Gebot in Höhe von 70 Prozent des Verkehrswertes mehr Erlös erhalten hätte als bei dem abgegebenen Gebot.

Beispiel:

Verkehrswert des Grundstücks	=	100.000 Euro
Verfahrenskosten	=	2.000 Euro
Grundsteuer der Gemeinde	=	1.000 Euro
Grundschuld A	=	20.000 Euro
Grundschuld B	=	30.000 Euro
Zwangshypothek zugunsten der Gemeinde wegen Gewerbesteuer	=	10.000 Euro

414 Bei einem Meistgebot in Höhe von nur 60.000 Euro würde die Gemeinde aus der Zwangshypothek lediglich 7.000 Euro erhalten und müsste insoweit auf 3.000 Euro verzichten. Die Gemeinde ist daher nach den Bestimmungen des § 74a berechtigt, einen Antrag auf **Versagung des Zuschlags** zu stellen.

415 Der Antrag muss noch im Versteigerungstermin mündlich gestellt werden. Versagt das Gericht den Zuschlag, ist das Verfahren nicht einstweilen eingestellt, es geht vielmehr ohne Fortsetzungsantrag von Amts wegen mit einem neuen Versteigerungstermin weiter.

---

127 Stöber, ZVG, Rn. 3.5 zu § 74a.

b) ein Dritter stellt den Antrag

Viel häufiger wird das Gebot hoch genug sein, die Gemeinde mit ihren meist be-   **416**
vorrechtigten Forderungen zu befriedigen, aber ein anderer Gläubiger (die Bank)
erleidet einen Ausfall. Nun könnte die Gemeinde der Zuschlagsversagung widersprechen, wenn sie glaubhaft macht, dass die Verzögerung ihr einen unverhältnis-
mäßigen Nachteil bereiten wird. Damit wird sie allerdings kaum Aussicht auf Erfolg haben. Der Widerspruch wäre ebenfalls sofort nach Schluss der Versteigerung
zu erklären.

XII. Das Risiko des § 85a Abs. 3 ZVG

Nach § 85a ZVG muss das Gericht den Zuschlag von Amts wegen versagen, wenn   **417**
das Gebot weniger als die Hälfte des Verkehrswertes beträgt. Jedoch kann der Zuschlag ausnahmsweise dann erteilt werden, wenn der Bieter selbst einen Ausfall
erleiden würde und Gebot plus Ausfall die Hälfte des Verkehrswertes erreicht
(§ 85a Abs. 3 ZVG).

Hier lauert eine Gefahr für die Gemeinde, selbst eine privilegierte Forderung mit
bestem Rang zu verlieren, wenn sie nicht im Termin vertreten ist. Allerdings besteht diese Gefahr nur, wenn die Gemeinde aus der privilegierten Forderung das
Verfahren selbst betreibt, also nicht im „geringsten Gebot" steht. Es könnte nämlich sein, dass der bisher nicht „beteiligte" (§ 9 ZVG) Bieter plötzlich einen Grund-
schuldbrief mit Abtretungserklärung aus der Tasche zieht und nachweist, dass ihm
eines der ausgefallenen Grundpfandrechte gehört – und schon ist der Zuschlag erteilt.

Was muss die Gemeinde hier beachten?

–   Wenn ein besserrangiges Recht oder sie das Verfahren selbst aus Rangklasse 3
    betreibt, muss sie den Termin wahrnehmen!

–   Wird weniger geboten, als zur Befriedigung der Gemeindeforderung erforder-
    lich ist, sollte sie mitbieten (richtige Vollmacht mitbringen; dazu Rn. 366) bis
    ein Gebot erreicht ist, wodurch auch ihre Forderung gedeckt wird.

–   Will sie nicht mitbieten, so sollte sie dem Bieter ankündigen, dass sie die einst-
    weilige Einstellung bewilligt, wenn er das Gebot nicht auf einen Betrag erhöht,
    der zu ihrer Deckung reicht (das hilft ihr aber nicht, wenn ein besserrangiges
    Recht betreibt!).

–   Tut er dies nicht, so kann die Gemeinde auch noch nach Schluss der Versteige-
    rung die einstweilige Einstellung bewilligen. Da die Gemeinde aus Rangklasse
    3 betreibt (vorausgesetzt, keiner betreibt aus besserem oder gleichem Rang!),
    muss der Zuschlag versagt werden.

–   Betreibt ein besserrangiges Recht und sie hat nicht mitgeboten, muss sie jetzt
    vor der Entscheidung über den Zuschlag den besserrangigen Gläubiger ablö-
    sen.

- Hat sie das alles „verschlafen", verliert sie sogar eine in Rangklasse 3 privilegierte Forderung – und das muss der Kassenleiter dann seinem Vorgesetzten erklären!

Oft werden Gebote von Gläubigern bewusst unterhalb der 5/10-Grenze des Verkehrswertes aus taktischen Gründen abgegeben. Dies ist im Hinblick auf § 85a Abs. 2 Satz 2 ZVG zu verstehen. Denn in einem von Amts wegen neu anzuberaumenden Termin darf der Zuschlag weder aus den Gründen des § 74a ZVG noch aus denen des § 85a ZVG erneut versagt werden. Folge davon ist, dass ein Zuschlag aufgrund eines Gebotes erfolgen kann, das unter der 5/10-Grenze liegt. Der BGH[128]hat einer solchen taktischen Vorgehensweise eine klare Absage erteilt, wenn der Gläubiger nach Schluss der Versteigerung auf ein zuschlagsfähiges Gebot hin die einstweilige Einstellung bewilligt. In diesem Fall ist dann die Versteigerung ergebnislos, so dass im Zweifel in einem weiteren Termin die Zuschlagsversagungsgrenzen noch Gültigkeit haben. In der Praxis kommt das Eigengebot eines Gläubigervertreters zumindest nach außen erkennbar nur noch sehr selten vor, da die Gläubiger schon vorsorglich keine eigenen Mitarbeiter mehr in den ersten Termin entsenden. Möglicherweise werden statt dessen „unverdächtige" Strohmänner eingesetzt, die jedenfalls im ersten Termin in keiner Verbindung zum Gläubiger zu stehen scheinen[129].

Merke:

- Niemals darauf verlassen, dass der Zuschlag nach § 85a ZVG versagt wird!
- Wird das Verfahren aus Rangklasse 2 betrieben (Rn. 736 ff.), hilft nur „Mitbieten" bis die eigene Forderung gedeckt ist – oder aber „ablösen".

418 Wird der Zuschlag aus § 85a ZVG versagt, ist kein Fortsetzungsantrag erforderlich. Das Gericht bestimmt von Amts wegen einen neuen Termin. Der Zuschlag darf nicht mehr nach § 85a ZVG versagt werden, wenn bereits in einem früheren Termin eine solche Versagung oder eine nach § 74a ZVG stattgefunden hat.

XIII. Der ergebnislose Termin

419 Ist nach Schluss der Versteigerung kein Gebot vorhanden (z. B. weil niemand geboten hat), stellt das Gericht das Verfahren einstweilen ein (§ 77 ZVG). Fortsetzungsantrag ist erforderlich (hierzu Rn. 333), die Frist beginnt mit der Zustellung der Fortsetzungsbelehrung.

Bleibt ein Termin zum zweiten Mal ergebnislos, wird das Verfahren aufgehoben. Die Gemeinde als betreibende Gläubigerin trägt die Kosten. Hatte die Gemeinde

---

128 BGH vom 10. Mai 2007 – V ZB 83/06 – Rpfleger 2007, 483; BGH vom 17. Juli 2008 – V ZB 1/08 – Rpfleger 2008, 587.
129 Vgl. Groß, Rpfleger 2008, 545.

eine privilegierte Forderung, so sollte sie überlegen, ob sie nicht besser das Grundstück ersteigert.

Beispiel:

Die Gemeinde hat eine „überzogene" Erschließung von Bauland durchgeführt. **420**
Die Erschließungskosten sind so hoch, dass niemand an den ungünstig gelegenen Bauplätzen Interesse zeigt. Wegen 20.000 Euro Erschließungskosten betreibt die Gemeinde (allein) die Versteigerung. Erster Termin ist ergebnislos verlaufen. Es sind bereits Gerichtskosten in Höhe von 3.000 Euro entstanden, welche die Gemeinde treffen, wenn auch im zweiten Termin niemand bietet. Bietet die Gemeinde nun das Mindestgebot, wird sie hierfür wohl das Grundstück erhalten, auch wenn die Hälfte des Verkehrswertes viel höher ist (§ 85a Abs. 3 ZVG). Sie muss dann dem Schuldner, der ohnehin zahlungsunfähig sein wird, gemäß § 114a ZVG die persönliche Forderung ganz oder teilweise erlassen, hat aber das Grundstück gegen die Gerichtskosten erworben. Immer noch besser, als eine nicht beigetriebene Forderung und dazu noch hohe Gerichtskosten.

Kapitel F
Zuschlag und Zuschlagsfolgen

I. Die Erteilung des Zuschlags

Das Gericht soll grundsätzlich im Versteigerungstermin nach Schluss der Verstei- **421** gerung (§ 73 Abs. 2 ZVG) und Anhörung der Beteiligten (§ 74 ZVG) über den Zuschlag entscheiden und seine Entscheidung verkünden (§ 87 Abs. 1 ZVG). Es kann jedoch (§ 87 Abs. 2 ZVG) in begründeten Ausnahmefällen einen eigenen Verkündungstermin bestimmen, der nicht länger als eine Woche nach dem Versteigerungstermin liegen soll[130]. Schließlich bleibt der Meistbietende bis zur Entscheidung an sein Gebot gebunden und die Zeit der Schwebe soll überschaubar bleiben. Allerdings kann das Gericht aus triftigem Grund den Verkündungstermin auch länger aufschieben. Dies muss regelmäßig geschehen, wenn ein Erbbaurecht versteigert wird (Rn. 590). Wegen der Karenz bei der Sicherheitsleistung siehe Rn. 407h.

II. Was bewirkt der Zuschlag?

1. Eigentumserwerb durch den Ersteher

Durch den Zuschlag wird der Ersteher Eigentümer des Grundstücks (§ 90 Abs. 1 **422** ZVG). Der Grundbucheintrag ist hierfür nicht erforderlich. Das Grundbuch wurde durch den Zuschlag unrichtig, so dass der spätere Eintrag nur noch Grundbuchberichtigung ist. Auch die Bezahlung des Meistgebotes ist für den Eigentumserwerb ohne Bedeutung. Lediglich die Entscheidung der Beschwerdeinstanz (Landgericht oder ganz ausnahmsweise der BGH) könnte diesen Eigentumserwerb rückwirkend beseitigen.

Bestehende **Mietverträge** gehen grundsätzlich auf den Ersteher über. Sieht man **423** einmal von dem hier nicht zu erörternden Sonderkündigungsrecht des § 57a ZVG ab, kann der Ersteher diese Verträge nur unter den Voraussetzungen kündigen, unter denen jeder Vermieter kündigen kann (§ 57 ZVG und die dort genannten Vorschriften des BGB).

2. Die laufenden Grundsteuern

Der Ersteher trägt ab dem Tag des Zuschlags die „Lasten" des Grundstücks (§ 56 **424** Satz 2 ZVG), also auch die „öffentlichen Lasten".

Für die Grundsteuer schafft das Grundsteuergesetz eine Sonderregelung. Die **425** Grundsteuer entsteht als Jahressteuer gemäß § 9 Abs. 2 GrStG mit Beginn des

---

130 BGH vom 31. Mai 2012 – V ZB 270/11 – Rpfleger 2012, 640 und Goldbach, ZfIR 2013, 793.

Kalenderjahres für das sie festzusetzen ist. Schuldner ist derjenige, dem der Steuergegenstand (also das Grundstück) bei der Feststellung des Einheitswertes zugerechnet ist, gewöhnlich also der bürgerlich-rechtliche Eigentümer.

426 Wird nun das Grundstück im Laufe des Jahres versteigert, ist der Übergang dieser **persönlichen** Schuld auf den Ersteher durch § 11 Abs. 2, letzter Satz GrStG ausgeschlossen. Insoweit bleibt also der Vollstreckungsschuldner auch persönlicher Schuldner für die Grundsteuer bis zum Jahresende. Erst ab dem 1. Januar des auf den Zuschlag folgenden Jahres, nachdem zu diesem Zeitpunkt (§ 22 BewG) die „Zurechnungsfortschreibung" zu erfolgen hat, wird der Ersteher persönlicher Schuldner mit der Folge, dass von nun an gegen ihn ein Leistungsbescheid hinsichtlich der Grundsteuer ergehen kann.

427 Die laufende Grundsteuer bis zum Zuschlag – vorausgesetzt, die Gemeinde hatte die Forderung zum Verfahren angemeldet – erhält sie aus dem Erlös im Verteilungstermin.

428 Für die Zeit zwischen Zuschlag und Jahresende könnte zunächst die Grundsteuer vom bisherigen Schuldner verlangt und auch gegen ihn persönlich vollstreckt werden. Regelmäßig wird dies aber keinen Erfolg haben. Da jedoch die Grundsteuer als öffentliche Last gemäß § 12 GrStG auch für die Zeit nach dem Zuschlag auf dem Grundstück ruht und das ZVG das Erlöschen dieser **dinglichen Haftung** nur für die Zeit bis zum Tag vor dem Zuschlag anordnet (§ 56 ZVG als „Spezialgesetz" zum GrStG), haftet das Grundstück für die Grundsteuer ab Zuschlag (in Ersteherhand) weiter, auch wenn der neue Eigentümer noch nicht persönlich haftet[131]. Die Identität von Eigentum und persönlicher Schuld muss nur bei der Begründung, nicht aber auch beim Fortbestand der einmal begründeten dinglichen Haftung, bestehen. Demzufolge kann die Gemeinde vom Ersteher mangels persönlicher Haftung keine Zahlung aus seinem „sonstigen Vermögen" fordern, sondern lediglich „Zahlung aus dem Grundstück". Im Normalfall wird der Ersteher nach Zahlungsaufforderung auch diese „Zahlungspflicht seines Grundstücks" erfüllen. Anderenfalls könnte die Gemeinde gegen ihn einen **Duldungsbescheid** (§ 77 Abs. 2 AO) auf Zwangsvollstreckung in das (eben erworbene) Grundstück erlassen und dessen Versteigerung beantragen, sobald der Ersteher als Eigentümer eingetragen ist – und zwar wiederum in Rangklasse 3.

3. Die einmaligen öffentlichen Lasten

429 Für die einmaligen öffentlichen Lasten ist der Tag des Zuschlags die Zäsur. Was vor dem Zuschlag fällig geworden ist, erhält die Gemeinde – Anmeldung vorausgesetzt – im Rahmen der Zeitbegrenzung aus dem Versteigerungserlös. Was nach dem Zuschlag fällig wird, trägt der Ersteher und zwar auch als persönlicher Schuld-

---

131 BVerwG vom 14. August 1992, KKZ 1992, 236.

ner. Wenn z. B. ein **Erschließungsbeitrag** kurz vor dem Zuschlag festgesetzt und nach dem Zuschlag fällig wird, trifft er den Ersteher. Eine solche einmalige Leistung sollte in jedem Fall angemeldet werden und zwar aus folgendem Grund:

- einmal soll das Gericht die Möglichkeit haben, die Bieter auf diese Belastung hinzuweisen und

- es könnte möglich sein, dass der Zuschlag nicht im Versteigerungstermin, sondern später erteilt wird. Für diesen Fall ist die Gemeinde auf Zuteilung im Verteilungstermin angewiesen, was jedoch Anmeldung voraussetzt.

Sind die beitragspflichtigen Maßnahmen noch nicht abgerechnet und ist somit die Höhe der Belastung des Grundstücks noch nicht bekannt, ist eine formelle Anmeldung weder möglich noch erforderlich, da in jedem Fall der Ersteher für den Beitrag haftet. Dessen ungeachtet sollte aber die Gemeinde das Gericht zur Bekanntgabe im Termin über solche noch offen stehenden – und alsbald den Ersteher treffenden – Kosten informieren. **430**

Hat die Gemeinde vom bisherigen Eigentümer (Schuldner) Vorschüsse auf die noch nicht abgerechneten Beiträge eingenommen, muss sie diese auf die spätere Schuld des Erstehers anrechnen. Dies gilt selbstverständlich auch für Vorschüsse, welche die Gemeinde mangels Schuldnerzahlung zum Versteigerungstermin angemeldet hat und nun aus dem Erlös erhält. **431**

4. Die nachveranlagte Grundsteuer[132]

Es kommt immer wieder vor, dass Grundsteuer nachveranlagt wird, da sich z. B. die Nutzung des Grundstücks (z. B. Bebauung) oder der Einheitswert bzw. Hebesatz geändert hat. **432**

Im Zusammenhang mit einer Zwangsversteigerung ist hierbei Folgendes zu beachten:

a) nachveranlagte Grundsteuer wird vor der ersten Beschlagnahme fällig   433

Kein Problem für die Gemeinde. Sie meldet die neuen Beträge soweit noch privilegiert, in der Rangklasse 3, anderenfalls in der Rangklasse 7, an.

b) Grundsteuer wird nach der ersten Beschlagnahme, aber vor Versteigerungstermin, fällig   434

Der Zeitraum vor der ersten Beschlagnahme gilt als „rückständig", der Zeitraum ab Beschlagnahme bis Versteigerungstermin als „laufend" i. S. d. ZVG. Entsprechende Anmeldung erforderlich!

---

132 Hierzu ausführlich, auch im Zusammenhang mit Konkurs, Mayer, KKZ 1996, 135.

435 **c) nachveranlagte Grundsteuer wird kurz nach Versteigerungstermin fällig**

Hier muss die Gemeinde hellwach sein! Sie wird den nachveranlagten Betrag (soweit er noch Rangklasse 3 hat) aus dem Versteigerungserlös nur dann bekommen, wenn der Zuschlag erst nach der Fälligkeit erteilt wird und sie die noch nicht fällige Nachveranlagung zum Versteigerungstermin angemeldet hat. Dabei ist es unschädlich, dass der Rechtspfleger in diesem Fall die Nachveranlagung nicht ins geringste Gebot nehmen konnte. Sie erhält aber Zuteilung, wenn der Erlös reicht, was meist der Fall sein wird.

436 Es muss der Gemeinde also daran gelegen sein, den Zuschlag hinauszuschieben. Ohne weiteres wird der Rechtspfleger dazu nicht bereit sein, zumal bei einer Fälligkeit später als eine Woche nach dem Versteigerungstermin. Betreibt die Gemeinde selbst aus Rangklasse 3, kann sie regelmäßig durch Bewilligung der einstweiligen Einstellung nach Schluss der Versteigerung (aber vor dem Zuschlag) den Zuschlag verhindern und einen neuen Termin herbeiführen. Es empfiehlt sich, in der Verhandlung über den Zuschlag mit dem Rechtspfleger Kontakt aufzunehmen um zu erfahren, ob er bereit ist, die Verkündung zu vertagen oder ob die Gemeinde die einstweilige Einstellung bewilligen muss. Dies alles lohnt sich jedoch nur dann, wenn der Betrag der Nacherhebung nicht geringfügig ist.

d) nachveranlagte Grundsteuer wird nach Zuschlag fällig

437 Bei dieser Konstellation kann die Gemeinde für die Zeit vor dem Zuschlag aus dem Erlös nichts bekommen. Auch der Ersteher haftet für diesen Zeitraum weder persönlich (§ 11 Abs. 2 GrStG) noch dinglich mit dem Grundstück, dessen Haftung (§ 12 GrStG) nach den Regeln des ZVG (§ 52 ZVG) erloschen ist. Dabei ist es ohne Belang, dass die Gemeinde den Betrag überhaupt nicht anmelden konnte, da der Bescheid zum richtigen Zeitpunkt noch nicht ergangen war.

438 Für die Zeit nach dem Zuschlag haftet der Ersteher und zwar für das „Restjahr" nach dem Zuschlag nur dinglich, ab dem nächsten Jahr auch persönlich. Die persönliche Haftung des Vollstreckungsschuldners für die Zeit vor dem Zuschlag bleibt unberührt.

III. Zuschlag und Grundpfandrechte

1. Das bestehenbleibende Recht

439 Jene Grundpfandrechte, welche das Gericht ins geringste Gebot aufgenommen hatte („bestehenbleibende Rechte", hierzu Rn. 146 ff.), muss der Ersteher übernehmen. Laufende oder (auf Anmeldung) rückständige Zinsen stehen im Mindestbargebot und werden später im Verteilungstermin bar bezahlt. Der Ersteher schuldet das Stammrecht und die Zinsen ab Zuschlag.

Beispiel:

Die Gemeinde hatte eine Sicherungshypothek über 10.000 Euro mit 1 Prozent mo-   440
natlich Säumniszuschlag ab 1. Januar 2012, monatlich nachträglich fällig. Diese
Hypothek hatte einen so guten Rang (was leider nicht allzu oft der Fall sein wird),
dass sie ins geringste Gebot aufgenommen werden konnte, weil ein nachrangiger
Gläubiger die Versteigerung betrieben hatte. Erste Beschlagnahme war am 20. Mai
2012, Zuschlag am 15. August 2013. Was geschieht jetzt?

„Laufende" Säumniszuschläge (mit Zinsen wäre es ebenso!) sind die letztmals vor   441
der ersten Beschlagnahme bis zum Zuschlag fälligen, also vom 1. April 2012 bis
zum 14. August 2013 Diese Säumniszuschläge erhält die Gemeinde aus dem Bargebot **ohne Anmeldung** im Verteilungstermin.

„Rückständige" Säumniszuschläge sind jene vom 1. Januar 2012 bis 31. März   442
2012. Bei rechtzeitiger Anmeldung erhält sie die Gemeinde ebenfalls im Verteilungstermin.

Für die Säumniszuschläge ab 15. August 2013 haftet der Ersteher. Er schuldet der   443
Gemeinde außerdem – natürlich gegen **„löschungsfähige Quittung"** – die Hauptforderung in Höhe von 10.000 Euro. Zahlt er nicht, kann die Gemeinde gegen ihn
die Zwangsversteigerung aus Rangklasse 4 betreiben, sobald er im Grundbuch eingetragen ist.

2. Die nicht mehr voll valutierte Hypothek

Ist eine Hypothek der Gemeinde bestehen geblieben, welche nicht mehr voll valu-   444
tiert ist, darf die Gemeinde dem Ersteher keinesfalls gegen Zahlung der Restvaluta
eine Löschungsbewilligung ausstellen. Zulässig wäre nur eine **löschungsfähige
Quittung** über den vom Ersteher tatsächlich bezahlten Betrag. **Achtung: Haftungs-
gefahr!**

Der Ersteher hat die gesamte Hypothek zur Rückzahlung übernommen. Zwar steht   445
sie noch vollumfänglich zugunsten der Gemeinde im Grundbuch. Tatsächlich aber
steht sie der Gemeinde nur noch in Höhe des geschuldeten Restes zu; der bereits
vom Schuldner zurückgezahlte Teilbetrag war bis zum Zuschlag **Eigentümergrundschuld** (§ 1163 Abs. 1 Satz 2 BGB) und ist seit dem Zuschlag Fremdgrund-
schuld des Schuldners an seinem früheren Grundstück. Da aber das Grundbuchgericht nur von der formellen Grundbuchlage ausgeht und die Unrichtigkeit des
Grundbuchs nicht kennt, würde es das Recht des bisherigen Schuldners ohne Gegenleistung seitens des Erstehers löschen, wenn die Gemeinde ihm eine Löschungsbewilligung erteilt hätte.

Beispiel:

Die Gemeinde hat hinsichtlich rückständiger Gewerbesteuerforderungen eine   446
Zwangssicherungshypothek in Höhe von 10.000 Euro eingetragen. Von diesem

Betrag hat der Schuldner bereits vor dem Zuschlag 2.000 Euro an die Gemeinde bezahlt. Insoweit besteht zugunsten der Gemeinde noch eine Resthypothek in Höhe von 8.000 Euro und eine nachrangige Eigentümergrundschuld des Schuldners (als Gläubiger) in Höhe von 2.000 Euro.

Diese 2.000 Euro kann der Schuldner nach Zuschlagserteilung vom Ersteher gegen Löschungsbewilligung verlangen. Erteilt nun aber die Gemeinde voreilig dem Ersteher gegen Zahlung der restlichen 8.000 Euro eine Löschungsbewilligung auf die Hypothek schlechthin, kann dieser auch das Schuldnerteilrecht löschen lassen. Schadensersatzforderungen könnten die Folge sein!

447 **Merke:** Erteilen Sie dem Ersteher keine **Löschungsbewilligung** über ein **bestehenbleibendes Recht** als solches, wenn er nur noch einen Teilbetrag zu zahlen hat. Infrage kommt in diesem Fall nur eine „**löschungsfähige Quittung"**. Diese sollte Angaben dazu enthalten, wer, wann, wie viel und an wen gezahlt hat. Sie dient dem Ersteher als Unrichtigkeitsnachweis gegenüber dem Grundbuchamt und muss auf Verlangen des Erstehers in „grundbuchfähiger" Form (§29 Abs. 3 GBO) erteilt werden. Mit der löschungsfähigen Quittung kann der Ersteher die Löschung des Rechts in der Höhe seiner geleisteten Zahlung beantragen. Nur in dieser Höhe ist das Recht auf ihn übergegangen. Soweit der seitherige Eigentümer Zahlungen auf die Hypothek geleistet hat, wird die dadurch erworbene, verdeckte Eigentümergrundschuld mit dem Zuschlag ein Fremdrecht am Grundstück des Erstehers. Der bisherige Eigentümer kann wegen dieses Rechts ebenfalls eine löschungsfähige Quittung verlangen und das Recht auf sich umschreiben lassen. Dadurch erwirbt er einen Anspruch gegen den neuen Eigentümer.

448 Ist die Gemeinde ganz ausnahmsweise Gläubigerin einer Grundschuld (hierzu Rn. 72), so könnte sie zwar ebenfalls eine löschungsfähige Quittung erteilen, da im Normalfall der Ersteher die persönliche Haftung für die von der Grundschuld gesicherte Forderung nicht übernommen hat und daher auf das dingliche Recht zahlt. Sicherer ist es aber, wenn die Gemeinde – gegebenenfalls nur bezüglich des an sie tatsächlich bezahlten Kapitals – dem Ersteher eine Verzichtserklärung auf die Grundschuld gibt (Unterschrift und Siegel genügt; Mitwirkung eines Notars ist nicht erforderlich!). Hiermit kann der Ersteher Antrag auf Grundbucheintragung des Verzichts und schließlich auch die Löschung der Grundschuld (gegebenenfalls Teillöschung) bewirken.

Wurde der Gemeinde eine Pfändung oder Abtretung des Rückgewähranspruchs zugestellt bzw. mitgeteilt, sollte sie die Rechtsabteilung hinzuziehen, bevor sie dem Ersteher eine Urkunde ausstellt.

IV. Die Versagung des Zuschlags

Nach Schluss der Versteigerung kann das Gericht keine einstweilige Einstellung **449** des Verfahrens mehr beschließen (§ 33 ZVG). Kann das Gericht keinen Zuschlag erteilen, so „versagt es den Zuschlag". Diese Entscheidung – die mit Verkündung wirksam wird – bewirkt meist gegenüber der Gemeinde (falls sie die Versteigerung „betrieben" hatte) die einstweilige Einstellung des Verfahrens (§ 86 ZVG). Sie muss nun, wenn sie das Verfahren weiter betreiben will, einen Fortsetzungsantrag stellen. Dazu muss ihr das Gericht eine Belehrung über den Fristbeginn zustellen. Die Frist (sechs Monate) beginnt mit der Zustellung dieser Belehrung (§ 31 Abs. 3 ZVG). Siehe hierzu auch Rn. 333.

Wird in dem Zwangsversteigerungsverfahren kein Gebot abgegeben oder sind **449a** sämtliche Gebote erloschen, so ist das Verfahren gem. § 77 Abs. 1 ZVG einstweilen einzustellen. Die Fortsetzung des Verfahrens geschieht nicht von Amts wegen, sondern es bedarf hierzu eines erneuten Antrags des Gläubigers. Hierbei ist wichtig zu wissen, dass jeder betreibende Gläubiger darauf achten muss, dass mit der einstweiligen Einstellung nach § 77 Abs. 1 ZVG alle einzelnen Verfahren der betreibenden Gläubiger eingestellt werden und insoweit jeder an dem weiteren Verfahren interessierte Gläubiger einen eigenen Fortsetzungsantrag stellen muss[133].

Die Frist, innerhalb derer die Fortsetzung des Verfahrens beantragt werden kann, beträgt gem. § 31 Abs. 1 ZVG sechs Monate seit Zustellung der Belehrung über die Fortsetzung des Verfahrens. Aufgehoben wird das Verfahren der Gläubiger, die den Fortsetzungsantrag nicht rechtzeitig gestellt haben. Bleibt die Versteigerung auch in dem auf Antrag eines Gläubigers anberaumten zweiten Termin ergebnislos, wird das Verfahren gem. § 77 Abs. 2 ZVG insgesamt aufgehoben.

Neben der Einstellung nach § 77 ZVG gibt es noch eine ganze Reihe anderer Gründe, die zur Versagung des Zuschlags führen können.

So ist der Zuschlag nach § 83 ZVG u. a. zu versagen, wenn die Vorschrift des § 43 **449b** Abs. 2 ZVG (Nichteinhaltung der Benachrichtigungs- und Zustellungsfrist) oder eine der Vorschriften über die Feststellung des geringsten Gebotes oder der Versteigerungsbedingungen verletzt ist bzw. wenn der Zwangsversteigerung oder der Fortsetzung des Verfahrens ein Recht eines Beteiligten entgegensteht (§ 28 ZVG, z. B. Eigentum eines Dritten).

Führt die Erteilung des Zuschlags nach Maßgabe der im Versteigerungstermin vor- **449c** liegenden Voraussetzungen zu einer Verschleuderung des Grundbesitzes, so ist das Vollstreckungsgericht unabhängig von der grundsätzlichen Antragspflicht nach § 765a ZPO in der Regel verpflichtet, einen Termin zur Verkündung der Entscheidung über den Zuschlag anzuberaumen[134]. Anders als meist angenommen,

---

133 Stöber, ZVG, Rn. 2.3 zu § 77; Hintzen, Immobiliarzwangsvollstreckung, VIII/5. zu C.
134 BGH vom 5. November 2004 – IXa ZB 27/04 – Rpfleger 2005, 151.

gibt es aber im ZVG keine Mindestgrenze von 30 Prozent oder weniger. Eine Verwertung des Grundstücks zu einem sehr niedrigen Preis ist grundsätzlich möglich und Vollstreckungsschutz erhält der Schuldner bei einer möglichen Verschleuderung auch nur auf Antrag. Nur, um ihm die Möglichkeit der Antragsstellung einzuräumen, kommt eine Zuschlagsaussetzung in Betracht. Nutzt der Schuldner diese Gelegenheit nicht, kann und muss das Vollstreckungsgericht auch auf ein niedriges Gebot den Zuschlag erteilen.

Die Eigentumsgarantie des Grundgesetzes beeinflusst nicht nur die Ausgestaltung des materiellen Vermögensrechts, sondern wirkt auch auf das zugehörige Verfahren ein. Bei einem Eingriff in das Eigentum im Wege der Zwangsversteigerung folgt daher unmittelbar aus Art. 14 GG die Verpflichtung der Gerichte, die Verhandlung fair zu führen und dem betroffenen Eigentümer einen effektiven Rechtsschutz zu gewähren, um eine Verschleuderung seines Grundvermögens verhindern zu können. Im Falle der Zwangsversteigerung bedeutet dies, dass dem Schuldner bei einem krassen Missverhältnis zwischen Meistgebot und Grundstückswert die Möglichkeit gegeben werden muss, vom Versteigerungsergebnis Kenntnis zu erhalten und Rechtsschutz in Anspruch zu nehmen. Aus der Gewährleistung des Eigentums und deren Einwirkung auf das Zwangsversteigerungsverfahren lassen sich allerdings keine allgemeingültigen und verbindlichen Verfahrensregeln herleiten. Ob aus dem Gesichtspunkt des fairen Verfahrens ein besonderer Termin zur Verkündung der Zuschlagsentscheidung anzusetzen ist, richtet sich nach den Umständen des Einzelfalls. Insbesondere die Abwesenheit des Schuldners im Versteigerungstermin allein ist grundsätzlich kein zwingender Anlass, einen besonderen Termin zur Verkündung der Zuschlagsentscheidung zu bestimmen. Nach allgemeinen Erfahrungen ist davon auszugehen, dass bei einem Meistgebot von mehr als 25 Prozent des Verkehrswertes nicht mehr von einer Verschleuderung auszugehen ist.

Ein erstmals nach Eintritt der Rechtskraft des Zuschlagsbeschlusses gestellter, auf Aufhebung der Anordnung der Zwangsversteigerung des Grundstücks – und damit auch des rechtskräftigen Zuschlagsbeschlusses – gerichteter Antrag des Schuldners nach § 765a ZPO ist unzulässig[135].

Wird nach der Zwangsversteigerung eines Grundstücks der Zuschlagsbeschluss im Beschwerdeweg rechtskräftig aufgehoben und der Zuschlag zugleich einem anderen erteilt, verliert der ursprüngliche Ersteher das Eigentum an den Schuldner rückwirkend zum Zeitpunkt des Wirksamwerdens des Zuschlagsbeschlusses; der neue Ersteher wird mit dem Wirksamwerden der Zuschlagserteilung an ihn Eigentümer. Von diesem Zeitpunkt an besteht zwischen dem ursprünglichen Ersteher, der das Grundstück möglicherweise weiterhin benutzt, und dem neuen Ersteher ein Eigentümer-Besitzer-Verhältnis. Der neue Ersteher hat einen Anspruch auf Nutzungsherausgabe nach § 987 BGB ab dem Zeitpunkt, in welchem dem ursprünglichen

---

135 BVerfG vom 3. März 2010 – 2 BvR 2696/09 – FamRZ 2010, 795.

Ersteher die im Beschwerdeweg ergangene Zuschlagsentscheidung zugestellt worden ist; bis dahin haftet der ursprüngliche Ersteher nach § 988 BGB[136].

Wird die Zwangsversteigerung wegen eines persönlichen Anspruchs betrieben, ist **449d** das Verfahren nach § 28 ZVG auch aufzuheben, sofern eine Auflassungsvormerkung vor dem Beschlagnahmevermerk eingetragen ist. Allerdings hindert die Auflassungsvormerkung nicht grundsätzlich die Zwangsversteigerung. Die Vormerkung hat vielmehr wie ein dingliches Recht in der Zwangsversteigerung einen Rang nach § 10 Abs. 1 Nr. 4 ZVG. Geht eine Auflassungsvormerkung dem bestrangig betreibenden Gläubiger im Range vor, muss sie in das geringste Gebot als bestehenbleibendes Recht aufgenommen werden. Gleichzeitig ist dann für die Vormerkung nach § 51 Abs. 2 ZVG ein Zuzahlungsbetrag festzusetzen. Der festzusetzende Wert kommt regelmäßig dem Wert des Grundstücks gleich. Betreibt dagegen die Gemeinde aus Rangklasse 3, so geht das Recht der Gemeinde dem Auflassungsberechtigten vor. In diesem Ausnahmefall verliert die Auflassungsvormerkung ihren Zweck, nämlich das Recht des Berechtigten zu schützen.

Zur Zuschlagsversagung nach §§ 74a und 85a ZVG siehe Rn. 411 ff.

V. Kosten und Rechtsbehelf

1. Gerichtskosten

Das Gericht erhebt beim Ersteher eine Zuschlagsgebühr in Höhe einer halben Ge- **450** bühr (Nr. 2214 KVGKG) aus dem Gebot zzgl. der bestehenbleibenden Rechte. Bei mehreren Zuschlägen an verschiedene Bieter zahlt jeder eine eigene Gebühr für seinen Zuschlag (§ 29 GKG); ersteigert ein Bieter mehrere Grundstücke, werden diese zusammengezählt. Die Gemeinde ist von dieser Gebühr nur betroffen, wenn sie selbst ersteigert hat und selbst keine Gebührenfreiheit genießt. Die Versagung des Zuschlags löst keine Gebühr aus.

2. Der Rechtsbehelf

Gegen den Zuschlag können Rechtsbehelf einlegen, **451**

- **alle Beteiligten** i. S. d. § 9 ZVG, einschließlich des Schuldners, soweit sie durch den Zuschlag „beschwert" sind,
- **Bieter,** deren Gebot nicht erloschen ist, also insbesondere der Meistbietende.

Die Gemeinde ist also grundsätzlich zur Einlegung eines Rechtsbehelfs berechtigt, auch wenn sie ihre Forderung nur angemeldet hatte.

Gemäß § 11 RPflG kann die Entscheidung des Rechtspflegers, gleichgültig ob sie **452** auf Erteilung oder Versagung des Zuschlags lautet, von den vorgenannten Berechtigten mit sofortiger Beschwerde zum Landgericht angefochten werden.

---

136 BGH vom 5. März 2010 – V ZR 106/09 – Rpfleger 2010, 384.

453 Wird die Beschwerde zurückgewiesen, ist eine volle Gebühr (Nr. 2241 KV zum GKG) aus dem vom Landgericht festgesetzten Wert zu zahlen, falls die Gemeinde nicht von den Gerichtsgebühren befreit ist. Die gebührenfreie Erinnerung zum Referatsrichter wurde abgeschafft.

Gegen die Entscheidung des Landgerichts kommt die Rechtsbeschwerde zum BGH nur in den ganz seltenen Fällen in Betracht, in denen sie das Landgericht zugelassen hat. Normalerweise ist die Entscheidung des Landgerichts rechtskräftig.

454 Die sofortige Beschwerde muss innerhalb einer Frist von zwei Wochen eingelegt werden. Wurde **der Zuschlag erteilt,** so beginnt diese Frist

– für alle Beteiligten, die im Versteigerungstermin oder in einem Verkündungstermin anwesend waren (auch wenn sie bei der Verkündung nicht mehr im Saal waren), und für die Bieter, schon mit der Verkündung (§ 98 Satz 2 ZVG). Dies gilt auch für jene Beteiligte, denen trotz Anwesenheit gemäß § 88 ZVG der Zuschlagsbeschluss zuzustellen ist.

– für alle übrigen Beteiligten mit der Zustellung des Zuschlagsbeschlusses.

455 Wurde **der Zuschlag versagt,** beginnt die Frist von zwei Wochen für alle Beteiligten mit der Verkündung der Entscheidung (§ 98 Satz 1 ZVG), auch wenn sie bei der Verkündung nicht anwesend waren. Eine Zustellung des Versagungsbeschlusses erfolgt normalerweise nicht. Bewirkt der Versagungsbeschluss gegen einen der „betreibenden Gläubiger" die einstweilige Einstellung des Verfahrens (§ 86 ZVG), wird ihm die „Fortsetzungsbelehrung" zugestellt. Für die Weiterführung des Verfahrens gelten die in Kapitel D genannten Grundsätze.

455 a Mit der Einführung einer Rechtsbehelfsbelehrung im Zivilprozess (§ 232 ZPO) ist auch im Zwangsversteigerungsverfahren bei allen anfechtbaren Entscheidungen eine Rechtsbehelfsbelehrung erforderlich. Diese ist mit dem Beschluss über den Zuschlag zu verkünden und muss neben den nötigen Angaben nach § 232 ZPO beim Zuschlag zusätzlich auf die Besonderheiten dieses Rechtsmittelverfahrens verweisen.

Die Belehrung ist erforderlich, weil die Regelungen zum Rechtsmittel gegen den Zuschlagsbeschluss so kompliziert und schwierig zu erfassen sind, dass nicht erwartet werden kann, der Rechtsmittelsuchende werde sich in zumutbarer Weise hierüber rechtzeitig Aufklärung verschaffen können[137].

Bei der Entscheidung über den Zuschlag trifft das ZVG eine vom üblichen Verfahrensgang bei der sofortigen Beschwerde abweichende Regelung über den Beginn der Rechtsmittelfrist.

---

137 BVerfG vom 20. Juni 1995 – 1 BvR 166/93 – BVerfGE 93, 99 [107] = NJW 1995, 3173.

Erfolgt die Rechtsmittelbelehrung nicht, hindert das nicht die Wirksamkeit der gerichtlichen Entscheidung oder den Beginn der Rechtsmittelfrist. Soweit der Belehrungsmangel jedoch ursächlich zur Versäumung der Rechtsmittelfrist führt, ist seitens des Gerichts bei der Prüfung einer beantragten Wiedereinsetzung in den vorigen Stand ein fehlendes Verschulden des Rechtsmittelführers bei der Fristversäumnis unwiderleglich zu vermuten (§ 233 Satz 2 ZPO)[138] und ihm somit ohne Weiteres Wiedereinsetzung zu gewähren.

VI. Die abschließende Erledigung

Nachdem der Zuschlagsbeschluss rechtskräftig geworden und das Gericht den **456** Versteigerungserlös verteilt hat (hierzu Teil G), ordnet es die Berichtigung des Grundbuchs an, also

– die Eintragung des Erstehers als neuen Eigentümer und

– die Löschung aller Rechte, die gemäß den Versteigerungsbedingungen nicht bestehen geblieben sind.

Dies geschieht von Amts wegen. Antrag oder gar die Mitwirkung eines Notars ist nicht erforderlich.

Wird das Meistgebot nicht bezahlt, siehe Rn. 491.

---

138 BGH vom 26. März 2009 – V ZB 174/08 – Rpfleger 2009, 405.

Kapitel G
Der Verteilungstermin

I. Die Verteilung des Erlöses

1. Grundsätze zum Verteilungstermin 457

Alsbald nach der Verkündung des Zuschlags bestimmt das Gericht einen neuen Gerichtstermin, in welchem der Versteigerungserlös bezahlt und anschließend verteilt wird.

Der Ersteher muss das Meistgebot auf ein Konto des Gerichts einzahlen oder über- 458 weisen. Dies muss aber so rechtzeitig erfolgen, dass im Teilungstermin dem Gericht bereits ein Nachweis über die Gutschrift vorliegt (§ 49 Abs. 3 ZVG).

Durch Scheck geleistete Sicherheit gilt als Vorschuss auf die zu leistende Zahlung, da ja das Gericht inzwischen den Scheck eingelöst hat. Die insofern missverständliche Formulierung des § 107 Abs. 3 ZVG ist eine typische Fehlleistung des „modernen Gesetzgebers".

Leider hat die gesetzliche Neufassung die Frage der **Zinsbefreiung** nicht vereinfacht. Der Ersteher muss das bare Meistgebot vom Zuschlag bis zum Verteilungstermin mit 4 Prozent verzinsen (§ 49 Abs. 2 ZVG). Einfache Einzahlung an das Gericht befreit nicht von der Zinspflicht. Vielmehr ist Hinterlegung unter **Verzicht auf das Recht der Rücknahme** erforderlich (§ 49 Abs. 4 ZVG), was für den Ersteher kein Risiko, aber Mehrarbeit bedeutet.

Die Sicherheitsleistung durch Scheck oder durch Voreinzahlung bei der Gerichtskasse (unüblich) hat keine Hinterlegungswirkung. Vielmehr muss der Ersteher noch einen Hinterlegungsantrag stellen, wenn er für diesen Betrag Zinsbefreiung erreichen will. Dies sollte er unverzüglich nach dem Zuschlag tun.

Weiterhin kann der Ersteher den Betrag, den er nicht per Scheck oder Voreinzah- 459 lung als Sicherheit geleistet hat, sofort nach dem Zuschlag bei der Hinterlegungsstelle eines Amtsgerichts hinterlegen (und den Nachweis im Verteilungstermin vorlegen), um damit die Zinsbefreiung zu bewirken (§ 49 Abs. 4 ZVG).

Der endgültige Teilungsplan wird vom Gericht im Termin aufgestellt, nachdem über ihn mit den erschienenen Beteiligten verhandelt worden ist (§ 113 ZVG).

2. Der gerichtliche Teilungsplan

Der Rechtspfleger stellt vor dem Termin einen vorläufigen Plan auf. Zunächst be- 460 rechnet er die **Verfahrenskosten** des Gerichts, welche vorweg aus dem Erlös zu entnehmen sind (§ 109 Abs. 1 ZVG). Danach teilt er den Erlös, soweit er reicht, den vorhandenen Forderungen zu, und zwar in der Reihenfolge des Ranges. Die Gemeinde könnte z. B. folgendermaßen im Teilungsplan „vertreten" sein:

a) Mit einer angemeldeten Forderung der Rangklasse 3.

b) Mit Zinsen oder Säumniszuschlägen aus einer bestehen gebliebenen Sicherungshypothek oder Grundschuld.

c) Mit Kapital und Nebenleistungen eines erloschenen Grundpfandrechtes.

d) Mit einem nicht privilegierten Anspruch, für welchen sie durch Anordnungs- oder Beitrittsbeschluss die Rangklasse 5 erlangt hat.

461   Es ist vorgesehen, aber nicht unbedingt praxisüblich, zunächst einmal alle in Betracht kommenden Forderungen einzeln im Teilungsplan aufzulisten, auch wenn der Erlös bei weitem für die Zuteilung nicht reicht. Steht also die Gemeinde in der Rubrik „Schuldenmasse", so heißt das noch nicht, dass sie auch Zahlung erhält. Gezahlt wird nur, was unter „Zuteilung" steht.

3. Die erforderliche Anmeldung

462   Hat die Gemeinde ihre Forderungen zum Versteigerungstermin richtig angemeldet, braucht sie an sich zum Verteilungstermin kaum noch etwas anzumelden. Eine erneute Anmeldung ist aber immer ratsam! Die Anmeldung selbst unterliegt weder beim Zwangsversteigerungstermin, noch beim Verteilungstermin einer bestimmten Form; sie kann schriftlich oder per Telefax ebenso erklärt werden wie mündlich zu Protokoll der Geschäftsstelle des Vollstreckungsgerichts oder im Termin selbst.

463   So sollten die Forderungen der Rangklasse 3 erneut angemeldet werden und zwar unter Beachtung des Umstandes, dass nunmehr die laufend wiederkehrenden Leistungen (nur) bis zum Tag vor dem Zuschlag anzumelden sind, dass also insoweit § 47 ZVG keine Anwendung mehr findet. Es kommt dabei nicht auf die Fälligkeit an. Vielmehr ist Umrechnung der Quartalsrate auf Tage erforderlich, auch wenn jene noch nicht fällig ist.

Beispiel:

464   Zuschlag war am 7. April. Die 2. Quartalsrate wird am 15. Mai für die Zeit vom 1. April bis 30. Juni fällig. Dennoch meldet die Gemeinde einen Betrag von 6/90 der Quartalsrate beim Gericht an. Den Rest zahlt der Ersteher.

Zuschlag war am 20. Mai. Die 2. Quartalsrate ist bereits am 15. Mai fällig. Dennoch meldet die Gemeinde (nur) 49/90 des Vierteljahresbetrags beim Gericht an und fordert den Rest vom Ersteher.

465   Sollte ausnahmsweise der Zuschlag später als zwei Wochen nach dem Versteigerungstermin erteilt worden sein, so dass die nur nach § 47 ZVG im geringsten Gebot berücksichtigten Beträge nicht ausreichen, erhält die Gemeinde dennoch ihre

gesamten laufenden Forderungen, soweit der Erlös reicht. In diesem Fall ist Anmeldung erforderlich!

Grundsätzlich gilt: Was im Anordnungs- oder Beitrittsbeschluss steht, gilt als ange- 466
meldet (§ 114 Abs. 1 Satz 2 ZVG). Die Gerichtskosten, welche die Gemeinde bezahlt hat, stehen allerdings nicht im Beschluss. Sie mussten zwar bereits zum Versteigerungstermin angemeldet werden; zur Sicherheit sollte man dies jetzt wiederholen.

Ist die Gemeinde Gläubigerin einer Sicherungshypothek oder Grundschuld, die 467
nach den Versteigerungsbedingungen erloschen ist und jetzt aus dem Erlös bezahlt werden soll, so braucht sie weder das Kapital, noch die „laufenden" Nebenleistungen anzumelden. Es schadet aber nichts, wenn sie dies trotzdem tut. „Rückständige" Nebenleistungen waren bereits zum Versteigerungstermin anzumelden; auch diese Anmeldung sollte man wiederholen. Die Gemeinde muss aber anmelden, wenn sie weniger zu erhalten hat, als im Grundbuch eingetragen ist. In diesem Fall soll sie unbedingt bei der Anmeldung unterscheiden, wie sich der Restbetrag aus Nebenleistungen oder Kapital zusammensetzt.

Beispiel:

Sicherungshypothek über 10.000 Euro Gewerbesteuer zzgl. 1 Prozent Säumniszu- 468
schläge monatlich. Schuldner hat bereits Zahlungen geleistet. Der Gemeinde stehen noch Forderungen aus der Hypothek in Höhe von 8.611 Euro zu. In diesem Fall sollte die Gemeinde die Forderung nicht mit dem Hinweis „Wir fordern noch 8.611 Euro" geltend machen, sondern in etwa mit folgendem Text:

Aus der Sicherungshypothek ist noch geschuldet:

Restkapital	8.350 Euro
Säumniszuschläge 1 Prozent monatlich seit 1. April 2011 =	261 Euro
Gesamtforderung:	8.611 Euro

Für die Gemeinde wäre die Fassung zwar grundsätzlich bedeutungslos, für das Gericht ist die Unterscheidung aber wichtig!

4. Wenn das erloschene Recht kein Grundpfandrecht ist?

Es kann vorkommen, dass die Gemeinde durch die Zwangsversteigerung ein Recht 469
am Grundstück verloren hat, welches nicht auf Kapitalzahlung gerichtet war. Der häufigste Fall wird der **Erbbauzins** nach „altem Recht" sein. Ebenso könnte es sich aber auch um ein **Wegerecht** oder ein **Kanalrecht** handeln. Selbst wenn die Gemeinde das Recht infolge öffentlich-rechtlichen Zwanges letztlich gegen den Ersteher durchsetzen kann, so muss sie ihn wahrscheinlich erneut entschädigen und hat

daher einen Schaden durch den Untergang des Rechts. In diesem Falle sieht das Gesetz vor, dass die Gemeinde Geldersatz aus dem Erlös erhält, soweit dieser reicht. Da aber der Geldwert des verlorenen Rechtes meist nicht aus dem Grundbuch ersichtlich ist, muss er jetzt ermittelt werden.

470 Der Betrag gilt als „aufschiebend bedingt" bis zu seiner Feststellung (§ 14 ZVG). Die Feststellung erfolgt nicht durch das Versteigerungsgericht, sondern zwischen Gemeinde und Schuldner. Hierzu gibt es zwei Möglichkeiten:

471 a) Die Gemeinde einigt sich mit dem Schuldner über die Höhe des Betrages, z. B. auf den Betrag, den sie kürzlich dem Schuldner für den Grundbucheintrag gezahlt hat oder den sie mutmaßlich dem Ersteher z. B. für das Belassen des Kanals zahlen muss. Kommt eine solche Einigung zustande, soll sie schriftlich festgehalten oder – besser noch – vom Schuldner und der Gemeinde mündlich im Termin erklärt werden.

b) Ohne Einigung muss die Gemeinde auf Feststellung gegen den Schuldner klagen und zwar vor dem ordentlichen Gericht; nicht beim Verwaltungsgericht.

Für das Verfahren im Verteilungstermin gilt Folgendes:

472 Ist die Feststellung bereits im Verteilungstermin erfolgt (siehe oben bei a)), zahlt das Gericht den festgestellten Betrag an die Gemeinde aus. Sie muss Betrag und Feststellung anmelden und letztere nachweisen. Ist ein nachstehender, ausgefallener Gläubiger der Meinung, der Betrag sei zu hoch festgestellt, muss er jetzt im Termin Widerspruch einlegen.

473 Ist die Feststellung bis zum Teilungstermin noch nicht möglich, muss die Gemeinde den ihrer Ansicht nach angemessenen Geldbetrag anmelden. Diese Anmeldung erfolgt (bis dahin ohne Rangverlust) im Verteilungstermin. Allerdings führt die Anmeldung nicht zur Auszahlung des Betrages! Das Gericht muss den Betrag vielmehr hinterlegen (§ 120 ZVG) und zwar für die Gemeinde im Falle der „Feststellung" (siehe oben) und für den bestrangigen ausfallenden Gläubiger für den Fall, dass keine Feststellung erfolgt. Auch gegen diesen Ansatz könnte ein nachstehender (ausfallender) Gläubiger Widerspruch einlegen.

473a Ergibt sich bei der Zwangsversteigerung ein Übererlös, weil sämtliche Grundstücksbelastungen befriedigt wurden und darüber hinaus noch Verteilungsmasse zur Verfügung steht, steht dieser grundsätzlich dem Schuldner als ehemaligem Eigentümer gegen den Ersteher und Meistbietenden zu. Dieser Anspruch ist nach § 857 Abs. 1 ZPO bzw. den entsprechenden Bestimmungen der Verwaltungsvollstreckungsgesetze pfändbar. Eine Pfändung kann aber erst erfolgen, wenn der Zuschlag an den Meistbietenden als Ersteher erteilt wurde. Erst ab diesem Zeitpunkt ist der Ersteher als Drittschuldner bekannt. Die Pfändung als künftiger Anspruch scheidet insoweit aus. Diese Drittschuldnereigenschaft geht allerdings verloren, sobald das Bargebot an das Gericht gezahlt ist. Ab dann gibt es keinen Drittschuldner mehr. Das Gericht ist nicht Drittschuldner. Es handelt sich vielmehr um ein drittschuldnerloses Recht, was bei der Formulierung der Pfändungsverfügung zu berücksichtigen ist.[139]

II. Rechtsbehelfe im Teilungsverfahren

Ist ein Beteiligter mit dem gerichtlichen Teilungsplan unzufrieden, kann er seine abweichende Ansicht durch Rechtsbehelfe verfolgen. Hierbei ist (nicht immer einfach) zu unterscheiden, ob es sich um (nur) formelle oder materielle Einwendungen handelt.   474

1. Formelle Einwendungen

Mit ihnen wird ein Fehler im Verfahrensrecht gerügt, z. B.   475

– der Rechtspfleger hat sich verrechnet und will das nicht einsehen,

– die Gemeinde meint, sie habe rechtzeitig angemeldet, der Rechtspfleger sieht das anders,

– der Rechtspfleger hat einen Widerspruch zu Unrecht zurückgewiesen oder

– Streit über die Zuordnung der Rangklasse, wenn die Forderung als solche unstreitig ist (also beispielsweise die Einordnung von grundstücksbezogenen Benutzungsgebühren in die Rangklasse 3).

Rechtsbehelf ist die sofortige Beschwerde zum Landgericht, welche im Falle der Ablehnung gebührenpflichtig ist (Volle Gebühr aus dem vom LG festgesetzten Wert [Nr. 2241 KV zum GKG]).

Geht es aber nur um die Zuteilung von **Vollstreckungskosten** im Betrag von 200 Euro oder weniger (z. B. der Rechtspfleger verweigert der Kasse die Zuteilung dieser Kosten mit der Begründung, sie seien nicht notwendig gewesen), ist nur gebührenfreie Erinnerung zum Referatsrichter möglich, der endgültig entscheidet (§ 11 Abs. 2 RPflG i. V. m. § 567 Abs. 2 Satz 2 ZPO).

In beiden Fällen ist der Rechtsbehelf innerhalb von zwei Wochen einzulegen. Beschlüsse über die Aufstellung oder die Ausführung des Teilungsplans, die der sofortigen Beschwerde unterliegen, sind den Beteiligten zuzustellen; die Frist zur Einlegung der sofortigen Beschwerde beginnt mit der Zustellung[140].

Alleine weil die Einlegung einer sofortigen Beschwerde gegen den Teilungsplan grundsätzlich in Betracht kommt, hält der BGH die Zustellung unter Hinweis auf § 329 Abs. 2 Satz 2 ZPO für zwingend erforderlich. In diesem Zusammenhang wird der bis dahin vorherrschenden Auffassung, dass im Verteilungstermin verkündete Beschlüsse nicht zugestellt werden müssten, eine klare Absage erteilt.

---

139 Vgl. Mock, Vollstreckung effektiv 2013, 205.
140 BGH vom 19. Februar 2009 – V ZB 54/08 – Rpfleger 2009, 401.

Aus Gläubigersicht ist die Entscheidung zu begrüßen, weil sie zur transparenteren Gestaltung der Erlösverteilung beiträgt. Nur anhand des vorliegenden Teilungsplans kann die Gemeindekasse die Entscheidungen des Rechtspflegers überprüfen und feststellen, ob ihre Ansprüche angemessen berücksichtigt wurden oder sie den Beschwerdeweg beschreiten will.

Dennoch werden Teilungspläne häufig nicht übersandt. Die Gemeinde sollte deshalb schon mit ihrer Anmeldung um Übersendung des Teilungsplans bitten.

2. Materielle Einwendungen

476 Sie werden erhoben, wenn die Zuteilung aufgrund eines besseren Rechtes an einen anderen Berechtigten erfolgen müsste. Der Rechtsbehelf ist der Widerspruch (§ 115 ZVG). Widerspruchsberechtigt sind alle Beteiligten, soweit sie im Falle des Erfolgs einen Vorteil hätten. Lediglich das Widerspruchsrecht des Schuldners ist beschränkt (§ 115 Abs. 3 ZVG). Der Ersteher hat kein Widerspruchsrecht, wenn er nicht gleichzeitig auch Verfahrensbeteiligter gemäß § 9 ZVG ist. Der Widerspruch kann schriftlich oder mündlich im Termin eingelegt werden. Eine nicht antragsgemäß in den Plan aufgenommene Anmeldung gilt als Widerspruch (§ 115 Abs. 2 ZVG).

a) Die Gemeinde als Widersprechende

477 Die Gemeinde kann widersprechen, wenn nach ihrer Ansicht zu ihrem Nachteil ein anderer Berechtigter eine Zuteilung erhält, die eigentlich ihr zustehen würde. Das wird nur selten der Fall sein.

Beispiel:

Ein Grundpfandrecht für die Bank ist nach der Beschlagnahme zugunsten der Gemeinde eingetragen und später angemeldet worden. Der Rechtspfleger will ihm gemäß § 878 BGB Vorrang vor der Gemeinde einräumen; die Gemeinde bestreitet diesen Vorrang.

Über den Widerspruch der Gemeinde wird im Termin verhandelt. Gibt es keine Einigung und der Rechtspfleger bleibt dabei, dass die Bank Vorrang habe, wird der streitige Betrag hinterlegt und zwar zugunsten der Bank als „Berechtigte" und zugunsten der Gemeinde als „Widersprechende".

Nunmehr muss die Gemeinde innerhalb einer Frist von einem Monat gegen die Bank Widerspruchsklage erheben und dem Vollstreckungsgericht hierfür den Nachweis erbringen. Eine Zustellung oder Fristbelehrung findet nicht statt. Der Terminstag ist (ausnahmsweise) der erste Tag der Frist (§ 115 Abs. 1 ZVG i. V. m. §§ 876 bis 882 ZPO).

b) Gegen die Zuteilung an die Gemeinde wird Widerspruch erhoben

Ist ein Gläubiger der Auffassung, dass der für die Gemeinde im Plan ausgewiesene **478** Betrag eigentlich ihm gebühre, kann er gegen die Zuteilung an die Gemeinde Widerspruch einlegen.

Beispiel:

An erster Stelle steht die Sicherungshypothek der Gemeinde, an zweiter Stelle die Bank. Der Erlös reicht nicht für beide. Die Bank ist der Auffassung, die Sicherungshypothek sei unwirksam. Der Rechtspfleger aber hält sie für wirksam.

Folge: Der streitige Betrag wird jetzt zugeteilt und zwar an die Gemeinde als Berechtigte und an die Bank als Widersprechende.

In diesem Fall kann die Gemeinde abwarten, weil die Bank die Klage erheben muss. Weist sie nicht innerhalb der Monatsfrist die Klageerhebung nach, zahlt das Gericht von Amts wegen an die Gemeinde aus.

Eine Besonderheit gilt für das Prozessverfahren, wenn der Streitgegenstand in den Bereich der Verwaltungsgerichtsbarkeit gehört.

Beispiel:

Die Bank will nicht einsehen, dass das Gericht Müllabfuhrgebühren als öffentliche **479** Last behandeln will. Sie hält dies für unzulässig und widerspricht der Zuteilung in Rangklasse 3. Nun muss zwar die Bank die Widerspruchsklage rechtzeitig beim ordentlichen Gericht erheben. Dieses aber wird sein Verfahren aussetzen, bis das Verwaltungsgericht über die Zulässigkeit der Regelung im Landesrecht, z. B. KAG entschieden hat (§ 148 ZPO). Es geht nicht nur um die Rangklasse sondern darum, ob der Betrag überhaupt durch Anmeldung in das Versteigerungsverfahren „eingeführt" werden konnte.

Geht es aber z. B. nur darum, ob ein Anspruch, der grundsätzlich in die Rangklasse 3 gehört, sein Privileg bereits durch Zeitablauf verloren hat, ist der zulässige Rechtsbehelf nicht Widerspruch, sondern sofortige Beschwerde. Das Gericht nimmt ja den geforderten Betrag in den Teilungsplan auf, wenn auch nicht an der gewünschten Rangstelle.

Hat aber im obigen Beispiel die Gemeinde wegen der Müllabfuhrgebühr die Versteigerung beantragt (oder einen Beitrittsbeschluss erwirkt), ist die Forderung in jedem Fall in das Verfahren „eingeführt"; sie steht in der Schuldenmasse des Teilungsplanes. Es geht nur um die Frage, Rangklasse 3 oder 5. Gegen die entsprechende Entscheidung des Gerichts ist sofortige Beschwerde gegeben.

Vertretungsberechtigt für die Erhebung des Widerspruchs ist, wer für die Verfolgung der zu schützenden Forderung zuständig ist.

Geht es also um die Sicherung einer Forderung, deren Vollstreckung der Kasse obliegt, so umfasst ihre Amtsbefugnis auch die Vertretung der Gemeinde beim Widerspruch. Geht es dagegen um die Wahrung eines sonstigen Rechts oder des an seine Stelle getretenen Erlösanspruchs, ist der Gläubiger des Rechts im Widerspruchsverfahren zur Vertretung befugt.

III. Der gesetzliche Löschungsanspruch

1. Allgemein

480   Gemäß § 1179a BGB kann der Gläubiger eines nachstehenden Grundpfandrechts verlangen, dass ein ihm vorgehendes (oder gleichstehendes) Recht gelöscht wird, sobald es dem Eigentümer zusteht. Dieser **gesetzliche Löschungsanspruch** steht auch der Gemeinde aus ihrer Sicherungshypothek zu. Umgekehrt kann der Anspruch gegen den Eigentümer geltend gemacht werden, wenn dieser z. B. die gesicherte Forderung an die Gemeinde bezahlt hat. Da Grundschulden durch Zahlung der gesicherten Forderung nicht zum Eigentümerrecht werden (und eine Zahlung „auf die Grundschuld" nur ganz selten vorkommt) kann die Gemeinde davon ausgehen, dass sie mit dem Löschungsanspruch nur konfrontiert wird, wenn ihr eine Hypothek – insbesondere eine andere Sicherungshypothek – vorgeht.

Beispiel:

1. Rangstelle: Sicherungshypothek für die Firma N.

2. Rangstelle: Sicherungshypothek der Gemeinde.

481   Der Schuldner (Grundstückseigentümer) hat die Forderung der Fa. N bezahlt. Die Sicherungshypothek ist dadurch zur Eigentümergrundschuld geworden. Nunmehr kann die Gemeinde vom Schuldner verlangen, dass er diese Eigentümergrundschuld löschen lässt und dadurch der Gemeinde den ersten Rang verschafft.

2. Löschungsanspruch und Zwangsversteigerung

482   Beim Löschungsanspruch im Verhältnis zur Zwangsversteigerung sind drei Varianten möglich:

a) Beide Sicherungshypotheken bleiben bestehen

483   Der Ersteher hat in diesem Fall beide Hypotheken übernommen. Der Löschungsanspruch wird hier durch die Zwangsversteigerung nicht berührt. Er entsteht auch, wenn erst der Ersteher die von der vorrangigen Hypothek gesicherte Forderung bezahlt.

b) Beide Sicherungshypotheken erlöschen

Der Gesamterlös reicht nicht aus, um auch die Forderungen der Gemeinde zu de- **484** cken. Der Löschungsanspruch besteht zwar nach wie vor, allerdings nun gegen das Surrogat, also den Erlösanspruch, gerichtet. Unternimmt die Gemeinde nichts, bekommt der Schuldner den Erlösanteil der Eigentümergrundschuld und die Gemeinde geht leer aus.

Jetzt muss unterschieden werden: **485**

a) Ist das vorgehende Recht bereits vor dem Zuschlag zur Eigentümergrundschuld geworden (weil z. B. der Schuldner den Gläubiger dieses Rechtes bezahlt hat), muss die Gemeinde ihren Löschungsanspruch gegen den Schuldner „durchsetzen". Dies ist relativ einfach, wenn der Schuldner (schriftlich oder noch besser mündlich im Termin) den Löschungsanspruch anerkennt. Tut er dies nicht, muss prozessiert werden. Außerdem muss die Gemeinde im Verteilungstermin den Löschungsanspruch anmelden und der Zuteilung an den Schuldner widersprechen.

b) Wurde das Recht erst nach dem Zuschlag zur Eigentümergrundschuld (bei Hy- **486** potheken selten, bei Grundschulden häufig), entsteht nach neuerer Ansicht laut BGH[141] gleichfalls ein gesetzlicher Löschungsanspruch. Die Meinung es entstehe hier nur ein „Eigentümererlöspfandrecht" hat der BGH aufgegeben. Somit sollte die Gemeinde den gesetzlichen Löschungsanspruch anmelden. Ob sie daraufhin eine Zahlung aus dem Erlös erhält, hat die Rechtsprechung bislang nicht geklärt und wird von den Vollstreckungsgerichten unterschiedlich gehandhabt. Deshalb müsste die Gemeinde zusätzlich noch den Anspruch des Eigentümers auf den anteiligen Erlös pfänden, wäre hierbei allerdings dem Vorrang eines beliebigen Dritten ausgesetzt, der schneller als sie reagiert hatte.

Hat der Schuldner den Löschungsanspruch (im Fall a.) bereits anerkannt, rückt die **487** Gemeinde bis zur Höhe ihrer Befriedigung auf. Ist der Anspruch noch nicht anerkannt, muss die Gemeinde als Widersprechende gegen den Schuldner klagen.

Beispiel:

Hypothek des „N" (vom Schuldner bezahlt)	5.000 Euro
Hypothek der Gemeinde (noch voll valutiert)	3.000 Euro
Verfahrenskosten zzgl. Forderung aus Rangklasse 3	1.500 Euro
Erlös aus Zwangsversteigerung	6.000 Euro

---

141 BGH vom 27. April 2012 – V ZR 270/10 – Rpfleger 2012, 452.

Verschläft die Gemeinde den Verteilungstermin, wird wie folgt verteilt:

Kosten zzgl. Rangklasse 3	1.500 Euro
Schuldner (für Hypothek des „N")	4.500 Euro
Gemeinde	0 Euro

Bringt die Gemeinde im Verteilungstermin das Anerkenntnis des Schuldners mit und meldet dort zugleich den Löschungsanspruch an, wird wie folgt verteilt:

Kosten zzgl. Rangklasse 3	1.500 Euro
Gemeinde	3.000 Euro
Schuldner	1.500 Euro

Hat die Gemeinde noch keine Anerkenntnis des Schuldners, meldet aber im Verteilungstermin den Löschungsanspruch an und widerspricht der Zuteilung an den Schuldner, wird wie folgt verteilt:

Kosten zzgl. Rangklasse 3	1.500 Euro
Schuldner	1.500 Euro wird ausbezahlt
Schuldner als „Berechtigter" und Gemeinde als „Widersprechende"	3.000 Euro werden hinterlegt

488 In letztgenanntem Fall muss an sich die Gemeinde die Widerspruchsklage gegen den Schuldner erheben. Sie kann aber auch – rechtzeitig vor dem Termin – den Auszahlungsanspruch des Schuldners pfänden und sich zur Einziehung überweisen lassen. Nach allgemeiner Meinung gibt es in diesem Fall keinen Drittschuldner; Zustellung an den Schuldner genügt für Wirksamkeit der Pfändung. Manche Gerichte erkennen auch eine Pfändung bei der Gerichtskasse als Drittschuldner an und zahlen daraufhin an den Gläubiger aus. Wegen der unterschiedlichen Rechtsauffassungen zu dieser Problematik ist immer eine Rücksprache mit dem Vollstreckungsgericht ratsam.

489 Bringt die Gemeinde nun die Pfändungsverfügung samt Zustellungsnachweise in den Termin, oder erkennt das Gericht eine Pfändung bei der Gerichtskasse als Drittschuldner an, erhält sie schon einmal 1.500 Euro vorweg. Wahrscheinlich ist jetzt der Schuldner „verhandlungswillig", weil er bei Zustimmung ebenfalls 1.500 Euro bekommen kann. Ist er dies nicht, kann die Gemeinde wegen des Restes den Auszahlungsanspruch gegen die Hinterlegungsstelle (ist Drittschuldner) pfänden und dann den Widerspruch zurücknehmen. Damit wäre ein Prozess entbehrlich.

Nicht erörtert, da schwierig, wird die Rechtslage, wenn zwischen dem zu löschenden Recht und jenem der Gemeinde ein „Zwischenrecht" steht.

c) Zurückgezahltes Recht bleibt bestehen, Gemeinderecht erlischt

490

Beispiel: Ein „Zwischenrecht" oder aber die Gemeinde hat aus ihrer Sicherungshypothek die Zwangsversteigerung betrieben, der Gesamterlös reicht nicht aus, um die Gemeinde zu befriedigen.

Diese recht komplizierte Rechtslage soll nur stichpunktartig aufgezeigt werden:

– Der Löschungsanspruch ist nicht erloschen (§ 91 Abs. 4 ZVG).

– Um die dingliche Sicherung dieses Anspruchs nicht zu verlieren, muss ihn die Gemeinde im Verteilungstermin vormerken lassen (§ 130a ZVG).

– Nun muss die Gemeinde den Schuldner – notfalls durch Klage – zwingen, die Löschung zu bewilligen.

– Da jetzt die Hypothek ohne Gegenleistung des Erstehers gelöscht werden könnte, muss der Ersteher an die Gemeinde eine „Zuzahlung" nach § 50 Abs. 2 Ziff. 1 ZVG leisten.

IV. Die Nichtzahlung im Termin

1. Allgemein

Leider kommt es immer wieder vor, dass der Ersteher im Termin das bare Meistgebot nicht bezahlt. Der Zuschlag wird hierdurch nicht „rückgängig gemacht", der Ersteher bleibt vielmehr nach wie vor Eigentümer. Ausgezahlt werden kann an die Gläubiger lediglich eine vorhandene Sicherheitsleistung. Wegen ihrer weiteren Forderungen aus dem Meistgebot erhalten Sie kein Geld, sondern eine Sicherung am versteigerten Grundstück.

491

Dem Schuldner – der ja schließlich sein Eigentum verloren hat – steht ein Anspruch gegen den Ersteher auf Zahlung des baren Meistgebotes zu. Diesen Anspruch „zerhackt" das Gericht und überträgt gemäß dem Teilungsplan jedem der Gläubiger an Stelle des nicht vorhandenen Geldes ein entsprechendes Stück dieses Anspruchs gegen den Ersteher (§ 118 ZVG) zuzüglich Zinsen seit dem Verteilungstermin.

492

Schon immer war streitig, ob es sich bei den Zinsen für die Zeit nach dem Verteilungstermin um solche nach § 246 BGB oder § 288 BGB handelt. Da der Zinssatz bisher in beiden Fällen 4 Prozent betrug, war der Streit ohne praktischen Belang. Inzwischen setzt sich die Ansicht durch, dass die übertragene Forderung – einschließlich der Zinsen vom Zuschlag bis zum Verteilungstermin – mit 5 Prozent über dem „Basiszinssatz" (§ 288 BGB) zu verzinsen ist und dass diese „Zinsformel"

492a

ohne Angabe eines Höchstzinssatzes eintragungsfähig ist[142]. Allerdings ist noch manches strittig, zumal in der Kommentierung teilweise weiterhin die Meinung vertreten wird, dass der Ersteher nicht im Zahlungsverzug sei und deshalb keine Verzugszinsen, sondern nur gesetzliche Zinsen in Höhe von 4 Prozent verlangt werden können[143].

2. Die Forderung der Gemeinde

493 Steht der Gemeinde aus dem Erlös eine Zahlung zu, so hat sie im Falle der Nichtzahlung des Meistgebots für ein und dieselbe Forderung plötzlich zwei Schuldner (die wahrscheinlich gleich insolvent sind), nämlich den bisherigen Schuldner und dazu den Ersteher. Wenn sie es unbedingt versuchen will, kann sie gegen den Ersteher in dessen Privatvermögen vollstrecken, nachdem sie sich vom Gericht auf den Zuschlagsbeschluss den Zustellungsvermerk und eine Vollstreckungsklausel hat erteilen lassen (§ 132 ZVG). Zu bedenken ist hierbei jedoch, dass es sich nicht um eine Vollstreckung im Verwaltungsweg handelt. Zuständig für die Vollstreckung ist somit nicht etwa der Vollziehungsbeamte der Gemeinde, sondern der Gerichtsvollzieher.

494 Unternimmt die Gemeinde nichts, erlischt nach drei Monaten die Mithaft des bisherigen Schuldners. Will die Gemeinde den bisherigen Schuldner als solchen behalten, muss sie vorher entweder auf die Mithaft des Erstehers verzichten (was in aller Regel wenig Sinn hat) oder die erneute Zwangsversteigerung (Wiederversteigerung) beantragen (§ 118 Abs. 2 ZVG).

3. Die Sicherungshypothek

495 Der säumige Ersteher kann nicht Eigentümer des Grundstücks bleiben, ohne dass die Gemeinde für die nicht bezahlte Forderung eine Sicherung erhält. Deshalb trägt ihr (den übrigen Gläubigern natürlich ebenso) das Gericht für jene Geldbeträge, die sie eigentlich aus dem Erlös hätte bekommen sollen, eine (oder auch mehrere) Sicherungshypothek(en) ein (§ 128 ZVG.)

496 Diese Hypothek bekommt jetzt genau den Rang, den die Gemeinde bei der Geldverteilung gehabt hätte. Da aber die Rangklasse 3 (vorausgesetzt der Gemeinde stehen aus dieser Rangklasse Forderungen zu) besser ist als die bestehen gebliebenen Rechte (Rangklasse 4), wird ihre Sicherungshypothek mit Vorrang vor allen – auch den bestehen gebliebenen Rechten – eingetragen. Ihr gehen nur die Gerichtskosten (und Forderungen der Rangklassen 1, 1a und 2) vor.

Es ist dafür gesorgt, dass der Ersteher durch eigene Verfügungen über das ersteigerte Grundstück diese Rangfolge nicht verhindern kann.

---

142 BGH vom 26. Januar 2006 – V ZB 143/05 – Rpfleger 2006, 313 und 2007, 388.
143 Stöber, ZVG, Rn. 5.1 zu § 118.

Die Gemeinde kann nun aus dieser neuen Sicherungshypothek die Zwangsverstei- **497** gerung betreiben. Hierzu benötigt sie allerdings eine Vollstreckungsklausel auf dem Zuschlagsbeschluss (§§ 132, 133 ZVG). – **Keine Verwaltungsvollstreckung! Kein „Duldungsbescheid" –.**

Achtung! Regressgefahr! Gerade solche Sicherungshypotheken, die einen beson- **498** ders guten Rang haben, also

– jene, die für eine Forderung der Rangklasse 3 (Wiederversteigerung) eingetragen worden sind;

– auch jene, welche für Kosten und Zinsen einer Sicherungshypothek oder für rückständige und laufende Erbbauzinsraten = Rangklasse 4 (nicht aber für den Ersatzbetrag laut Rn. 618) eingetragen worden sind,

verlieren diesen guten Rang und rücken an den Schluss der Zuteilungsreihe, wenn nicht die Gemeinde innerhalb von sechs Monaten nach Eintragung der Sicherungshypotheken im Grundbuch einen neuen Zwangsversteigerungsantrag stellt (§ 129 ZVG). Der Zwangsversteigerungsantrag eines anderen Gläubigers reicht hierbei nicht aus; die Gemeinde muss dem Verfahren dann selbst beitreten. Leider entstehen wieder sämtliche Kosten neu.

Gegen die Regel ist der Zwangsversteigerungsantrag (bzw. das Beitrittsgesuch) schon zulässig, bevor der säumige Ersteher im Grundbuch eingetragen ist.

Die für das Kapital eines Grundpfandrechtes oder für einen „Ersatzbetrag" (hierzu Rn. 618) eingetragenen Sicherungshypotheken verlieren ihren Rang nicht.

4. Die Unbedenklichkeitsbescheinigung

Auch der Erwerb in der Zwangsversteigerung ist grunderwerbsteuerpflichtig. Nor- **499** malerweise zahlt der Ersteher alsbald die ihm aufgegebene Grunderwerbsteuer, damit das Gericht die erforderliche Unbedenklichkeitsbescheinigung der Steuerbehörde bekommt.

Hat aber der Ersteher das bare **Meistgebot** nicht bezahlt, wird er insoweit wohl **500** kaum die Grunderwerbsteuer bezahlen. Die Folge ist, dass er nicht im Grundbuch als Eigentümer eingetragen werden kann. Zur Fristwahrung kann nun zwar ein Versteigerungsantrag gestellt, aber die Versteigerung nicht angeordnet und weitergeführt werden.

Es versteht sich von selbst, dass dieser Zustand unerträglich ist. Deshalb haben die **501** Finanzminister 1989 in einem gemeinsamen Erlass angeordnet, dass die Finanzämter dem Gericht nach Eingang des Antrags auf **Wiederversteigerung** ohne Steuerzahlung sofort eine Unbedenklichkeitsbescheinigung zu erteilen haben. Das ist schon deshalb gefahrlos, weil im Falle der Wiederversteigerung die frühere Grunderwerbsteuer nach § 16 Abs. 2 Nr. 3 GrEStG wegfällt, wenn der Gläubiger aus einem Anspruch betreibt, der im Verteilungstermin eigentlich bar zu zahlen gewesen wäre.

502 Betreibt aber ein Gläubiger aus einem bestehengebliebenen Recht (unechte Wiederversteigerung), bekommt das Gericht zunächst auch eine Unbedenklichkeitsbescheinigung. Die Steuerschuld des säumigen Erstehers bleibt aber bestehen und muss von der Steuerbehörde verfolgt werden; z. B. durch Eintragung einer Sicherungshypothek. Da bekanntlich die Grunderwerbsteuer nicht „privilegiert" ist, sind die entsprechenden Bemühungen der Steuerbehörde fast immer erfolglos.

Kapitel H
Die Zwangsverwaltung

I. Allgemein

Neben der Möglichkeit der Eintragung einer Zwangssicherungshypothek und der   503
Zwangsversteigerung zählt die Zwangsverwaltung zu einem weiteren Mittel der
Zwangsvollstreckung in das unbewegliche Vermögen.

Für das Zwangsverwaltungsverfahren gelten die Vorschriften über die Zwangsver-   504
steigerung entsprechend, soweit nicht in den §§ 146 bis 161 ZVG Abweichungen
vorgesehen sind.

Gegenstand der Zwangsverwaltung können Grundstücke, ideelle Grundstücks-   505
bruchteile und grundstücksgleiche Berechtigungen sein. Die Zwangsverwaltung
ist nicht zulässig bei Luftfahrzeugen, Schiffen sowie Schiffsbauwerken.

Während dem Grundstückseigentümer (Schuldner) im Falle der Zwangsversteige-   506
rung die Verwaltung und Nutzung seines Grundstücks im Rahmen einer ordnungsmäßigen Wirtschaft verbleibt, wird ihm im Zwangsverwaltungsverfahren dieses
Recht genommen; es geht auf den Zwangsverwalter über. Auch der Umfang der
Beschlagnahme geht in der Zwangsverwaltung weiter. Sie erstreckt sich insbesondere auch auf Mieten und Pachten, deren Pfändung durch Anordnung der Zwangsverwaltung – im Gegensatz zur Zwangsversteigerung – von der Beschlagnahme
verdrängt werden.

Zwangsverwaltung und Zwangsversteigerung können in zwei voneinander unab-   507
hängigen Verfahren durchgeführt werden. Neben dem Zwangsversteigerungsvermerk wird ein besonderer Zwangsverwaltungsvermerk in das Grundbuch eingetragen. Anmeldungen in dem einen Verfahren wirken nicht auch in dem anderen, sodass ggf. stets getrennte Anmeldungen zu tätigen sind. Auch die Erlösverteilung erfolgt getrennt.

Der Antrag auf Anordnung der Zwangsverwaltung stellt nach Ansicht des VG Dres-   507a
den[144] keinen rechtsbehelfsfähigen Verwaltungsakt dar und ist daher als zwischen-
behördlicher Rechtshilfevorgang anzusehen. Mit dem Antrag auf Zwangsverwaltung hat die Vollstreckungsbehörde zwar die Vollstreckbarkeit der Forderung bescheinigt. Erst die Maßnahme des Amtsgerichts bzw. des Grundbuchamtes entfal-
tet jedoch eine Außenwirkung. Der Grundstückseigentümer ist in diesem Fall auf
die gegen diese Maßnahme zulässigen (zivilprozessualen) Rechtsbehelfe beschränkt.

---

144 Vom 26. April 2011, KKZ 2012, 215.

II. Sinn der Zwangsverwaltung

508 Im Gegensatz zur Zwangsversteigerung, in der eine Befriedigung aus der Verwertung der Substanz gesucht wird, dient die Zwangsverwaltung der **Befriedigung** aus den Erträgnissen des Grundstücks. Durch die Zwangsverwaltung soll gewährleistet werden, dass das Grundstück durch einen vom Gericht bestellten Zwangsverwalter nach wirtschaftlichen Gesichtspunkten ordnungsgemäß verwaltet und ein schädlicher Einfluss des Schuldners ausgeschaltet wird. Die Zwangsverwaltung soll ferner dazu dienen, den Wert des Grundstücks zu erhalten bzw. gegebenenfalls sogar zu verbessern und die laufenden Lasten aus den laufenden Einnahmen zu decken, damit insoweit das Anwachsen vorrangiger Abgaben verhindert wird.

509 Eine für die Gläubiger günstige Wirkung besteht darin, dass sich die Zwangsverwaltung über früher vorgenommene Abtretungen oder Pfändungen der Miete hinwegsetzen kann und somit die Erträge anders verteilt werden. Das gilt sogar dann, wenn die Pfändung mit einem sog. „dinglichen Titel" bewirkt wurde und auch, wenn der Pfändungsgläubiger selbst die Zwangsverwaltung betreibt.

510 Diese Abtretung bzw. Pfändung ist dem Gläubiger der Zwangsverwaltung gemäß den nachgenannten Regeln „relativ unwirksam"[145] (§ 1124 BGB). Dabei ist es gleichgültig, aus welcher Rangklasse die Zwangsverwaltung betrieben wird:
- Erfolgt die Beschlagnahme in der Zwangsverwaltung bis zum 15. eines Monats, gehört die Miete ab dem nächsten Monat zur Zwangsverwaltungsmasse.
- Erfolgt die Beschlagnahme nach dem 15. eines Monats, gehört die Miete des nächsten Monats noch dem Pfändungsgläubiger oder dem Zessionar; erst ab dem übernächsten Monat wird sie zur Masse der Zwangsverwaltung eingezogen.

511 Ein Mieter, der Vorauszahlungen an den Schuldner oder einen Dritten geleistet hat, muss an den Verwalter nochmals zahlen, falls die Vorauszahlung für einen längeren als den genannten Zeitraum geleistet wurde. Eine Ausnahme davon könnten geleistete Vorauszahlungen zur Schaffung des Wohnraums sein[146].

Der Anspruch auf rückständige Miete, die weder abgetreten noch gepfändet wurde, gehört zur Zwangsverwaltungsmasse, soweit der Rückstand nicht länger als ein Jahr ab Beschlagnahme zurückreicht.

---

145 Dies bedeutet, die Abtretung/Pfändung erlischt nicht, sondern lebt nach Aufhebung der Zwangsverwaltung im alten Rang wieder auf.
146 Rixecker/Säcker/Oetker, BGB, Rn. 24-29 zu § 1124.

III. Antrag der Gemeinde auf Zwangsverwaltung

1. Das Risiko

Während noch die 3. Auflage dieses Buches davon ausging, dass es in bestimmten **512** Fällen für die Gemeinde durchaus sinnvoll sein könnte, selbst die Zwangsverwaltung zu beantragen, ist dies jetzt nicht mehr der Fall. Die Rechtsprechung des BGH – im Zweifel gegen den Realkredit und zum Schutz der Mieter und Schuldner – und die unvermeidbar gewordene Neuregelung der Verwaltervergütung in der neuen Zwangsverwalterverordnung (ZwVwV) haben das Verfahren derart umgestaltet, dass es für die Gemeinde grundsätzlich sinnlos und wirtschaftlich riskant geworden ist, zur Beitreibung einer Geldforderung selbst die Zwangsverwaltung zu beantragen.

Folgende Risiken sind zu beachten:

– Endet ein Mietverhältnis während der Dauer der Zwangsverwaltung, muss der Verwalter dem Mieter die Kaution erstatten, obwohl diese vom Schuldner eingenommen und nicht gesetzesgemäß angelegt wurde, so dass der Verwalter sie nicht erlangen konnte. Sind keine Mieteingänge vorhanden, muss der Gläubiger (also die Gemeinde) zahlen!

– Hat der Schuldner die Nebenkosten nicht abgerechnet, muss der Verwalter dies – möglicherweise auf viele Jahre hinaus – nachholen. Dadurch fallen – mangels Erträge auf Kosten des Gläubigers = Gemeinde – zahllose Arbeitsstunden beim Verwalter an und am Schluss muss noch der Gläubiger = Gemeinde die Gelder aufbringen, welche der Verwalter im Wege der Abrechnung den Mietern zurückzahlen muss.

– Die Mindestvergütung des Verwalters beträgt 600 Euro. In aller Regel bleibt es aber nicht bei diesem Betrag und der Verwalter – der mangels Einnahmen nach Stunden abrechnen darf – kassiert selbst bei kleineren Objekten durchschnittlich 2.000 – 3.000 Euro.

– Die Gerichtsgebühr beträgt pro Jahr mindestens 100 Euro.

Es ist also nicht übertrieben, wenn der Antragsteller auf eine Zwangsverwaltung mit Unkosten in Höhe von wenigstens 5.000 Euro rechnen muss, ohne am Schluss auch nur einen Cent zu erhalten. Selbst Banken sind deshalb zunehmend zurückhaltend, wenn es um den Antrag auf Zwangsverwaltung geht. Aus wirtschaftlicher Sicht ist die Zwangsverwaltung für die Gemeinde nur dann sinnvoll, wenn das Objekt sehr hohe Erträge abwirft, es sich also um ein Renditeobjekt handelt. Für die Kreditinstitute spielt auch der größere Einfluss auf die Nutzung und die Bestandserhaltung eine bedeutende Rolle, weil so das Ergebnis in einer gleichzeitig laufenden Versteigerung verbessert werden kann. Die Gemeinde hingegen wird nicht daran interessiert sein, den Verwertungserlös in der Versteigerung zu verbessern, weil ihre Forderungen häufig vergleichsweise gering sind und in der Rangklasse 3 auch bei einem weniger hohen Versteigerungserlös bedient werden.

513 Außerdem sind in der Zwangsverwaltung nur „laufend wiederkehrende" Leistungen privilegiert. Sogar die „einmaligen Beiträge", die in der Zwangsversteigerung die Rangklasse 3 genießen, haben in der Zwangsverwaltung nur Rangklasse 5. Und es gehen zahllose Rechtspfleger in den Ruhestand, die noch nie in ihrem Berufsleben erlebt haben, dass in der Zwangsverwaltung eine Zuteilung auf eine Forderung der Rangklasse 5 erfolgt ist.

514 Ganz ausnahmsweise – und nicht zur Beitreibung einer Geldforderung! – könnte eine Zwangsverwaltung erwogen werden, um auf diesem Weg eine für die Gemeinde unerträglich gewordene Bausubstanz zu sanieren; vielleicht eine Brandruine, um welche sich der Eigentümer nicht mehr kümmert. Dann aber sollte man die möglichen Kosten – insbesondere auch die Vorleistung für die Erhaltung/Verbesserung – nicht gering einschätzen. Die Entscheidung kann nur der für die Gemeinde Letztverantwortliche treffen und die mit der Durchführung beauftragten Bediensteten sind gut beraten, wenn die mutmaßlichen – und nicht zu niedrig eingeschätzten – Kosten beziffert und nachweislich in dieser Höhe seitens der Obrigkeit akzeptiert wurden und auch tatsächlich zur Verfügung stehen. Die hierfür aufgewendeten Beträge können übrigens – meist allerdings nur zum Teil – in einer sich anschließenden Zwangsversteigerung (Zwangsverwaltung darf nicht aufgehoben sein) die privilegierte Rangklasse 1 haben[147] (Rn. 546).

Da in diesem Fall wohl das Rechtsamt (soweit vorhanden) in die Entscheidungsfindung eingebunden werden muss, werden die Formalien des Antrags nicht erörtert. Im Prinzip ist der Antrag so zu stellen wie ein Zwangsversteigerungsantrag. Es müssen dieselben Voraussetzungen erfüllt sein. Eine Ausnahme besteht darin, dass die Zwangsverwaltung auch gegen einen Eigenbesitzer, der das Grundstück gekauft und den Besitz erlangt hat jedoch noch nicht als Eigentümer im Grundbuch eingetragen ist, durchgeführt werden kann (§ 147 ZVG). Das ist allerdings lediglich wegen der dinglichen Ansprüche (Rangklasse 3 und 4) zulässig und nur sinnvoll, wenn der Eigenbesitzer aus dem Grundstück Erträge erzielt, die ihm zustehen. Siehe bei Bedarf Rn. 515 ff. in der 3. Auflage.

2. Bessere Möglichkeiten

515 Soweit der Schuldner über **Miet- oder Pachteinnahmen** verfügt, wäre es für die Gemeinde ohnehin sinnvoller, schneller und billiger, diese durch einen Pfändungs- und Überweisungsbeschluss zu vollstrecken, da der Gläubiger nur bei Pfändung die volle Mietzinsforderung auf seinen eigenen Anspruch verrechnen kann.

---

147 BGH vom 10. April 2003 – IX ZR 106/02 – Rpfleger 2003, 454.

An sich könnte die Gemeinde für wiederkehrende Leistungen der Rangklasse 3 gemäß dem Gesetz vom 9. März 1934 (RGBl. S. 181) die Miete auch direkt mit gleichem Rang pfänden. Da dies aber nur für die „laufenden" Beträge gilt und außerdem keine „Vorratspfändung" für die künftig fälligen Beträge möglich ist (es müsste nach jeder Fälligkeit neu gepfändet werden), hat diese Regelung keine praktische Bedeutung erlangt (obwohl das Gesetz nach wie vor Gültigkeit hat).

Zur Beitreibung einer Geldforderung ist ein Zwangsversteigerungsantrag gegenüber einer Zwangsverwaltung immer die bessere Entscheidung, zumal bei privilegierten Forderungen dann die Möglichkeit der Ablösung durch die Bank besteht. Eine die Zwangsverwaltung betreibende Gemeinde würde seitens einer Bank wohl kaum abgelöst, diese würde sich vielmehr die Hände reiben, dass die Gemeinde das finanzielle Risiko übernommen hat, während sie, die Bank, der Nutznießer sein wird.

IV. Dritte haben die Zwangsverwaltung beantragt

1. Was muss die Gemeinde wissen und beachten?

Die Gemeinde wird häufig mit einer Zwangsverwaltung konfrontiert, welche z. B. **516** eine Bank betreibt. Während sie im Rahmen einer Zwangsversteigerung mit einer Reihe von Sorgfaltspflichten belastet ist, muss sie in der Zwangsverwaltung nur Folgendes beachten:

In der Zwangsverwaltung haben nur die „laufenden" Beträge wiederkehrender Leistungen die Rangklasse 3, also fast nur die Grundsteuer. Es gibt also keinen privilegierten Rückstand.

Beispiel: Beschlagnahme am 20. April Der Zwangsverwalter zahlt ab der am 15. Februar fällig gewordenen Quartalsrate.

Diese wird der Gemeinde vom Verwalter bezahlt, ohne dass der Verteilungstermin abgewartet werden muss (§ 156 Abs. 1 ZVG). Vorausgesetzt allerdings, der Verwalter hat Einnahmen. Bisher war die Meinung weit verbreitet, der Verwalter dürfe Grundsteuern nicht aus Gläubigervorschüssen (Rn. 542) bezahlen. Die gegenteilige Meinung von Mayer[148] hat sich in der Theorie nicht durchgesetzt, obwohl die Praxis oft so verfährt!

Der bislang herrschenden Meinung ist jedoch der BGH entgegen getreten[149]. Er stellt in seiner überraschenden Entscheidung darauf ab, dass der Gläubiger in jedem Fall Vorschüsse erbringen muss, wenn eine Zwangsverwaltung nicht aus Einnahmen finanzierbar ist, weil das Objekt keinen oder zu wenig Ertrag abwirft, damit der Zwangsverwalter die Verwaltungskosten zahlen kann.

---

148 Depré/Mayer, Zwangsverwaltung, Rn. 246 ff.
149 BGH vom 15. Oktober 2009 – V ZB 43/09 – KKZ 2010, 13.

516a Zu diesen Verwaltungskosten zählt der BGH auch die laufenden Wohngelder und die öffentlichen Grundstückslasten.

Für die Hausgelder sagt er das im Leitsatz seiner Entscheidung und für die öffentlichen Lasten in der Begründung: „Dass für die öffentlichen Lasten und das laufende Hausgeld in § 156 Abs. 1 ZVG eine eigenständige Regelung getroffen ist, schließt nicht aus, diese Forderungen als Kosten der Verwaltung i. S. v. § 155 Abs. 1 ZVG zu behandeln."

Deutlicher geht es wohl kaum!

Wie man da noch (wie immer wieder anzutreffen) die Auffassung vertreten kann, die Entscheidung sei für die öffentlichen Lasten nicht anwendbar, ist nicht nachvollziehbar.

Richtig ist vielmehr, dass der Zwangsverwalter die laufenden wiederkehrenden öffentlichen Lasten als Verwaltungsausgaben unweigerlich zu zahlen hat. Die Zahlung hat bei hinreichendem Bestand aus der Masse zu erfolgen, ansonsten ist vom Gläubiger dafür ein Vorschuss anzufordern.

Diese Kosten muss der Gläubiger immer mit einkalkulieren, wenn er die Zwangsverwaltung als Vollstreckungsmaßnahme in Erwägung zieht.

Bei Nichtzahlung des Vorschusses droht die Aufhebung der Zwangsverwaltung. Das wird der Gläubiger vermeiden wollen, denn dieses Ergebnis ist weder ihm noch dem Zwangsverwalter dienlich. Dem Gläubiger gehen die Vorteile der Zwangsverwaltung verloren und er muss dennoch für die bis dahin entstandenen Kosten aufkommen. Der Zwangsverwalter verliert das Verfahren und damit eine Einnahmequelle.

516b Für den Gläubiger ist der geleistete Vorschuss nicht verloren. Er wird ihm vom Zwangsverwalter zurückgezahlt, sobald der Kassenbestand es zulässt. Also in aller Regel dann, wenn Überschüsse erzielt werden. Die Rückzahlung der Vorschüsse ist dem Verwalter erlaubt, ohne dass dafür ein Teilungsplan aufgestellt sein muss[150].

Soweit die Erstattung in der Zwangsverwaltung nicht möglich ist, weil während der gesamten Verfahrensdauer keine Überschüsse zu erzielen sind, kann der Gläubiger die geleisteten Beträge in einer begleitenden Zwangsversteigerung desselben Grundstücks anmelden.

Soweit das Versteigerungsgericht eine Einordnung der Vorschüsse in die Rangklasse 1 des § 10 Abs. 1 ZVG vornimmt, erfolgt Befriedigung an dieser Rangposition. Hält es die Voraussetzungen nicht für erfüllt, können die geleisteten Vor-

---

150 § 11 ZwVwV.

schüsse auf jeden Fall als dingliche Rechtsverfolgungskosten mit dem Hauptanspruch an dessen Rangstelle angemeldet werden.

Möglicherweise ist dem dinglichen Gläubiger sogar daran gelegen, dass die öffentlichen Lasten in der Zwangsverwaltung befriedigt werden, weil sie ihm dann bei einer Zwangsversteigerung des Grundstücks nicht vorgehen und etwa die öffentliche Kasse als bestrangig betreibender Gläubiger den Handlungsspielraum des dinglichen Gläubigers einengt.

Nach wie vor zeigt sich, dass sich die Auffassung des BGH in der Praxis nur sehr langsam durchsetzt. Dies ist zwar verwunderlich, liegt jedoch offenbar daran, dass sich weder Gläubiger noch Zwangsverwalter eingehend genug damit befassen müssen. Die Nutznießer der Regelung, nämlich die öffentlichen Kassen, verlangen offenbar viel zu selten die Erfüllung der ihnen zustehenden Zahlung. **516c**

In der Fachliteratur wird sie von Depré/Mayer[151] vertreten. Ansonsten erfolgt kaum eine Auseinandersetzung mit der Problematik unter Berücksichtigung der Entscheidung des BGH. Weitgehend wird an der Rechtsauffassung festgehalten, dass Rangklasseansprüche nicht Verwaltungsausgaben sein können, obwohl dies der BGH klar widerlegt hat[152].

Der öffentlichen Klasse ist zu raten, auf Zahlung der während der Zwangsverwaltung fälligen Beträge zu bestehen. Es hilft wohl nur, ganz beharrlich immer wieder die Zahlungen vom Zwangsverwalter zu verlangen und auf den Wortlaut der BGH-Entscheidung hinzuweisen. **516d**

Dem vorschusspflichtigen dinglichen Gläubiger sollten die Vorteile einer vorweg genommenen Befriedigung der öffentlichen Lasten klar gemacht werden.

Zahlt der Zwangsverwalter trotz allem nicht, sollte man sich an das Vollstreckungsgericht wenden und die Erteilung einer Weisung nach § 153 ZVG anregen.

Der Zwangsverwalter muss also die laufenden Beträge von Wohngeldern und öffentliche Grundstückslasten als Ausgaben der Verwaltung zwingend bezahlen und dazu nötigenfalls auch Vorschüsse beim Gläubiger anfordern.

Diese Kosten muss der Gläubiger immer mit einkalkulieren, wenn er die Zwangsverwaltung als Vollstreckungsmaßnahme in Erwägung zieht.

Einmalige Leistungen, auch solche der Rangklasse 3, darf der Verwalter nicht bezahlen, auch wenn sie erst nach Anordnung der Zwangsverwaltung fällig werden und er hierfür genügend Geld in der Kasse hätte. Ein entsprechender Bescheid ist **516e**

---

151 Depré/Mayer, Zwangsverwaltung, Rn. 273-275b.
152 Stöber, ZVG, Rn. 2.2 zu § 156 sieht die laufenden öffentlichen Lasten nicht als Verwaltungsausgaben an, ohne auf die Entscheidung des BGH einzugehen.

also trotz Zwangsverwaltung dem Eigentümer (Schuldner) zuzustellen[153]. Es ist aber sinnvoll, dem Verwalter eine Abschrift zu übersenden.

2. Unterschied zwischen „Aufwendungen" und „Forderungen"

517 **„Aufwendungen"** (§ 155 Abs. 1 ZVG) sind die Ausgaben der Verwaltung einschließlich der Gerichtskosten (ohne Kosten für Anordnung oder Beitritt) und die Vergütung des Verwalters. Hierfür muss der antragstellende Gläubiger auf Verlangen einen Vorschuss zahlen (Rn. 542a). „Forderungen" dagegen darf der Verwalter – auch im Falle des § 156 Abs. 1 ZVG – nur aus Erträgen, nicht aus einem Vorschuss zahlen!

518 Aufwendungen sind auch die Hausgebühren (Rn. 37b ff.). Der Verwalter muss sie zahlen und auch hierfür notfalls einen Vorschuss einfordern.

Somit hebt die Gemeinde die Hausgebühren ab der Beschlagnahme direkt beim Verwalter. Dieser muss hierfür beim Gläubiger einen Vorschuss einfordern, wenn er keine ausreichenden Erträge (Einnahmen) hat.

518a Es wäre sehr zweckmäßig, sofort nachdem die Anordnung zur Kenntnis der Gemeinde gelangt ist, alle in deren Verantwortung stehenden Zähler (Wasser, Gas, Strom) abzulesen, da der Verwalter keine Rückstände begleicht. Er kann verlangen, dass ihm für den künftigen Bezug eine eigene Verrechnungsnummer zugeteilt wird – und das sollte die Gemeinde ohne Diskussion auch tun.

„Forderungen" dagegen sind alle jene Beträge, welche in die Rangklassen 1 bis 5 eingeordnet werden können. Die Rangklassen 1a, 6 bis 8 gibt es in der Zwangsverwaltung nicht.

Wegen der Neuregelung bei der Verwaltung eines Objektes nach WEG siehe Rn. 736 ff.

V. Anordnung des Verfahrens und Wirkung der Beschlagnahme

519 Liegen die formellen Voraussetzungen vor, wird die Zwangsverwaltung durch das Vollstreckungsgericht angeordnet. Neben der von Amts wegen vorzunehmenden Zustellung des Anordnungsbeschlusses hat das Versteigerungsgericht das Grundbuchgericht um Eintragung des Zwangsverwaltungsvermerks zu ersuchen. Wird nach Anordnung der Zwangsverwaltung ein weiterer Antrag eines Gläubigers auf Zwangsverwaltung gestellt, erfolgt unter Berücksichtigung aller formellen Voraussetzungen die Zulassung des **Beitritts** zu dem bereits laufenden Verfahren. Auch hier gelten insoweit die gleichen Bestimmungen wie bei der Zwangsversteigerung.

---

153 BGH vom 9. Februar 2006 – IX ZR 151/04 – Rpfleger 2006, 424.

Ein im Grundbuch bereits eingetragener Vermerk über die Zwangsversteigerung 520
hindert die Zwangsverwaltung nicht. Beide Verfahren können vielmehr – wie oben
bereits erwähnt – nebeneinander herlaufen.

Nach dem Eingang der Mitteilung des Grundbuchgerichtes sind die aus dem 521
Grundbuch ersichtlichen Beteiligten von der Verfahrensanordnung gem. § 146
Abs. 2 ZVG zu benachrichtigen. Die Verwaltungsanordnungen der Länder[154] sehen meistens vor, dass auch die Grundsteuerbehörde zu verständigen ist. Anderenfalls erfährt sie es alsbald vom Verwalter.

Die Zwangsverwaltung erfasst mit dem Zeitpunkt der Beschlagnahme des Grund- 522
stücks das Grundstück mit allen körperlichen Gegenständen und Forderungen, auf
die sich eine Hypothek erstreckt. Anders als bei der Zwangsversteigerung wird
dem Schuldner durch die Beschlagnahme die Verwaltung und Benutzung des
Grundstücks entzogen und auf den Zwangsverwalter übertragen. Der Schuldner
kann insoweit über einzelne beschlagnahmte bewegliche Sachen nicht mehr innerhalb der Grenzen einer ordnungsmäßigen Wirtschaft verfügen. Die Beschlag-
nahmewirkung ist gegenüber der Zwangsversteigerung deshalb wesentlich erwei-
tert, weil durch die Zwangsverwaltung auf die Grundstücksnutzungen zugegriffen
werden soll.

Von der Grundstücksbeschlagnahme werden auch die **Miet- und Pachtzinsforde-** 523
rungen erfasst.

Wohnt der Schuldner zum Zeitpunkt der Beschlagnahme auf dem Grundstück, so 524
gewährt ihm § 149 Abs. 1 ZVG aus Billigkeitsgründen ein **Wohnrecht**[155] an den für
seinen Hausstand unentbehrlichen Räumen. Das Wohnrecht erstreckt sich ausdrücklich nur auf die für Wohnzwecke objektiv unentbehrlichen Räume und Ne-
benräume, die dem Schuldner allerdings unentgeltlich gewährt werden. Dagegen
hat der Schuldner keinen Anspruch auf entbehrliche Wohnräume oder solche
Räume, die gewerblich genutzt werden. Solche Räume können vom Zwangsverwalter gegen Entgelt vermietet werden.

Gefährdet der Schuldner oder ein Mitglied seines Hausstandes das Grundstück 525
oder die Verwaltung, so hat das Gericht auf Antrag dem Schuldner die **Räumung**
des Grundstücks gem. § 149 Abs. 2 ZVG aufzugeben. Zunehmend wird die Auffassung vertreten, dies sei auch der Fall, wenn der Schuldner die Nebenkosten
nicht zahlt, obwohl er hierzu in der Lage wäre.

Der BGH sieht jedoch in der Nichtzahlung von laufenden Wohngeldern seitens
des Schuldners keine Gefährdung der Zwangsverwaltung, die eine Entziehung des
Wohnrechts rechtfertigen würde[156].

---

154 Beim Gericht „MiZi" genannt.
155 Hierzu ausführlich Depré/Mayer, Zwangsverwaltung, Rn. 460–472.
156 BGH, vom 24. Januar 2008 – V ZB 99/07 – Rpfleger 2008, 268.

VI. Der Zwangsverwalter

1. Stellung und Aufgaben des Zwangsverwalters

526 Da dem Schuldner mit der Beschlagnahme die Verwaltung und Benutzung des Grundstücks entzogen wird, muss insoweit ein Verwalter bestellt werden, der ab dem Tag der Beschlagnahme das Grundstück weiterhin verwaltet.

527 Der Zwangsverwalter wird gem. § 150 Abs. 1 ZVG vom Vollstreckungsgericht ausgewählt und von Amts wegen bestellt. Gelegentlich wird dabei auf den Vorschlag des betreibenden Gläubigers Rücksicht genommen. Ein echtes Vorschlagsrecht besteht jedoch nicht. Die Bestellung erfolgt in dem an den Verwalter zuzustellenden Beschluss über die Anordnung der Zwangsverwaltung. § 150 Abs. 1 ZVG räumt den Gerichten bei der Bestellung eines Zwangsverwalters ein Auswahlermessen ein. Der Rechtspfleger darf seine Entscheidung für einen bestimmten Zwangsverwalter nicht nach freiem Belieben treffen; er hat sein Auswahlermessen vielmehr pflichtgemäß auszuüben[157].

528 Um das Grundstück verwalten und nutzen zu können, muss der Zwangsverwalter an dem Grundstück **Besitz erlangen.** Das Gericht kann anordnen, dass dem Verwalter das Grundstück übergeben wird, es wird aber in aller Regel mit der Anordnung den Verwalter ermächtigen, sich selbst den Besitz über das Grundstück zu verschaffen. Wehrt sich der Schuldner gegen die Besitzergreifung, ist der Verwalter berechtigt, den Gerichtsvollzieher hinzuzuziehen, um den Widerstand gewaltsam zu brechen (§ 892 ZPO).

528a Es genügt der mittelbare Besitz, wenn der Schuldner nur mittelbarer Besitzer ist, während Dritte, insbesondere Mieter und Pächter unmittelbare Besitzer sind und diesen unmittelbaren Besitz vom Schuldner ableiten.

Hat der Schuldner als Eigentümer des Grundstücks überhaupt keinen Besitz, ist keine Zwangsverwaltung gegen ihn möglich. Denkbar wäre dann die Zwangsverwaltung gegen den Eigenbesitzer, soweit die gesetzlichen Voraussetzungen vorliegen (§ 147 ZVG).

529 Hat der Besitzer ein selbstständiges, nicht vom Schuldner abgeleitetes Recht (insbesondere ein im Grundbuch eingetragener Nießbrauch oder ein Wohnungsrecht), kommt nur eine „beschränkte" (und im wirtschaftlichen Ergebnis sinnlose) Zwangsverwaltung in Betracht, wenn der Gläubiger keinen Duldungstitel gegen den Dritten (Nießbraucher, Wohnungsberechtigter) vorlegen kann[158]. Im Falle der „unbeschränkten Zwangsverwaltung" (auch gegen den Nießbraucher) hat dieser kein Wohnrecht nach Rn. 524.

---

157 BVerfG, vom 15. Februar 2010 – 1 BvR 285/10 – Rpfleger 2010, 436.
158 BGH vom 14. März 2003 – IXa ZB 45/03 – Rpfleger 2003, 378 mit zustimmender Anmerkung Alff; dazu auch Depré/Mayer, Zwangsverwaltung, Rn. 55 ff.

Die Auswahl des Zwangsverwalters obliegt allein dem Gericht. Es kann nur eine   **530**
„natürliche Person" bestellt werden (§ 1 Abs. 2 ZwVwV), wobei zeitgeistgerecht
ausdrücklich bestimmt wurde, dass es auch eine Frau sein darf.

Die Auswahl kann ohne Rückgriff auf eine Vorauswahlliste bestimmt werden. Allerdings ist die Chancengleichheit geeigneter Bewerber bei der Auswahlentscheidung zu gewährleisten[159]. Ein Anspruch eines jeden Bewerbers auf Bestellung besteht nicht und eine Nichtberücksichtigung ist wohl gerichtlich auch nicht überprüfbar[160].

Der Auszuwählende muss von den Beteiligten unabhängig sein[161]; die Gefahr von Interessenkonflikten sollte ausgeschlossen sein. Er muss „geschäftskundig" sein und nach Qualifikation und Büroausstattung die Gewähr für eine ordnungsgemäße Verwaltung bieten (§ 1 Abs. 2 ZwVwV).

Unverzüglich nach seiner Ernennung macht der Zwangsverwalter allen Mietern,   **531**
Behörden, Betrieben und Partnern, mit denen der Schuldner bei der bisherigen
Verwaltung seines Grundstücks in Kontakt gestanden hat, die Zwangsverwaltung
bekannt, da die Zwangsverwaltung Dritten gegenüber erst mit ihrer Bekanntgabe
wirksam wird; bis dahin können Dritte mit befreiender Wirkung an den Schuldner
zahlen.

Nach Eröffnung des Verfahrens ist der Zwangsverwalter nach §§ 122 Abs. 1 und 34   **531a**
Abs. 3 der Abgabenordnung (AO) der richtige Bekanntgabeadressat für die Abgabenbescheide (Grundsteuer, Hausgebühren). Unter diesem Gesichtspunkt sind dem Zwangsverwalter die Abgabenbescheide ab Eröffnung des Verfahrens bekannt zu geben. Damit der Zwangsverwalter Kenntnis davon hat, welche Abgaben im Jahr der Eröffnung des Verfahrens von ihm zu entrichten sind, empfiehlt es sich, ihm eine Kopie der Bescheide des laufenden Jahres mit der Bitte zu übersenden, die Abgaben zu den bekannten Fälligkeiten zu entrichten. Aus praktischen Erwägungen empfiehlt es sich außerdem, die während eines Zwangsverwaltungsverfahrens bekannt zu gebenden Bescheide neben dem Zwangsverwalter auch dem Grundstückseigentümer bekannt zu geben. Nicht selten führt nämlich die Zwangsverwaltung nicht zur vollständigen Befriedigung des Gläubigers. Insbesondere ältere Rückstände, also Forderungen, die vor der Zwangsverwaltung fällig geworden sind, werden in dem Verfahren meistens nicht befriedigt. Will man aus diesen Befriedigung erlangen, bleibt oft nur der Weg über die Zwangsversteigerung. Während die Bekanntgabe des Bescheides als Vollstreckungsvoraussetzung für einen Antrag auf Zwangsversteigerung hinsichtlich der älteren Rückstände vorliegen sollte, kann ein entsprechender Antrag für Forderungen, die erst seit Beginn der

---

159 OLG Hamm vom 27. September 2012 – 15 VA 7/12 – Rpfleger 2013, 163
160 OLG Frankfurt am Main vom 24. Januar 2012 – 20 VA 3/11 – Rpfleger 2012, 565
161 Institutsverwalter (§ 150 a ZVG) und Schuldnerverwalter (§§ 150 b ff. ZVG) bleiben unberücksichtigt.

Zwangsverwaltung fällig geworden sind, erst gestellt werden, wenn auch die Bekanntgabe des Bescheides an den Grundstückseigentümer erfolgt ist. Eine Bekanntgabe allein an den Zwangsverwalter reicht für einen späteren Antrag auf Zwangsversteigerung dagegen nicht aus.[162]

532 Die Aufgaben und Pflichten des Zwangsverwalters ergeben sich aus § 152 ZVG. Hiernach hat der Verwalter das Recht und die Pflicht, alle Handlungen vorzunehmen, die erforderlich sind, um das Grundstück in seinem wirtschaftlichen Bestand zu erhalten und ordnungsgemäß zu nutzen.

533 Anders als der Insolvenzverwalter darf der Zwangsverwalter über das Grundstück nicht „verfügen". Er kann es also weder veräußern noch belasten und auch nicht aus der Zwangsverwaltung freigeben.

534 Für die Erfüllung der ihm obliegenden Verpflichtungen ist der Zwangsverwalter zwar grundsätzlich selbstständig und insoweit nur an Weisungen des Gerichts gebunden, ist aber andererseits allen Beteiligten gegenüber verantwortlich und hat insoweit über seine Verwaltung in regelmäßigen Abständen, meist jährlich, Rechnung zu legen. Neben der Pflicht, das Grundstück in seinem wirtschaftlichen Bestand zu erhalten und für eine ordnungsgemäße Nutzung zu sorgen, hat der Zwangsverwalter die Nutzungen des Grundstücks in Geld umzusetzen. Er muss die üblichen Grundstücksversicherungen abschließen – falls sie nicht schon bestehen (§ 9 Abs. 3 ZwVwV) und nachweisen, dass er selbst ausreichend haftpflichtversichert ist (§ 1 Abs. 4 ZwVwV).

535 Hat der Zwangsverwalter im Rahmen der **„Bestandserhaltung"** des Grundstücks beispielsweise auch Mängel zu beseitigen oder eventuell bauliche Auflagen zu erfüllen und stehen hierfür keine Mittel zur Verfügung, muss er dem Versteigerungsgericht hierüber rechtzeitig Mitteilung machen und beim Gericht einen Vorschuss zur Bestreitung dieser Ausgaben beantragen. Das Gericht wird dem betreibenden Gläubiger daraufhin aufgeben, einen entsprechenden Vorschuss zu zahlen (§ 161 ZVG). Weigert sich der Gläubiger, eine Zahlung zu leisten, wird das Gericht regelmäßig die Zwangsverwaltung aufheben.

536 Fordert das Gericht bei der Gemeinde einen **Vorschuss** an, sollte sie zunächst genau prüfen, wozu dieser verwendet werden soll. Das müsste sich aus der Anforderung des Zwangsverwalters oder aus dem Vorschussbeschluss des Gerichts ergeben. Falls nicht, sollte beim Gericht nachgefragt werden. Nur so kann die Gemeinde abschätzen, welches Risiko sie eingeht.

Soweit der Aufwand unter § 10 Abs. 1 Ziff. 1 ZVG fällt, ist das Risiko relativ gering. Immerhin muss die Gemeinde aber damit rechnen, dass sie das Geld erst in einer künftigen Zwangsversteigerung erhält und dass sie – hat sie einmal einen Vor-

---

162 vgl. Klomfaß, KKZ 2013, 265

schuss gezahlt – weitere Vorschüsse zahlen muss, um die Zwangsverwaltung zur Rettung der Rangklasse zu erhalten. Geht es der Gemeinde nur darum, Forderungen beizutreiben, sollte sie sich eher zurückhaltend verhalten. Muss sie allerdings damit rechnen, das gleiche Geld auch außerhalb der Zwangsverwaltung (Ersatzvornahme; siehe hierzu Rn. 552) aufwenden zu müssen, da (auch) öffentliche Interessen im Spiel sind, kann eine Zahlung erwogen werden.

Der Verwalter erhält während der Ausübung seines Amtes eine **Vergütung,** die sich   537
nach der Höhe seiner Einnahmen und nach dem Schwierigkeitsgrad richtet (siehe Rn. 576 ff.). Sie beträgt in der Regel 10 Prozent der erzielten Mieteinnahmen. Werden keine oder nur geringe Einnahmen erzielt, erhält der Zwangsverwalter eine Vergütung nach seinem tatsächlichen Zeitaufwand. Der mittlere Stundensatz beträgt 65 Euro, kann aber auf bis zu 95 Euro erhöht werden.

2. Haftung des Zwangsverwalters

Wie oben beschrieben, ergeben sich die Aufgaben und Pflichten des Zwangsver-   538
walters aus § 152 ZVG i. V. m. der Verordnung über die Geschäftsführung und Vergütung des Zwangsverwalters. Als selbstständiges Organ ist der Zwangsverwalter allen Beteiligten gegenüber für die Erfüllung der ihm obliegenden Verpflichtungen verantwortlich. Nach § 153 Abs.1 unterliegt der Zwangsverwalter der Aufsicht des Vollstreckungsgerichts, welches die Verwaltertätigkeit zu überwachen hat und in diesem Rahmen befugt ist, dem Verwalter Anweisungen zu erteilen.

Kommt der Zwangsverwalter seinen nach Gesetz auferlegten Pflichten nicht nach   539
oder verletzt diese, kann das Vollstreckungsgericht gegen ihn ein **Zwangsgeld** festsetzen und ihn ebenso aus dem Amt entlassen.

Als **Vermögensverwalter** i. S. v. § 34 Abs. 3 AO hat der Zwangsverwalter an Stelle   540
des Grundstückseigentümers bei der Festsetzung der das Grundstück betreffenden Abgaben mitzuwirken, insbesondere die steuer-/abgaberechtlichen Pflichten zu erfüllen. Insoweit sind ihm auch ab der Beschlagnahme die Abgabenbescheide zu übermitteln.

Nach § 69 AO haftet der Zwangsverwalter den Abgabengläubigern gegenüber –   541
und zwar mit seinem gesamten privaten Vermögen –, soweit Ansprüche aus einem Abgabenverhältnis infolge vorsätzlicher oder grob fahrlässiger Verletzung der im auferlegten Pflichten nicht oder nicht rechtzeitig festgesetzt oder erfüllt werden. Die Beweislast der Pflichtwidrigkeit liegt bei der Gemeinde, wobei die Haftung, soweit die Voraussetzungen der **Pflichtwidrigkeit** erfüllt sind, durch **Haftungsbescheid** i. S. v. § 191 AO gegen den Zwangsverwalter geltend gemacht wird.

Schuldet der Zwangsverwalter aus seiner Tätigkeit **öffentliche Abgaben,** so ist er   542
mit der Verwaltungsmasse Abgabenschuldner. Zahlt er insoweit nicht freiwillig, hat er gemäß § 77 Abs.1 AO die Zwangsvollstreckung in die Verwaltungsmasse zu dulden, welche mittels **Duldungsbescheid** (§ 191 AO) geltend gemacht wird.

542a **Laufende Beträge wiederkehrender Leistungen,** insbesondere also die Grundsteuer, teilt die Gemeinde dem Zwangsverwalter mit. Es erfolgt also keine Anmeldung beim Gericht; insbesondere ist auch kein Beitritt nötig. § 156 Abs. 1 ZVG ermächtigt und verpflichtet den Verwalter die laufenden Ansprüche auf öffentlichen Lasten und Hausgeld ohne gerichtlichen Teilungsplan zu zahlen. Somit sind diese aus der Verteilung der Überschüsse herausgelöst, obwohl sie gleichzeitig Rangklasseansprüche sind. Die Vorschrift begründet nach Auffassung des BGH[163] für diese Forderungen eine Sonderstellung zwischen den vorab zu bestreitenden Verwaltungsausgaben und den anderen Rangklasseansprüchen. Sie seien als Verwaltungsausgaben anzusehen und sind vom Zwangsverwalter demnach entweder aus den Erträgen oder aber aus Vorschüssen des Gläubigers zu finanzieren.

543 Öffentliche Lasten, deren Zahlung aus der Masse Beitritt (in Rangklasse 5) erfordert, also z. B. **rückständige** Grundsteuer und alle **einmaligen Leistungen,** können nicht gegen den Verwalter geltend gemacht und auch nicht beim Gericht angemeldet werden. Für sie bleibt entweder nur der Beitritt zur Zwangsverwaltung (davon ist abzuraten! siehe Rn. 512 ff.) oder (besser) der Antrag auf Zwangsversteigerung[164].

VII. Die Vorschüsse in der Zwangsverwaltung

1. Vorbemerkung

544 Mangels einer eindeutigen Regelung im Gesetz ist die „Vorschussfrage" recht unübersichtlich. Es soll insoweit nur dargestellt werden, was für die Gemeinde von Interesse sein kann.

545 Die Vorschüsse werden grundsätzlich in zwei verschiedene Gruppen eingeteilt, nämlich in

– **Vorschüsse,** welche **zur Erhaltung oder nötigen Verbesserung des Grundstücks** erforderlich und deshalb vom (betreibenden) Gläubiger der Zwangsverwaltung geleistet worden sind und

– **Vorschüsse,** welche **zur Weiterführung der Zwangsverwaltung** erforderlich wurden, ohne dass sie zu den vorgenannten Vorschüssen gehören.

Diese Unterscheidung ist wesentlich für die Frage, wie solche Vorschüsse später ersetzt werden.

---

163 BGH vom 15. Oktober 2009 – V ZB 43/09 – Rpfleger 2010, 35.
164 Deshalb erfolgt die Bekanntmachung eines Bescheides über einmalige Leistungen auch während der Dauer der Zwangsverwaltung nicht an den Verwalter, sondern an die Schuldner (BGH vom 9. Februar 2006 – IX ZR 151/04 – Rpfleger 2006, 424).

2. Vorschüsse zur Erhaltung/Verbesserung des Grundstücks

Mehrheitlich wird immer noch die Auffassung vertreten, der Verwalter könne auch **546** den Vorschuss zur Erhaltung/Verbesserung des Grundstücks ohne Weiteres aus den Einnahmen erstatten, soweit diese reichen[165]. Dies ist nicht unbedenklich, denn sie gehören zur Rangklasse 1 des § 10 ZVG und haben somit bei der Verteilung der Überschüsse[166] i. S. d. § 155 Abs. 2 ZVG besten Rang. Der Streit geht also darum, ob die Vorschüsse zur Erhaltung/Verbesserung des Grundstücks aus den späteren Verwaltereinnahmen mit oder ohne Prüfung (und Widerspruchsmöglichkeit seitens anderer Gläubiger) im Verteilungstermin zu zahlen sind. Deshalb wird auch die Auffassung vertreten[167], sie müssten immer angemeldet werden.

Falls eine Zwangsversteigerung während der Dauer der Zwangsverwaltung anhän- **547** gig ist/wird, haben diese Aufwendungen auch bei der Verteilung des Versteigerungserlöses den Vorrang des § 10 Ziff. 1 ZVG, vorausgesetzt, dass die Zwangsverwaltung noch bis zum Zuschlag fortdauert.

Für die Einordnung dieser Vorschüsse kommt es auf ihren Verwendungszweck an. **548** Es ist nur erforderlich, dass sie von dem die Zwangsverwaltung betreibenden Gläubiger während der Dauer der Zwangsverwaltung für den vorgenannten Zweck tatsächlich aufgewendet wurden. Es ist dagegen nicht erforderlich, dass das Gericht die Zahlung angeordnet hatte und Zahlung an den Zwangsverwalter geleistet wurde; auch unmittelbare Aufwendungen des Gläubigers sind geschützt, wenn sie nur dem vorgenannten Zweck dienten.

Umgekehrt bedeutet eine Anordnung des Gerichts zur Vorschusszahlung (§ 161 **549** Abs. 3 ZVG) nicht auch die Einordnung des Vorschusses unter diese Gruppe. Es kommt somit immer auf den Bestimmungszweck und die Verwendung an[168] (vgl. hierzu auch Rn. 200).

3. Vorschüsse zur Weiterführung der Zwangsverwaltung

Hierbei handelt es sich um jene Gelder, die der Zwangsverwalter benötigt, um **die** **550** **Kosten der Verwaltung** zu decken, welche nach § 155 Abs. 1 ZVG zu decken sind, bevor „Überschüsse" erzielt werden. Einmal von den o. g. Vorschüssen zur Erhaltung/Verbesserung des Grundstücks, deren Einordnung streitig ist, abgesehen, dienen sie z. B. der Begleichung der unter VII.1 genannten Ausgaben des Verwalters. Da sie nicht unter § 10 Ziff. 1 ZVG fallen, sind sie wesentlich schlechter abgesichert als die o. g. Aufwendungen (was wirtschaftlich ihre bevorzugte Bedienung aus den Verwaltungseinnahmen rechtfertigen würde). Geht die Zwangsverwaltung zu Ende ohne dass entsprechende Einnahmen des Verwalters ihre Abdeckung er-

---

165 Stöber, ZVG, Rn. 18.4–18.6 zu § 152.
166 Wo sie ausdrücklich genannt werden!
167 Depré/Mayer, Zwangsverwaltung, Rn. 233 m. w. N. für diese Gegenansicht.
168 Dazu ausführlich BGH vom 10. April 2003 – IX ZR 106/02 – Rpfleger 2003, 454.

möglicht haben, kann der Gläubiger seine Aufwendungen nur als Kosten der Zwangsvollstreckung neben der Hauptforderung beitreiben; in einer evtl. Zwangsversteigerung also nur im Rang der Hauptforderung als dingliche Kosten i. S. d. § 10 Abs. 2 ZVG. Zu den Vorschüssen in diesem Sinne gehört auch ein Gerichtskostenvorschuss des Gläubigers i. S. d. § 66 Abs. 2 GKG.

4. Konsequenzen für die Gemeinde

551 Teilt der Verwalter der Gemeinde mit, dass er für die Begleichung der unter Rn. 558 genannten Forderungen keine Mittel habe, so soll ihn die Gemeinde auffordern, über das Gericht einen entsprechenden Vorschuss einzufordern. Zahlt der Gläubiger den Vorschuss nicht, kommt die Verfahrensaufhebung (§ 161 Abs. 3 ZVG) in Betracht.

552 Von ganz besonderem Interesse kann diese Regelung für die Gemeinde werden, wenn bezüglich des Grundstücks ein Zustand eingetreten ist, der eine **„Ersatzvornahme"** rechtfertigt. Befindet sich das Grundstück beispielsweise in einem derart verwahrlosten Zustand, dass die öffentliche Sicherheit und Ordnung gefährdet ist, oder hat die Gemeinde den Grundstückseigentümer schon mehrfach vergeblich aufgefordert, eine bestimmte Handlung (z. B. Erfüllung einer baulichen Auflage) vorzunehmen, so sollte sie zunächst überlegen, ob die Durchführung der Ersatzvornahme auch tatsächlich eine „Erhaltung oder nötige Verbesserung" bewirkt. Ist dies der Fall, kann sie nach Festsetzung der Ersatzvornahmekosten und erfolgloser Mobiliarvollstreckung die Zwangsverwaltung beantragen, da sie dann für ihren Aufwand (wie oben unter Rn. 546 beschrieben) gesichert ist. Falls keine Mieter im Haus wohnen – sonst Rn. 512 beachten – ist das Risiko überschaubar. Allerdings muss sie damit rechnen, ihre Aufwendungen nur teilweise und erst in einer künftigen Zwangsversteigerung zu erhalten und bis zu deren Zuschlag die Zwangsverwaltung weiterführen zu müssen.

Hierbei entstehen allerdings einige Probleme und Risiken:

553 Es ist sehr fraglich, ob man aus einer Forderung der Rangklasse 1 die Zwangsversteigerung beantragen kann[169]. Das dürfte schon daran scheitern, dass der Gläubiger über diese Beträge keinen Titel vorlegen kann. Sie können aber als dingliche Vollstreckungskosten mit einem Hauptanspruch geltend gemacht werden (§ 10 Abs. 2 ZVG).

Falls kein anderer Gläubiger die Zwangsversteigerung beantragt und falls die Erträgnisse der Zwangsverwaltung zur Rückzahlung des Gemeindevorschusses nicht reichen, müsste die Gemeinde noch eine weitere, am besten privilegierte, Forderung gegen den Schuldner haben. Am besten geeignet wären „rückständige" Grundsteuern oder einmalige öffentliche Lasten, welche die Rangklasse 3 noch

---

169 Dazu Stöber, ZVG, Rn. 2.9 zu § 10.

nicht verloren haben (aber in der Zwangsverwaltung allenfalls die meist aussichtslose Rangklasse 5 haben).

Die Gemeinde muss unbedingt beachten, dass die Zwangsverwaltung keinesfalls aufgehoben wird, bevor der Zuschlag in der Zwangsversteigerung erteilt wird. **554**

Falls das Grundstück auf unabsehbare Zeit keine ausreichenden Erträge abwirft, kann die Gemeinde auch zu Vorschüssen herangezogen werden, welche nicht unter § 10 Ziff. 1 ZVG fallen (siehe oben unter Rn. 550). Um diese Vorschüsse später im Range der Hauptforderung in der Zwangsversteigerung beitreiben zu können, müssen sie in der Zwangsverwaltung anlässlich der Verfolgung der gleichen Forderung angefallen sein. **555**

Aus alle dem folgt, dass die Gemeinde diesen Weg wohl nur gehen wird, wenn sie einmal davon ausgehen kann, dass der Aufwand für die Ersatzvornahme von der Art der vorzunehmenden Handlung nicht nur im öffentlichen Interesse, sondern auch im Interesse des Grundstücks (Erhaltung bzw. notwendige Verbesserung) liegt und zusätzlich eine andere Forderung gegen den Schuldner (am besten aus Rangklasse 3) hat. Sinnvollerweise sollte die Gemeinde dann aus beiden Forderungen vollstrecken. **556**

Fast immer werden Grundpfandgläubiger vorhanden sein, die ebenfalls für eine künftige Versteigerung daran interessiert sind, dass das Grundstück „verbessert oder erhalten" wird. Es wäre ideal, wenn sich eine Absprache zum gemeinsamen Vorgehen treffen lassen würde. Betreibt z. B. die Bank die Zwangsversteigerung und die Gemeinde die Zwangsverwaltung, lässt sich die Abwicklung am besten durchführen. Betreibt aber nur die Bank die Zwangsverwaltung, muss sie auch die Kosten der Ersatzvornahme vorlegen, damit diese in die Rangklasse § 10 Ziff. 1 ZVG eingeordnet werden. **557**

VIII. Verteilung der Verwaltungsmasse; Rangklassen

1. Vorwegbefriedigung; Ausgaben der Verwaltung

Im Gegensatz zur Zwangsversteigerung soll bei der Zwangsverwaltung der wirtschaftliche Bestand des Grundstücks nicht angegriffen werden. Die Gläubiger erhalten lediglich im Rahmen einer ordnungsgemäßen Bewirtschaftung des Grundstücks Zugriff auf die laufenden Erträgnisse. **558**

Aus den Nutzungen des Grundstücks hat der Verwalter die zur Zahlung der Zwangsverwaltungsausgaben, seiner Vergütung, der Verfahrenskosten und der **„Ausgaben der laufenden Verwaltung"** erforderlichen Beträge zurückzuhalten, damit diese vorweg entrichtet werden können (§ 155 Abs. 1 ZVG). **559**

Der Zwangsverwalter soll keine Verpflichtungen eingehen, die nicht aus bereits vorhandenen Mitteln oder aus sicheren Einnahmen des laufenden Miet-, Pacht- oder Wirtschaftsverhältnisses erfüllt werden können (§ 9 Abs. 2 ZwVwV). **560**

561 Zu den Ausgaben der Verwaltung zählen auch die Kosten der Versicherung für die Gebäude; Löhne, Steuern und Sozialabgaben eventuell beschäftigter Bediensteter (Hausmeister); Kosten der Ausbesserung, Instandsetzung von Gebäuden einschl. vom Gläubiger geleisteter Vorschüsse, Forderungen der Wohnungseigentümergemeinschaft auf das laufende Hausgeld sowie bei landwirtschaftlichen Grundstücken die Kosten der Bodenarbeiten, Aussaat, Einbringung der Ernte und die Ausgaben zur Erhaltung des Viehbestandes.

562 Ebenso zählen zu den **Ausgaben der Verwaltung** u. a. auch die Ansprüche der Gläubiger, die gegen die Masse als solche vollstrecken können. Der Verwalter hat gem. § 152 ZVG das Recht und die Pflicht, alle Handlungen vorzunehmen, die erforderlich sind, um das Grundstück in seinem wirtschaftlichen Wert zu erhalten und zu nutzen (vor allem auch zu bewohnen). Um dieser Pflicht gerecht zu werden, ist es insoweit auch erforderlich, dass Energie (Strom, Gas, Wasser) geliefert und auch das Grundstück entsorgt (Müll, Kanal) wird. Dazu Rn. 542a und 37b ff.

563 Dass für die laufenden öffentlichen Lasten und das laufende Hausgeld in § 156 Abs. 1 ZVG eine eigenständige Regelung getroffen ist (Rn. 542a), schließt nicht aus, diese Forderungen als Kosten der Verwaltung i. S. v. § 155 Abs. 1 ZVG zu behandeln. § 156 Abs. 1 ZVG nimmt die Ansprüche auf wiederkehrende öffentliche Lasten und die Ansprüche auf das laufende Hausgeld von der Überschussverteilung nach § 155 Abs. 2 Satz 1 ZVG aus. Die Vorschrift begründet für diese Forderungen eine Sonderstellung. In seinem Urteil vom 15. Oktober 2009 hat der BGH festgestellt, dass auch die **Forderungen der Wohnungseigentümergemeinschaft auf das laufende Hausgeld** von dem Zwangsverwalter als Ausgaben der Verwaltung vorweg zu erfüllen sind[170]. Mit dem Wohnungseigentum sind notwendige Aufwendungen für die Erhaltung des gemeinschaftlichen Gebäudes und Aufwendungen für die Bewirtschaftung des Sondereigentums verbunden. Von den mit der Erhaltung und Bewirtschaftung eines Grundstücks verbundenen Kosten unterscheidet sich das Hausgeld im Wesentlichen nur dadurch, dass es nicht dazu dient, von der Eigentümergemeinschaft auf vertraglicher Grundlage den Wohnungseigentümern geschuldete, zur Bewirtschaftung der einzelnen Wohnungen erforderliche Leistungen zu bezahlen, sondern dazu, die Eigentümergemeinschaft als Leistungsmittlerin in den Stand zu setzen, diese Forderungen zu erfüllen. Im Verhältnis zu den Wohnungseigentümern hat die Wohnungseigentümergemeinschaft für die Erhaltung des gemeinschaftlichen Eigentums zu sorgen und den Bestand der zur Nutzung der Wohnungen notwendigen Versorgungsverträge zu gewährleisten, soweit diese Verträge im Hinblick auf die technische Ausgestaltung des Gebäudes nur gemeinschaftlich abgeschlossen werden können. Das kann die Wohnungseigentümergemeinschaft aber nur so lange, wie die Wohnungseigentümer das hierzu notwendige Hausgeld bezahlen. Auch wenn die hiermit verbundenen Kos-

---

170 BGH vom 15. Oktober 2009 – V ZB 43/09 – KKZ 2010, 13 = Rpfleger 2010, 35.

ten bei der Wohnungseigentümergemeinschaft entstehen, ändert dies in der Sache nichts daran, dass es sich bei dem Hausgeld um den Aufwand handelt, den jeder Wohnungseigentümer zur Erhaltung des gemeinschaftlichen Grundstücks und des gemeinschaftlichen Gebäudes sowie zur Bewirtschaftung seines Sondereigentums, insbesondere in Gestalt der Kosten für Wasser und Wärme, zu tragen hat.

2. Verteilung der Überschüsse

Die sich nach der Entnahme der Verwaltungsausgaben und Verfahrenskosten sowie nach Berücksichtigung der laufenden öffentlichen Lasten ergebenden Überschüsse werden auf die Ansprüche verteilt, die ein Recht auf Befriedigung aus dem Grundstück gewähren. Es gelten hierbei die Bestimmungen des § 10 ZVG, wobei allerdings nur die Ansprüche aus den Rangklassen 1 bis 5 berücksichtigt werden. Besonders zu beachten ist, dass in den Rangklassen 2 bis 4 ausschließlich **laufende Beträge wiederkehrender Leistungen** zu entrichten sind. Der betreibende Gläubiger kann mit rückständigen Leistungen erst, und zwar in Rangklasse 5, befriedigt werden, wenn sämtliche laufenden Ansprüche der Rangklasse 4 abgedeckt sind und insoweit über diese und die vorweg zu befriedigenden Forderungen hinaus Überschüsse vorhanden sind.   564

Erst wenn Überschüsse zu erwarten sind, wird wegen der übrigen zu berücksichtigenden Ansprüche ein Teilungsplan vom Gericht aufgestellt, an den der Zwangsverwalter gebunden ist. Es ist Aufgabe des Zwangsverwalters, nach Maßgabe der Rangfolge in dem Teilungsplan, der grundsätzlich für die gesamte Dauer der Zwangsverwaltung Gültigkeit hat, die Ansprüche der Berechtigten aus den Überschüssen der Zwangsverwaltung zu befriedigen.   565

Der antragstellende oder betreibende Gläubiger braucht seine Ansprüche, soweit sie aus dem Anordnungs-/Beitrittsbeschluss ersichtlich sind, nicht nochmals gesondert zum Verfahren anzumelden.   566

Für die Verteilung der nach Deckung der Verwaltungsausgaben und Kosten verbleibenden **Überschüsse** ergibt sich folgende **Rangordnung:**   567

In der **Rangklasse 1** sind die Ansprüche der Gläubiger auf Ersatz ihrer Ausgaben zur Erhaltung oder nötigen Verbesserung des Grundstücks zu erstatten. Die Aufwendungen der **Insolvenzmasse** (§ 10 Abs. 1 Satz 1a ZVG [Rn. 204a]) können in der Zwangsverwaltung **nicht** erstattet werden, da dies das Gesetz ausdrücklich nur für den Fall der Zwangsversteigerung vorsieht und eine Bewertung der beweglichen Gegenstände in der Zwangsverwaltung nicht erfolgt.   568

Die **Rangklasse 2** umfasst gewisse Ansprüche der WEG-Gemeinschaft. Dazu Rn. 736 ff.   569

In der **Rangklasse 3** werden die öffentlichen Lasten des Grundstücks berücksichtigt, allerdings hier wieder nur die laufenden Beträge wiederkehrender Leistungen.   570

Einmalige öffentliche Lasten, gleichgültig ob sie vor oder nach der Beschlagnahme fällig werden, gehören im Gegensatz zur Zwangsversteigerung bei der Zwangsverwaltung nicht der Rangklasse 3 an. Soweit Ansprüche nicht in Rangklasse 3 berücksichtigt werden können, kommt eine Befriedigung in Rangklasse 5 nur in Betracht, soweit das Verfahren daraus betrieben wird.

571 Eine Anmeldung der öffentlichen Lasten in Rangklasse 3 ist grundsätzlich entbehrlich, da der Zwangsverwalter die Grundsteuer als wiederkehrende öffentliche Last ohnehin nach § 156 Abs. 1 ohne weiteres Verfahren zu berichtigen hat.

572 In die **Rangklasse 4** gehören die Ansprüche aus den dinglichen Rechten, welche dem Gläubiger gegenüber nicht unwirksam sind. Allerdings haben nur die laufenden, wiederkehrenden Leistungen diesen Rang. Rückstände und vor allem das Kapital haben in der Zwangsverwaltung zunächst überhaupt keinen Befriedigungsrang und können daher weder angemeldet, noch berücksichtigt werden. Erst durch einen Anordnungs- oder Beitrittsbeschluss (und dann in Rangklasse 5) kommt eine Befriedigung aus den Erträgen des Grundstücks in Betracht, wobei für das Kapital vorher noch ein besonderer Gerichtstermin stattfinden müsste.

573 In **Rangklasse 5** schließlich werden alle Ansprüche berücksichtigt, soweit sie nicht in einer der vorhergehenden Klassen zu befriedigen sind. Hierher gehören vor allem die rückständigen wiederkehrenden Leistungen der Rangklassen 2 bis 4 sowie rückständige Hauptforderungen, soweit der Gläubiger selbst das Verfahren betreibt.

IX. Kosten des Verfahrens

1. Kosten der Anordnung

574 Für die Anordnung des Verfahrens oder für einen Beitritt erhebt das Gericht eine Festgebühr von 100 Euro (Nr. 2221 KV zum GKG), zuzüglich der Auslagen für die Zustellung. Diese Kosten werden nicht aus der Masse entnommen. Die Gemeinde muss sie vielmehr als Antragstellerin zahlen, soweit sie nicht von der Erhebung der Gebühren befreit ist (siehe Anhang III.B). Die Kosten i. S. d. § 10 Abs. 2 ZVG können sowohl in der Zwangsversteigerung als auch der Zwangsverwaltung im Range der Hauptsache geltend gemacht werden. Hat die Gemeinde Gebührenfreiheit, gilt Rn. 301.

2. Kosten des Verfahrens

575 Für die Durchführung des Verfahrens erhebt das Gericht eine halbe Gebühr nach der Gebührentabelle zum GKG für jedes angefangene Jahr. Es zählt hier nicht das Kalenderjahr, sondern ein Rechenjahr, dessen erster Tag der Tag der Beschlagnahme ist.

Die Gebühr berechnet sich aus der Summe der jährlichen Bruttoeinkünfte. Hinzu kommen noch Zustellungsauslagen, wie z. B. für die Bestimmung des Verteilungstermins.

Die Höhe der Vergütung des Zwangsverwalters richtet sich nach der Art und dem Umfang der Aufgabe sowie der Leistung des Zwangsverwalters. Durch § 17 Abs. 2 Zwangsverwalterverordnung (ZwVwV) wird bestimmt, dass zusätzlich zur Vergütung und zur Erstattung der Auslagen die von dem Zwangsverwalter zu zahlende Umsatzsteuer festzusetzen ist. Ist das Objekt vom Verwalter in Besitz genommen, beträgt die Mindestvergütung 600 Euro (§ 20 Abs. 1 ZwVwV) und zwar für jedes der in Besitz genommenen Grundstücke oder Substrate der grundstücksgleichen Rechte gesondert, es sei denn, dass diese eine wirtschaftliche Einheit bilden. Sind Gegenstand des Zwangsverwaltungsverfahrens mehrere Grundstücke oder grundstücksgleiche Rechte, die diesen nach § 23 ZwVwV vergütungsrechtlich gleichstehen, fällt die Mindestvergütung nach § 20 Abs. 1 ZwVwV für jeden in Besitz genommenen Vollstreckungsgegenstand gesondert an. Ohne Belang ist dabei, ob die Anordnung der Zwangsverwaltung in einem einheitlichen Verfahren oder für jede Eigentumswohnung gesondert erfolgt ist. **576**

Die Regelvergütung beträgt zehn vom Hundert des für den Zeitraum der Verwaltung an Mieten oder Pachten eingezogenen Bruttobetrages (Miete, Pacht zzgl. Nebenkosten). Hinzu kommen Auslagen, die entweder konkret beziffert werden müssen oder pauschal mit 10 vom Hundert der Vergütung, maximal mit 40 Euro je angefangenen Monat des Verwaltungszeitraums abzugelten sind. Zusätzlich fällt noch die vom Verwalter zu zahlende Umsatzsteuer an. **577**

Darüber hinaus können weitere Vergütungen und Auslagen entstehen. So kann z. B. der Zwangsverwalter alternativ auf eine Stundenvergütung zurückgreifen, wenn die Regelvergütung den tatsächlich geleisteten Aufwand nicht abdeckt oder keine Mieteinnahmen erzielt werden (§ 19 Abs. 2 ZwVwV). Hier sind bei Verfahren mit durchschnittlichem Schwierigkeitsgrad Stundensätze von 65 Euro bis 85 Euro (maximal 95 Euro) in Ansatz zu bringen.

Ergeben sich Kosten, die der Zwangsverwalter nicht aus den Einnahmen decken kann, etwa weil noch nicht genügend Einnahmen vorhanden sind, fordert das Gericht bzw. der Zwangsverwalter einen Gläubigervorschuss an. In der Regel wird eine Zahlungsfrist bestimmt und darauf hingewiesen, dass im Falle der Nichtzahlung das Verfahren gem. § 161 Abs. 3 ZVG aufgehoben wird. Für eine Unterdeckung der Masse haftet immer der Gläubiger und ist insoweit auch noch nachschusspflichtig, wenn die Zwangsverwaltung wegen nicht geleisteter Vorschusszahlung aufgehoben wird. **578**

Die Jahresgebühr für die Durchführung der Zwangsverwaltung wird dem Zwangsverwalter vom Vollstreckungsgericht in Rechnung gestellt. Reicht die Masse dafür nicht aus, tragen die Gläubiger auch diese Kosten.

X. Aufhebung/Einstellung der Zwangsverwaltung

579 Die Aufhebung der Zwangsverwaltung erfolgt gem. § 161 Abs. 1 ZVG durch Beschluss des Gerichts.

580 Die Zwangsverwaltung ist aufzuheben, wenn

– der Gläubiger befriedigt wurde,

– der Gläubiger seinen Antrag gem. § 161 Abs. 4 i. V. m. § 29 ZVG zurückgenommen hat,

– der betreibende Gläubiger einen notwendigen und vom Gericht aufgegebenen Vorschuss nicht gezahlt hat,

– sich nachträglich herausstellt, dass die Vollstreckungsvoraussetzungen nicht vorliegen oder wenn die Durchführung der Zwangsverwaltung sittenwidrig i. S. v. § 765 a ZPO ist oder

– in der Zwangsversteigerung des beschlagnahmten Grundstücks der Zuschlag erteilt wurde, wodurch das Recht des Erstehers der Verfahrensfortsetzung entgegensteht[171].

581 Werden Zwangsverwaltung und Zwangsversteigerung nebeneinander betrieben und die Gemeinde hat im Rahmen der Zwangsverwaltung Vorschüsse zur Erhaltung oder nötigen Verbesserung des Grundstücks geleistet, so muss sie unbedingt darauf achten, das Zwangsverwaltungsverfahren keinesfalls vor dem Zuschlag im Zwangsversteigerungsverfahren zurückzunehmen, da die Vorschüsse dann das Vorrecht der Rangklasse 1 verlieren. Andererseits sollte die Gemeinde, wenn die Vorschüsse in der Zwangsverwaltung nicht zu realisieren sind – wenn noch nicht geschehen – gleichzeitig die Zwangsversteigerung beantragen, um so ihre Forderungen in der Vorrechtsrangklasse 1 des § 10 zu erhalten.

582 Die einstweilige Einstellung auf Gläubigerantrag (§ 30 ZVG) ist nach einer im Vordringen begriffenen – zutreffenden – Auffassung nicht möglich[172]. Eine einstweilige Einstellung nach § 776 ZPO (wenn die Zwangsvollstreckung aus dem Titel des Gläubigers einstweilen eingestellt ist [§ 775 ZPO]) ist aber möglich.

583 Eine einstweilige Einstellung auf Schuldnerantrag (§ 30a ZVG) oder aus §§ 75 bis 77 ZVG ist nicht möglich.

583a Falls ein absonderungsberechtigter Gläubiger die Zwangsversteigerung des belasteten Grundstücks des Insolvenzschuldners betreibt, konnte schon herkömmlich der Insolvenzverwalter die einstweilige Einstellung des Zwangsversteigerungsver-

---

171 Hierzu ausführlich Depré/Mayer, Zwangsverwaltung, Rn. 345–377.

172 Hierzu ausführlich Depré/Mayer, Zwangsverwaltung, Rn. 180 ff. mit Hinweisen auf die Gegenansicht.

fahrens beantragen (§ 30d ZVG); diese Antragsbefugnis gesteht § 30d Abs. 4 ZVG auch dem vorläufigen Insolvenzverwalter zu[173].

Mit der Insolvenzrechtsreform war die Antragsbefugnis des Insolvenzverwalters durch Einfügung eines neuen § 153b ZVG auf die einstweilige Einstellung des Zwangsverwaltungsverfahrens erstreckt worden. Anders als § 30d ZVG räumt § 153b ZVG dem vorläufigen Insolvenzverwalter kein Antragsrecht ein. Gleichwohl wird im Schrifttum teilweise die Ansicht vertreten, wegen der gleich gelagerten Interessen sei auch ein nur vorläufiger Insolvenzverwalter befugt, die Einstellung der Zwangsverwaltung zu beantragen, wenn ihre Fortsetzung eine wirtschaftliche Nutzung des Schuldnervermögens, insbesondere die Betriebsfortführung, wesentlich erschwere[174]. Folgt man dieser Auffassung, so erhalten die Rechte des vorläufigen Insolvenzverwalters den Vorrang vor denen des Zwangsverwalters. Der Zwangsverwalter wäre ab dem Zeitpunkt der Einstellung des Zwangsverwaltungsverfahrens nicht mehr befugt, das Grundstück einem Dritten zu überlassen oder die Nutzungsentgelte (Miete bzw. Pacht) und Zinsen einzuziehen und diese gemäß § 152 ZVG an die Gläubiger zu verteilen. Für den Ausgleich der Nachteile, die der betreibende Gläubiger im Falle der einstweiligen Einstellung des Zwangsverwaltungsverfahrens erleidet, wird eine analoge Anwendung von § 153b Abs. 2 ZVG vorgeschlagen[175], mit der Folge, dass der betreibende Gläubiger durch laufende Zahlungen aus dem Schuldnervermögen bzw. der Insolvenzmasse zu entschädigen wäre.

Indes dürfte diese Schrifttumsmeinung abzulehnen sein[176]. Aus der Tatsache, dass der Gesetzgeber in § 153b ZVG keine dem im selben Gesetzgebungsverfahren zustande gekommenen § 30d Abs. 4 ZVG entsprechende Regelung aufgenommen hat, lässt sich schließen, dass er – ob nun zu Recht oder zu Unrecht (das muss man dem Gesetzgeber überlassen) – im Zwangsverwaltungsverfahren kein Bedürfnis gesehen hat, dem vorläufigen Insolvenzverwalter ein Antragsrecht einzuräumen. Anders als im Zwangsversteigerungsverfahren bleibt den Insolvenzgläubigern bei der Zwangsverwaltung die Grundstückssubstanz schließlich erhalten.

§ 153b ZVG gilt mangels entgegenstehender gesetzlicher Regelung – ab Eröffnung des Insolvenzverfahrens – auch im Verbraucherinsolvenzverfahren, nur dass das Antragsrecht anstatt von einem Insolvenzverwalter vom Treuhänder auszuüben ist (§ 313 Abs. 1 Satz 1 InsO).

Voraussetzung der einstweiligen Einstellung des Zwangsverwaltungsverfahrens ist, dass durch ihre Fortsetzung eine wirtschaftlich sinnvolle Nutzung der Insolvenz-

---

173 App, KKZ 2010, 7.
174 Uhlenbruck, InsO, Rn. 32 zu § 21; Kirchhof/Stürner/Eidenmüller u. a., InsO, Rn. 79 zu § 21; Jungmann, NZI 1999, 353; Klein, ZInsO 2002, 1069.
175 Kraemer/Vallendar/Vogelsang, Handbuch zur Insolvenz, Fach 2, Kapitel 6, Rn. 156.
176 So auch Wimmer, FK-InsO, Rn. 210 zu § 21; LG Cottbus, ZInsO 2000, 338.

masse wesentlich erschwert würde; dies hat der Insolvenzverwalter glaubhaft zu machen (§ 153b Abs. 1 ZVG). Dieses Tatbestandsmerkmal liegt vor, wenn die Fortführung der Zwangsverwaltung das Verwertungskonzept des Insolvenzverwalters oder der Insolvenzgläubiger zum Scheitern brächte[177]. Davon ist beispielsweise dann auszugehen, wenn durch die Vermietung des Grundstücks an einen Dritten die Gefahr einer – ungewollten – vorzeitigen Betriebsstilllegung droht[178].

Vor seiner Entscheidung hat das Vollstreckungsgericht den Zwangsverwalter und die betreibenden Gläubiger zu hören (§ 153b Abs. 3 ZVG). Gibt es dem Einstellungsantrag statt, so hat es anzuordnen, dass die Nachteile, die dem betreibenden Gläubiger aus der Einstellung erwachsen, durch laufende Zahlungen aus der Insolvenzmasse ausgeglichen werden (§ 153b Abs. 2 ZVG).

Zur Insolvenz siehe auch Rn. 716 ff.

Ein nur einstweilen eingestelltes Zwangsverwaltungsverfahren kann mit Zustimmung des Insolvenzverwalters oder bei Nichterfüllung der vorgenannten Auflagen (Zahlungen aus der Masse) fortgesetzt werden. Es wird von Amts wegen fortgesetzt, wenn das Insolvenzverfahren endet (§ 153c ZVG).

---

177 Stöber, NZI 1998, 108; Hintzen, Rpfleger 1999, 256.
178 Haarmeyer/Wutzke/Förster/Hintzen, Zwangsverwaltung, Rn. 4 zu § 153 ZVG m. w. N.

Kapitel J
Gemeinde und Erbbaurecht

I. Allgemeines zum Erbbaurecht

1. Was bedeutet „Erbbaurecht"?

Nach der verbindlichen Regel des § 93 BGB muss Identität zwischen dem Grund-   584
stückseigentümer und dem Eigentümer des hierauf errichteten Gebäudes bestehen. Diese Regelung hat schon alsbald dazu geführt, dass politisch erwünschte
Bautätigkeit mangels Grundbesitz nicht stattfinden konnte. Deshalb wurde bereits
sehr früh eine neue Regelung erdacht, nämlich das Erbbaurecht. Der Eigentümer
bewilligt dem Bauherrn die Befugnis, das Grundstück zu bebauen. Dieses Recht
muss man sich etwa wie einen Teppich vorstellen, der über das Grundstück gebrei-
tet wird und das Gebäude nicht mehr auf dem Grundstück, sondern eben auf dem
„Rechtsteppich" steht, nämlich dem Erbbaurecht. Damit wird der Grundstückseigentümer nicht mehr kraft Gesetzes Gebäudeeigentümer, ohne dass der Grundsatz
des § 93 BGB verletzt wäre.

Das Erbbaurecht wird auf dem Grundbuchblatt des Grundstücks als Belastung ver-   585
merkt und erhält dann (als wäre es ein Grundstück) ein eigenes Grundbuchblatt.
Gerade die Gemeinden als Großgrundbesitzer haben zahllose Erbbaurechte aus-
gegeben, weshalb sie in vielfacher Beziehung in eine solche Versteigerung verwi-
ckelt werden können. So ruht z. B. die Grundsteuer nach §§ 10 Abs. 2 ZVG und 12
GrStG in diesem Fall nicht auf dem Grundstück, sondern auf dem Erbbaurecht und
hat dort die gleichen Privilegien wie beim Grundstück.

Die Belastung des Erbbaurechts mit Grundpfandrechten, die dann auch ausschließlich das Erbbaurecht belasten, ist ebenso möglich, wie ein Verkauf oder
eine Zwangsvollstreckung in das Erbbaurecht.

Auch das ursprüngliche Grundstück verliert seine Selbstständigkeit nicht und kann
verkauft, belastet oder durch Zwangsvollstreckung verwertet werden, ohne dass
das Erbbaurecht unmittelbar davon betroffen ist.

Nach den gesetzlichen Bestimmungen des Erbbaurechtsgesetzes kann der Erbbauberechtigte das Grundstück nutzen und insbesondere auch bebauen. Dafür hat er
regelmäßig einen im Erbbaurechtsvertrag zu vereinbarenden Erbbauzins, quasi für
die Benutzung des Grundstücks, zu zahlen.

Dieser zunächst einmal schuldrechtliche Anspruch des Grundstückseigentümers
gegen den Erbbauberechtigten wird meist durch Eintragung einer Erbbauzinsreallast dinglich gesichert.

Der Inhaber eines Erbbaurechts, welches auf einem Grundstück der Kommune lastet, ist dann in zweierlei Hinsicht Schuldner der Kommune: Zum Einen aus der Verpflichtung zur Zahlung des Erbbauzinses als Entgelt für die „Nutzung" des Grundstücks und zum Anderen als Pflichtiger zur Zahlung der öffentlichen Grundstückslasten.

2. Die Rechtsänderung per Oktober 1994

586 Das Erbbaurecht als solches kann nicht erlöschen, wenn das Grundstück zwangsversteigert wird (§ 25 ErbbauVO), zumal es ohnehin (§ 10 Abs. 1 ErbbauVO) immer ersten Rang haben muss. Aber: Der Erbbauzins ist als Reallast zwar im Grundbuch eingetragen, aber wie jedes andere Recht dem Risiko unterworfen, in der Zwangsversteigerung zu erlöschen. Die Folge wäre ein „erbbauzinsloses Erbbaurecht".

587 Diese unerwünschte und häufig ärgerliche Folge hat den Gesetzgeber zu einer Neuregelung veranlasst, nach welcher seit Oktober 1994 für neu bestellte Erbbaurechte ein „zwangsversteigerungsfester Erbbauzins" vereinbart werden kann. Es ist denkbar, durch Vereinbarung zwischen dem Grundstückseigentümer (Ausgeber) und Erbbauberechtigten, diese Neuregelung auch auf alte Erbbaurechte zu erstrecken. Soweit aber bereits Grundpfandrechte der Reallast im Range vorgehen, bedarf es deren Zustimmung (§ 9 Abs. 3 Satz 2 ErbbauVO).

Noch viele Jahre lang werden sich die Gemeinden mit den schwierigen Rechtsverhältnissen der Erbbaurechte alten Rechts herumärgern müssen, weshalb auch dieses Rechtsverhältnis dargestellt werden muss.

II. Gemeinsame Regelungen für alte und neue Erbbaurechte

1. Die Anordnung der Zwangsversteigerung

588 Gemäß § 5 ErbbauVO kann vereinbart werden, dass der Erbbauberechtigte das Grundstück nur mit Zustimmung des Ausgebers veräußern darf. Diese Vereinbarung wird nahezu immer getroffen und im Grundbuch eingetragen sein. Sie gilt auch (§ 8 ErbbauVO) für die Zwangsversteigerung.

589 Nach allgemeiner Meinung hat das Vollstreckungsgericht diese Vereinbarung jedoch noch nicht bei der Anordnung der Zwangsversteigerung zu beachten, sondern erst, wenn es den Zuschlag erteilen will.

2. Die Erteilung des Zuschlags

590 Die Erteilung des Zuschlags ist bei üblicher Vereinbarung nach § 5 ErbbauVO nur mit Zustimmung des Ausgebers zulässig. Falls also der Ausgeber (was nur selten der Fall sein dürfte) nicht bereits im voraus seine Zustimmung erteilt hat, kann das Gericht den Zuschlag im Versteigerungstermin nicht erteilen. Es muss vielmehr einen Verkündungstermin bestimmen. Da die Ausgeber, nicht zuletzt die Gemein-

den, allgemein einiges an Bearbeitungszeit benötigen, reicht die gesetzliche Wochenfrist (§ 87 Abs. 2 ZVG) gewöhnlich nicht aus, weshalb der Rechtspfleger ca. drei bis vier Wochen vorsehen wird. Es ist Sache des Meistbietenden, sich um die Zustimmung zu bemühen und sie dem Gericht nachzuweisen.

Bei Erbbaurechten, deren Eintrag schon länger zurückliegt, wurde damals keine **591** „**Gleitklausel**" für die Höhe des Erbbauzinses vorgesehen, oder aber, in dieser Klausel wurden auslegungsbedürftige Kriterien vereinbart. Darüber gibt es ohnehin häufig Streit[179]. Wenn nun ein Meistbietender wegen der Zustimmung beim Ausgeber vorspricht, liegt es nahe, dass dieser versucht, einen früheren Vereinbarungsmangel jetzt zu beheben und hiervon die Zustimmung abhängig zu machen. Man verlangt also die Neueintragung der Gleitklausel oder/und eine erhebliche Erhöhung des gerade gültigen Erbbauzinses.

Ist gar durch den Unverstand des Ausgebers ein „erbbauzinsloses Erbbaurecht" **592** entstanden, will man dies jetzt durch neue Vereinbarung retten und macht hiervon die Zustimmung abhängig. Nun kann aber der Ausgeber die nach § 5 ErbbauVO erforderliche Zustimmung nicht willkürlich verweigern. § 7 Abs. 1 ErbbauVO nennt 2 beachtliche Gründe für die Verweigerung:

– der Zweck des Erbbaurechtes würde in der Hand des neuen Berechtigten verfehlt (z. B. das Erbbaurecht sollte sozial schwachen Familien und nicht dem Bankdirektor den Bau eines Einfamilienhauses ermöglichen)[180] oder

– vom künftigen Berechtigten (Ersteher) ist die Erfüllung der Verpflichtungen aus dem Erbbaurecht nicht zu erwarten.

In allen anderen Fällen muss die Gemeinde als Ausgeber die Zustimmung erteilen. **593** Tut sie dies nicht, kann gegen sie ein Verfahren auf Ersetzung der Zustimmung vor dem Amtsgericht eingeleitet werden (§ 7 Abs. 3 ErbbauVO – Verfahren der freiwilligen Gerichtsbarkeit). Der Meistbietende selbst kann diese Verfahren nicht einleiten, wohl aber nach heute h. M. einer der Gläubiger, welche die Zwangsversteigerung betrieben haben. Im oben zweitgenannten Fall hat der BGH[181] die Ersetzung der Zustimmung für rechtens erklärt und auch dem Grundpfandgläubiger ein Antragsrecht zugestanden. Meist wird es aber soweit nicht kommen, da sich die Meistbietenden selten mit Hilfe des Gläubigers wehren und zähneknirschend die Bedingungen des Ausgebers akzeptieren.

Auch die Gemeinde kann in die Situation geraten, als Gläubiger den Antrag auf **594** Ersetzung der Zustimmung des Ausgebers stellen zu müssen, wenn nach erfolg-

---

179 BGH vom 3. Februar 1995 – V ZR 222/93 – Rpfleger 1995, 403.
180 Zwar hat der BGH (Rpfleger 1995, 403) zugestanden, dass auch die Erlangung des Erbbauzinses zu den schützenswerten Zwecken gehört. Ob damit aber die Erzwingung einer dinglich nicht abgesicherten Erhöhung des Erbbauzinses oder gar die Eintragung einer bisher nicht vorhandenen Gleitklausel gedeckt ist, erscheint mehr als fraglich.
181 BGH vom 26. Februar 1987 – V ZB 10/86 – Rpfleger 1987, 320.

reich durchgeführter Versteigerung ein uneinsichtiger Ausgeber (z. B. eine Kirchengemeinde) die Zustimmung zum Zuschlag und damit zur Befriedigung der Gemeindeforderung verweigert.

3. Versteigerungsantrag aus einem Grundpfandrecht

595 Grundpfandrechte bedürfen zu ihrer Eintragung ebenfalls der Zustimmung des Ausgebers, wenn eine Vereinbarung nach § 5 ErbbauVO besteht. Dies gilt dann auch für Zwangshypotheken (§ 8 ErbbauVO). Wird nun aus einem solchen Grundpfandrecht die Zwangsversteigerung betrieben, so ist – wie auch beim persönlichen Gläubiger – die Anordnung des Verfahrens genehmigungsfrei. Die später erforderliche Zustimmung des Ausgebers wird nicht dadurch entbehrlich, dass er ja bereits die Zustimmung zur Belastung erteilt hat. Für seine Entscheidung muss er wissen, wer der Ersteher ist.

596 Obwohl die privilegierten Forderungen der Gemeinde „auf dem Erbbaurecht ruhen", muss der Ausgeber auch einem Zuschlag in einer von der Gemeinde aus privilegierter Forderung betriebenen Versteigerung zustimmen. Ist die Gemeinde selbst Ausgeberin, so handelt sie nicht treuwidrig, wenn sie den Zuschlag in der von ihr selbst betriebenen Versteigerung verweigert, soweit sie gegen den Meistbietenden gute Argumente hat.

4. Der Heimfallanspruch

597 Es kann vereinbart sein, dass das Erbbaurecht auf Verlangen des Ausgebers auf diesen oder einen Dritten zurückübertragen werden muss, wenn die Zwangsversteigerung angeordnet wird. Dieser **„Heimfall"** tritt also nicht kraft Gesetzes ein, sondern muss verlangt und notfalls prozessual durchgesetzt werden.

Hat die Gemeinde bereits während der Dauer des Zwangsversteigerungsverfahrens den Heimfall verlangt, so sollte sie dies unbedingt dem Versteigerungsgericht mitteilen. Stellt sie das Verlangen erstmals nach dem Zuschlag an den Ersteher, mag dies formal zulässig sein. Wahrscheinlich wird sie sich aber der Einwendung der „Verwirkung" ausgesetzt sehen. Will also die Gemeinde einen durch die Anordnung der Zwangsversteigerung ausgelösten Heimfallanspruch verfolgen, sollte sie dies fairerweise alsbald und gegen den Schuldner tun.

III. Unterschiede zwischen „alten" und „neuen" Erbbaurechten

1. „Gleitklausel" und „Inhalt der Vereinbarung"

598 Bei **alten Erbbaurechten** konnte die dingliche Absicherung des vereinbarten Anspruchs auf Erhöhung des Erbbauzinses nur durch eine „Gleitklausel" gesichert werden, welche im Grundbuch separat (zweite Abteilung) einzutragen war. Bleibt sie in der Zwangsversteigerung bestehen, kann nach h. M. nur dann ein **Zuzahlungsbetrag** nach § 51 ZVG festgesetzt werden, wenn das Erhöhungsverlangen be-

reits konkret besteht, aber noch nicht eingetragen ist[182]. Tritt der Erhöhungsfall ein, muss die Erhöhung mit dem Erbbauberechtigten vereinbart, notfalls gerichtlich erzwungen werden; so kann der Eintrag einer zusätzlichen Reallast für den erhöhten Betrag erfolgen, die dann im Rang der Gleitklausel eingetragen wird. Ist inzwischen Zwangsversteigerung angeordnet, ist die Anmeldung der Eintragung zum Versteigerungstermin unverzichtbar.

Bei **neuen Erbbaurechten** ist dies viel einfacher:

Eine Anpassung des Erbbauzinses, bestimmbar nach Zeit und Wertmaßstab, kann zum Inhalt der Erbbauzinseintragung werden. Eine eigene (in der zweiten Abteilung des Grundbuchs einzutragende) Gleitklausel ist entbehrlich. Gemäß § 1105 Abs. 1 BGB kann vereinbart werden, dass die Änderung des Erbbauzinses „automatisch" eintritt; also nicht mehr neu vereinbart werden muss, wenn die entsprechenden Wirtschaftsdaten vorliegen. Die Rahmenbedingungen für diese Änderung müssen aber bei Begründung der Klausel vereinbart werden. 599

2. Schicksal der Reallast in der Zwangsversteigerung

Bei der Versteigerung von Erbbaurechten alten Rechts teilt der Erbbauzins, gemäß § 9 Abs. 1 ErbbauVO einer Reallast gleich behandelt, das Schicksal aller im Grundbuch eingetragenen Rechte. Je nach dem Rang des Bestberechtigten der die Zwangsversteigerung betreibenden Gläubiger kann also der Erbbauzins 600

– bestehen bleiben und der Ersteher hat ihn weiter zu zahlen, oder

– erlöschen und der Ersteher erwirbt ein „erbbauzinsloses Erbbaurecht". In diesem Falle trifft ihn auch keine persönliche Haftung für den Erbbauzins[183].

Entscheidend ist also, ob ein Gläubiger die Zwangsversteigerung betreibt, der einen besseren Rang hat als die Erbbauzins-Reallast. Dies kann ein Gläubiger eines Grundpfandrechtes (Bank) sein, welchem der Ausgeber früher einmal Vorrang eingeräumt hatte. Es ist aber auch denkbar, dass die Vollstreckungsstelle (Kasse) zum Entsetzen des Liegenschaftsamtes aus einer privilegierten Forderung die Versteigerung betreibt und damit die Reallast (Rangklasse 4) zum Erlöschen bringt (Rn. 600). Auch die Zwangsversteigerung im Range der Reallast selbst, somit der Versteigerungsantrag des Ausgebers wegen rückständigen Erbbauzinses, führt zum Erlöschen des Stammrechtes und damit zum erbbauzinslosen Erbbaurecht. 601

Theoretisch könnte die Gemeinde als Ausgeberin

– die betreibende Bank ablösen oder

– versuchen, im Wege der abweichenden Versteigerungsbedingung (Rn. 372 ff.) die Erbbauzins-Reallast zu retten.

---

182 Anderenfalls entzieht sich das künftige Verlangen einer konkreten Bewertung. Hierzu Stöber, ZVG, Rn. 4.2 zu § 51 und Steuer, Rpfleger 1997, 141.
183 LG Münster, Rpfleger 1991, 330.

602 Ersteres wird am notwendigen Kapitaleinsatz scheitern. Betreibt nur die Gemeinde mit Rang vor dem Erbbauzins die Versteigerung, kann sie gemäß § 59 ZVG recht einfach das Bestehenbleiben der Reallast erreichen, wenn das Gericht sich der hier vertretenen Auffassung[184] anschließt, dass der Schuldner gemäß § 59 Abs. 3 ZVG nicht zustimmen muss. Betreibt aber (auch) die Bank aus einem Grundpfandrecht mit Vorrang, wird ohne deren Zustimmung kaum eine Rettung gelingen.

603 Für eine bestehen bleibende Erbbauzins-Reallast ist keine Anmeldung erforderlich. Es wird ein Zuzahlungsbetrag nach § 51 ZVG festgesetzt. Hier ist das Interesse der Gemeinde am Ersatz und die Entlastung des Erstehers identisch. Der Ersteher übernimmt mit dem Zuschlag sowohl die dingliche Haftung mit dem Erbbaurecht als auch – nach § 1108 BGB – die persönliche Schuld für die nach dem Zuschlag fälligen Beträge.

604 Ist gemäß **neuem Recht** vereinbart (§ 9 Abs. 3 Satz 1 ErbbauVO), dass der Erbbauzins in entsprechender Anwendung des § 52 ZVG (Abs. 2 Satz 2) auch dann nicht erlöschen soll, wenn die Gemeinde oder ein bevorrechtigter Gläubiger betreibt, kann der Ausgeber das Stammrecht der Reallast durch den Zuschlag nicht verlieren. Der Ersteher muss also in jedem Fall den Erbbauzins dinglich und persönlich übernehmen. Somit kann die Gemeinde auch als Ausgeberin ohne Risiko die Zwangsversteigerung aus privilegierten Forderungen oder rückständigem Erbbauzins betreiben. Allerdings wird (rein verfahrensrechtlich) das Gericht auch in diesem Fall den Erbbauzins als bestehen bleibendes Recht in das geringste Gebot aufnehmen und einen Zuzahlungsbetrag nach § 51 ZVG festsetzen[185].

IV. Der bereits fällige Erbbauzins

605 Die nachstehenden Erläuterungen gelten gleichermaßen für „alte" und „neue" Erbbaurechte!

1. Vollstreckung aus dem Erbbauzins

606 Zunächst einmal kann die Gemeinde in das sonstige Vermögen des jeweiligen Erbbauberechtigten vollstrecken, da dieser stets auch persönlich haftet. Soweit dies landesrechtlich ausdrücklich zugelassen ist, kann dies im Wege der Verwaltungsvollstreckung erfolgen. Anderenfalls ist ein ZPO-Titel erforderlich; zumeist eine Vollstreckungsklausel auf der Notarurkunde über die Bestellung des Erbbaurechtes.

607 Es kann aber auch die Zwangsversteigerung aus der eingetragenen Erbbauzins-Reallast beantragt werden. Hierzu ist stets ein Titel nach der ZPO erforderlich. Es ist davon auszugehen, dass sich der Erbbauberechtigte bei der Bestellung des Erbbau-

---

184 So auch Stöber, ZVG, Rn. 7.1 zu § 59.
185 Stöber, Rpfleger 1996, 136.

rechtes in der Urkunde des Notars der sofortigen Zwangsvollstreckung unterworfen hat. Zwar konnte dies nicht im Grundbuch eingetragen werden, ist aber problemlos, wenn damaliger und heutiger Berechtigter noch identisch sind. Erfolgte inzwischen eine Rechtsnachfolge, muss die Gemeinde beim Notar (§ 727 ZPO) dies in öffentlicher Urkunde nachweisen und vor dem Beginn der Vollstreckung die Urkunde mit der neuen Vollstreckungsklausel, sowie die Urkunde über die Rechtsnachfolge dem Schuldner durch einen Gerichtsvollzieher zustellen lassen (§ 750 Abs. 2 ZPO). Sodann kann die Zwangsversteigerung wegen der bereits fälligen Beträge in Rangklasse 4 beantragt werden.

2. Rang und Rangverlust

Reallast-Raten (also Erbbauzins) werden wie Hypothekenzinsen behandelt **608** (§ 1107 BGB). Somit sind sie „wiederkehrende Leistungen" i. S. d. ZVG.

Demzufolge ist „Laufend" i. S. d. ZVG die Rate, welche zuletzt vor der ersten **609** Grundstücksbeschlagnahme fällig geworden ist. Dazu alle Raten, die während des Verfahrens fällig werden. „Rückständig" sind alle älteren Raten. Sie haben die Rangklasse 4 nur für die Dauer von zwei Jahren. Ältere Rückstände haben nur noch die Rangklasse 8.

Erbbauzinsraten in beiden Rangklassen können zu einem laufenden Zwangsver- **610** steigerungsverfahren angemeldet werden. Ein Beitritt ist also nicht erforderlich, falls er nicht zur Rettung der Rangklasse 4 oder zur Verbesserung der Rangklasse 8 geboten ist.

Bereits zum Versteigerungstermin müssen die rückständigen Raten angemeldet **611** werden (ansonsten droht Rangverlust, § 110 ZVG). Laufende offen stehende Raten sollten angemeldet werden.

Ob die angemeldeten Erbbauzinsraten im Mindestbargebot stehen oder nur bei **612** genügendem Erlös berücksichtigt werden, ergibt sich aus dem Rang des bestberechtigten Gläubigers.

Beispiele:

Im Grundbuch ist ein Erbbaurecht **alten Rechts** wie folgt belastet:

An erster Rangstelle steht die Grundschuld der Bank mit 100.000 Euro. An zweiter Rangstelle der Erbbauzins, jährlich fällig am 1. Juli mit 1.440 Euro. Die Bank betreibt die Zwangsversteigerung aus der Grundschuld. Die Gemeinde meldet Grundsteuern (Quartalsrate 270 Euro, geschuldet seit 1. Januar 2013) und rückständigen Erbbauzins der Jahre 2011 bis 2014 an.

Erste Beschlagnahme war am 20. Februar 2014

Versteigerungstermin und Zuschlag zu 105.000 Euro am 15. August 2014

Verteilungstermin am 15. September 2014

Gerichtskosten: 3.000 Euro

Wie wird das Meistgebot verteilt?

Gerichtskosten:	3.000 Euro
Grundsteuer (rückständig) 2013 = 4 × 270 Euro	1.080 Euro
Grundsteuer (laufend) 2014: 2 Quartale + 44 Tage	672 Euro
Bank (ohne Zinsen gerechnet)	100.000 Euro
Erbbauzins „laufend" 2013 und 2014 bis 14. September	2.456 Euro
Erbbauzins rückständig 2011 und 2012	2.880 Euro

Da nur 105.000 Euro zu verteilen sind (evtl. Verzinsung des Meistgebotes bleibt unbeachtet), erhält die Gemeinde nur noch 248 Euro auf den Erbbauzins, dazu die Grundsteuer mit 1.752 Euro. Der Ersteher zahlt die Grundsteuer ab 15. August 2014 (Haftung für 2014 nur dinglich, ab 2015 auch persönlich), aber keinen Erbbauzins – auch nicht mehr für die Zukunft.

613 **Abwehrmaßnahme** der Gemeinde vor (!) dem Zuschlag:
- – Ablösung der Bank durch die Gemeinde – erforderlich hierzu: 100.000 Euro zzgl. Kosten und Zinsen. Folge: Die Gemeinde erlangt dafür die Grundschuld.
- – Versuch, eine „abweichenden Versteigerungsbedingung" (Erbbauzins soll übernommen werden) zu erlangen. Mit Zustimmung der Bank gut möglich. Ohne Zustimmung der Bank – über Doppelausgebot – nur erfolgreich, wenn mit bestehen bleibendem Erbbauzins (!) wenigstens noch 104.752 Euro bar geboten würden! Nur dann hätte die Bank keinen Ausfall.

Gleiches Beispiel, nur: Erbbaurecht „neuen Rechts"

614 Das Gericht bestimmt das Bestehenbleiben der Erbbauzins-Reallast als Teil des geringsten Gebotes und somit als Versteigerungsbedingung. Die Bank kann dem nicht widersprechen. Wer also das Grundstück ersteigert, muss dinglich und persönlich den Erbbauzins zur Weiterzahlung übernehmen.

615 Aber: Der bereits fällige Erbbauzins erlangt hierdurch keinen Vorrang vor der Bank, sondern behält den im Grundbuch eingetragenen Rang. Somit würde bei einem Gebot von 105.000 Euro die Gemeinde die Erbbauzinsraten von 2011 bis 2013 – abgesehen von den 248 Euro – verlieren. Lediglich für die Rate 2014 würde sich eine Verbesserung ergeben und zwar aus folgendem Grund:

Da die Erbbauzins-Reallast jetzt „bestehen bleibendes Recht" ist, endet die Berücksichtigung aus dem Bargebot bereits mit dem Tag vor dem Zuschlag und geht mit dem Zuschlag auf den Ersteher über. Somit würde die Gemeinde für 2014 nur mit 896 Euro ausfallen (= 224 Tage 1. Januar bis 14. August). Den Rest in Höhe von 544 Euro (= 15. August bis 31. Dezember) müsste ihr der Ersteher zahlen.

Hat die Gemeinde – um bei obigem Beispiel zu bleiben – der Bank mit dem Erb- **616** bauzins keinen Vorrang eingeräumt, so hat die Bank Rang nach der Reallast. In diesem Fall gibt es keinen Unterschied zwischen dem alten und dem neuen Recht. Der Versteigerungserlös ist nunmehr wie folgt zu verteilen:

Kosten:	3.000 Euro
Grundsteuern	1.752 Euro
Erbbauzins bis 14. August 2014	5.216 Euro
Bank	95.032 Euro

Somit hat die Bank, und nicht die Gemeinde den Ausfall. Der Ersteher muss der Gemeinde ab 15. August 2014 (für 2014: 544 Euro) Erbbauzins zahlen.

V. Der erloschene Erbbauzins

1. Die erloschene Erbbauzins-Reallast

Bei Erbbaurechten, welche ohne die Sicherungsmöglichkeit des neuen Rechtes **617** (§ 9 ErbbauVO i. V. m. § 52 ZVG) eingetragen worden sind, besteht die Möglichkeit, dass die Erbbauzins-Reallast in der Zwangsversteigerung erlischt und somit der Ersteher ein „erbbauzinsloses Erbbaurecht" erlangt, also künftig keinen Erbbauzins zahlen muss.

Reicht der Erlös aus (was leider nicht oft der Fall sein wird), kann die Gemeinde **618** neben den „laufenden" und „rückständigen" Raten einen Geldersatz für das künftig wegfallende Recht erlangen (§ 92 Abs. 1 ZVG). Da Fälligkeit, Höhe der Rate und Dauer bestimmt sind, erfolgt die Zuteilung nicht in Form der Rente des § 92 Abs. 2 ZVG, sondern durch eine einmalige Zahlung eines **„Ersatzbetrages"**.

An sich hat das Gericht den Betrag von Amts wegen zu berechnen und in den Tei- **619** lungsplan einzusetzen (§ 114 ZVG). Die Gemeinde sollte jedoch den Wertersatz anmelden, was ohne Rangverlust noch im Verteilungstermin möglich ist. Da die Rate grundbuchersichtlich und damit gegenüber dem Schuldner „festgestellt" ist, bedarf der Ansatz nicht der Zustimmung des Schuldners.

Allerdings muss die Gemeinde beachten, dass sie keineswegs die Summe aller **620** künftigen Raten erhalten wird. Sie hätte dann einen gewaltigen Vorteil, weil sie das Geld lange vor der Fälligkeit bekäme. Vielmehr erhält sie einen **„abgezinsten Betrag"**.

Es ist folgende Überlegung anzustellen:

621 Wie viel Geld müsste man am Tag des Verteilungstermins bei X % Zinsen anlegen, damit zzgl. Zinsen jährlich der Erbbauzins gezahlt werden könnte und am Ende der Laufzeit das Kapital verbraucht wäre? Die Berechnung ist recht einfach, da es sowohl Tabellen als auch Formeln gibt. Für den häufigen Fall – Erbbauzins jährlich nachträglich zahlbar – (gesetzlicher Zinssatz 4 %), gilt folgende Formel

$$\text{Ersatzbetrag} = \frac{\text{Jahresrate} \times (1{,}04^n - 1)}{1{,}04^n \times 0{,}04}$$

„n" ist hierbei die Zahl der vollen Jahre bis zum Ablauf des Erbbaurechtes. Moderne Taschenrechner ermöglichen eine rasche Berechnung. Die fehlende Zeit zwischen Verteilungstermin und nächster Fälligkeit ist noch hinzuzurechnen.

Beispiel:

Wie bei Rn. 612. Der Erbbauzins ist erloschen, die vertraglich festgelegte Restlaufzeit des Erbbaurechtes beträgt noch 35 Jahre.

Jahresrate = 1.440 Euro

Berechnung:

1.440,00 (Euro) $\times$ $(1{,}04^{35} - 1)$ = 1.449 $\times$ 2,946088 = 4.242,36

1,04 $\times$ 0,04 = 0,1578

4.242,36 : 0,1578 = 26.884,41 Euro

zzgl. ca. 1.400 Euro für die Zeit vom 15. September 2013 bis 15. Juli 2014.

Die Summe der verlorenen Raten hätte 35 $\times$ 1.440 Euro, also 50.400 Euro betragen. Allerdings hätte sich die Gemeinde im Beispielsfall (bei einem Meistgebot von lediglich 105.000 Euro) die Berechnung ersparen können, da für eine Zuteilung ohnehin kein Geld vorhanden gewesen wäre!

In den letzten Jahren wird zum Nachteil der Gemeinde die Auffassung vertreten, dass die Berechnung des Ersatzbetrages einen ungerechtfertigten wirtschaftlichen Vorteil bringe, da die Diskontierung mit 4 Prozent zumindest zeitweise unbillig (zu niedrig) sei und keine Zinseszinsen berücksichtigt würden, die man aber mit dem zugeteilten Kapital erwirtschaften könne[186]. Die inzwischen extrem niedrigen Darlehenszinsen zeigen aber auf, dass man diese Frage langfristiger sehen muss.

622 Ist die Gemeinde der Auffassung, das Gericht habe den Ansatz falsch berechnet, kann sie gegen den Teilungsplan sofortige Beschwerde zum Landgericht einlegen (gebührenpflichtig und fristgebunden, vgl. Rn. 475). Ist sie jedoch der Meinung, das Gericht habe für seine Berechnung zu ihren Ungunsten einen falschen Maß-

---

186 Streuer, Rpfleger 1997, 141.

stab angelegt, muss sie gegen die Zuteilung des Betrages, den sie eigentlich erwartet, gegen den Nächstberechtigten Widerspruch geltend machen.

Ein Gläubiger mit Rang nach der Gemeinde kann gegen die Zuteilung an die Gemeinde ebenfalls Widerspruch einlegen, wenn er der Auffassung ist, dass die Gemeinde zu viel bekäme und eine geringere Zuteilung ihm zugute käme. **623**

Manchmal kommt es vor, dass die ursprünglich, meist an erster Rangstelle des Grundbuchs stehende Erbbauzinsreallast bei der Eintragung von Grundpfandrechten zur Absicherung von Darlehensverbindlichkeiten des Erbbauberechtigten – aus Unkenntnis über die Konsequenzen – im Rang zurück getreten sind. Durch einen solchen Rangrücktritt, der von den Darlehensgebern häufig gefordert und von der Gemeinde als Grundstückseigentümerin oft leichtfertig zugebilligt wird, verschlechtert sich die Rangposition der Reallast dramatisch, sodass die Reallast an eine aussichtslose Rangstelle abrutscht. **624**

Spätestens wenn das Kreditinstitut beabsichtigt, das Erbbaurecht wegen Zahlungsrückständen bei den Immobiliendarlehen des Erbbauberechtigten zu verwerten, stellt sich die Frage, wie sich die Kommune als Grundstückseigentümer verhalten sollte.

Meist hat der in eine finanzielle Schieflage geratene Erbbauberechtigte nicht nur hinsichtlich der Immobilienfinanzierungen Zahlungsrückstände, sondern gleichzeitig auch bei der Kommune hinsichtlich öffentlicher Grundstückslasten und Erbbauzinsen.

Bei einer Verwertung des Erbbaurechts bevorzugen die Kreditinstitute derzeit einen freihändigen Verkauf des Erbbaurechts und beantragen nur dann die Zwangsversteigerung, wenn eine freihändige Verwertung nicht durchführbar ist. Zum Verkauf ist dann allerdings die Mitwirkung des Erbbauberechtigten und bei einer entsprechenden Regelung im Erbbauvertrag, die Zustimmung des Grundstückseigentümers nötig.

Immerhin bietet ein freihändiger Verkauf der Kommune die Chance, die schlechte Rangsituation zu verbessern. Dazu müssten bei der Eigentumsumschreibung auf den Käufer alle vorrangigen Grundschulden gelöscht werden und die Erbbauzinsreallast eingetragen bleiben. Diese dürfte nicht erneut hinter die vom Käufer neu bestellten Grundschulden zurücktreten.

Mit einem Verkauf würde zumindest ab dem Eigentumsübergang die Zahlung aller künftig anfallenden Forderungen durch den Käufer in Aussicht stehen und wäre erforderlichenfalls mit Zwangsmitteln durchsetzbar.

Um eine Zahlung auf die laufenden Verbindlichkeiten ohne einen freihändigen Verkauf zu erreichen, könnte die Kommune die Zwangsverwaltung wegen der rückständigen Forderungen betreiben. Dann hätte der Zwangsverwalter aus den Erträgen die laufenden öffentlichen Lasten zu zahlen. Bezüglich der rückständigen **625** dinglichen Erbbauzinsen ist aber eher nicht mit einer Befriedigung aus der Zwangsverwaltung zu rechnen, da diese nur in der Rangklasse 5 zum Zuge kommen könnten, hier aber so gut wie nie mit einer Zahlung gerechnet werden kann.

Ein Versteigerungsverfahren auf Antrag der Kommune oder des Grundschuldgläubigers wäre für die Kommune als Grundstückseigentümerin in der geschilderten Konstellation wenig Erfolg versprechend.

Bei einer Verwertung des Erbbaurechts im Wege der Zwangsversteigerung könnte die Kommune wohl nur mit einer Zahlung auf bevorrechtigten öffentlichen Grundstückslasten rechnen.

Auf eine Befriedigung des in Rangklasse 4 an schlechter Rangposition stehenden Erbbauzinses wäre nur bei einem sehr guten Versteigerungsergebnis zu hoffen.

Der größte Nachteil bei einer Zwangsversteigerung wäre jedoch darin zu sehen, dass die Erbbauzinsreallast, da sie wegen des erfolgten Rangrücktritts nicht in das geringste Gebot fällt, durch den Zuschlag im Zwangsversteigerungsverfahren nach §§ 91 Abs. 1, 52 Abs. 1, 44 Abs. 1 ZVG erlöschen würde. Zahlungen auf den rückständigen Erbbauzins wären wegen der schlechten Rangstelle und angesichts der häufig den Verkehrswert erreichenden vorgehenden Belastungen kaum zu erwarten.

Der Ersteher könnte das erworbene Erbbaurecht ab dem Zuschlag für die gesamte Laufzeit kostenlos nutzen, da er schuldrechtlich keinen Vertrag mit dem Grundstückseigentümer hinsichtlich einer Erbbauzinszahlung eingegangen ist und der dingliche Anspruch mit dem Zuschlag erlischt. Das wäre ein erheblicher Renditeverlust für den Grundstückseigentümer. Er bliebe zwar Eigentümer des Grundstücks, könnte aber daraus bis zum Ende der vereinbarten Erbbauzeit, meist ein sehr langer Zeitraum von mehreren Jahrzehnten, keinerlei Einnahmen in Form von Erbbauzins erzielen.

Der Grundstückseigentümer kann sich bei einer Zwangsversteigerung des Erbbaurechts mit einer nachrangigen Erbbauzinsreallast nicht dagegen wehren, dass die Verpflichtung zur Zahlung des Erbbauzinses ersatzlos untergeht.

Zwar ist die Zustimmung des Grundstückseigentümers auch bei der Zwangsversteigerung des Erbbaurechts erforderlich, sie kann aber nur aus wichtigem Grund verweigert werden (§ 7 Abs. 1 ErbbauG). Bei Verweigerung ohne triftigen Grund kann sie gerichtlich ersetzt werden (§ 7 Abs. 3 ErbbauG).

Der gerichtlichen Ersetzung der Zustimmung des Grundstückseigentümers zum Erwerb des Erbbaurechtes durch den Ersteher in der Zwangsversteigerung aus einem vorrangigen Grundpfandrecht steht nicht entgegen, dass der im Grundbuch eingetragene Anspruch auf den Erbbauzins in Wegfall gerät und der Ersteher nicht zur freiwilligen Übernahme der schuldrechtlichen Verpflichtung zur Zahlung des Erbbauzinses bereit ist.[187]

Sowohl der Grundschuldgläubiger, als auch der Grundstückseigentümer, der einer Belastung eines auf seinem Grundstück ruhenden Erbbaurecht mit einer Grundschuld zugestimmt hat, muss von den gesetzlichen Regelungen zur Befriedigung aus Grundpfandrechten und zum Erlöschen nachrangiger Rechte mit dem Zuschlag ausgehen. Für eine Erbbauzinsreallast gelten dazu keine Ausnahmen. Die Zustimmung des Grundstückseigentümers zum Eigentumsübergang in der Zwangsversteigerung kann also faktisch nicht verweigert oder von Bedingungen abhängig gemacht werden.

Die bei der Belastung mit Grundschulden erklärte Zustimmung des Eigentümers und der Rangrücktritt hinter die Finanzierungsgrundschuld haben zur Folge, dass die sich hieraus ergebenden gesetzlichen Konsequenzen, nämlich Verlust des eigene Rechts und der komplette Forderungsausfall hinsichtlich der rückständigen Erbbauzinsen vom Grundstückseigentümer hingenommen werden müssen[188].

Daraus ergibt sich, dass bei der aufgezeigten Konstellation aus Sicht der Kommune **626** ein freihändiger Verkauf des Erbbaurechts einer Verwertung des Erbbaurechts im Wege der Zwangsversteigerung vorzuziehen ist.

Eine Zwangsversteigerung würde unweigerlich zum Verlust der Erbbauzinsreallast führen und vermutlich sogar ohne darauf eine Zahlung zu erhalten.

Der Ersteher könnte dann das Erbbaurecht für die Restlaufzeit ohne Zahlung eines Erbbauzinses nutzen, da er es in der Zwangsversteigerung nach Maßgabe des § 52 Abs. 1 ZVG lastenfrei erwirbt.[189]

Deshalb kann einer Kommune im vorliegenden Fall nur geraten werden, bei einem freihändigen Verkauf mitzuwirken um so zumindest einen Teil der offenen Forderungen durchzusetzen bzw. dazu beizutragen, dass ein zahlungskräftiger Erwerber gefunden wird, der den Zahlungsverpflichtungen in Zukunft nachkommt.

Denkbar wäre in diesem Zusammenhang ebenso, dass die Kommune das Erbbaurecht selbst kauft und so eine Zwangsversteigerung durch die Grundpfandrechtsgläubigerin mit allen oben aufgezeigten Nachteilen ausschließt. Die Finanzierung des Kaufpreises könnte, je nach dessen Höhe, angesichts der derzeit guten Rendite von Erbbaurechten, sicherlich zu einem großen Teil aus den Erträgen gesichert werden.

---

187 OLG Frankfurt am Main vom 27. Dezember 2011 – 20 W 81/11 – Rpfleger 2012, 314.
188 OLG Düsseldorf vom 20. Juni 2013 – I-3 Wx 85/12 – Rpfleger 2013, 698.
189 Stöber, ZVG, Rn. 3 zu § 52 und Rn. 3 zu § 90.

2. Die erloschene Gleitklausel

627 Erbbaurechte „alten Rechts" haben häufig eine in der zweiten Abteilung des Grundbuchs eingetragene Gleitklausel, welche zusammen mit der Erbbauzins-Reallast so gut wie immer ebenfalls erlöschen wird. Da die Gleitklausel eine künftige Erhöhung des Erbbauzinses sichert, ein erloschener Erbbauzins sich aber begrifflich nicht mehr erhöhen kann, wird heute zutreffend angenommen, dass eine Gleitklausel nur einen Wert haben kann, wenn der Erbbauzins bestehen geblieben, sie selbst aber erloschen ist. Dieser Fall ist extrem selten, zumal eine Gleitklausel nur bei Erbbaurechten alten Rechtes wirklich werthaltig sein kann.

Kapitel K
Auseinandersetzungsversteigerung

I. Allgemein

In einer Zeit der wirtschaftlichen Rezession, wo die Mittel immer knapper werden, **628** fällt es den Gemeinden hinsichtlich der Einziehung ihrer Geldforderungen immer schwerer, diese durch Vollstreckung in das bewegliche Vermögen zu realisieren. Oft bleibt die Vollstreckung in das unbewegliche Vermögen die einzige Möglichkeit, die Gelder erfolgreich einzuziehen. Doch auch hier haben die Gemeinden immer häufiger zusätzliche Barrieren zu überbrücken, wenn nämlich der Schuldner nicht alleiniger Eigentümer des Grundstücks ist, sondern dieses mit Miteigentümern teilt.

In der Praxis werden Auseinandersetzungsversteigerungen oft deshalb beantragt, **629** weil sich z. B. Ehegatten, welche zusammen (je zu 1/2) Grundstückseigentümer sind, nach einer Scheidung nicht über die Verwertung des gemeinsamen Grundstücks einigen können. Hier bietet das Zwangsversteigerungsgesetz (§§ 180 ff.) die Möglichkeit für jeden Miteigentümer, das Grundstück gegen den Willen des anderen Beteiligten durch Versteigerung zu verwerten. Der Erlösüberschuss wird dann zwischen den Beteiligten aufgeteilt.

Der für die **Auseinandersetzungs-** oder **Aufhebungsversteigerung** auch oft verwendete Begriff **„Teilungsversteigerung"** ist eigentlich nicht richtig, weil der nach **630** Deckung der Befriedigungsansprüche verbleibende Erlösüberschuss im Rahmen des Verfahrens gerade nicht unter die Teilhaber aufgeteilt, sondern zum Zwecke der Auseinandersetzung regelmäßig hinterlegt wird. Der Erlös ist das Surrogat des versteigerten Grundstücks, an welchen sich die Gemeinschaft, die an dem Grundstück bestand, fortsetzt. Die Teilungsversteigerung bereitet demzufolge die Auseinandersetzung vor.

Die Auseinandersetzungsversteigerung wird heute von der h. M.[190] als Maßnahme **631** der Zwangsvollstreckung gesehen, weil gem. §§ 180 ff. ZVG der schuldrechtliche Auseinandersetzungsanspruch mit Hilfe staatlichen Zwangs durchgesetzt wird und der Zuschlag auch den Eigentumsverlust Dritter am Zubehör bewirkt. Nur für den seltenen Fall der die Ausübung eines Vorkaufsrechtes wird diese Versteigerung wie ein freihändiger Verkauf behandelt[191].

Da die Gemeinde bei der „Auseinandersetzungsversteigerung" in aller Regel als **632** Pfändungsgläubigerin auftritt, sollen sich die nachfolgenden Ausführungen auch hauptsächlich hierauf beschränken.

---

190 Stöber, ZVG, Rn. 1.3 zu § 172 mit Nachweisen für die Gegenansicht.
191 BGH vom 23. April 1954 – V ZR 145/52 – NJW 1954, 1035.

II. Die verschiedenen „Gemeinschaften"

633 Bevor die richtige Vollstreckungsmaßnahme ausgewählt werden kann, muss festgestellt werden, in welcher „Gemeinschaft" die Miteigentümer eingetragen sind. Es kommen zwei verschiedene Gemeinschaften in Betracht, die auch verschiedene Zugriffsmöglichkeiten bieten, nämlich die „Bruchteilsgemeinschaft" (§ 741 ff. BGB) und die Gesamthandsgemeinschaft (§ 705 ff. BGB), insbesondere die „Erbengemeinschaft".

1. Die Bruchteilsgemeinschaft

634 Die Bruchteilsgemeinschaft ist daran zu erkennen, dass die Bruchteile als solche im Grundbuch eingetragen sind, also z. B. „als Miteigentümer zu je einem Drittel". Grundstücksbruchteile sind reales Eigentum und können wie Grundstücke belastet oder veräußert werden. Es wäre also möglich, mit einer Forderung gegen nur einen der Miteigentümer an dessen Bruchteil eine Sicherungshypothek eintragen zu lassen (dazu Kapitel B) oder aber auch diesen Bruchteil als solchen versteigern zu lassen (§ 864 Abs. 2 ZPO). Allerdings wird man nur selten Interessenten finden, die auf einen solchen Bruchteil bieten. Zudem würden ihn die anderen Teilhaber mangels echter Bietkonkurrenz billig ersteigern und der Erlös würde zur Befriedigung der Gemeindeforderung nicht ausreichen. Es ist daher ein Weg zu suchen, mit einer Forderung gegen nur einen der Teilhaber das ganze Grundstück versteigern zu lassen.

635 Da Grundstücksbruchteile „reales Eigentum" (also Immobilien) sind, können sie nicht im Wege der Forderungspfändung gepfändet werden. Pfändbar ist jedoch der Anspruch auf Aufhebung der Bruchteilsgemeinschaft (§ 749 BGB). Es ist nicht notwendig, aber sinnvoll, den Anspruch des Teilhabers auf Teilung des Erlöses und Auszahlung des Erlösanteiles gleich mitzupfänden. Anschließend erfolgt dann die Auseinandersetzung (da eine „Realteilung" so gut wie immer ausscheidet) durch Zwangsversteigerung (§ 753 BGB) und Teilung des Erlöses. Diesen Antrag kann der Pfändungsgläubiger ohne Mitwirkung des Pfändungsschuldners und Bruchteilseigentümers stellen. Nachzuweisen ist dabei lediglich die Wirksamkeit der Pfändung des Auseinandersetzungsanspruchs.

2. Gesamthandsgemeinschaft

636 Zur Gesamthandsgemeinschaft gehören insbesondere die „Gesellschaft bürgerlichen Rechts" sowie die „Gütergemeinschaft" und vor allem die „Erbengemeinschaft".

Bei bestehender Ehe ist die Auseinandersetzung der Gütergemeinschaft seitens eines Pfandgläubigers unmöglich (siehe daher Sonderregelung bei Rn. 92, 267).

637 Meist wird der Vollstreckungsschuldner Mitglied einer Erbengemeinschaft sein. Der Anteil am einzelnen Nachlassgegenstand, also am Grundstück, ist nicht

pfändbar. Somit wäre eine Pfändungsverfügung mit dem Inhalt „Gepfändet wird der Anteil des Schuldners am Nachlassgrundstück des am ... verstorbenen ..." unwirksam. Das Gericht müsste den anschließenden Versteigerungsantrag ablehnen (Kosten: 100 Euro + Zustellungsauslagen).

Pfändbar ist jedoch (§ 859 Abs. 2 ZPO) der Anteil an der Erbengemeinschaft als **638** solcher (Text hierzu siehe Rn. 645).

Es ist zweckmäßig, den Anspruch auf Auseinandersetzung der Gemeinschaft und **639** auf Erlösteilung sowie Auskehr des auf den Schuldner entfallenden Erlösanteils mitzupfänden. Notwendig ist es allerdings nicht. Auch hier erfolgt die Auseinandersetzung durch Zwangsversteigerung und Erlösteilung (§ 2042 BGB, dessen Abs. 2 auf § 753 BGB verweist).

3. Das „kleine" und das „große" Antragsrecht

Es kann vorkommen, dass der Schuldner Mitglied einer Gesamthandsgemeinschaft **640** (meist einer Erbengemeinschaft) ist, die ihrerseits Miteigentümerin in einer Bruchteilsgemeinschaft ist. In diesem Fall unterscheidet man das „große" und das „kleine" Antragsrecht.

Beispiel:

Vater und Mutter des Schuldners waren Eigentümer des Grundstücks in Bruchteilsgemeinschaft (z. B. je zur Hälfte). Der Vater ist verstorben. Er wurde nach gesetzlicher Erbfolge (gesetzlicher Güterstand) von seiner Frau zur Hälfte und den beiden Kindern zu je einem Viertel beerbt. Das Grundstück gehört also jetzt:

a) Der Mutter zur Hälfte (wie bisher)

b) Zur anderen Hälfte der Erbengemeinschaft, diese bestehend aus der Mutter (1/2) und dem Sohn (1/4) und der Tochter (1/4).

Schuldet nun lediglich die Tochter der Gemeinde rückständige Forderungen, so kann die Gemeinde entweder

– nur den Hälfteanteil der Erbengemeinschaft versteigern lassen (**„kleines Antragsrecht"**) oder

– das gesamte Grundstück versteigern lassen (**„großes Antragsrecht"**).

Die Gemeinde kann aber weder nur den Anteil der Tochter zur Versteigerung bringen, noch kann sie in diesem Fall eine Sicherungshypothek eintragen lassen. Wird später das Grundstück versteigert, setzt sich das Pfandrecht der Gemeinde am Erlösanteil der Tochter fort. Die Anteile von Mutter und Sohn am Erlös sind nicht betroffen.

III. Pfändung des Anspruchs

641 Die Gemeinde muss, um in die Position des Gläubigers zu rücken und insoweit die Berechtigung zu erlangen, einen Antrag auf Auseinandersetzungsversteigerung zu stellen, zuvor die Ansprüche des Schuldners durch **Forderungspfändung** nach den Bestimmungen der jeweiligen Landesverwaltungsvollstreckungsgesetze pfänden und sich zur Einziehung überweisen lassen. Gleichzeitig mit der Pfändung des Anspruchs wird die „Auszahlung des außerhalb des Zwangsversteigerungsverfahrens zu verteilenden Erlöses" gepfändet und dem Gläubiger ebenfalls zur Einziehung überwiesen.

642 Durch die Anspruchspfändung kann auch die **Auseinandersetzung einer Erbengemeinschaft** betrieben werden, soweit ein Grundstück zum Nachlass gehört. Befindet sich das Grundstück in **Gesamthandeigentum** einer Personengesellschaft, kann die Gemeinde den Antrag nach § 180 ZVG erst stellen, wenn die Gesellschaft aufgelöst ist. Die Auflösung kann die Vollstreckungsbehörde nach Pfändung des Gesellschaftsanteils und Kündigung der Gesellschaft gem. § 725 BGB betreiben, falls der Gesellschaftsvertrag keine abweichende Vereinbarung enthält[192].

643 Hat die Gemeinde den Anspruch eines **Ehegatten** oder Miteigentümers auf Aufhebung der Gemeinschaft gepfändet, bedarf sie nicht der Zustimmung des anderen Miteigentümers, selbst wenn die Voraussetzungen des § 1365 Abs. 1 BGB vorliegen und der Pfändungsschuldner den Versteigerungsantrag nur mit Zustimmung des Ehegatten stellen könnte[193]. Der Pfändungszugriff der Gläubiger der Eheleute auf deren Vermögen soll durch die besondere Vorschrift des § 1365 Abs. 1 BGB nicht geschmälert werden. Der § 1365 Abs. 1 BGB gilt vielmehr ausschließlich für die im gesetzlichen Güterstand lebenden Eheleute selbst. Jeder Ehegatte muss es deshalb ganz einfach hinnehmen, dass Pfändungsgläubiger des anderen Ehegatten dessen Vermögen zur Tilgung seiner Verbindlichkeiten im Wege der Zwangsvollstreckung verwerten.

Die Forderungspfändung, welche dem Miteigentümer als Drittschuldner zugestellt wird, kann z. B. folgenden Wortlaut haben:

– **bei Bruchteilsgemeinschaft:**

644 „Gepfändet werden die angeblichen Ansprüche des Schuldners an ... – Drittschuldner – auf Aufhebung der Bruchteilsgemeinschaft am Grundstück Flur... Nr. ..., eingetragen im Grundbuch des Amtsgerichts ... für ... Blatt ..., auf Teilung des Erlöses und auf Auszahlung des dem Schuldner gebührenden Anteils am Erlös. Die Forderung wird dem Gläubiger zur Einziehung überwiesen."

---

192 App, KKZ 1984, 70.
193 BGH vom 6. April 2006 – IX ZR 238/02 – FamRZ 2006, 856.

– bei Erbengemeinschaft:

„Gepfändet wird der angebliche Erbanteil des Schuldners an der Erbengemein- 645
schaft nach dem am … verstorbenen … sowie der Anspruch auf Aufhebung dieser
Gemeinschaft, Teilung des Erlöses und Auszahlung des auf den Schuldner entfallenden Erlösanteils. Der Erbanteil und die gepfändeten Ansprüche werden der
Gläubigerin zur Einziehung überwiesen".

Mit der Einziehungs-/Überweisungsverfügung wird der Gläubiger kraft Gesetzes 646
ermächtigt, das Recht des Schuldners auf Aufhebung der Gemeinschaft auszuüben
um insoweit die Zwangsversteigerung des gesamten Grundstücks zu beantragen.

Hat der Schuldner seinen Miteigentumsanteil am Grundstück auf den anderen Mit- 647
eigentümer in anfechtbarer Weise übertragen (§ 3 AnfG), kann die Gemeinde vom
jetzigen Alleineigentümer als Anfechtungsgegner auch ohne vorherige Pfändung
und Überweisung des schuldrechtlichen Anspruchs auf Aufhebung der Gemeinschaft und Auskehr des Erlöses in der Zwangsversteigerung die Duldung der
Zwangsversteigerung des gesamten Grundstücks verlangen[194].

IV. Antrag und Voraussetzungen

Wie bei der „normalen" Zwangsversteigerung, so wird auch die Auseinanderset- 648
zungsversteigerung nur auf Antrag durchgeführt. Der Antrag kann von jedem Miteigentümer der Bruchteilsgemeinschaft bzw. der Gesamthandsgemeinschaft sowie
auch von einem Pfändungsgläubiger gestellt werden. Aus der Sicht der Gemeinden wollen wir uns auf den Antrag des Pfändungsgläubigers beschränken.

Im Gegensatz zur Forderungszwangsversteigerung ist für die Antragstellung ein ge- 649
sonderter **Titel** nicht erforderlich (§ 181 Abs. 1 ZVG). Handelt es sich bei der zu
vollstreckenden kommunalen Forderung um eine öffentlich-rechtliche Geldleistung, ist der in der Zivilvollstreckung geforderte Titel in der Verwaltungsvollstreckung ohnehin entbehrlich, da er durch die Erklärung der Vollstreckungsbehörde
über die Vollstreckbarkeit der Forderung ersetzt wird. Wenn auch in der Auseinandersetzungsversteigerung grundsätzlich kein „Titel" verlangt wird, so entbindet
dies die Vollstreckungsbehörde natürlich nicht davon, dass sie – bevor sie einen
entsprechenden Antrag beim Gericht stellt – prüft, ob die Vollstreckungsvoraussetzungen vorliegen.

Sind die Vollstreckungsvoraussetzungen nach den landesrechtlichen Bestimmun- 650
gen erfüllt, so ist die Gemeinde nach erfolgter Pfändung des Anspruchs auf Aufhebung der Gemeinschaft berechtigt, beim Amtsgericht unter gleichzeitigem Nachweis der wirksamen Pfändung des Auseinandersetzungsanspruchs durch Vorlage

---

194 BGH vom 23. Februar 1984 – IX ZR 26/83 – Rpfleger 1984, 283; Hintzen, Immobiliarzwangsvollstreckung, Rn. 1027.

einer Ausfertigung der Pfändungs- und Überweisungsverfügung samt Zustellungsnachweis einen entsprechenden Antrag zu stellen.

651 Der Antrag für die Gemeinde wird von der jeweils zuständigen Vollstreckungsbehörde gestellt. Er ist grundsätzlich schriftlich an das Amtsgericht zu stellen und unterliegt keiner bestimmten Form. Aus dem Antrag muss sich ergeben,

- das zu versteigernde Grundstück,
- das Gemeinschaftsverhältnis, das aufgehoben werden soll, sowie die Art der Beteiligung des Antragstellers,
- die Antragsgegner und
- das Begehren, dass die Zwangsversteigerung zum Zwecke der Aufhebung der Gemeinschaft angeordnet werden soll.

652 Die Auseinandersetzungsversteigerung eines Grundstücks kann gem. § 181 Abs. 2 ZVG nur angeordnet werden, wenn der Antragsteller als **Eigentümer im Grundbuch** eingetragen ist. Bei einer Erbengemeinschaft genügt statt deren Eintragung der Nachweis der Erbfolge (§ 181 Abs. 2 i. V. m. § 17 Abs. 3 ZVG). Der Pfändungsgläubiger, mithin also derjenige, welcher das Recht des Miteigentümers auf Aufhebung der Gemeinschaft kraft Pfändung ausübt, braucht dagegen nicht selbst im Grundbuch eingetragen zu sein. Er hat lediglich die Eintragung des Eigentümers nachzuweisen und durch Vorlage der Pfändungs- und Überweisungsverfügung darzutun, dass er dessen Recht, die Aufhebung der Gemeinschaft zu verlangen, wirksam gepfändet hat und deshalb ausüben darf.

653 Der **Beitritt** (§ 27 ZVG) **eines Vollstreckungsgläubigers** ist bei der Auseinandersetzungsversteigerung **nicht möglich.** Die Zielrichtung der Auseinandersetzungsversteigerung ist eine ganz andere, als die der Forderungsversteigerung[195].

Allerdings kann der Antragsgegner (also der Miteigentümer am Grundstück) jederzeit dem Verfahren beitreten und wird dadurch gleich in doppelter Funktion am Verfahren beteiligt, nämlich sowohl als Antragsgegner des bereits angeordneten Verfahrens als auch in der Position des Antragstellers.

Andere Gläubiger können parallel zur Auseinandersetzungsversteigerung eine Schuldversteigerung beantragen. Dann werden ausnahmsweise über ein Grundstück zwei Versteigerungsverfahren angeordnet, die unabhängig voneinander durchzuführen sind. Endet eines der Verfahren mit einem Zuschlag, muss das andere aufgehoben werden, weil es gegen den neuen Eigentümer nicht mehr durchgeführt werden kann.

---

195 Vgl. Hintzen, Immobiliarzwangsvollstreckung, Rn. 1037.

V. Anordnungsbeschluss und Wirkung der Beschlagnahme

Liegen alle Antragsvoraussetzungen einschl. der erforderlichen Unterlagen (Aus- **654** fertigung der Pfändungs- und Überweisungsverfügung etc.) vor, ordnet das Gericht die Auseinandersetzungsversteigerung durch **Beschluss** an. Der Anordnungsbeschluss ist dem Antragsgegner zuzustellen. Dem Antragsteller (dem Pfändungsgläubiger) wird er formlos übersandt.

Das Versteigerungsgericht ersucht das Grundbuchgericht von Amts wegen um Ein- **655** tragung des Zwangsversteigerungsvermerks auf dem zu versteigernden Grundstück. Wie bei der Forderungsversteigerung, so bewirkt der Vermerk keine Grundbuchsperre, d. h., weitere Verfügungen über das Grundstück sind durch das Grundbuchgericht zu vollziehen.

In gleicher Weise wie bei der Vollstreckungsversteigerung tritt eine **Beschlag-** **656** **nahme** i. S. d. § 13 ZVG ein (hierzu auch Rn. 724). Dieser Zeitpunkt ist auch hier maßgebend für die Unterscheidung zwischen „laufenden" und „rückständigen" Leistungen.

Da jedoch – siehe Rn. 656b – auch nach dem Zwangsversteigerungsvermerk Grundpfandrechte eingetragen werden können, ist zu unterscheiden und zu beachten:

a) Gesamthandsgemeinschaft

Werden nach der Pfändungsbeschlagnahme z. B. mit einem Titel gegen alle Mit- **656a** glieder der Gemeinschaft Zwangssicherungshypotheken eingetragen, sind sie dem Pfändungsgläubiger gegenüber unwirksam[196]. Von den Miterben gegen das Verfügungsverbot bewilligte Verfügungen (z. B. die Eintragung eines Grundpfandrechtes) könnten „durch guten Glauben" beschlagnahmefrei wirksam werden. Deshalb kann und sollte die Pfändung des Anteils an der Gesamthandsgemeinschaft im Grundbuch eingetragen werden.

b) Bruchteilsgemeinschaft

Achtung! Da ja nur der Auseinandersetzungsanspruch gepfändet ist, kann der Ei- **656b** gentümer auch noch nachträglich mit Wirkung gegen die Pfändung über den Bruchteil verfügen, insbesondere ihn belasten. Auch Zwangssicherungshypotheken gingen der Pfändung vor. Eine Sicherheit bietet diese Pfändung also nicht. Soweit dies möglich ist (Rn. 74 ff.), muss die Gemeinde vor dem Versteigerungsantrag für ihre Forderung am Bruchteil eine Sicherungshypothek eintragen lassen.

Der Bruchteilseigentümer kann sogar sein Eigentum trotz erfolgter Beschlagnahme noch verkaufen. Wird durch den Verkauf des Bruchteils oder des gesamten Grund-

---

196 BayObLG, Rpfleger 1960, 157, für eine Erbengemeinschaft, müsste aber für alle Gesamthandsgemeinschaften gelten.

stücks die Bruchteilsgemeinschaft beendet, ist die Auseinandersetzungsversteigerung gemäß § 28 ZVG aufzuheben, weil ihr das fremde Eigentum entgegensteht[197]. Weder die Pfändung noch die Beschlagnahme setzen sich dann an dem Verkaufserlös fort. Will die Gemeinde darauf zugreifen, muss sie eine weitere Pfändung, nämlich in den Kaufpreisanspruch des Schuldners gegen den Käufer, bewirken.

VI. Geringstes Gebot

657 Wie bei der Forderungsversteigerung, so spielt das „geringste Gebot" auch in der Zwangsversteigerung zum Zwecke der Aufhebung der Gemeinschaft eine ganz wesentliche Rolle, die insbesondere für den Pfändungsgläubiger sehr wichtig ist.

658 Es gilt auch hier der **Ranggrundsatz** nach § 10 ZVG sowie der Deckungs- und Übernahmegrundsatz (§§ 45, 52 ZVG). Allerdings kann sich bei der Auseinandersetzungsversteigerung das geringste Gebot nicht ausschließlich nach dem Anspruch des bestrangig betreibenden Gläubigers ausrichten, da es einen solchen nicht gibt. Der Deckungsgrundsatz wird insoweit abweichend in § 182 Abs. 1 ZVG geregelt[198].

659 Auch in der Teilungsversteigerung besteht das geringste Gebot in aller Regel aus zwei Teilen, nämlich den **bestehen bleibenden Rechten** (§ 52 ZVG) und dem **Bargebot** (§ 49 ZVG).

660 Gehört das Grundstück einer „Gesamthandsgemeinschaft" (Erbengemeinschaft, Gesellschaft bürgerlichen Rechts, Eheleute in Gütergemeinschaft) können unterschiedlich belastete Miteigentumsanteile nicht vorliegen. In diesem Fall müssen die Vollstreckungsbehörden besonders aufmerksam sein und das Grundbuch vor der Antragstellung genauestens in Augenschein nehmen, weil (Ausnahme Rn. 656a) alle das Grundbuch belastenden Ansprüche in das geringste Gebot aufzunehmen sind, d. h., alle Rechte am Grundstück sind vom Ersteher zu übernehmen. Ist insoweit ein Grundstück relativ hoch vorbelastet, so besteht für den Pfändungsgläubiger – da auch das geringste Gebot entsprechend hoch ausfällt – die Gefahr, dass das Verfahren mangels Bietinteresse eingestellt wird und der Pfändungsgläubiger die Kosten des Verfahrens zu tragen hat.

661 Nach § 182 Abs. 1 ZVG müssen als Teil des geringsten Gebot bestehen bleiben, wenn eine **Bruchteilsgemeinschaft** aufgehoben werden soll:

– alle Rechte, die allein den Anteil des Antragstellers belasten,

– alle Rechte, die den Anteil des Antragstellers neben anderen Anteilen (als Gesamtrechte) mitbelasten,

---

197 BGH vom 25. Februar 2010 – V ZB 92/09 – Rpfleger 2010, 439.
198 Hintzen, Immobiliarzwangsvollstreckung, Rn. 992.

– alle Rechte, die auf einem anderen Anteil einem gemeinsamen Gesamtrecht vorgehen oder gleichstehen.

Das **Bargebot** im geringsten Gebot setzt sich bei der Auseinandersetzungsversteigerung grundsätzlich zusammen aus   **662**

– den Verfahrenskosten,

– den in § 10 Nr. 2 und 3 genannten Ansprüchen (da es keine Rangklassen 5 und 6 gibt, kommen ganz ausnahmsweise auch die Ansprüche der Rangklasse 7 und 8 ins Mindestbargebot, weshalb ihre Anmeldung keinesfalls unterbleiben darf),

– den Kosten zu den bestehen bleibenden Rechten, die gem. § 10 Abs. 2 im Range des Hauptanspruchs geltend gemacht werden können,

– den wiederkehrenden Leistungen und anderen Nebenleistungen und

– einem Ausgleichsbetrag, welcher gem. § 182 Abs. 2 eventuell bei ungleicher Belastung einzelner Anteile in das Bargebot des geringsten Gebots aufzunehmen ist. Dazu Rn. 662.

Bei der **„Bruchteilsgemeinschaft"** (z. B. Eheleute je zu 1/2) ist eine unterschiedliche Belastung der einzelnen Miteigentumsanteile möglich, weil diese wie rechtlich selbstständige Grundstücke behandelt werden. Wenn alle Anteile mit Gesamtrechten gleichmäßig belastet sind (A, B und C je zu 1/3), fallen sämtliche Rechte, die bei Anordnung des Verfahrens bereits bestehen und auch bis zum Versteigerungstermin eingetragen werden, in das geringste Gebot (Achtung! gleiche Situation wie bei Gesamthandsgemeinschaft). Sind die Anteile jedoch unterschiedlich belastet, sind nur die den Anteil des antragstellenden Miteigentümers (Pfändungsgläubigers) belastenden oder mitbelastenden Rechten an dem Grundstück sowie alle Rechte zu berücksichtigen, die einem dieser Rechte vorgehen oder gleichstehen[199].

Beispiel: Bruchteilsgemeinschaft je zu 1/3

	A	B	C
Gesamtrecht III/1	30.000 Euro	30.000 Euro	30.000 Euro
Einzelrecht III/2	50.000 Euro		
Teilgesamtrecht III/3		10.000 Euro	10.000 Euro
Teilgesamtrecht III/4	20.000 Euro	20.000 Euro	
Einzelrecht III/5			5.000 Euro

---

199 Hintzen, Immobiliarzwangsvollstreckung, Rn. 1073.

235

Betreibt A das Verfahren, bleiben im geringsten Gebot bestehen:

III/1	30.000 Euro als mitbelastendes Recht
III/2	50.000 Euro als alleinbelastendes Recht
III/3	10.000 Euro ein Recht, welches dem mitbelastenden Recht III/4 vorgeht
III/4	20.000 Euro als mitbelastendes Recht

Betreibt B das Verfahren, bleiben im geringsten Gebot bestehen:

III/1	30.000 Euro als mitbelastendes Recht
III/2	50.000 Euro ein Recht, welches dem mitbelastenden Recht III/4 vorgeht
III/3	10.000 Euro als mitbelastendes Recht
III/4	20.000 Euro als mitbelastendes Recht

Betreibt C das Verfahren, bleiben im geringsten Gebot bestehen:

III/1	30.000 Euro als mitbelastendes Recht
III/3	10.000 Euro als mitbelastendes Recht
III/5	5.000 Euro als alleinbelastendes Recht

Die sehr umstrittene Frage, wie das geringste Gebot zu berechnen ist, wenn mehrere Antragsteller die Versteigerung betreiben, soll hier nicht erörtert werden[200].

VII. Versteigerungs- und Verteilungsverfahren

663 Das Versteigerungsverfahren entspricht den Ausführungen der Forderungsversteigerung. Insoweit wird hier auf die dortigen Ausführungen verwiesen.

664 Mit der Erteilung des **Zuschlags** ist der Zweck der Teilungsversteigerung erreicht. Das Versteigerungsgericht bestimmt nun von Amts wegen einen Termin zur Verteilung des Versteigerungserlöses. Die unter § 109 ZVG fallenden Kosten sind dem Erlös – wie bei der Forderungsversteigerung auch – vorweg zu entnehmen. Aus dem Erlös bar zu befriedigen sind außer den Kosten nach § 109 die Ansprüche der Rangklasse 2, 3 und 7 sowie die wiederkehrenden Ansprüche der Rangklassen 4 und 8 des § 10 Abs. 1 ZVG. Ansprüche der Rangklasse 7 sind daher unbedingt zum Verteilungstermin anzumelden.

665 Der nach Berücksichtigung dieser Beträge verbleibende **Erlösüberschuss** steht den seitherigen Miteigentümern in dem Rechtsverhältnis zu, in dem sie Miteigentümer des Grundstücks waren. Das am Grundstück bestehende Gemeinschaftsverhältnis setzt sich an dem Erlösüberschuss fort. Die Verteilung des Erlöses auf die früheren Miteigentümer erfolgt außerhalb der Zwangsversteigerung und gehört nicht zu den Aufgaben des Versteigerungsgerichts.

---

200 Dazu Hock/Klein/Hilbert/Deimann, Immobiliarvollstreckung, Rn. 1300 ff.

Eine Auszahlung des Erlösüberschusses an die einzelnen Miteigentümer kann nur **666** dann erfolgen, wenn im Verteilungstermin eine Einigung zwischen den Miteigentümern[201] erzielt wird. Ist dies nicht möglich, wird der Überschuss beim Gericht hinterlegt. Die **Hinterlegung** erfolgt im Falle der Pfändung auch zugunsten des Pfändungsgläubigers. Die Auseinandersetzung an dem hinterlegten Betrag erfolgt unter Mitwirkung des Pfändungsgläubigers im Prozesswege.

VIII. Einstellung des Verfahrens

Das Verfahren ist unverzüglich aufzuheben, sobald der Antragsteller einen ent- **667** sprechenden Antrag nach § 29 ZVG stellt.

Wie bei der Forderungsversteigerung, so ist auch bei der Auseinandersetzungsver- **668** steigerung der Antragsteller über den Antrag auf Aufhebung des Verfahrens hinaus berechtigt, jederzeit, d. h. bis zur Zuschlagsverkündung, die **einstweilige Einstellung** des Verfahrens zu bewilligen (§ 180 Abs. 1 i. V. m. § 30 ZVG). Eine Begründung hierfür ist nicht erforderlich.

Die vom Antragsteller bewilligte einstweilige Einstellung kann höchstens sechs **669** Monate dauern und kann insgesamt zwei Mal im Verfahren bewilligt werden. Die dritte Einstellungsbewilligung wird wie eine Rücknahme des Versteigerungsantrags behandelt und führt daher unvermeidbar zur Aufhebung des Verfahrens, ohne dass das Vollstreckungsgericht noch einmal nachfragt und dabei auf die Rechtsfolgen hinweist. Innerhalb der „Ruhephase" der Einstellung wird das Verfahren immer nur auf Antrag des jeweiligen Miteigentümers als Antragsteller oder des Pfändungsgläubigers fortgesetzt.

Nach § 180 Abs. 2 ist die einstweilige Einstellung auch auf Antrag eines Miteigen- **670** tümers (Antragsgegners) anzuordnen, wenn dies bei Abwägung der widerstreitenden Interessen der verschiedenen Miteigentümer angemessen erscheint. Während der Antragsteller bis zur Zuschlagsverkündung die Möglichkeit hat, entsprechende Einstellungsanträge zu stellen, ist der Antragsgegner, will er eine einstweilige Einstellung herbeiführen, gem. § 180 Abs. 2 letzter Satz i. V. m. § 30b ZVG an eine Notfrist von zwei Wochen gebunden, die weder verkürzt, noch verlängert werden kann. Die einmalige Wiederholung des Einstellungsantrags ist zulässig.

Besteht die Gemeinschaft nur aus den beiden (auch früheren) Ehegatten und ist ein **670a** gemeinsames Kind bzw. sind gemeinsame Kinder vorhanden, kommt eine besondere Einstellungsmöglichkeit gemäß § 180 Abs. 3 ZVG in Betracht[202]. Pflegekinder fallen nicht unter den Schutz des § 180 Abs. 3 ZVG[203].

---

201 Nach allg. Meinung muss – trotz Pfändung und Überweisung – der Schuldner zustimmen! Dazu Hock/Klein/Hilbert/Deimann, Immobiliarvollstreckung, Rn. 1406 ff.
202 Hierzu ausführlich Hock/Klein/Hilbert/Deimann, Immobiliarvollstreckung, Rn. 1248 ff. und 1266 ff.
203 BGH vom 22. März 2007 – V ZB 152/06 – Rpfleger 2007, 408.

671 Auch wenn der Antrag auf Auseinandersetzungsversteigerung von einem Pfändungsgläubiger gestellt wurde, wird heute zunehmend die Auffassung vertreten, dass auch der „Pfändungsschuldner-Miteigentümer" berechtigt ist, einen Einstellungsantrag zu stellen[204]. Da er auch nach der Pfändung/Überweisung noch Eigentümer ist – wenn auch in der Verfügungsbefugnis beschränkt – muss ihm der Schutz in gleicher Weise gewährt werden, wie er ihm auch bei einem Antrag eines Miteigentümers zugestanden hätte. Dies muss besonders dann gelten, wenn der Schuldner Kinder hat (und wenn deshalb § 180 Abs. 3 ZVG anzuwenden wäre). Schließlich geht es nicht um die Verhinderung der Teilungsversteigerung, sondern nur um deren Verschiebung, wenn sie „zur Unzeit" erfolgen soll. Allerdings muss bei der Abwägung auch das Gläubigerinteresse berücksichtigt werden.

---

204 Hock/Klein/Hilbert/Deimann, Immobiliarvollstreckung, Rn. 1402 sowie Stöber, ZVG, Rn. 11 und 12a zu § 180 mit Nachweisen für die Gegenansicht.

Kapitel L
Besonderheiten beim Schuldner

I. Vorbemerkung

1. Die verschiedenen Arten der Zustellung

Zustellungen von Amts wegen – und das sind wegen § 3 ZVG alle hier in Betracht   **672**
kommenden Zustellungen – können wie folgt ausgeführt werden:

– Durch Übersendung des Schriftstücks per Einschreiben mit Rückschein (§ 175
  ZPO). So kann auch ein Anordnungs- oder Beitrittsbeschluss zugestellt werden
  (§ 3 ZVG). Entgegen der bisherigen Regelung muss die Geschäftsstelle keine
  Zustellungsurkunde anfertigen; der Rückschein genügt. Ist der Brief unzustell-
  bar, ist der Zustellungsversuch nach § 175 ZPO gescheitert und muss nach
  § 176 ZPO erneut versucht werden. Wurde die Annahme verweigert, soll die
  Zustellung wirksam sein[205].

– Zustellung durch die Post mit üblicher Zustellungsurkunde auf Formblatt (§ 176
  ZPO), – „Post" i. S. d. Regelung ist jedes mit Zustellungsaufgaben beliehene
  (§ 33 Abs.1 PostG) Unternehmen. Für die Durchführung gelten die §§ 177 bis
  181 ZPO. Die Zustellung kann auch an ein Postfach des Schuldners erfolgen,
  wenn dem Gläubiger keine andere zustellungsfähige Anschrift bekannt ist[206].
  Deshalb ist es wichtig, dem Gericht eine eventuell bekannte Postfachanschrift
  mitzuteilen.

– Zustellung durch Übergabe an der „Amtsstelle" (§ 173 ZPO). Dies ist nicht nur
  das Gerichtsgebäude, sondern jeder Ort, an welchem das Gericht „amtiert",
  also z. B. die Gastwirtschaft, in welcher eine Zwangsversteigerung abgehalten
  wird für die dieses Verfahren betreffenden Schriftstücke.

– Zustellung gegen Empfangsbekenntnis (§ 174 ZPO), an die dort näher bezeichneten Empfänger. Der Personenkreis ist erheblich ausgeweitet worden. Auch
  der Gemeinde kann so rechtswirksam zugestellt werden. Sie ist verpflichtet,
  das Empfangsbekenntnis mit dem Datum des Empfangs zu versehen, zu unterschreiben und an das Gericht zurückzusenden.

– Zustellung durch einen Justizbediensteten; also z. B. Wachtmeister, Beamter
  des mittleren oder gehobenen Justizdienstes, nicht aber Gerichtsvollzieher
  (§ 168 Abs. 1 ZPO). Auch hier gelten die Vorschriften der §§ 177 bis 181 ZPO.

Die Geschäftsstelle entscheidet (§ 168 ZPO), welche der vorgenannten Zustel-
lungsarten sie auswählt. Sie wird sich hierbei nur noch an der Frage der Sicherheit

---

205 So jedenfalls das BGH-Urteil vom 22. Januar 1997 – XII ZR 207/95 – NJW 1997, 2051.
206 BGH vom 14. Juni 2012 – V ZB 182/11 – ZfIR 2012, 661 = DGVZ 2012, 184.

des Zuganges orientieren, da das Gericht einheitlich 3,50 Euro (Nr. 9002 KV zum GKG) pro Zustellung hebt, gleichgültig wie sie erfolgt ist.

Die Zustellung für nicht prozessfähige Empfänger muss an deren gesetzlicher Vertreter (bei mehreren – Eltern – einen von ihnen) erfolgen (§ 170 ZPO). Ebenso muss (§ 172 ZPO) an einen vorhandenen Prozessbevollmächtigten zugestellt werden. Wichtig: Hatte ein Beteiligter des Verfahrens (insbesondere der Schuldner) im Prozess einen Bevollmächtigten, muss diesem auch die Anordnung der Zwangsversteigerung und alle weiteren Beschlüsse zugestellt werden. Einem rechtsgeschäftlich bestellten Vertreter, der eine schriftliche Vollmacht vorlegt, kann ebenfalls zugestellt werden (§ 171 ZPO).

Auf Anordnung des Rechtspflegers kann die Zustellung auch durch einen Gerichtsvollzieher oder eine „andere Behörde" geschehen, wenn die vorgenannten Möglichkeiten keinen Erfolg versprechen.

Eine Zustellung ins Ausland kann per Einschreiben/Rückschein erfolgen, wenn dies aufgrund der völkerrechtlichen Vereinbarungen[207] gestattet ist (§ 183 Abs. 1 ZPO). Für den Bereich der EU siehe hierzu § 183 Abs. 3 ZPO und die Verordnung (EG) Nr. 1393/2007 des Europäischen Parlaments und des Rates vom 13. November 2007 über die Zustellung gerichtlicher und außergerichtlicher Schriftstücke in Zivil- oder Handelssachen in den Mitgliedstaaten sowie §§ 1068 und 1069 ZPO.

In Nicht-EU-Ländern erfolgt die Zustellung – wie bisher – auf Ersuchen des Gerichts durch die Behörden des fremden Staates oder über die diplomatischen bzw. konsularischen Vertreter. Zu Bedenken ist, dass Zustellungen im Ausland sehr zeit- und kostenintensiv sind. Hält sich der Schuldner im Ausland auf, sollte in Erfahrung gebracht werden, ob er noch einen inländischen Wohnsitz hat oder einen Zustellungsbevollmächtigten bestellt hat, damit die Zustellung dennoch im Inland erfolgen kann.

2. Besonderheiten im Zwangsversteigerungsverfahren

673 Obwohl § 4 ZVG nicht ausdrücklich aufgehoben wurde, hat die Vorschrift ihre Bedeutung verloren, da jetzt ohne Rücksicht auf den Wohnsitz per Einschreiben/Rückschein an alle Beteiligten zugestellt werden kann.

674 In drei Fällen, nämlich

– wenn der Aufenthaltsort des Empfängers unbekannt ist oder

– die Voraussetzungen für die „öffentliche Zustellung" (dazu Rn. 268, 680) vorliegen oder

– wenn das nach § 4 ZVG bzw. § 175 ZPO zugestellte Schriftstück zurück kommt,

---

207 Es wird die Auffassung vertreten, dass „Duldung" auch ohne Vereinbarung genüge.

muss das Gericht für den Beteiligten (also auch den Schuldner) einen **Zustellungsvertreter** bestellen. Dieser nimmt alle Zustellungen für den Empfänger entgegen und versucht, den Betroffenen zu ermitteln und zu benachrichtigen. Er hat einen Vergütungsanspruch nur gegen den Betroffenen, also nicht gegen die Gläubiger. Diese allerdings haften für seine (oft erheblichen!) Auslagen und können diesen Aufwand nur gemäß § 10 Abs. 2 ZVG im Range der Hauptsumme geltend machen (§ 7 ZVG).

Folgender **Tipp für die Gemeinde:** Schlagen Sie dem Gericht einen Gemeindebediensteten vor, welcher die Angelegenheit als „**Dienstgeschäft**" erledigt. Da für ihn (bzw. für die Gemeinde) z. B. Auskünfte der Meldeämter leichter und billiger zu beschaffen sind, können Kosten gespart werden. Später kann die Gemeinde ihren baren Aufwand als Vollstreckungskosten einziehen, wenn der Erlös an der fraglichen Rangstelle reicht.

Wegen § 8 ZVG kann jedoch ein Anordnungs- oder Beitrittsbeschluss für den Schuldner nicht an einen Zustellungsvertreter nach § 7 ZVG zugestellt werden.

Von dieser Vorüberlegung ausgehend soll nun erörtert werden, was zu tun ist, wenn der Schuldner schwer erreichbar ist.

II. Schuldner wohnt im Ausland; Adresse bekannt

1. Die Zustellung des Anordnungs- oder Beitrittsbeschlusses

Soweit die völkerrechtliche Übereinkunft[208] (für EU siehe § 183 Abs. 3 ZPO und die Verordnung (EG) Nr. 1393/2007 des Europäischen Parlaments und des Rates vom 13. November 2007 über die Zustellung gerichtlicher und außergerichtlicher Schriftstücke in Zivil- oder Handelssachen in den Mitgliedstaaten sowie §§ 1068 und 1069 ZPO) dies gestattet, kann das Gericht auch im Ausland mit Einschreiben/Rückschein zustellen (§ 3 ZVG; § 183 Abs. 1 ZPO). Ist dies nicht möglich, muss die Zustellung nach § 183 Abs. 2 ZPO erfolgen. Dies kann nicht nur sehr lange dauern, sondern auch hohe Kosten verursachen, wenn – was meist der Fall sein wird – die Übersetzung der Schriftstücke in die Sprache des Empfängerlandes erforderlich wird. Dies kann auch dann vorgeschrieben sein, wenn der Empfänger der deutschen Sprache mächtig ist. Hierzu zwei Vorschläge zur Kostenersparnis: **675**

Größere Städte oder Gemeinden haben u. U. einen eigenen **Dolmetscherdienst**. Es empfiehlt sich hier, den Rechtspfleger zu fragen, ob er eine Übersetzung durch diesen Dienst akzeptiert. Der Dolmetscher muss dann seine amtliche Eigenschaft durch Beifügung des Siegels bescheinigen. Auch wenn die Gemeinde die hierdurch entstandenen Kosten zunächst dem Gericht gegenüber nicht geltend macht, **676**

---

208 Es wird die Auffassung vertreten, dass „Duldung" auch ohne Vereinbarung genüge.

kann sie diese später als Kosten i. S. d. § 10 Abs. 2 ZVG an der Rangstelle ihrer Forderung verlangen.

677 Man sollte den Rechtspfleger daran erinnern, dass die Abschrift des Versteigerungsantrages eigentlich gar nicht zugestellt, zumindest jedenfalls nicht förmlich zugestellt (und deshalb auch nicht übersetzt) werden muss, wenn die darin enthaltenen Angaben in den Anordnungsbeschluss aufgenommen wurden. Er kann die Abschrift nachträglich dem Schuldner formlos übersenden.

Das Gericht wird hierbei eine Aufforderung nach § 184 ZPO erlassen.

678 Sollte der Zustellungsnachweis aus dem Ausland nicht in angemessener Frist (nach BGH sechs bis neun Monate)[209] zurückkommen, ist es evtl. ratsam, die **„öffentliche Zustellung"** zu beantragen (§ 185 Satz 2 ZPO).

Beispiel (aus der Praxis):

Der Schuldner wohnt in Brasilien, die Anschrift ist bekannt. Das Gericht versucht, in Brasilien zuzustellen und ordnet nach sechs Monaten die „öffentliche Zustellung" an. Der Schuldner bestätigt den Empfang des Anordnungsbeschlusses, welcher ihm durch das Gericht **formlos** übersandt wurde, und das Grundstück wird später versteigert. Das Gericht schickt im Anschluss an die Versteigerung alle Unterlagen nach Brasilien. Nach ca. 18 Monaten (Zuschlag ist längst erteilt) teilen die Behörden in Brasilien mit, dass der Empfänger „nicht zu ermitteln" sei!

2. Alle weiteren Zustellungen (einschließlich Zuschlagsbeschluss)

679 Darf die Zustellung in das betreffende Land per Einschreiben/Rückschein erfolgen, werden so alle weiteren Entscheidungen zugestellt. Es bedarf keines Zustellungsvertreters. Ist dies nicht möglich, so ist ein Zustellungsvertreter zu bestellen falls der Schuldner keinen Zustellungsbevollmächtigten benennt.

III. Anschrift des Schuldners ist unbekannt

680 Die Gemeinde stellt – wie üblich – den Versteigerungsantrag. Entgegen dem ungeschickten Wortlaut des § 186 ZPO wird allgemein die Auffassung vertreten, dass das Gericht von Amts wegen, also ohne formellem Antrag, die öffentliche Zustellung „zu bewilligen" hat, wenn die Geschäftsstelle mitteilt, dass eine Amtszustellung nach den allgemeinen Vorschriften nicht möglich war. Das Vollstreckungsgericht (Rechtspfleger) ordnet dann nach Prüfung der Voraussetzungen die öffentliche Zustellung an, die dann nach § 186 Abs. 2 und 3 ZPO erfolgt. Die Gemeinde muss daher in ihrem Versteigerungsantrag alles angeben, was ihr über den Verbleib des Schuldners bekannt ist und evtl. vorhandene Auskünfte der Meldebehörden beifügen. Das Gericht kann weitere Ermittlungen anordnen.

---

209 BGH vom 20. Januar 2009 – VIII ZB 47/08 – Rpfleger 2009, 323.

Sodann muss das Gericht für alle weiteren Zustellungen im Verfahren einen „Zustellungsvertreter" bestellen (siehe Rn. 674). **681**

IV. Schuldner hat keinen Vertreter

1. Schuldner ist minderjährig

Es wird wohl äußerst selten vorkommen, dass der gesetzliche Vertreter eines Minderjährigen (der über Grundbesitz verfügt) nicht bekannt ist. Da § 6 Abs. 3 ZVG (Zustellung an Vormundschaftsgericht) für die Zustellung des Anordnungs-/Beitrittsbeschlusses nicht gilt, dürfte es zweckmäßig sein, zunächst mit dem Vormundschaftsgericht Verbindung aufzunehmen, damit dieses evtl. einen **Pfleger** nach § 1909 BGB bestellt, der dann auch alle weiteren Zustellungen in Empfang nehmen (und Anträge stellen) kann. Eine solche Pflegschaft könnte bei einer **Teilungsversteigerung** (siehe Kapitel K) in Betracht kommen, wenn Eltern und minderjährige Kinder in einer Gemeinschaft eingetragen sind. **682**

2. Schuldner ist „juristische Person"

Wohnt der Vertreter der juristischen Person im Ausland oder ist nur seine Anschrift unbekannt, wird nach den vorgenannten Regeln verfahren. **683**

Hat jedoch die juristische Person keinen Vertreter, so hilft weder § 6 Abs. 3 ZVG[210], noch § 6 Abs. 1 ZVG weiter, denn ein Zustellungsvertreter kann nur für eine „vorhandene Person" bestellt werden. Ganz abgesehen davon, dass zunächst einmal der Anordnungsbeschluss zugestellt werden muss. In Betracht käme z. B. eine GmbH, die nach Ablehnung des Konkursantrages mangels Masse ohne Rücksicht auf das noch vorhandene (evtl. nicht bekannt gewesene) Grundstück im Handelsregister gelöscht wurde. Theoretisch käme die Bestellung eines Liquidators durch das Registergericht in Frage, was aber umständlich und sehr teuer ist. Alternativ könnte nach der hier vertretenen Auffassung bis zur Bestellung eines gesetzlichen Vertreters die Bestellung eines **Prozesspflegers** nach § 57 ZPO durch das Vollstreckungsgericht erfolgen. Voraussetzung ist allerdings **„Gefahr im Verzug"**, die darin bestehen kann, dass die Forderungen gegen die Schuldnerin immer höher werden. Ob der Rechtspfleger sich zur Bestellung eines solchen Pflegers bewegen lässt, mag offen bleiben.

Auch für den „Prozesspfleger" entstehen Kosten, welche die Gemeinde erstatten und dann als Kosten i. S. d. § 10 Abs. 2 ZVG im Range der Hauptsache verfolgen muss. Da in einem solchen Fall unsicher ist, ob und bis wann die Anordnung der Zwangsversteigerung und daran anschließend die Beschlagnahme des Grundstücks möglich ist, empfiehlt sich vorweg ein Ersuchen auf Eintragung einer Zwangshypothek (dazu Kapitel B), soweit die gesetzlichen Voraussetzungen vor- **684**

---

210 Registergericht ist nicht Aufsichtsbehörde; Handelsgesellschaften haben keine Aufsichtsbehörde.

liegen. Dies ist problemlos, da hierfür weder eine Zustellung an den Schuldner, noch dessen Mitwirkung in irgendeiner Form notwendig ist und er somit im Verfahren nicht vertreten sein muss. Regelt sich dann später die Vertretungsfrage, so ist der anschließende Versteigerungsantrag „im Range der Zwangshypothek" zu stellen (Rn. 93).

V. Grundstückseigentümer verstorben – Zwangshypothek?

1. Grundstückseigentümer war Vollstreckungsschuldner

685 An sich kann im Grundbuch ein Eintrag nur dann erfolgen, wenn der Betroffene im Grundbuch als Eigentümer eingetragen ist. Nach dem Tod des Schuldners ist der Erbe „betroffen", auch wenn er im Augenblick evtl. noch nicht bekannt ist. Somit bedeutet an sich § 39 GBO eine Art **„Grundbuchsperre"** bis zur Feststellung des Erben.

686 Für die Gläubiger des bisherigen Eigentümers gilt jedoch die Ausnahme des § 40 GBO, wonach die Eintragung einer Zwangshypothek mit einem Titel gegen den Verstorbenen möglich ist. Hat also die Gemeinde gegen den Verstorbenen einen vollstreckbaren Anspruch und sind die weiteren Vollstreckungsvoraussetzungen (dazu Rn. 74 ff.) gegeben, kann sie Antrag auf Eintragung einer Zwangshypothek stellen.

687 Besteht Anlass zur Annahme, dass einige Zeit ins Land geht, bis man sich letztlich für eine Zwangsversteigerung entscheidet, sollte die Gemeinde wenigstens zur Rangsicherung eine Zwangshypothek eintragen lassen, da noch andere Gläubiger mit Vollstreckungstitel vorhanden sein könnten und ihr dann im Range vorgehen. Diese Notwendigkeit besteht nicht, wenn die Forderung „privilegiert" ist und das Privileg noch nicht demnächst durch Zeitablauf erlischt (dazu Rn. 23 ff.)

2. Der Erbe als Vollstreckungsschuldner

688 Bis zur Annahme der Erbschaft und der Eintragung des Erben im Grundbuch kann keine Zwangshypothek eingetragen werden. Wobei der Begriff „Annahme" der Erbschaft ein wenig irreführend ist. Der Erbe muss nämlich die Erbschaft nicht ausdrücklich annehmen. Sie fällt ihm aufgrund gesetzlicher oder (falls vom Erblasser geregelt) testamentarischer Erbfolge automatisch zu. Um nicht Erbe zu werden, muss er die Erbschaft ausschlagen. Für den Zwangsversteigerungsantrag siehe aber Rn. 703.

3. Der Verstorbene war Vollstreckungsschuldner; der Erbe ist inzwischen im Grundbuch eingetragen

689 Der Erbe haftet auch persönlich (also nicht nur mit dem Nachlass) für die Nachlassverbindlichkeiten (§ 1967 BGB). Ob die Gemeinde nun als Vollstreckungsvoraussetzung zuerst gegen den Erben einen Haftungsbescheid erlassen muss, oder aber

auf Grundlage des früheren, gegen den Verstorbenen bestandskräftig gewordenen Bescheides vollstrecken kann, hängt davon ab, inwieweit bereits zu Lebzeiten des verstorbenen Schuldners Vollstreckungen gegen diesen stattgefunden haben.

Hatte die Gemeinde bislang noch keine Vollstreckungshandlung gegen den Verstorbenen unternommen, muss sie durch Bescheiderteilung zunächst dafür sorgen, dass auch gegen den Erben die Vollstreckungsvoraussetzungen nach den landesrechtlichen Bestimmungen (Fälligkeit, Mahnung etc.) vorliegen, um anschließend gegen diesen die Zwangsvollstreckung – und zwar sowohl in den Nachlass bzw. ein dazu gehörendes Grundstück, als auch in ein Grundstück, welches nicht zum Nachlass, sondern zum Vermögen des Erben gehört – durchführen zu können.   **690**

Wurde jedoch bereits irgend eine Vollstreckung der betreffenden Forderung gegen den Verstorbenen eingeleitet (z. B. durch fruchtlose Pfändung), kann diese in das Nachlassgrundstück (aber nicht in das Privatgrundstück des Erben) auch ohne neuen Bescheid fortgesetzt werden[211]. Für die Vollstreckung eines ZPO-Titels sowie für die Vollstreckung durch die bayerischen (Vollstreckung erfolgt grundsätzlich nach den Regeln der ZPO) und rheinland-pfälzischen Gemeinden (§ 6 Abs. 5 Ziff. 3 LVwVG verweist direkt auf die ZPO) ergibt sich dies unmittelbar aus § 779 Abs. 1 ZPO. Für jene Länder, deren Verwaltungsvollstreckungsgesetze insoweit die Abgabenordnung für anwendbar erklärt haben[212], aus § 265 AO, welcher wiederum auf § 779 ZPO verweist. Die übrigen Länder, mit Ausnahme von Nordrhein-Westfalen, verfügen in ihren Verwaltungsvollstreckungsgesetzen über gleichlautende Bestimmungen[213]. In Nordrhein-Westfalen enthält das Verwaltungsvollstreckungsgesetz weder eine Verweisung auf die ZPO, noch eine gleichlautende Bestimmung. Nach der hier vertretenen Auffassung muss dort zur Zwangsvollstreckung gegen den Erben zunächst stets ein Bescheid gegen diesen ergehen, bevor in den Nachlass vollstreckt werden kann.   **691**

Da sich die Prüfung des Grundbuchgerichts auf die Feststellung beschränkt, ob der Betroffene im Antrag nach § 38 GBO mit dem Grundstückseigentümer übereinstimmt, würde es eine Zwangshypothek gegen den Erben auch dann eintragen, wenn es die Gemeinde versäumt hätte, vor einer Antragstellung die formellen Vollstreckungsvoraussetzungen zu erfüllen. Allerdings könnte dann der Erbe diesen Umstand auf dem Verwaltungsgerichtswege gegen die Gemeinde verfolgen. Würde das Gericht den Antrag nach § 38 GBO für unzulässig erklären, ginge die Zwangshypothek auf den Erben als Eigentümergrundschuld über. Der Rang wäre   **692**

---

211 BGH vom 23. September 2009 – V ZB 60/09 – Rpfleger 2010, 40.
212 Berlin: § 5 Abs. 1 VwVfG; Brandenburg: § 5 VwVG; Bremen: § 6 Abs. 1 BremGVG; Mecklenburg-Vorpommern: Art. III Abs. 1 EGVwR.
213 Baden-Württemberg: § 3 Abs. 2 LVwVG; Hamburg: § 34 Abs. 1 VwVG; Hessen: § 4 Abs. 3, Satz 2 HessVwVG; Niedersachsen: § 17 NVwVG; Saarland: § 36 Abs. 1 SVwVG; Sachsen: § 3 Abs. 3, Satz 2 SächsVwVG; Sachsen-Anhalt: § 17 Abs. 1 VwVG LSA; Schleswig-Holstein: § 268 Abs. 1 LVwG; Thüringen: § 20 Abs. 4, Satz 2 ThürVwZVG.

verloren. Eine Möglichkeit, den Bescheid nach der verwaltungsgerichtlichen Entscheidung zur Rettung des Ranges nachzuholen, besteht nicht mehr; auch nicht zwischen Gerichtsentscheid und Bestandskraft der Entscheidung.

VI. Grundstückseigentümer ist verstorben – Zwangsversteigerungsantrag?

1. Der Erblasser ist Vollstreckungsschuldner

a) Der Erbe hat die Erbschaft angenommen

693 Für die Frage, ob die Gemeinde zunächst die Schuld des Erblassers gegen den Erben durch einen gegen diesen lautenden Bescheid feststellen oder ohne einen solchen Bescheid direkt die Zwangsversteigerung beantragen kann, gelten die gleichen Voraussetzungen wie für die Zwangshypothek. In beiden Fällen ist die Eintragung des Erben als Grundstückseigentümer für den Beginn des Zwangsversteigerungsverfahrens nicht erforderlich (§ 17 ZVG). Es genügt die Glaubhaftmachung der Erbfolge durch Urkunden (§ 17 Abs. 3 ZVG), wozu meist nur öffentliche Urkunden tauglich sein werden. Klassischer Nachweis ist der Erbschein. Allgemein erkennen aber die Gerichte auch jene Nachweise an, welche nach § 35 Abs. 1 Satz 2 GBO zur Grundbuchberichtigung ausreichen würden (Öffentliches Testament oder Erbvertrag mit Eröffnungsprotokoll und Nachweis der Annahme der Erbschaft). Befinden sich diese Urkunden in den Nachlassakten des gleichen Gerichts, wird allgemein die Bezugnahme auf die Nachlassakten als ausreichend angesehen, obwohl streng formalistisch nicht „offenkundig" (§ 291 ZPO) ist, was das Gericht in den Akten nachsehen muss. Im Übrigen könnte die Gemeinde sogar selbst den Antrag auf Erteilung eines Erbscheins stellen (§ 792 ZPO), was allerdings nicht ganz einfach ist. Daraus ergibt sich aber auch ihr Anspruch, eine Ausfertigung eines bereits erteilten Erbscheins vom Nachlassgericht zu verlangen.

b) Der Erbe hat die Erbschaft noch nicht angenommen

694 Gleichgültig ist, ob der voraussichtliche Erbe zwar namentlich bekannt und die Frist für die Ausschlagung der Erbschaft aber noch nicht abgelaufen ist oder ob überhaupt noch nicht bekannt ist, wer der Erbe sein wird.

695 Vollstreckt die Gemeinde ausnahmsweise aus einem ZPO-Titel, benötigt sie keine neue Vollstreckungsklausel, wenn sie mit der Zwangsvollstreckung gegen den Verstorbenen bereits begonnen hatte und in den Nachlass vollstrecken möchte. Hatte sie die Zwangsvollstreckung noch nicht begonnen, kann sie die erforderliche neue Vollstreckungsklausel (§ 727 ZPO) nur bekommen, wenn entweder ein Testamentsvollstrecker mit entsprechendem Wirkungskreis vorhanden ist oder aber auf ihren Antrag ein Nachlasspfleger bestellt worden ist (§ 1961 BGB).

Stehen die Erben noch nicht fest und hat die Zwangsvollstreckung gegen den Erblasser noch nicht begonnen, kann der Gemeinde nur geraten werden, eine Nachlasspflegschaft beim Nachlassgericht zu beantragen.

In solchen Fällen liegen die Voraussetzungen für eine Nachlasspflegschaft immer vor, wenn die Erbfolge noch nicht geklärt ist. Nachlasspflegschaft ist nämlich dann anzuordnen, wenn der Erbe die Erbschaft noch nicht angenommen hat oder die Annahme ungewiss ist.

Weitere Voraussetzung ist ein Rechtsschutzbedürfnis des Gläubigers, welches sich daraus ergibt, dass die Kommune beabsichtigt, wegen rückständiger Grundbesitzabgaben die Zwangsvollstreckung in den Nachlass zu betreiben. Die Anordnung einer Nachlasspflegschaft ist meist auch eilbedürftig, weil das Vorrecht im Zwangsversteigerungsverfahren zeitlich begrenzt ist, was eine zügige Geltendmachung erfordert.

Sonstige Voraussetzungen für die Anordnung einer Nachlasspflegschaft, wie etwa das Vorliegen eines Sicherungsbedürfnisses, wie es § 1960 für die Nachlasspflegschaft von Amts wegen verlangt, müssen nicht erfüllt sein[214].

Die Nachlasspflegschaft gemäß § 1961 BGB wird vom Gläubiger beim Nachlassgericht beantragt und nicht lediglich angeregt, weshalb im Falle der Ablehnung eine rechtsmittelfähige Entscheidung erforderlich ist. Kosten werden für die Nachlasspflegschaft nicht erhoben. Die Vergütung des Nachlasspflegers wird vom Nachlassgericht festgesetzt und grundsätzlich aus dem Nachlass gezahlt. Reicht dieser nicht aus, muss die Staatskasse einspringen.

Vollstreckt sie im Wege der Verwaltungsvollstreckung, so kann auch hier nur in den Nachlass vollstreckt werden, wenn die Vollstreckung gegen den Erblasser bereits begonnen hatte.   **696**

Erforderlich ist allerdings, dass für den Schuldner ein „besonderer Vertreter" bestellt wird, welchem der Anordnungsbeschluss zugestellt werden kann und welcher auch die Rechte des Schuldners (z. B. Antrag auf Vollstreckungsschutz) wahrnehmen kann. Regelmäßig erfolgt die Bestellung auf Antrag der Gemeinde durch das Vollstreckungsgericht (§ 779 Abs. 2 ZPO). Ausnahmsweise hat die Bestellung durch die Vollstreckungsbehörde zu erfolgen, wenn dies im Landesvollstreckungsgesetz ausdrücklich so bestimmt ist. Dies ist der Fall in   **697**

Hamburg: § 34 Abs. 2 VwVG

Niedersachsen: § 17 Abs. 2 NVwVG

Saarland: § 36 Abs. 2 SVwVG

Sachsen-Anhalt: § 17 Abs. 2 VwVG LSA

Schleswig-Holstein: § 268 Abs. 2 LVwG SH

Thüringen[215]**:** § 20 Abs. 4 Satz 3 ThürVwZVG

214 Siehe Palandt, BGB, Rn. 2 zu § 1961.
215 Aufgrund ungeschickter Formulierung fraglich.

698   Nach der hier vertretenen Auffassung erfolgt für diese Gemeinden die Bestellung des „besonderen Vertreters" auch für den Zweck der Immobiliarvollstreckung durch die Vollstreckungsbehörde, solange diese allein vollstreckt, da es sich hierbei um eine (allgemeine) Regelung für die Vorbereitung der Zwangsvollstreckung und nicht um eine besondere Regelung für deren Durchführung handelt.

699   Die **Kosten** für den „besonderen Vertreter" trägt die Gemeinde als Antragsteller, soweit sie nicht direkt vom Erben (als Nachlassverbindlichkeit) zu erlangen sind. Es handelt sich hierbei um Kosten i. S. d. § 10 Abs. 2 ZVG.

700   Die Bestellung eines „besonderen Vertreters" ist nicht erforderlich, wenn bereits Nachlasspflegschaft oder Testamentsvollstreckung mit entsprechendem Wirkungskreis angeordnet ist.

701   Ist die Zwangsversteigerung im Zeitpunkt des Todes des Schuldners bereits angeordnet (der Anordnungsbeschluss dem Schuldner zugestellt), genügt zur Weiterführung bis zum Eintritt des Erben ein einfacher Zustellungsvertreter nach § 6 ZVG. Der „besondere Vertreter" des § 779 Abs. 2 ZPO wird erst erforderlich, wenn ein Beitritt zugelassen oder ein Fortsetzungsbeschluss zugestellt werden soll, gegen welchen dem Schuldner noch Antrag auf Vollstreckungsschutz zusteht.

2. Der Erbe ist Vollstreckungsschuldner

702   Die Zwangsvollstreckung in den Nachlass wegen einer Forderung gegen den Erben ist erst nach Annahme der Erbschaft zulässig (§ 778 Abs. 2 ZPO, § 265 AO). Dies bedeutet, dass der Erbe ausdrücklich die Annahme der Erbschaft erklärt hat (wozu er nicht verpflichtet ist) oder die Frist (regelmäßig sechs Wochen ab Kenntnis vom Anfall der Erbschaft) für die Ausschlagung der Erbschaft abgelaufen ist, der Erbe sich also der Erbschaft nicht mehr entledigen kann (§§ 1943, 1944 BGB).

703   Bei einem ZPO-Titel ist für die Zwangsvollstreckung eine neue Vollstreckungsklausel gegen den Erben als Rechtsnachfolger des Titelschuldners (§ 727 ZPO) und deren Zustellung (§ 750 ZPO) erforderlich. Voraussetzung ist der Nachweis der Erbfolge durch öffentliche bzw. öffentlich beglaubigte Urkunden. In der Verwaltungsvollstreckung ist ein Bescheid gegen den Erben erforderlich. Daneben müssen auch gegen ihn die Vollstreckungsvoraussetzungen nach jeweiligem Landesrecht erfüllt sein.

In beiden Fällen ist die Berichtigung des Grundbuchs nicht erforderlich (§ 17 ZVG), es genügt die Glaubhaftmachung der Erbfolge.

3. Erbengemeinschaft; nur ein Erbe ist Vollstreckungsschuldner!

704   Wird der Verstorbene von mehreren Personen beerbt, von denen nur eine für die Forderung der Gemeinde haftet, so ist die Zwangsvollstreckung durch den Gläubiger des einen Schuldners in den ungeteilten Nachlass nicht zulässig (§ 747 ZPO

und § 265 AO); weder mit einem ZPO-Titel, noch im Wege der Verwaltungsvollstreckung! Es kommt also weder die Eintragung einer Zwangshypothek am Nachlassgrundstück noch ein Antrag auf dessen Vollstreckungsversteigerung in Betracht. Es hat auch keinen Sinn, die Auseinandersetzung der Erbengemeinschaft abzuwarten, da diese so gut wie nie in der Aufteilung des Grundstücks in ideelle Anteile (Bruchteile) besteht. Richtig wäre in diesem Fall ein Antrag auf Teilungsversteigerung nach Pfändung des Auseinandersetzungsanspruchs (dazu Kapitel K).

VII. Grundstückseigentümer unbekannt

1. Die Bestellung eines Vertreters

Gelegentlich wird anlässlich einer Planung festgestellt, dass die Eigentumsverhältnisse eines der einbezogenen Grundstücke ungeklärt sind, aber zur Durchführung der Planung festgestellt sein müssen. Zunächst einmal wird die Gemeinde alles zumutbare unternehmen müssen, um die Eigentumsverhältnisse zu klären. Hierbei kann die Gemeinde bald an ihre Grenzen stoßen, wenn nämlich z. B. im Grundbuch eingetragen ist „Aloisius Huber, Ackerer in den USA, eingetragen bei Anlage des Grundbuchs 1902".   **705**

Wahrscheinlich ist der Grundstückseigentümer verstorben; niemand weiß es und niemand wird es nachweisen können. Selbst wenn: wer sind seine Erben? War er verheiratet, hatte er Kinder?

Irgendwie muss das Grundstück aber wieder „verkehrsfähig" gemacht werden. In Frage käme die Anordnung einer „Pflegschaft für die unbekannten Beteiligten" nach § 1913 BGB. Zuständig wäre das Vormundschaftsgericht, in dessen Bezirk das Grundstück liegt (§ 41 FGG). In einem solchen Fall sollte mit dem zuständigen Rechtspfleger des Vormundschaftsgerichts Verbindung aufgenommen werden, da zumindest zwei Bedenken zu erörtern sind: **706**

a) Die **Kostenfrage.** Abgesehen von den niedrigen Gerichtskosten (Nr. 11104 KV zum GNotKG: Jahresgebühr meist nur 10 Euro) wird das Gericht keinen Pfleger finden, wenn nicht die Frage seiner Auslagen und evtl. seiner Vergütung geklärt ist. Am besten wäre es, die Gemeinde würde einen Pfleger vorschlagen, welcher die Angelegenheit kostenlos erledigt. Dies sollte allerdings kein Gemeindebediensteter sein, wenn die Gemeinde später das Grundstück selbst erwerben möchte. Anderenfalls sollte sich die Gemeinde bereit erklären, die Kosten zu tragen.   **707**

b) Das **Fürsorgebedürfnis.** Die Pflegschaft soll nur angeordnet werden, wenn sie im Interesse der betroffenen Personen (Grundstückseigentümer) liegt. Dies zu begründen, ist nicht ganz einfach. Aber Eigentum hat ja auch Verpflichtungen zur Folge. Kein Eigentümer ist berechtigt, sein Eigentum dergestalt zu „verwalten", dass er sich nicht darum kümmert. Immerhin ist im Flurbereinigungsverfahren eine Pflegerbestellung im vorwiegend öffentlichen Interesse gesetzlich vorgesehen. In Anwendung dieses Grundsatzes sollte auch ein Pfleger nach § 1913 BGB möglich   **708** sein, wenn das Grundstück nunmehr „verwaltungsbedürftig" wird, da sich der Eigentümer der Mitwirkung an der Planung nicht entziehen kann[216].

709 Näher läge an sich eine **Nachlasspflegschaft** nach § 1960 BGB. Hierzu muss aber die Gemeinde noch zusätzlich den Nachweis führen, dass der eingetragene Eigentümer verstorben ist. Kann die Gemeinde den Altersnachweis führen und wäre der Eigentümer über 100 Jahre alt, sollte mit dem Nachlassgericht wegen **„Offenkundigkeit des Todes"** gesprochen werden. Für die spätere Abwicklung ist aber die Pflegschaft nach § 1913 BGB „beweglicher".

710 Ergeben die Ermittlungen der Gemeinde, dass einige der Miteigentümer bekannt sind, für die anderen jedoch die Feststellung aussichtslos ist, so haben sich die vorgenannten Pflegschaften natürlich nur auf die „unbekannten Miteigentümer" zu erstrecken.

711 Hat die Gemeinde Forderungen gegen die „unbekannten Grundstückseigentümer" (z. B. Grundsteuer), so käme auch die Anordnung einer Nachlasspflegschaft nach § 1961 BGB in Betracht, wenn der Todesnachweis geführt werden kann oder eine ausreichende Sterbevermutung besteht.

2. Die weitere Erledigung

712 Wurde ein Pfleger für die „unbekannten Beteiligten" oder ein Nachlasspfleger bestellt und hat die Gemeinde eine Forderung, so kann sie gegen den Pfleger den erforderlichen **Duldungsbescheid** erlassen und anschließend die Zwangsversteigerung betreiben, um hierdurch das Grundstück selbst zu erwerben oder von einem Dritten erwerben zu lassen. Diese Abwicklung macht die geringsten Schwierigkeiten, da eine weitere Mitwirkung (Genehmigung) durch das Vormundschafts- bzw. Nachlassgericht nicht erforderlich ist.

713 Hat die Gemeinde gegen das Grundstück bzw. den Eigentümer keine Forderung (Grundstück ist grundsteuerfrei), so ist eine Zwangsversteigerung nicht möglich, wenn der Pfleger für sämtliche Eigentümer des Grundstücks bestellt ist, d. h. keine bekannten Eigentümer festgestellt worden sind. In diesem Falle käme nur ein Verkauf mit gerichtlicher Genehmigung in Betracht. Hier wäre der Pfleger nach § 1913 BGB die bessere Lösung, da an sich die Liquidation des Nachlasses nicht zu den Aufgaben des Nachlasspflegers gehört. Ausnahmen sind aber denkbar.

714 Wurde noch mindestens ein Beteiligter festgestellt und der Pfleger nur für die (übrigen) nicht feststellbaren Eigentümer bestellt, so könnte eine **Teilungsversteigerung** (Kapitel K) durchgeführt werden. Den Antrag hierzu könnte der bekannte Beteiligte gegen den Pfleger oder der Pfleger gegen den bekannten Beteiligten stellen. Hierzu benötigt er allerdings die gerichtliche Genehmigung (§ 181 Abs. 2 Satz 2

---

216 Auch das BauGB kennt in solchen Fällen eine „Vertreterbestellung" durch das Vormundschaftsgericht (§ 207 BauGB).

ZVG i. V. m. § 1915 BGB für den Pfleger nach § 1913 BGB; i. V. m. § 1962 BGB für den Nachlasspfleger). Auch hier wäre die Pflegschaft nach § 1913 BGB vorzuziehen, da das Nachlassgericht nur in Sonderfällen eine solche Genehmigung erteilen wird. Gegen (!) den Nachlasspfleger kann aber vom Miterben ohne Weiteres Teilungsversteigerung beantragt werden.

Hat die Gemeinde nur gegen den feststehenden Miterben eine Forderung, so kann sie, sobald für die nicht feststellbaren Miterben Pflegschaft angeordnet worden ist, nach Pfändung des Erbanteils des Miterben die Teilungsversteigerung gegen den Pfleger beantragen (hierzu Kapitel K).   **715**

VIII. Grundstückseigentümer in der Insolvenz

Mit Einführung der Insolvenzordnung (InsO) zum 1. Januar 1999 sind gegenüber dem bis dahin gültigen Konkursrecht (KO) einige Änderungen eingetreten, die auch Einfluss auf das Zwangsversteigerungsrecht genommen haben.   **716**

Gemäß Art. 103 EGInsO gelten die bisherigen Vorschriften für alle Konkursverfahren weiter, für welche der Antrag vor dem 1. Januar 1999 gestellt worden ist. Wegen dieser als Überleitungsrecht weiter geltenden Regelungen wird auf die Ausführungen der Randnummern 716 bis 722 der 1. Auflage und auf die Aufsätze von Mayer, KKZ 1994, 149 ff. und 1996, 135 verwiesen.

1. Allgemein

Das Insolvenzverfahren hat die gleichmäßige Befriedigung aller Gläubiger zum Ziel, die zum Zeitpunkt der Verfahrenseröffnung einen begründeten Anspruch gegen den Schuldner haben.   **717**

Zu diesem Zweck wird das zu diesem Zeitpunkt vorhandene Vermögen des Schuldners (Insolvenzmasse) verwertet und der Erlös gleichmäßig an die Gläubiger verteilt.

Die InsO kennt keine besonderen Vorrechte für die Gemeinde, wie es sie im Konkursrecht noch gab. Alle kommunalen Forderungen, gleichgültig ob es sich hierbei um Steuern (Grundsteuer, Gewerbesteuer) oder Gebühren (Hausgebühren) handelt, sind jetzt „einfache" Insolvenzforderungen gemäß § 38 InsO. Jedoch genießen öffentliche Lasten im Insolvenzverfahren ein Absonderungsrecht (§ 49 InsO). Dieses Recht besteht darin, die Verwertung des Grundstücks zu betreiben, obwohl für die Dauer des Insolvenzverfahrens ein Verbot der Einzelzwangsvollstreckung gilt (§ 89 InsO). Es steht der Gemeinde für alle Forderungen zu, welche

– öffentliche Grundstückslasten sind und zwar unabhängig davon, ob sie gemäß § 10 Abs. 1 Ziff. 3 noch privilegiert sind oder ihr Privileg durch Zeitablauf verloren haben (Rangklasse 7). Allerdings wird die Verfolgung des Absonderungsrechtes aus Rangklasse-7-Forderungen regelmäßig aussichtslos sein und nur Kosten verursachen;

- durch eine Grundschuld oder Sicherungshypothek gesichert sind, wenn erstere nicht vom Insolvenzverwalter angefochten wird und letztere durch Zeitablauf „insolvenzfest" geworden ist (§ 88 InsO; dazu auch Rn. 96), also außerhalb der Rückschlagsperre eingetragen wurde;

- durch Anordnungs- oder Beitrittsbeschluss vor der Eröffnung des Insolvenzverfahrens das Absonderungsrecht erlangt haben. Wegen § 21 Abs. 2 Satz 3 InsO kann die Anordnung bzw. der Beitritt auch noch nach Verhängung der sogenannten „Sicherungsmaßnahmen" (eine Art „vorläufiges Insolvenzverfahren") erfolgen. Allerdings gilt später auch insoweit die Schutzfrist des § 88 InsO, sodass ein Absonderungsrecht aus einer Zwangsversteigerung wegen nicht privilegierter Ansprüche spätestens einen Monat (beim Verbraucherinsolvenzverfahren drei Monate) vor dem Insolvenzantrag des Schuldners entstanden sein muss.

Nach einer Insolvenzeröffnung kann die Gemeinde ihre Forderungen nur durch Zwangsversteigerung oder -verwaltung wirkungsvoll geltend machen. Eine „Einigung" mit dem Schuldner ist nicht mehr möglich, Einzelzwangsvollstreckungsmaßnahmen in Form von Pfändungen von sonstigem Vermögen oder Eintragung einer Sicherungshypothek ebenfalls nicht. Es ist vor allem deshalb wichtig, die Beschlagnahme des Grundstücks durch Versteigerungsantrag herbeizuführen, weil dann der Insolvenzverwalter das Grundstück nicht mehr ohne Mitwirken der Gemeinde verkaufen kann. Deshalb gibt es keinen Grund nach der Insolvenzeröffnung abzuwarten, ob ein anderer Gläubiger die Zwangsversteigerung betreibt oder der Insolvenzverwalter das Grundstück freihändig veräußert.

2. Die Anmeldung der persönlichen Forderung

718 Insolvenzforderungen sind alle Forderungen, welche zum Zeitpunkt der Eröffnung des Verfahrens bereits begründet waren (§ 38 InsO), auch wenn sie noch nicht fällig sind.

Diese Insolvenzforderungen hat die Gemeinde schriftlich unter Angabe des Grundes und des Betrages beim Insolvenzverwalter anzumelden (§ 174 InsO). Die Anmeldung erfolgt also nicht beim Gericht! In jedem Fall sollte auch die Fälligkeit angegeben werden. Das Gericht bestimmt (§ 28 InsO) für die Anmeldung bereits im Eröffnungsbeschluss eine Frist, welche unbedingt einzuhalten ist, da für Nachmeldungen Kosten erhoben werden.

719 Eine Besonderheit gilt für die **Grundsteuer**

a) Die Grundsteuer aus der Zeit vor dem Jahr der **Eröffnung** des Insolvenzverfahrens gilt als normale Insolvenzforderung genießt aber ein Recht auf abgesonderte Befriedigung, so dass daraus die Zwangsversteigerung auch noch nach Insolvenzeröffnung beantragt werden kann.

b) Die Grundsteuer aus dem **Jahr der Eröffnung** des Insolvenzverfahrens ist für das ganze Jahr Insolvenzforderung, da die Forderung am 1. 1. des Jahres „begründet" wurde, auch wenn sie noch nicht fällig ist (§ 38 InsO.). Die noch nicht fälligen Raten gelten als fällig (§ 41 Abs. 1 InsO), können jedoch, da unverzinslich, nur „abgezinst" (§ 41 Abs. 2 InsO) angemeldet werden. Da diese Vorschrift nur die Geltendmachung im Insolvenzverfahren betrifft, welche die grundsätzlich weiterbestehende (wenn auch nicht verfolgbare) Schuld des Schuldners unberührt lässt, ist auch die dingliche Haftung des Grundstücks und damit das Absonderungsrecht durch das Abzinsungsgebot nicht berührt.

Das Absonderungsrecht wird mit einem Duldungsbescheid gegen den Verwalter verfolgt. Die Gemeinde kann nach Vorliegen der Vollstreckungsvoraussetzungen gegen den Insolvenzverwalter dann die Zwangsversteigerung beantragen. Hatte sie die Zwangsversteigerung bereits vor der Eröffnung des Insolvenzverfahrens beantragt, kann das Verfahren ohne neuen Bescheid gegen den Insolvenzverwalter fortgesetzt werden.

c) Die Grundsteuer ab dem Jahr **nach Eröffnung** des Insolvenzverfahrens ist „sonstige Masseverbindlichkeit" i. S. d. § 55 Abs. 1 Ziff. 1 InsO und somit vom Verwalter gemäß § 53 InsO zu bezahlen. Die Gemeinde erlässt dann einen Leistungsbescheid gegen den Verwalter und kann damit (in den hierfür vorgesehenen Grenzen) in die gesamte Insolvenzmasse vollstrecken.

Stehen der Gemeinde Zinsen zu oder geht man davon aus, dass Säumniszuschläge wie Zinsen zu behandeln sind, so haben diese jetzt (ebenso wie die Kosten der Teilnahme am Verfahren) einen besonderen „Insolvenz-Nachrang" (§ 39 InsO). Dies gilt auch für Bußgelder für eine „Tat" vor Eröffnung des Insolvenzverfahrens, welche die Gemeinde einzieht. Eine Zuteilung wird auf diese Forderungen so gut wie nie erfolgen und die Zwangsvollstreckung in den insolvenzfreien Neuerwerb des Schuldners ist der Gemeinde wegen dieser Beträge verwehrt.

3. Die Verfolgung der persönlichen Forderung

Gemäß § 89 InsO gilt ein **Vollstreckungsverbot** für Insolvenzforderungen auf die Dauer des Insolvenzverfahrens und zwar kann weder in die Insolvenzmasse, noch in das insolvenzfreie Vermögen vollstreckt werden. Es gilt auch für Forderungen, welche keine Insolvenzforderungen sind, soweit in Bezüge aus einem Dienstverhältnis oder deren Ersatzbeträge (Renten, Pensionen etc.) vollstreckt werden soll. Der Gemeinde bleibt also nur abzuwarten, ob und wann sie eine Quote erhält, was eher die Ausnahme sein wird.   720

Handelt es sich jedoch um eine **Masseforderung** (z. B. Grundsteuer für das Jahr nach Eröffnung des Insolvenzverfahrens) so kann die Gemeinde gegen den zahlungsunwilligen Insolvenzverwalter (mit Leistungsbescheid gegen die Insolvenzmasse) in diese Masse vollstrecken, allerdings erst sechs Monate nach Eröffnung des Verfahrens (§ 90 InsO).   721

4. Die Verfolgung des Absonderungsrechts

722 Hat die Gemeinde ein Absonderungsrecht am Grundstück, so wird dies grundsätzlich durch Duldungsbescheid gegen den Insolvenzverwalter mit anschließendem Zwangsversteigerungsantrag verfolgt.

Wichtig: Die „Anmeldung des Absonderungsrechts" oder gar ein „Antrag auf abgesonderte Befriedigung" beim Insolvenzverwalter allein ohne weiteres Zutun führt zu gar nichts. Der Insolvenzverwalter wird das schmunzelnd zur Kenntnis nehmen und nichts veranlassen. Selbst bei einem freihändigen Verkauf der Immobilie ist er nicht verpflichtet, Zahlungen aus dem Kaufpreis an die Gemeinde zu leisten, weil sich das Absonderungsrecht nicht am Kaufpreis fortsetzt[217].

Die Geltendmachung des Absonderungsrechts kann vielmehr nach vorherigem Duldungsbescheid gegenüber dem Insolvenzverwalter nur durch einen Antrag der Gemeinde auf Zwangsversteigerung oder durch Zwangsverwaltung erfolgen!

Ein bei Eröffnung des Insolvenzverfahrens bereits anhängiges Zwangsversteigerungsverfahren wird weiter geführt. Zwar hat der Insolvenzverwalter gemäß § 30d ZVG ein besonderes Antragsrecht auf einstweilige Einstellung des Verfahrens, wobei die Insolvenzmasse verpflichtet werden kann, an den betreibenden Gläubiger laufende Zinsen zu zahlen (§ 30e ZVG), dies wird aber höchst selten geltendgemacht. Die Gemeinde kann bei einer Einstellung auf Grund dieser Regelung allenfalls Zahlungen erwarten, wenn sie auch wegen Säumniszuschlägen das Verfahren betreibt, da diese i. S. d. § 30e ZVG den Zinsen gleichgestellt sind[218].

Die Gemeinde kann also ihre privilegierten Forderungen entweder zu einem schon anhängigen Zwangsversteigerungsverfahren anmelden oder aus Forderungen mit Absonderungsrecht (also auch aus einer Grundschuld oder einer Sicherungshypothek) mit einem Duldungstitel bzw. Duldungsbescheid gegen den Verwalter die Zwangsversteigerung beantragen oder ihr beitreten.

Betreibt ausnahmsweise der Insolvenzverwalter einmal selbst die Zwangsversteigerung, ist Rn. 156a zu beachten.

5. Freigabe durch den Insolvenzverwalter

722a Es ist allgemein anerkannt, dass der Insolvenzverwalter sowohl Gegenstände als auch Grundstücke aus der Insolvenzmasse freigeben kann mit der Folge, dass diese künftig nicht mehr zur Insolvenzmasse gehören. Es ist umstritten, ob er dies auch kann, wenn der Insolvenzschuldner eine juristische Person ist (insbesondere GmbH). Allerdings billigt ihm die h. M. auch dann dieses Recht zu. Dies ist zumindest fragwürdig, denn durch eine Freigabe wird der Schuldner mit neuen Schulden

---

217 BGH vom 18. Februar 2010 – IX ZR 101/09 – Rpfleger 2010, 441.
218 BGH, vom 19. November 2009 – IX ZR 24/09 – Rpfleger 2010, 225.

durch die wieder auflaufenden öffentlichen Lasten konfrontiert. Soweit eine Restschuldbefreiung ausgesprochen wird, bezieht diese sich nur auf die Schulden zum Zeitpunkt der Insolvenzeröffnung. Von diesen wird der Schuldner zwar befreit, hat aber bereits neue Schulden angehäuft. Besser wäre es, wenn der Insolvenzverwalter das Grundstück verwerten würde, als es freizugeben.

Die Freigabe erfolgt durch eine formlose Erklärung des Insolvenzverwalters gegenüber dem Gemeinschuldner. Ist diese erfolgt, so ist das Insolvenzgericht verpflichtet (§ 32 Abs. 3 InsO), auf Antrag das Grundbuchgericht um Löschung des Insolvenzvermerks zu ersuchen, wenn der Verwalter die Löschung des Vermerks nicht selbst beantragt. Den Antrag an das Insolvenzgericht kann auch die Gemeinde stellen, wenn sie den nachfolgenden Ausführungen gemäß zur Vollstreckung in das freigegebene Grundstück berechtigt ist. Weigert sich das Insolvenzgericht, soll die Gemeinde Folgendes unternehmen: **722b**

– Bleibt das Insolvenzgericht untätig, eine formelle Entscheidung zum gestellten Antrag fordern und wenn diese nicht unverzüglich erfolgt, hiergegen Dienstaufsichtsbeschwerde einlegen.

– Gegen die formelle Ablehnung des Löschungsersuchens sofortige Beschwerde am Landgericht erheben.

Die Gemeinde kann erst dann aus einem Leistungsbescheid gegen den Insolvenzschuldner in das Grundstück vollstrecken, wenn der Insolvenzvermerk gelöscht ist. Deshalb kann die schuldhafte Verzögerung der Löschung durch das Insolvenzgericht zu Schadensersatzforderungen wegen Verlust der Rangklasse, gegen den Justizfiskus führen worauf der Rechtspfleger hingewiesen werden sollte. **722c**

Wegen des Vollstreckungsverbots in § 89 Abs. 1 InsO kann die Gemeinde in ein freigegebenes Grundstück nicht aus einer Insolvenzforderung vollstrecken. In Betracht kommt nur die Vollstreckung aus einem Absonderungsrecht oder wegen einer später entstandenen Forderung, die nicht mehr Insolvenzforderung ist. **722d**

Wie zu verfahren ist, sei an einem **Beispiel** dargestellt, das sich tatsächlich so ereignet hatte; die Daten wurden lediglich „fortgeschrieben": **722e**

Die Gemeinde fordert für das Jahr 2012 noch die gesamte Grundsteuerschuld und die gesamten Müllabfuhrgebühren, welche zu diesem Zeitpunkt noch nicht als öffentliche Last anerkannt waren. Am 15. Juli 2012 wird das Insolvenzverfahren über den Grundstückseigentümer eröffnet.

Der Insolvenzverwalter gibt das Grundstück am 25. September 2013 aus der Masse frei, ohne dass bisher Zahlungen auf die Gemeindeforderung eingegangen wären.

Im Januar 2014 fällt der Gemeinde auf, dass sie eigentlich etwas unternehmen müsse. Aber was tun?

Die **Müllabfuhrgebühr** war

- für die Zeit vor der Insolvenzeröffnung Insolvenzforderung,
- für die Dauer des Insolvenzverfahrens Masseverbindlichkeit und
- für die Zeit nach Freigabe neue Verbindlichkeit des Eigentümers.

Folge:

Für die Zeit **vor Insolvenzeröffnung** konnte die Gemeinde ihre Forderung nur zum Verfahren anmelden und wird im Normalfall nichts oder nur eine sehr geringe Quote erhalten.

Für die **Dauer des Insolvenzverfahrens** hatte der Verwalter die Gebühren aus der Insolvenzmasse zu zahlen. Fast nie zahlt ein Insolvenzverwalter diese Forderungen freiwillig. Es muss insoweit ein Leistungsbescheid unmittelbar gegen ihn ergehen, welcher die Vollstreckung in die gesamte Insolvenzmasse im Rahmen der hierzu bestehenden Einschränkungen ermöglicht. Dann wird meist anstandslos gezahlt oder der Insolvenzverwalter gibt das Grundstück frei, weil es jetzt Kosten für die Masse verursacht. Kein Duldungsbescheid, da nicht nur das Grundstück, sondern die gesamte Masse haftet.

Für die Zeit **nach** der **Freigabe** haftete der Eigentümer und Insolvenzschuldner wieder nach den allgemeinen Regeln. Da jedoch Vollstreckung in die Insolvenzmasse auch für „Neugläubiger" ausgeschlossen ist und wegen § 35 InsO ein Neuerwerb zur Insolvenzmasse zählt, bleibt letztlich nur die Vollstreckung wegen neuer Forderungen (also nach der Insolvenzeröffnung begründeter Ansprüche) in das freigegebene Grundstück in Rangklasse 5.

Die **Grundsteuer** war

- Im gesamten Jahr 2012 Insolvenzforderung mit Absonderungsrecht.
- Im gesamten Jahr 2013 Masseverbindlichkeit mit dinglicher Absicherung durch die Rangklasse 3.

Theoretisch könnte die Gemeinde die Grundsteuer für 2012 „abgezinst" (Rn. 719) zur Tabelle anmelden und bezüglich der Grundsteuer 2013 einen Leistungsbescheid gegen den Verwalter erlassen, um in die Masse zu vollstrecken. Besser wäre jedoch, das Absonderungsrecht bzw. die dingliche Haftung zu verfolgen. Dazu benötigt die Gemeinde einen Titel gegen denjenigen, der bei Beginn der Vollstreckung verfügungsberechtigt ist. Wäre sie vor der Freigabe tätig geworden, hätte es eines Duldungsbescheids gegen den Verwalter bedurft. Nach der Freigabe kann ein Bescheid gegen den Verwalter nicht mehr erlassen oder – wenn vorhanden – vollstreckt werden; auch nicht wegen der Beträge, die Masseverbindlichkeit sind.

Die Gemeinde kann aber einen Versteigerungsantrag gegen den Eigentümer stellen. Dazu ist sie aufgrund des immer noch vorliegenden Grundsteuerbescheides gegen den Insolvenzschuldner befugt. Voraussetzung ist die Löschung des Insolvenzvermerks. Erreicht die Gemeinde deshalb die Beschlagnahme nicht mehr vor dem 16. Februar 2014, hat das erste Quartal 2012 bereist das Vorrecht verloren und mit jeder Fälligkeit verliert ein weiteres Quartal sein Vorrecht. Eindeutiger Haftungsfall!

Kapitel M
Besondere Vollstreckungsobjekte

I. Bruchteile

Grundstücksbruchteile sind verkehrsfähiges Eigentum und als solches auch der   723
Immobiliarvollstreckung unterworfen (§ 864 Abs. 2 ZPO). Somit kann in sie nicht
im Wege der Forderungsvollstreckung (Pfändungsverfügung) vollstreckt werden,
wohl aber durch Eintragung einer Zwangshypothek und durch Zwangsversteigerung (Zwangsverwaltung wäre möglich, aber meist sinnlos).

Die Eintragung einer Zwangshypothek mag unter bestimmten Voraussetzungen   724
(dazu Rn. 69) einen Sinn ergeben, weil so zumindest ein freihändiger Verkauf des
Bruchteils, aber auch des Grundstücks erschwert wird. Bevor aber Antrag auf
Zwangsversteigerung des Bruchteils gestellt wird, sollte geprüft werden, ob nicht
besser eine **Teilungsversteigerung** des ganzen Grundstücks nach entsprechender
Pfändung (dazu Rn. 644) beantragt wird. Wegen der streitigen Frage nach dem
Umfang einer Beschlagnahme in einer solchen Teilungsversteigerung könnte es
angebracht sein, vor der Pfändung noch eine Zwangshypothek eintragen zu lassen,
um Verfügungen der Eigentümer zuvorzukommen. Dazu auch Rn. 656b.

Bei gemeinschaftlichem Eigentum muss unterschieden werden zwischen

Grundstücksbruchteilen und **Gesamthandsanteilen.**

Bei den Grundstücksbruchteilen erfolgt die Vollstreckung wie in Grundstücke. Da-   725
rüber hinaus ist nur der Anspruch auf Auseinandersetzung der Bruchteilsgemeinschaft, nie die Bruchteile selbst, pfändbar (dazu Rn. 635).

Gesamthandsanteile (z. B. Erbengemeinschaft) ermöglichen keine grundstücks-   726
gleiche Zwangsvollstreckung, auch wenn z. B. im Erbschein Bruchteile stehen. Im
Grundbuch stehen sie nie, denn die Erbengemeinschaft ist eine Gesamthandsgemeinschaft! Somit kann mit einem Titel gegen nur einen (nicht alle) Teilhaber weder eine Zwangshypothek noch die Vollstreckungsversteigerung beantragt werden.
Zur Vorbereitung der Teilungsversteigerung muss der Anteil des Schuldners an der
Gemeinschaft (nicht am Grundstück) gepfändet werden (§ 859 Abs. 2 ZPO; vgl.
hierzu Rn. 637, 645). Mit einem Titel gegen alle kann „normal" die Zwangsversteigerung betrieben werden, falls kein Hindernis (z. B. Testamentsvollstrecker) besteht.

II. Wohnungseigentum

1. Allgemein

727 Es wird dergestalt begründet und im Grundbuch eingetragen, dass der Wohnungseigentümer Miteigentümer des Grundstücks in Bruchteilsgemeinschaft wird und
gleichzeitig Sondereigentum an der Wohnung und oft auch noch ein Sondernut-
zungsrecht an einem Teil des Gemeinschaftseigentums erwirbt (z. B. Garagen-
platz). Das Wohnungseigentum erhält ein eigenes Grundbuchblatt.

728 Mit der Begründung des Wohnungseigentums scheidet das ursprüngliche Grundstück als Verkehrsobjekt aus. Es kann als solches nicht mehr versteigert oder belastet werden, auch nicht mit einem Titel gegen alle Wohnungseigentümer. Die Aufhebung der Wohnungseigentumsgemeinschaft durch Teilungsversteigerung ist
auch für Pfändungsgläubiger nicht möglich (§ 11 WEG).

729 Vollstreckt werden kann aber in das einzelne Wohnungseigentum und zwar – ganz
normal wie bei einem Grundstück – durch Eintragung einer Zwangshypothek oder
durch Zwangsversteigerung oder Zwangsverwaltung.

730 Es kann vereinbart (und im Grundbuch eingetragen) sein, dass zur Veräußerung
des Wohnungseigentums die **Zustimmung** der anderen Wohnungseigentümer
oder eines Dritten (meist des Verwalters) erforderlich ist (§ 12 WEG). Dies gilt dann
auch (§ 12 Abs. 3 Satz 2 WEG) für die Zwangsversteigerung. Oft ist allerdings vereinbart und eingetragen (um das Wohnungseigentum mit Sicherungsgrundschul-
den belastbar zu machen), dass die Zustimmung zur Zwangsversteigerung nicht
erforderlich ist.

731 Ist die Zustimmung erforderlich, so muss sie erst zum Zuschlag vorliegen. Sie darf
vom Verband der Wohnungseigentümer nur aus wichtigem Grund versagt werden
(§ 12 Abs. 2 WEG). Die Regelung entspricht in etwa jener für das Erbbaurecht, weshalb auf die dortigen Ausführungen (Rn. 590 ff.) verwiesen werden kann. Im Übrigen kann diese Beschränkung durch Beschluss der Eigentümergemeinschaft mit
(einfacher) Mehrheit für alle Miteigentumsanteile aufgehoben werden (§ 12 Abs. 4
WEG).

Für die Eintragung einer Zwangshypothek ist keine Zustimmung erforderlich.

732 Sind mehrere Personen in Bruchteils- oder Gesamthandsgemeinschaft als Wohnungseigentümer eingetragen, so kann zwischen ihnen die übliche Teilungsversteigerung stattfinden und zwar auch nach Pfändung durch einen Gläubiger. Allerdings ist auch für den Zuschlag in dieser Versteigerung die vorbehaltene Zustimmung erforderlich, wenn nicht Veräußerung durch Zwangsversteigerung ausgenommen ist.

733 Die **Grundsteuer** ruht als öffentliche Last auf dem einzelnen Wohnungseigentum
und hat dort das übliche Privileg.

Grundstücksbezogene Benutzungsgebühren hingegen, können auf dem gesamten Grundstück lasten und deshalb kann auch bei einem nach WEG geteilten Grundstück eine gesamtschuldnerische Haftung aller Wohnungs- bzw. Teileigentumsrechte vorliegen[219].

Zu dem gemeinschaftlichen Eigentum gehört auch das Grundstück, auf dem die Räume errichtet sind. Die einzelnen Wohnungseigentümer sind damit stets Miteigentümer des Grundstücks (§ 3 Abs. 1 WEG).

Nach Ansicht des BGH ist für die Gesamthaftung nicht eine ausdrückliche gesetzliche Normierung nötig, sondern umgekehrt müsste eine anteilige Begrenzung der auf dem Grundstück ruhenden öffentlichen Last für Wohnungseigentümer auf ihren Miteigentumsanteil festgelegt sein. Eine solche einschränkende Regelung gibt es jedenfalls in Nordrhein-Westfalen und Hessen nicht.

Hingegen wird in den Kommunalabgabengesetzen anderer Länder ausdrücklich geregelt, dass Wohnungseigentümer nur anteilig entsprechend ihrem Miteigentumsanteil grundstücksbezogene Benutzungsgebühren und Beiträge schulden und auch nur in diesem Umfang eine dingliche Last auf dem Grundstück ruht (Art. 5 Abs. 6 Satz 2, Abs. 7 Satz 1 BayKAG; § 6 Abs. 8 Satz 4 2. Halbsatz, Abs. 9 letzter Halbsatz NKAG; § 7 Abs. 10 Satz 3, Abs. 11 Satz 1 ThürKAG; jeweils für Beiträge). In Baden-Württemberg besteht für grundstücksbezogene Benutzungsgebühren ausdrücklich eine gesamtschuldnerische Haftung der Wohnungseigentümer[220] hingegen ruht eine dingliche Last nur entsprechend dem Miteigentumsanteil auf dem Grundstück (§ 13 Abs. 3 i. V. m. § 27 letzter Halbsatz, § 21 Abs. 2 Satz 2 Halbsatz 2 KAG Baden-Württemberg).

Die Gesetzeslage im Saarland wird vom OVG Saarbrücken so bewertet, dass ein Wohnungseigentümer als Gesamtschuldner für die gesamte Abgabe haftet, wenn im Kommunalabgabenrecht die Schuldnerstellung an das Eigentum am Grundstück geknüpft ist und Sonderbestimmungen für Wohnungs- bzw. Teileigentum fehlen[221].

Im Ergebnis sind also § 6 Abs. 5 KAG NRW und andere vergleichbare Regelungen in den KAGs so auszulegen, dass die grundstücksbezogenen öffentlich-rechtlichen Benutzungsgebühren in ihrer vollen auf das Grundstück bezogenen Höhe als öffentlich-rechtliche Last auf dem Wohnungseigentumsrecht ruhen und nicht nur in Höhe des Miteigentumsanteils an dem gesamten Grundstück. Sie sind als öffentliche Lasten (soweit nach Landesrecht zugelassen) nach § 10 Abs. 1 Nr. 3 ZVG vorrangig zu befriedigen.

---

219 BGH vom 11. Mai 2010 – IX ZR 127/09 – KKZ 2010, 274 = Rpfleger 2010, 683.
220 VGH Baden-Württemberg vom 4. Oktober 2005 – 2 S 995/05 – ZMR 2006, 818 und VGH Baden-Württemberg vom 26. September 2008 – 2 S 1500/06 – NJW 2009, 1017.
221 OVG Saarland vom 20. März 1992 – 1 W 5/92 – DÖV 1993, 165.

734 Bestanden bei Begründung des Wohnungseigentums Forderungen der Gemeinde, die am Grundstück privilegiert sind (öffentliche Lasten), kann für diese auf Antrag der Gemeinde die Versteigerung des gesamten Wohnungseigentums erfolgen und zwar auch auf ein Gesamtausgebot. Ausnahmsweise ist in diesem Falle eine vorbehaltene Zustimmung für den Zuschlag nicht erforderlich. Gleiches gilt für den Anspruch aus einem bereits vorher eingetragenen Grundpfandrecht (Zwangshypothek), wenn die Gemeinde der Aufteilung in Wohnungsrecht mit entsprechender Einschränkung nicht zugestimmt hat.

735 Der Ersteher von Wohnungseigentum haftet nicht für die Rückstände an **Hausgeld,** soweit die Zahlungsverpflichtung auf einem Beschluss der Eigentümergemeinschaft (z. B. „Wirtschaftsplan") beruht, der bereits vor dem Zuschlag gefasst wurde. Mit Rücksicht auf das neue Privileg (Rn. 736 ff.) dürfte diese Frage künftig kaum noch von Bedeutung sein.

Wegen der Zwangsverwaltung siehe Rn. 736j.

2. Das Privileg des „Hausgeldes" (Rangklasse 2)

a) Vorbemerkung

736 Wird ein Objekt gemäß § 1 WEG zwangsversteigert, hat die Eigentümergemeinschaft für bestimmte Forderungen den Vorrang der Rangklasse 2, also einen noch besseren Rang als die privilegierten Forderungen der Gemeinde. Die Forderung ruht als Rangklasseforderung auf dem Objekt, ist aber nach neuer Rechtsprechung des BGH kein dingliches Recht. Im Falle eines Eigentumswechsels kann es also vorkommen, dass Eigentümer und persönlicher Schuldner nicht mehr identisch sind und die Haftung des Wohnungseigentums für eigentlich bevorrechtigte Ansprüche für die Zeit vor einem Verkauf des Objekts nur noch persönlich gegen den alten Eigentümer besteht[222].

Allerdings werden die Ansprüche in der Insolvenz des Wohnungseigentümers wie dingliche Forderungen behandelt und genießen im Rahmen der Bevorrechtigung ein Absonderungsrecht[223].

Gemäß § 10 Abs. 1 Nr. 2 ZVG gilt Folgendes:

b) Anmeldung durch die Wohnungseigentümergemeinschaft (Umfang)

Folgende Forderungen sind privilegiert:

736a – Die Forderungen der Gemeinschaft für Verwaltung und Instandhaltung (Grundsatz) nach § 16 Abs. 2 WEG, wobei offen bleibt, ob dies auch für höhere Be-

---

222 BGH vom 13. September 2013 – V ZR 209/12 – Rpfleger 2014, 31 = ZflR 2013, 806 mit Anmerkung Becker.
223 BGH vom 21. Juli 2011 – IX ZR 120/10 – Rpfleger 2011, 686.

träge gilt, wenn die Gemeinschaft nach § 16 Abs. 3 und 4 WEG einen anderen Verteilermaßstab als die Anteilsgröße festgelegt hat.

- Die Abschlagszahlungen aufgrund des Wirtschaftsplanes (§ 28 Abs. 2 WEG), wobei fraglich ist, ob der Verwalter durch „Abruf" die nachgenannten Fristen beliebig manipulieren darf, wenn der Wirtschaftsplan keine Fälligkeit für die Abschläge bestimmt.

- Eine durch Mehrheitsbeschluss angeordnete Sonderzahlung oder eine Nachzahlung für den abgelaufenen Zeitraum, falls die im Wirtschaftsplan vorgesehenen Einnahmen nicht ausreichten (§ 28 Abs. 5 WEG), wobei diese Beträge i. S. d. ZVG nicht „laufend" – da nicht „wiederkehrend" – sondern „einmalig" sind und somit nach dem Wortlaut (wohl aber nach der Absicht des Gesetzgebers) nicht privilegiert wären. Unterstellt man aber das Privileg, erhebt sich die Frage, ob diese „einmaligen" Leistungen nur ab Beschlagnahme oder gemäß Satz 2 des § 10 Abs. 1 Nr. 2 ZVG privilegiert sind.

- Die Ersatzansprüche anderer Wohnungseigentümer (nicht aber Dritter) welche der Gemeinschaft den Ausfall des säumigen Miteigentümers ersetzt haben. Also kann eine Bank, welche z. B. in der Zwangsverwaltung nach bisherigem Recht mit ihrem Vorschuss die Gemeinschaft befriedigt hat, keine Ersatzforderung in der Rangklasse 2 anmelden, es sei denn, es liegt ein echte Ablösung nach § 268 BGB vor, was aber voraussetzt, dass die Zahlung zur Abwendung einer laufenden Zwangsvollstreckung erfolgte.

Bei der Fristberechnung für das Privileg treffen wir gleich wieder auf ein Musterbeispiel schlampiger Formulierungen des modernen Gesetzgebers. Der entsprechende Satz (§ 10 Abs. 1 Nr. 2 Satz 2 ZVG) lautet: **736b**

„Das Vorrecht erfasst die laufenden und die rückständigen Beträge aus dem Jahr der Beschlagnahme und den letzten zwei Jahren."

Das kann man verbal nur als Einschränkung des § 13 ZVG dahin gehend verstehen, dass „laufend" nur die Beträge aus dem Jahr der Beschlagnahme – nicht aber der folgenden Jahre – sein sollen. Gemeint ist das natürlich nicht. Der Gesetzgeber wollte sagen:

„Das Vorrecht erfasst die laufenden Beträge sowie die rückständigen Beträge aus dem Jahr der Beschlagnahme und den letzten zwei Jahren."

Geht man also davon aus, dass dies so gewollt ist, so bedeutet dies eine Besserstellung der wiederkehrenden Leistungen (Fristverlängerung) gegenüber der Rangklasse 3, da dort nur die letzte Fälligkeit vor Beschlagnahme „laufend" ist, während frühere Fälligkeiten im Beschlagnahme-Jahr bereits Rückstand sind und somit die beiden Jahre für die Berechnung des Rückstandes kürzer als zwei „Kalenderjahre" sein können. Dazu Rn. 27 ff.

Beispiel:

Die Wohnungseigentümergemeinschaft fordert gemäß ihrem Wirtschaftsplan eine monatlich zahlbare Abschlagszahlung von 100 Euro, fällig am ersten des Monats. Es ist davon auszugehen, dass es sich hierbei um „laufend wiederkehrende Leistungen" handelt. Der Betrag ist seit März 2010 nicht mehr bezahlt worden. Nun wird die Eigentumswohnung zwangsversteigert. Beschlagnahme ist der 20. Dezember 2013. Privilegiert sind die Raten ab 1. Dezember 2013 (entgegen dem Wortlaut des Gesetzes) bis zum Zuschlag als „laufend" und 11 × 100 Euro für 2013 sowie 2.400 Euro für 2012 und 20011, also 3.500 Euro, nicht aber die Beträge März – Dezember 2010.

Nehmen wir zum Vergleich jetzt statt der Abschlagszahlung eine vierteljährliche Grundsteuer von 300 Euro. Dann gilt: Laufend ist die Grundsteuer vom 1. Oktober – 31. Dezember mit 300 Euro (ebenfalls weiter bis zum Zuschlag) und rückständig privilegiert sind 3 Quartale 2013, das Jahr 2012 und letzte Quartal des Jahres 2011, also nur 2.700 Euro.

736c Haben andere Miteigentümer der Wohnungseigentümergemeinschaft den Ausfall ersetzt, können sie ihren **Ersatzanspruch** im gleichen Umfang zum Verfahren anmelden.

736d Insgesamt aber kann in der Rangklasse 2 nicht mehr verlangt werden als 5 Prozent des **gerichtlich festgesetzten** (§ 74a Abs. 5 ZVG) **Verkehrswertes** (§ 10 Abs. 1 Nr. 2 Satz 3 ZVG). Das ist ein feststehender Höchstbetrag, der alle Ansprüche abdeckt. Kosten oder Zinsen können nicht mehr dazu kommen, wenn der Höchstbetrag erreicht ist. Alle den Höchstbetrag übersteigenden Forderungen fallen in die Rangklasse 5, sofern überhaupt daraus betrieben wird. Wohnungseigentümergemeinschaft und rückgriffsberechtigte Miteigentümer müssen sich diesen Höchstbetrag gegebenenfalls teilen; mangels anderer Grundlagen (§ 11 ZVG passt nicht) wohl im Verhältnis der angemeldeten Beträge.

736e Nebenkosten teilen grundsätzlich den Rang der Hauptforderung; § 10 Abs. 2 ZVG findet Anwendung. Sie müssen aber in den vorgenannten Höchstbetrag mit eingerechnet werden.

c) Anmeldung durch die Wohnungseigentümergemeinschaft (Form)

736f Die Anmeldung erfolgt durch die Eigentümergemeinschaft, also regelmäßig für diese durch den Verwalter. Ihre Ersatzansprüche melden die betroffenen Wohnungseigentümer selbst an (§ 10 Abs. 1 Nr. 2 Satz 4 ZVG).

Die Anmeldung hat den überkommenen Regeln zu entsprechen, also neben dem Zahlungspflichtigen die Art der Forderung, den Zeitraum und die Fälligkeit zu bezeichnen.

Während sonst Anmeldungen nur auf Verlangen des Gläubigers[224] (§ 37 ZVG)   **736g**
glaubhaft zu machen sind, müssen die Forderungen der Rangklasse 2 kraft Gesetzes glaubhaft gemacht werden (§ 45 Abs. 3 ZVG). Hierfür ist vorgesehen:

– ein Titel,

– Die Niederschrift über die Beschlüsse (samt Anlagen) der WEG-Gemeinschaft
   oder

– eine „sonst geeignete Weise".

Somit kann der Rechtspfleger alles zulassen, was grundsätzlich zur Glaubhaftmachung geeignet ist, also andere Urkunden; Klageschriften, Vernehmung im Termin
präsenter Zeugen oder die eidesstattliche Versicherung (§ 294 ZPO) des Verwalters
oder z. B. eines Beiratsmitgliedes. Auch angemeldete Ersatzansprüche der Miteigentümer müssen in gleicher Weise glaubhaft gemacht werden.

d) Zwangsversteigerungsantrag durch die Wohnungseigentümergemeinschaft

Grundsätzlich kann die Wohnungseigentümergemeinschaft aus ihren unter b. ge-   **736h**
nannten Forderungen in der Rangklasse 2 die Zwangsversteigerung beantragen
oder dem Verfahren beitreten. Auch sie benötigt hierzu einen Titel. Es genügt der
Zahlungstitel gegen den Eigentümer; ein dinglicher Titel ist nicht erforderlich. Hat
ein Eigentumswechsel stattgefunden, muss eine Vollstreckungsklausel gegen den
neuen Eigentümer vorliegen. Nach einer Einzelrechtsnachfolge (z. B. Verkauf) ist
eine „Umschreibung"nicht möglich, da die Forderungen nach Ansicht des BGH
nicht dinglicher Natur sind[225].

Der Titel soll auch „Art, Bezugsraum und Fälligkeit" der Forderung ausweisen. Mit
Rücksicht auf die gelegentlich schlampig formulierten Klageschriften und Urteile
dürfen diese Attribute auch „in sonst geeigneter Weise" glaubhaft gemacht werden
(§ 10 Abs. 3 ZVG).

Zur Vollstreckung aus der Rangklasse 2 muss die Forderung „die Höhe des Verzugsbetrages nach § 18 Abs. 2 Nr. 2 WEG übersteigen". Das sind derzeit 3 % des
Einheitswerts für mehr als drei Monate. Den Nachweis der Vollstreckungsvorraus-
setzung hat der Gläubiger grundsätzlich mit Hilfe von Urkunden zu erbringen
(§ 16 Abs. 2 ZVG). Das ist hinsichtlich des Einheitswerts nur durch die Vorlage eines Einheitswertbescheids möglich.

Nach Änderung der §§ 18 Abs. 2 WEG und 10 Abs. 3 ZVG steht das Steuergeheimnis einer Bekanntgabe des Einheitswerts nicht entgegen. Der Gläubiger hat einen

---

224 Der Mitverfasser hat in seiner langjährigen Praxis nicht einmal erlebt, dass ein solches Verlangen
     gestellt wurde.
225 BGH vom 13. September 2013 – V ZR 209/12 – Rpfleger 2014, 31 = ZflR 2013, 806 mit Anmer-
     kung Becker.

Anspruch auf Mitteilung des Einheitswerts durch die Finanzbehörden, wenn er einen Vollstreckungstitel vorlegt.

e) Neue Regelung zum „bestehen bleibenden Recht"

736i Die Neufassung des § 52 Abs. 2 Satz 2 ZVG kann man nur verstehen, wenn man sich vor Augen führt, welches Problem der Gesetzgeber lösen wollte. Häufig sind am ganzen Grundstück – und somit auf sämtlichen Miteigentumsanteilen – Grunddienstbarkeiten oder beschränkte persönliche Dienstbarkeiten eingetragen, welche für die ordnungsgemäße Verwaltung unverzichtbar sind. Deren Erlöschen an einem einzelnen Miteigentumsanteil wäre problematisch und sollte vermieden werden. Nun können diese – der Rangklasse 4 zuzuordnende – Rechte erlöschen, wenn

– ein vorrangiges Recht, also Rangklassen 2 oder 3 betreibt oder

– ein Recht der Rangklasse 4 betreibt, welchem der Vorrang eingeräumt worden ist.

Das Erlöschen, wenn die Rangklasse 3 (Gemeinde) betreibt, ist hinzunehmen. Im Notfall könnte die Gemeinschaft die Gemeinde ablösen, zumal hier meist nur geringe Summen (Grundsteuern) anstehen. Es soll aber vermieden werden, dass die Gemeinschaft durch einen eigenen Versteigerungsantrag in der Rangklasse 2 die für sie wichtigen Rechte zum Erlöschen bringt. Also bestimmt die neue Vorschrift, dass die genannten Dienstbarkeiten grundsätzlich bestehen bleiben, wenn die Versteigerung aus der Rangklasse 2 betrieben wird. Aber eben nur „grundsätzlich"! Wenn ein Recht der Rangklasse 4, aus welchem eine Versteigerung betrieben werden könnte[226], vorhanden ist und wenn also (so dachte der Gesetzgeber) die Gemeinschaft so unvorsichtig war, das Erlöschen der wichtigen Dienstbarkeiten durch Versteigerungsantrag der Bank zu riskieren, soll auch die Rangklasse 2 nicht besser stehen. Ergebnis dieser Überlegung: Die Gemeinschaft kann aus Rangklasse 2 nur dann ohne Rücksicht auf diese Dienstbarkeiten vollstrecken, wenn auch kein Beteiligter aus der Rangklasse 4 durch seinen Versteigerungsantrag das Erlöschen der Dienstbarkeiten bewirken könnte.

f) Rangklasse 2 und Zwangsverwaltung

736j Die Forderungen der Rangklasse 2 für die Zwangsverwaltung werden nur insoweit abweichend definiert, als die Einschränkung der Rn. 736d (= 5 Prozent vom Verkehrswert) nicht gilt, was schon deshalb obsolet ist, als es bekanntlich in der Zwangsverwaltung keine Festsetzung eines Verkehrswertes gibt. Somit muss auch hier gelten, dass keine Rückstände bezahlt werden. Da sich aber die Forderungen der Wohnungseigentümergemeinschaft aus solchen zusammensetzt, welche gemäß § 13 ZVG als „laufend wiederkehrend" und solche die „einmalig" sind (letz-

---

226 Das sind also alle Grundpfandrechte und die Reallast.

tere aber in der Zwangsverwaltung nicht zu berücksichtigen sind) muss es dabei bleiben, dass der Zwangsverwalter nur die „laufend wiederkehrenden Beträge" zu zahlen hat, also die regelmäßigen Hausgeldraten. Eine auch nach der Beschlagnahme beschlossene einmalige Umlage darf er nicht bezahlen. Offen bleibt, ob er den anteiligen Fehlbetrag begleichen muss, welcher sich nach Abrechnung der Hausgeld-Raten ergibt.

Nach § 156 Abs. 1 ZVG ist der Zwangsverwalter verpflichtet, die laufenden Ansprüche auf öffentliche Lasten und Wohngeldforderungen ohne gerichtlichen Teilungsplan zu zahlen. **736k**

Diese sind aus der Verteilung der Überschüsse nach § 10 ZVG herausgelöst, obwohl sie gleichzeitig Rangklassenansprüche sind. Nach Meinung des BGH[227] haben diese Forderungen eine Sonderstellung zwischen den vorab zu bestreitenden Verwaltungsausgaben und den anderen Rangklassenansprüchen. Sie seien als Verwaltungsausgaben anzusehen und vom Zwangsverwalter entweder aus den Erträgen oder aber aus Vorschüssen des Gläubigers zu finanzieren.

Die Neuregelung ist nicht unbedenklich. Die Zahlung des Verwalters ist Zwangsvollstreckung und zwar „Befriedigung aus dem Grundstück". Dazu bedarf es regelmäßig eines Titels (den die Eigentümergemeinschaft nicht vorlegen muss) oder eines Grundbuch-Eintrags (dingliche Zinsen). Außerdem werden solche Ansprüche in einem gerichtlichen Teilungstermin geprüft und sind dem Widerspruch anderer Gläubiger ausgesetzt. Auch dies ist nicht der Fall. Da hier auch keine „Anmeldung" erfolgt, findet die Schutzvorschrift des § 45 Abs. 3 ZVG keine Anwendung. Der Verwalter hat auf die Anforderung der Gemeinschaft hin zu zahlen, ohne letztendlich eine Möglichkeit zu haben, die Richtigkeit der Forderung nachzuprüfen. Dagegen haben die bisher allein von § 156 Abs.1 ZVG privilegierten öffentlich-rechtlichen Empfänger stets in Form des „Leistungsbescheides" einen vollstreckbaren Verwaltungstitel gegen den Schuldner. Ganz abgesehen davon, dass sie für eine Rückzahlungsforderung zu Unrecht erhobener Beträge auch noch nach Jahren unzweifelhaft solvent sind.

III. Bewegliche Gegenstände und Immobiliarvollstreckung

Der Vollziehungsbeamte der Gemeinde kann bei seinem Versuch, bewegliche Gegenstände für eine Forderung des Schuldners zu pfänden, auf Einschränkungen stoßen, welche sich aus dem Immobiliarsachenrecht ergeben. **737**

1. Zubehör (Begriff: §§ 97, 98 BGB), welches dem Schuldner gehört, kann nicht gepfändet werden (§ 865 Abs. 2 ZPO). Die Pfändung wäre auch dann unzulässig und anfechtbar, wenn das Grundstück unbelastet und die zu vollstreckende Forderung „privilegiert" ist. Gehört das Zubehör nicht dem Grundstückseigentümer,

---

227 BGH vom 15. Oktober 2009 – V ZB 43/09 – Rpfleger 2010, 35.

kann es mit einem Titel gegen den Eigentümer des Zubehörs gepfändet werden, wenn der Grundstückseigentümer als Besitzer zustimmt. Mit einem Titel gegen den Pächter kann Zubehör, welches dem Pächter gehört, ohne Zustimmung des Grundstückseigentümers gepfändet werden.

Ob das Grundstück zum Zeitpunkt der Pfändung im Wege der Immobiliarvollstreckung tatsächlich beschlagnahmt ist, bleibt bei der Pfändung von Zubehör, das dem Schuldner nicht gehört, unbeachtet. Allerdings muss der Gläubiger die Eigentumsverhältnisse und sein Pfandrecht spätestens im Versteigerungstermin anmelden und die Freigabe durch die betreibenden Gläubiger verlangen, da ansonsten die Gefahr besteht, dass das Zubehör in das Eigentum des Erstehers übergeht und somit das Pfandrecht erlischt. Denn Zubehör, das dem Schuldner nicht gehört, ist zwar nicht beschlagnahmt, wird aber regelmäßig mitversteigert (§ 55 Abs. 2 ZVG.

Es ist durchaus möglich, dass die Gemeinde als betreibende Gläubigerin mit dem Verlangen eines Zubehör-Eigentümers, wie beispielsweise des Betreibers einer Fotovoltaikanlage auf dem Dach des Schuldners konfrontiert wird, den Gegenstand von der Versteigerung freizugeben[228]. Soweit sie nicht in der Lage ist, das Eigentum des Dritten mit zuverlässigen Beweismitteln zu bestreiten, sollte sie dem Verlangen nachkommen, um einen meist sinnlosen Prozess vor dem (ordentlichen) Gericht zu vermeiden.

2. Früchte, die noch nicht geerntet sind, sind an sich „wesentliche Bestandteile" und somit nicht pfändbar. Ausnahmsweise können sie aber gepfändet werden, wenn die Pfändung nicht früher als ein Monat vor der gewöhnlichen Reife erfolgt. Mit einem Titel gegen den Grundstückseigentümer ist die Pfändung nur zulässig, soweit noch keine Beschlagnahme im Wege der Zwangsversteigerung bzw. Zwangsverwaltung erfolgt ist (§ 810 Abs. 1 ZPO, § 294 AO). Der Gläubiger eines Grundpfandrechtes kann der Pfändung widersprechen (§§ 810 Abs. 2, 771 ZPO, § 294 Abs. 2 AO). Er kann sich jedoch auch darauf beschränken, den Erlös der Versteigerung der Früchte zu verlangen (§ 805 ZPO). Der Pächter (aber nicht der Eigentümer) kann der Pfändung ebenfalls widersprechen. Die Pfändung ist unzulässig, wenn es sich bei den „Früchten" um Zubehör, z. B. um Saatgut oder Futtermittel für den eigenen Betrieb, handelt.

Mit einem Titel gegen den Pächter ist die Pfändung auch dann zulässig, wenn die Zwangsversteigerung bzw. Zwangsverwaltung angeordnet ist, da die Früchte mit der Ernte unmittelbar in das Eigentum des Schuldners (Pächters) fallen (§ 21 Abs. 3 ZVG) und somit von der bisher bestehenden Beschlagnahme durch die Immobiliarvollstreckung frei werden.

3. Früchte, die bereits geerntet sind, unterliegen hinsichtlich der Zwangsvollstreckung gegen den Pächter keinen Einschränkungen aus dem Immobiliarsachen-

---

228 Ausführlich zu Fotovoltaikanlagen: Goldbach, ZflR 2014, 37.

recht. Bei einem Titel gegen den Eigentümer werden die geernteten Früchte von der Beschlagnahme in der Zwangsversteigerung nicht erfasst und können trotz angeordneter Versteigerung noch gepfändet werden, soweit sie nicht Zubehör des Grundstücks sind. Bei angeordneter Zwangsverwaltung wären sie aber beschlagnahmt (§ 148 ZVG) und somit nicht mehr der Mobiliarvollstreckung unterworfen (§ 865 Abs. 1 ZPO). Der Zwangsverwalter könnte die Aufhebung der Pfändung verlangen.

IV. Zwangsvollstreckung bei herrenlosem Grundstück

Jedem Grundstückseigentümer ist es freigestellt, auf das Eigentum an einem Grundstück zu verzichten. Dazu ist eine Erklärung gegenüber dem Grundbuchamt und die Eintragung des Verzichts im Grundbuch erforderlich (§ 928 BGB). Mit der Eintragung im Grundbuch wird das Grundstück herrenlos. Es fällt jedoch nicht automatisch in das Eigentum des Fiskus.

738

Die Möglichkeit der Eigentumsaufgabe ist aber bei Miteigentumsanteilen sowie Wohnungs- bzw. Teileigentumsrechten nicht gegeben. Hier ist nach Ansicht des BGH eine Eigentumsaufgabe unzulässig, weil die Rechtsfolgen nicht mit den sachen- und schuldrechtlichen Regelungen über das Miteigentum an Grundstücken in Einklang stehen[229].

Durch die Aufgabe des Eigentums an einem Grundstück erlöschen weder die persönliche Forderung eines Gläubigers gegen den Schuldner, noch die dinglichen Ansprüche „aus dem Grundstück". Allerdings ergeben sich bei der Zwangsvollstreckung einige Besonderheiten.

Aus einer persönlichen Forderung kann zwar nach wie vor in das persönliche Vermögen des Schuldners, jedoch nicht mehr in das Grundstück vollstreckt werden, da dieses gerade nicht mehr zum Schuldnervermögen gehört.

739

Die Vollstreckung in ein herrenloses Grundstück ist ausschließlich wegen dinglicher Ansprüche zulässig.

Dazu muss dass Vollstreckungsgericht auf Antrag des Gläubigers einen Vertreter zur Wahrnehmung der sich aus dem Eigentum ergebenden Rechte und Verpflichtungen bestellen (§ 787 ZPO)[230]. Dieser Vertreter nimmt in der Immobiliarvollstreckung die Stellung des Schuldners ein, soweit es um diese „sich aus dem Eigentum ergebenden Rechte und Verpflichtungen" geht. Für seine Tätigkeit erhält er eine vom Gläubiger zu zahlende Vergütung. Eine Eintragung des Vertreters im Grundbuch erfolgt nicht. Seine Stellung ist mit der des Vertreters nach § 779 ZPO vergleichbar.

---

229 BGH vom 10. Mai 2007 – V ZB 6/07 – Rpfleger 2007, 459.
230 Stöber, ZVG, Rn. 22 zu § 15.

Da er verfahrensrechtlich wie der Rechtsnachfolger des Eigentümers behandelt wird, ist eine Klauselumschreibung auf den Vertreter nötig, bevor die Zwangsvollstreckung beginnen kann.

Es dürfte auch die Zustellung eines Duldungsbescheids an einen bereits bestellten Vertreter zulässig sein, um die Zwangsvollstreckungsvoraussetzungen für die Gemeinde zu schaffen.

Sind bereits eine wirksame Beschlagnahme und die Zustellung des Anordnungsbeschlusses an den Schuldner erfolgt, so dürfte eine Klauselumschreibung wegen § 26 ZVG verzichtbar sein und das Verfahren wäre nach Bestellung des Vertreters fortzuführen.

Ob bei einem Eigentumsverzicht im laufenden Verfahren eine Einstellung nach § 28 ZVG erfolgen muss, ist streitig und wird unterschiedlich gehandhabt. Dagegen spricht zumindest, dass eine Einstellung im Zwangsverwaltungsverfahren gar nicht möglich ist und schon deshalb in einer gleichzeitig laufenden Zwangsversteigerung nicht verlangt werden kann.

Wird nach einer „herrenlosen Zeit" ein neuer Eigentümer ins Grundbuch eingetragen, so hat dieser die Zwangsvollstreckung wegen der noch bestehenden öffentlichen Lasten zu dulden.

Gegen ihn kann nach Erlass eines Duldungsbescheids und nach Fristablauf die Zwangsvollstreckung in das ehemals herrenlose Grundstück erfolgen, soweit der neue Eigentümer die Vollstreckung nicht durch Zahlung abwendet. Zum Erlass eines Duldungsbescheids wird allerdings angenommen, dass zuvor bereits ein wirksamer Leistungsbescheid ergangen ist und die Forderung insoweit konkretisiert wurde.

740   Bei einem herrenlosen Grundstück besteht ein unbefristetes und ausschließliches Aneignungsrecht des Fiskus (§ 928 BGB). Es wird dadurch ausgeübt, dass sich der Fiskus als Eigentümer ins Grundbuch eintragen lässt.

Verzichtet der Fiskus gegenüber dem Grundbuchamt ausdrücklich auf dieses Recht, dann unterliegt das Grundstück dem Aneignungsrecht eines Dritten.

Jeder ist also berechtigt, beim Grundbuchamt einen Antrag auf Eintragung als Eigentümer zu stellen. Voraussetzung ist lediglich eine Verzichtserklärung des Fiskus und ein Antrag des Dritten an das Grundbuchamt[231].

Der Gläubiger könnte sich auf diesem Weg das Grundstück selbst aneignen und an Stelle einer Zwangsversteigerung einen freihändigen Verkauf durchführen.

Ein Aufgebotsverfahren mit einer 30-jährigen Besitzzeit ist nur erforderlich, wenn der Fiskus sich das Grundstück weder aneignet, noch auf das Aneignungsrecht verzichtet.

---

231 BGH vom 7. Juli 1989 – V ZR 76/88 – Rpfleger 1989, 497.

Anhang

I. Landesrechtliche Bestimmungen
über die Vollstreckung in das unbewegliche Vermögen

In den Ländern **Baden-Württemberg** (§ 22 LVwVG), **Berlin** (§ 5 VwVG), **Bremen** (§ 6 BremGVG), **Brandenburg** (§ 5 VwVG), **Mecklenburg-Vorpommern** (§ 111 VwVfG), **Sachsen** § 15 VwVG) und **Thüringen** (§ 38 ThürVwZVG) gelten für die Vollstreckung in das unbewegliche Vermögen aufgrund der Verweisungen in den jeweiligen Landesgesetzen die Bestimmungen des § 322 der Abgabenordnung.

Bayern verweist in Art. 26 Abs. 7 BayVwVZVG auf die Bestimmungen der §§ 864 bis 882 ZPO.

In den übrigen Ländern ist die Vollstreckung in das unbewegliche Vermögen wie folgt geregelt:

Hamburg:

§ 70
Verfahren

(1) Die Vollstreckung in das unbewegliche Vermögen, ein eingetragenes Schiff, ein Schiffsbauwerk, das im Schiffsregister eingetragen ist oder in dies Register eingetragen werden kann, oder ein eingetragenes Luftfahrzeug erfolgt nach den Vorschriften für gerichtliche Zwangsvollstreckungen.

(2) Die Anträge des Gläubigers stellt die Vollstreckungsbehörde. Soweit der zu vollstreckende Anspruch nach § 10 Abs. 1 Nr. 3 des Gesetzes über die Zwangsversteigerung und Zwangsverwaltung den Rechten am Grundstück im Range vorgeht, kann eine Sicherungshypothek unter der aufschiebenden Bedingung in das Grundbuch eingetragen werden, dass das Vorrecht vor Erlöschen des Anspruchs wegfällt.

(3) Anträge auf Zwangsversteigerung oder Zwangsverwaltung sind nur zulässig, wenn feststeht, dass der Geldbetrag durch Pfändung nicht beigetrieben werden kann.

(4) Die Vollstreckbarkeit der Forderung, die Voraussetzungen der Vollstreckung nach § 35 und die Zulässigkeit der Vollstreckung nach Absatz 3 unterliegen nicht der Beurteilung des Gerichts.

Hessen:

§ 58
Verfahren

(1) Die Vollstreckung in das unbewegliche Vermögen, ein eingetragenes Schiff, ein Schiffsbauwerk, das im Schiffsregister eingetragen ist oder in dieses Register eingetragen werden kann, oder ein eingetragenes Luftfahrzeug erfolgt nach den §§ 864 bis 870a der Zivilprozessordnung und dem Gesetz über die Zwangsversteigerung und die Zwangsverwaltung.

(2) Die Zwangsversteigerung und Zwangsverwaltung sollen nur beantragt werden, wenn feststeht, dass der Geldbetrag durch Pfändung nicht beigetrieben werden kann. Die erforderlichen Anträge stellt die Vollstreckungsbehörde.

(3) Soweit der zu vollstreckende Anspruch gemäß § 10 Abs. 1 Nr. 3 des Gesetzes über die Zwangsversteigerung und Zwangsverwaltung den Rechten am Grundstück im Rang vorgeht, kann eine Sicherungshypothek unter der aufschiebenden Bedingung in das Grundbuch eingetragen werden, dass das Vorrecht wegfällt. Die Zwangsversteigerung und Zwangsverwaltung einer Ackernahrung, Kleinsiedlung oder Kleinwohnung, die der Pflichtige bewohnt, ist nur mit seiner Zustimmung zulässig.

(4) Die Vollstreckbarkeit des Verwaltungsakts, mit der die Geldleistung gefordert wird, unterliegt nicht der Beurteilung des Gerichts.

Niedersachsen:

§ 58
Verfahren

(1) Der Vollstreckung in das unbewegliche Vermögen unterliegen außer den Grundstücken die Berechtigungen, für welche die sich auf Grundstücke beziehenden Vorschriften gelten, die im Schiffsregister eingetragenen Schiffe, die Schiffsbauwerke und Schwimmdocks, die im Schiffsbauregister eingetragen sind oder in dieses Register eingetragen werden können, sowie die Luftfahrzeuge, die in der Luftfahrzeugrolle eingetragen sind oder nach Löschung in der Luftfahrzeugrolle noch in dem Register für Plandrechte an Luftfahrzeugen eingetragen sind. Auf die Vollstreckung sind die für die gerichtliche Zwangsvollstreckung geltenden Vorschriften, namentlich die §§ 864 bis 871 der Zivilprozessordnung und das Gesetz über die Zwangsversteigerung und die Zwangsverwaltung anzuwenden. Bei Stundung und Aussetzung der Vollziehung geht eine im Wege der Vollstreckung eingetragene Sicherungshypothek jedoch nur dann nach § 868 der Zivilprozessordnung auf den Eigentümer über und erlischt eine Schiffshypothek oder ein Registerpfandrecht an einem Luftfahrzeug jedoch nur dann nach § 870a Abs. 3 der Zivilprozessordnung sowie § 99 Abs. 1 des Gesetzes über Rechte an Luftfahrzeugen, wenn zugleich die Aufhebung der Vollstreckungsmaßnahme angeordnet wird.

(2) Für die Vollstreckung in ausländische Schiffe gilt § 171 des Gesetzes über die Zwangsversteigerung und die Zwangsverwaltung, für die Vollstreckung in ausländische Luftfahrzeuge § 106 Abs. 1 und 2 des Gesetzes über Rechte an Luftfahrzeugen sowie die §§ 171h bis 171n des Gesetzes über die Zwangsversteigerung und die Zwangsverwaltung.

(3) Die für die Vollstreckung in das unbewegliche Vermögen erforderlichen Anträge des Glaubigers stellt die Vollstreckungsbehörde. Sie hat hierbei zu bestätigen, dass die gesetzlichen Voraussetzungen für die Vollstreckung vorliegen. Diese Fragen unterliegen nicht der Beurteilung des Vollstreckungsgerichts oder des Grundbuchamts. Anträge auf Eintragung einer Sicherungshypothek, einer Schiffshypothek oder eines Registerpfandrechts an einem Luftfahrzeug sind Ersuchen im Sinne des § 38 der Grundbuchordnung und des § 45 der Schiffsregisterordnung vom 19. Dezember 1940 (Reichsgesetzbl. I S. 1591), zuletzt geändert durch Gesetz vom 4. Juli 1980 (Bundesgesetzbl. I S. 833).

(4) Zwangsversteigerung und Zwangsverwaltung soll die Vollstreckungsbehörde nur beantragen, wenn festgestellt ist, dass der Geldbetrag durch Vollstreckung in das bewegliche Vermögen nicht beigetrieben werden kann.

(5) Soweit der zu vollstreckende Anspruch nach § 10 Abs. 1 Nr. 3 des Gesetzes über die Zwangsversteigerung und die Zwangsverwaltung den Rechten am Gründstuck im Rang vorgeht, kann eine Sicherungshypothek unter der aufschiebenden Bedingung in das Grundbuch eingetragen werden, dass das Vorrecht wegfällt.

Nordrhein-Westfalen:
§ 51
Verfahren

(1) Die Zwangsvollstreckung in das unbewegliche Vermögen erfolgt nach den Vorschriften für gerichtliche Zwangsvollstreckungen. Die Anträge des Gläubigers stellt die für die Beitreibung der Forderung zuständige Vollstreckungsbehörde; sie kann die entsprechende Behörde am Sitz des Gerichts oder Grundbuchamts darum ersuchen. Soweit der zu vollstreckende Anspruch gemäß § 10 Abs. 1 Nr. 3 des Gesetzes über die Zwangsversteigerung und Zwangsverwaltung den Rechten am Grundstück im Range vorgeht, kann eine Sicherungshypothek unter der aufschiebenden Bedingung in das Grundbuch eingetragen werden, dass das Vorrecht wegfällt. Für die Eintragung der Sicherungshypothek gilt § 866 Abs. 3 der Zivilprozessordnung entsprechend.

(2) Zwangsversteigerung und Zwangsverwaltung soll die Vollstreckungsbehörde nur beantragen, wenn festgestellt ist, dass der Geldbetrag durch Vollstreckung in das bewegliche Vermögen nicht beigetrieben werden kann.

(3) Die Vollstreckbarkeit der Forderung unterliegt nicht der Beurteilung des Gerichts oder Grundbuchamts.

(4) Die besonderen Rechte der bestehenden Kreditverbände bei der Zwangsversteigerung oder Zwangsverwaltung der zu ihnen gehörigen oder von ihnen beliehenen Güter bleiben unberührt.

Rheinland-Pfalz:

§ 59
Verfahren und besondere Voraussetzungen

(1) Die Vollstreckung in das unbewegliche Vermögen erfolgt nach den Vorschriften für gerichtliche Zwangsvollstreckung. Soweit der zu vollstreckende Anspruch gemäß § 10 Abs. 1 Nr. 3 des Gesetzes über die Zwangsversteigerung und Zwangsverwaltung den Rechten am Grundstück im Range vorgeht, kann eine Sicherungshypothek unter der aufschiebenden Bedingung in das Grundbuch eingetragen werden, dass das Vorrecht wegfällt.

(2) Die Anträge des Gläubigers stellt die Vollstreckungsbehörde. Sie hat dem Vollstreckungsschuldner unverzüglich mitzuteilen, dass sie die Vollstreckung in sein unbewegliches Vermögen beantragt habe. Die Mitteilung steht einer im Verwaltungsvollstreckungsverfahren ergangenen Verfügung gleich.

(3) Anträge auf Zwangsversteigerung und Zwangsverwaltung sind nur zulässig, wenn feststeht, dass der Geldbetrag durch Pfändung nicht beigetrieben werden kann.

(4) Die Vollstreckbarkeit der Forderung und die Zulässigkeit der Vollstreckung nach Absatz 3 unterliegen nicht der Beurteilung des Gerichts oder Grundbuchamts.

Saarland:

§ 69
Verfahren

(1) Die Vollstreckung in das unbewegliche Vermögen, ein eingetragenes Schiff, ein Schiffsbauwerk, das im Schiffsregister eingetragen ist oder in dieses Register eingetragen werden kann, oder ein eingetragenes Luftfahrzeug erfolgt nach den Vorschriften für gerichtliche Zwangsvollstreckungen. Die erforderlichen Anträge stellt die Vollstreckungsbehörde.

(2) Soweit der zu vollstreckende Anspruch nach § 10 Abs. 1 Nr. 3 des Gesetzes über die Zwangsversteigerung und Zwangsverwaltung vom 24. März 1897 (Reichsgesetzbl. S. 97) den Rechten am Grundstück im Range vorgeht, kann eine Sicherungshypothek unter der aufschiebenden Bedingung in das Grundbuch eingetragen werden, dass das Vorrecht vor Erlöschen des Anspruchs wegfällt.

(3) Anträge auf Zwangsversteigerung oder Zwangsverwaltung sind nur zulässig, wenn feststeht, dass der Geldbetrag durch Pfändung nicht beigetrieben werden kann.

(4) Die Vollstreckbarkeit der Forderung und die Zulässigkeit der Vollstreckung nach Absatz 3 unterliegen nicht der Beurteilung des Gerichts.

Sachsen-Anhalt:

§ 58
Verfahren

(1) Der Vollstreckung in das unbewegliche Vermögen unterliegen außer den Grundstücken die Berechtigungen, für welche die sich auf Grundstücke beziehenden Vorschriften gelten, die im Schiffsregister eingetragenen Schiffe, die Schiffsbauwerke und Schwimmdocks, die im Schiffsbauregister eingetragen sind oder in dieses Register eingetragen werden können, sowie die Luftfahrzeuge, die in der Luftfahrzeugrolle eingetragen sind oder nach Löschung in der Luftfahrzeugrolle noch in dem Register für Pfandrechte an Luftfahrzeugen eingetragen sind. Auf die Vollstreckung sind die für die gerichtliche Zwangsvollstreckung geltenden Vorschriften, namentlich die §§ 864 bis 871 der Zivilprozessordnung und das Gesetz über die Zwangsversteigerung und die Zwangsverwaltung anzuwenden. Bei Stundung und Aussetzung der Vollziehung geht eine im Wege der Vollstreckung eingetragene Sicherungshypothek jedoch nur dann nach § 868 der Zivilprozessordnung auf Eigentümer über und erlischt eine Schiffshypothek oder ein Registerpfandrecht an einem Luftfahrzeug jedoch nur dann nach § 870a Abs. 3 der Zivilprozessordnung sowie § 99 Abs. 1 des Gesetzes über Rechte an Luftfahrzeugen, wenn zugleich die Aufhebung der Vollstreckungsmaßnahme angeordnet wird.

(2) Für die Vollstreckung in ausländische Schiffe gilt § 171 des Gesetzes über die Zwangsversteigerung und die Zwangsverwaltung, für die Vollstreckung in ausländische Luftfahrzeuge § 106 Abs. 1 und 2 des Gesetzes über Rechte an Luftfahrzeugen sowie die §§ 171h bis 171n des Gesetzes über die Zwangsversteigerung und die Zwangsverwaltung.

(3) Die für die Vollstreckung in das unbewegliche Vermögen erforderlichen Anträge der Gläubiger stellt die Vollstreckungsbehörde. Sie hat hierbei zu bestätigen, dass die gesetzlichen Voraussetzungen für die Vollstreckung vorliegen. Diese Fragen unterliegen nicht der Beurteilung des Vollstreckungsgerichts oder des Grundbuchamts. Anträge auf Eintragung einer Sicherungshypothek, einer Schiffshypothek oder eines Registerpfandrechts an einem Luftfahrzeug sind Ersuchen im Sinne des § 38 der Grundbuchordnung und des § 45 der Schiffsregisterordnung.

(4) Zwangsversteigerung und Zwangsverwaltung soll die Vollstreckungsbehörde nur beantragen, wenn festgestellt ist, dass der Geldbetrag durch Vollstreckung in das bewegliche Vermögen nicht beigetrieben werden kann.

(5) Soweit der zu vollstreckende Anspruch nach § 10 Abs. 1 Nr. 3 des Gesetzes über die Zwangsversteigerung und die Zwangsverwaltung den Rechten am Grund-

stück im Rang vorgeht, kann eine Sicherungshypothek unter der aufschiebenden Bedingung in das Grundbuch eingetragen werden, dass das Vorrecht wegfällt.

Schleswig-Holstein:

§ 313
Verfahren

(1) Die Vollstreckung in das unbewegliche Vermögen, ein eingetragenes Schiff, ein Schiffsbauwerk, das im Schiffsbauregister eingetragen ist oder in dies Register eingetragen werden kann, oder ein eingetragenes Luftfahrzeug erfolgt nach den Vorschriften für gerichtliche Zwangsvollstreckungen durch die Gerichte.

(2) Die Anträge des Vollstreckungsgläubigers stellt die Vollstreckungsbehörde. Soweit der zu vollstreckende Anspruch nach § 10 Abs. 1 Nr. 3 des Gesetzes über die Zwangsversteigerung und Zwangsverwaltung in der Fassung der Bekanntmachung vom 20. Mai 1898 (RGBl. S. 369), zuletzt geändert durch Gesetz vom 17. Dezember 1990 (BGBl. I S. 2847), den Rechten am Grundstück im Range vorgeht, kann eine Sicherungshypothek unter der aufschiebenden Bedingung in das Grundbuch eingetragen werden, dass das Vorrecht vor Erlöschen des Anspruchs wegfällt.

(3) Anträge auf Zwangsversteigerung oder Zwangsverwaltung sind nur zulässig, wenn feststeht, dass der Geldbetrag durch Pfändung nicht beigetrieben werden kann.

(4) Die Vollstreckbarkeit der Forderung, die Voraussetzungen der Vollstreckung nach § 269 und die Zulässigkeit der Vollstreckung nach Absatz 3 unterliegen nicht der Beurteilung des Gerichts.

II. Übersicht über Gebühren-/Kostenbefreiung bei den Gerichten

Bundesland	Gebührenbefreiung für		Norm
	eigene Kommunen	Kommunen anderer Länder	
Baden-Württemberg	ja	ja	§ 7 Abs. 1 Nr. 2 Landesjustizkostengesetz (LJKG)
Berlin	ja	ja	Gesetz über Gebührenbefreiung, Stundung und Erlass von Kosten im Bereich der Gerichtsbarkeit (Justizbefreiungsgesetz v. 24. 11. 1970 (GVBl. 1934), zuletzt geändert durch Gesetz v. 25. 6. 1992 (GVBl. 204)
Brandenburg	ja	ja	Brandenburgisches Justizkostengesetz (JKGBbg) v. 3. 6. 1994 (GVBl. 172), zuletzt geändert durch Gesetz v. 18. 12. 2001
Bremen	ja	ja	Bremisches Justizkostengesetz v. 4. 8. 1992 (GVBl. S. 257), geändert durch Gesetz v. 16. 11. 2004 (GVBl. 579)
Hamburg	ja	ja	Landesjustizkostengesetz v. 18. 10. 1957 i. d. F. v. 5. 3. 1986 (GVBl. 48), zuletzt geändert durch Gesetz v. 18. 7. 2001 (GVBl. 251)
Hessen	nein	nein	Hessisches Justizkostengesetz v. 15. 5. 1958 (GVBl. 60), zuletzt geändert durch Gesetz v. 18. 12. 2003 (GVBl. 513)

Bundesland	Gebührenbefreiung für		Norm
	eigene Kommunen	Kommunen anderer Länder	
Mecklenburg-Vorpommern	ja	ja	Gesetz über die Kosten im Bereich der Justizverwaltung und über Gebührenbefreiung des Landes Mecklenburg-Vorpommern (Landesjustizikostengesetz – LJKG) v. 7. 10. 1993 (GVBl. 834), zuletzt geändert durch Gesetz v. 4. 7. 1996
Niedersachsen	ja	ja	§ 1 Abs. 1 Nr. 2 des Gesetzes über Gebührenbefreiung, Stundung u. Erlass von Kosten in der Gerichtsbarkeit v. 10. 4. 1973 (Nds. GVBl. S. 111), zuletzt geändert durch Art. 4 des Gesetzes vom 24. 3. 2006 (Nds. GVBl. S. 181)
Nordrhein-Westfalen	ja	ja	§ 1 Abs. 1 Nr. 2 des Gesetzes über Gebührenbefreiung, Stundung und Erlass von Kosten im Bereich der Rechtspflege (Gerichtsgebührenbefreiungsgesetz) v. 21. 10. 1969 (GV. NRW. 1969, S. 725), zuletzt geändert durch Gesetz vom 5. 4. 2005 (GV. NRW. 2005, S. 408/609)
Rheinland-Pfalz	ja	ja	Landesgesetz über Gebührenbefreiung im Bereich der Justiz (Justizgebührenbefreiungsgesetz – JGebBefrG) v. 5. 10. 1990 (GVBl. 281)

Bundesland	Gebührenbefreiung für		Norm
	eigene Kommunen	Kommunen anderer Länder	
Saarland	ja	ja	Landesjustizkostengesetz v. 30. 6. 1971 (Amtsblatt 373); zuletzt geändert durch Gesetz v. 15. 2. 2006 (Amtsblatt 474)
Sachsen-Anhalt	ja	ja	§ 8 Abs. 1 Justizkostengesetz des Landes Sachsen-Anhalt (JVKostG LSA) v. 23. 8. 1993 (GVBl. 449), zuletzt geändert d. Gesetz vom 7. 12. 2001 (GVBl. 540)
Thüringen	nein	nein	Thüringer Justizkostengesetz (§ 5), v. 22. 10. 1992 (GVBl. S. 527), zuletzt geändert d. Gesetz v. 24. 10. 2001 (GVBl. S. 265)
Bayern	nein	nein	Gesetz über Kosten im Bereich der Justizverwaltung (LJV-KostG), vgl. Art. 9 LJKostG
Sachsen	nein	nein	Sächsisches Justizkostengesetz
Schleswig-Holstein	nein	nein	Gesetz über Gebührenbefreiung, Stundung und Erlass von Kosten im Bereich der Gerichtsbarkeiten v. 23. 12. 1969 in der Fassung der Bekanntmachung v. 21. 12. 1971 (GVOBl. 1970, S. 4; 1971, S. 182), zuletzt geändert am 15. 3. 2006

III. Muster

Muster A: Urkunde über die Bestellung einer Sicherungsgrundschuld durch den Grundstückseigentümer

Grundschuld-Bestellung

Ich,

der Kaufmann Aloisius Hinterher, geb. am 20. 4. 1950, wohnhaft in 99999 Musterstadt, Pfandgasse 3

bin Alleineigentümer folgender Grundstücke:

Grundbuch Musterstadt, Blatt 444

Gemeinde Musterstadt

FlSt. 222, Bürohaus am Markt zu 0,0110 ha

FlSt. 223, Lagerplatz am Markt zu 0,0230 ha

Hiermit bestelle ich der Stadt Musterstadt eine Grundschuld ohne Brief in Höhe von

1.200,– Euro[232]

in Worten: Eintausendzweihundert Euro

nebst 16 % Jahreszinsen[233] ab Eintragung.

Ich bewillige – und beantrage[234] – die Eintragung dieser Grundschuld – als Gesamtgrundschuld[235] – am vorgenannten Grundbesitz. Sie soll an der nächstoffenen Rangstelle eingetragen werden.

Die Grundschuld ist fällig. Die Zinsen werden kalenderjährlich nachträglich fällig, soweit vorher weder Kapitalrückzahlung noch Erlöschen stattfindet.

Soweit der Grundschuld Rechte im Range vorgehen, trete ich alle mir noch zustehenden Rückgewähransprüche an die Stadt Musterstadt ab; ebenso alle Auszahlungsansprüche, die mir als Eigentümer aus einem evtl. Zwangsversteigerungserlös der belasteten Grundstücke zustehen können.

Ich ermächtige und bevollmächtige die Stadt Musterstadt, von den Gläubigern vorgehender Rechte in meinem Namen Auskunft dahin zu verlangen, welche Beträge aktuell durch diese Rechte noch gesichert werden.

---

232 Es gibt — anders als bei der Sicherungshypothek – keinen Mindestbetrag.

233 Die Grundschuldzinsen müssen nicht mit den Säumniszuschlägen nach Verwaltungsrecht identisch sein. Wird die Grundschuld liquidiert, stehen sich Kapital und Zinsen einerseits und Forderung und Säumniszuschlag andererseits zur Verrechnung gegenüber.

234 Ist die Gemeinde durch Landesrecht von den Gerichtsgebühren befreit, so entfällt in der Urkunde der Zusatz „und beantrage" und die Gemeinde setzt hinter den Beglaubigungsvermerk obiges Anschreiben.

235 Wird nur ein Grundstück belastet, entfällt „als Gesamtgrundschuld".

Zahlungen, welche an die Stadt Musterstadt geleistet werden, sind so lange nicht auf die Grundschuld, sondern auf die jeweils offenstehende Forderung zu verrechnen, wie solche Forderungen offen stehen.

Zweckerklärung:

Diese Grundschuld sichert sämtliche Forderungen, welche die Stadt Musterstadt gegen

a) mich selbst,

b) meine Ehefrau Gerda Hinterher geb. Tausendschön,

c) die „Wachs-Ei-GmbH" in Musterstadt

hat oder künftig haben wird, insbesondere Forderungen aus Gewerbesteuer.

Die Stadt Musterstadt ist zur Rückgewähr dieser Grundschuld erst verpflichtet, wenn Ansprüche der vorgenannten Art nicht mehr zu erwarten sind, insbesondere wenn auf die Dauer von drei aufeinanderfolgenden Kalenderjahren keiner der vorgenannten Schuldner der Gläubigerin Beträge schuldig geblieben ist. Die Rückgewähr erfolgt nur durch Verzicht auf die Grundschuld, falls kein Eigentumswechsel durch Zwangsversteigerung stattgefunden hat.

Ich, die Ehefrau Gerda Hinterher geb. Tausendschön, stimme gem. § 1365 BGB den vorstehenden Erklärungen meines Ehemannes zu. Wir leben im gesetzlichen Güterstand

Musterstadt, 2. 4. 2014 Unterschriften beider Eheleute[236]

Beglaubigungsvermerk über die öffentliche Beglaubigung beider Unterschriften.

Schreiben der Gemeinde:

An das
Grundbuchgericht Musterstadt:

Hiermit beantragen wir die Eintragung vorstehender Grundschuld im Grundbuch von Musterstadt, Blatt 444.

Der Bürgermeister, Unterschrift, Dienstsiegel

---

236 Leben Eheleute im gesetzlichen Güterstand, müssen beide unterschreiben, auch wenn nur einer von ihnen im Grundbuch als Eigentümer eingetragen ist.

Muster B: Ersuchen um Eintragung einer Zwangssicherungshypothek an einem
Grundstück des Schuldners

Der Magistrat   99999 Musterstadt, 2. 4. 2014
der Stadt Musterstadt   Rathaus
                                                                   Kassenzeichen:

An das
Amtsgericht
– Grundbuchgericht –
Gerichtsstraße 10
99999 Musterstadt

Ersuchen um Eintragung einer Zwangshypothek

Sehr geehrte Damen und Herren!

Der Kaufmann Aloisius Hinterher wohnhaft in Musterstadt, Pfandgasse 3, schuldet der Stadt
Musterstadt folgende Beträge:

a) Gewerbesteuer Vorauszahlung 4. Quartal 2013, fällig am 15.
    11. 2013; hieraus 1 % Säumniszuschlag mtl. seit 16. 11. 2013   =   700,– Euro

b) Gewerbesteuer Vorauszahlung 1. Quartal 2014, fällig am 15.
    2. 2014; hieraus 1 % Säumniszuschlag mtl. seit 16. 2. 2014   =   700,– Euro

c) Hundesteuer für das Jahr 2013 in Höhe von insgesamt 120,–
    Euro (fällig jeweils mit 30,– Euro am 15. 2., 15. 5., 15. 8. und
    15. 11. 2013)   =   120,– Euro

d) bisher angefallene Vollstreckungskosten   =   90,– Euro

Der Schuldner ist Eigentümer des Grundstücks Flur-Nr. 102 im Grundbuch von Musterstadt
Band 90, Blatt 75.

Wir ersuchen um Eintragung einer Zwangshypothek bezüglich obiger Forderungen in Höhe
von insgesamt 1.610,– Euro nebst der mtl. Säumniszuschläge in Höhe von jeweils 1 % aus
700,– Euro seit dem 16. 11. 2013 bzw. aus 700,– Euro seit dem 16. 2. 2014.

Die Vollstreckungsvoraussetzungen liegen vor; die Vollstreckbarkeit wird bescheinigt (siehe
Anlage).

Mit freundlichen Grüßen

(Unterschrift)   (Dienstsiegel)

Kassenleiter/in

Muster C: Ersuchen um Eintragung einer Zwangssicherungshypothek an mehreren
Grundstücken eines Schuldners

Der Magistrat · 99999 Musterstadt, 2. 4. 2014
der Stadt Musterstadt · Rathaus
· Kassenzeichen:

An das
Amtsgericht
– Grundbuchgericht –
Gerichtsstraße 10
99999 Musterstadt

Ersuchen um Eintragung einer Zwangshypothek

Sehr geehrte Damen und Herren!

Der Kaufmann Aloisius Hinterher, wohnhaft in Musterstadt, Pfandgasse 3, schuldet der Stadt
Musterstadt folgende Beträge:

a) Gewerbesteuer Vorauszahlung 4. Quartal 2013, fällig am 15.
    11. 2013; hieraus 1% Säumniszuschlag mtl. seit 16. 11. 2013 · · · · · 2.400,– Euro

b) Gewerbesteuer Vorauszahlung 1. Quartal 2014, fällig am 15.
    2. 2014; hieraus 1% Säumniszuschlag mtl. seit 16. 2. 2014 · · · · · · 2.400,– Euro

c) Hundesteuer für das Jahr 2013 in Höhe von insgesamt 120,–
    Euro (fällig jeweils mit 30,– Euro am 15. 2., 15. 5., 15. 8. und
    15. 11. 2013) · 120,– Euro

d) bisher angefallene Vollstreckungskosten · · · · · · · · · · · · · · · · · 90,– Euro

Der Schuldner ist Eigentümer folgender Grundstücke:

Grundbuch Musterstadt Blatt 444;

Gemeinde Musterstadt, FlSt. 222, Bürohaus am Markt, zu 0,0110 ha

Gemeinde Musterstadt, FlSt. 223, Lagerplatz am Markt, zu 0,0230 ha

sowie des Hälfteanteils an

Grundbuch Musterstadt, Blatt 445

Gemeinde Musterstadt FlSt. 234, Gemeinsamer Weg, zu 0,0190 ha.

Wir ersuchen um Eintragung von Sicherungshypotheken am vorgenannten Grundbesitz, wofür wir unsere Forderung wie folgt verteilen:

a) FlSt. 222   2.000,– Euro nebst 1% Säumniszuschlag seit 16. 11. 2013;

b) FlSt. 223   2.259,– Euro nebst 1% Säumniszuschlag seit 16. 11. 2013 aus 400,– Euro und seit 16. 2. 2014 aus 1.649,– Euro;

c) FlSt. 234 (Hälftanteil):   751,–Euro nebst Säumniszuschlag seit 16. 2. 2014 aus 751,– Euro.

Die Vollstreckungsvoraussetzungen liegen vor; die Vollstreckbarkeit wird bescheinigt (siehe Anlage).

Mit freundlichen Grüßen

(Unterschrift)   (Dienstsiegel)

Kassenleiter/in

Anmerkung:

1. Die einzelnen Anteile müssen größer sein als 750,– Euro. Selbstverständlich wäre die Stadt nicht verpflichtet gewesen, auf alle Grundstücke des Eigentümers zu verteilen.

2. Auf einem Grundstücksbruchteil (hier: Hälftanteil) kann eine Sicherungshypothek eingetragen werden; auf einem Gesamthandsanteil (z. B. Erbanteil) wäre dies unzulässig.

Muster D: Ersuchen um Eintragung einer Zwangssicherungshypothek auf mehreren Grundstücken verschiedener Eigentümer

Der Magistrat   99999 Musterstadt, 2. 4. 2014
der Stadt Musterstadt   Rathaus
                                                            Kassenzeichen:

An das
Amtsgericht
– Grundbuchgericht –
Gerichtsstraße 10
99999 Musterstadt

Ersuchen um Eintragung von Zwangssicherungshypotheken

Sehr geehrte Damen und Herren!

Der Kaufmann Aloisius Hinterher, wohnhaft in Musterstadt, Pfandgasse 3, und seine Schwester Susanne Arm geb. Hinterher, wohnhaft in Schöndorf, Waldstraße 11, schulden der Stadt Musterstadt als Gesamtschuldner Gewerbesteuer VA 2005 (fällig am 14. 2. 2014) in Höhe von 3.200,– Euro. Susanne Arm schuldet der Stadt darüber hinaus noch Hundesteuer für das 4. Quartal 2006 (fällig am 15. 11. 2013) in Höhe von 60,– Euro.

Die Schuldner sind Eigentümer folgenden Grundbesitzes:

Aloisius Hinterher:
Grundbuch von Musterstadt Blatt 333
Gemeinde Musterstadt, FlSt. 222 Bürohaus am Markt zu 0,0110 ha
Gemeinde Musterstadt, FlSt. 223, Lagerplatz am Markt zu 0,0230 ha

Susanne Arm:
Grundbuch Schöndorf Blatt 445
Gemeinde Schöndorf, FlSt.468, Wohnhaus am Rammel 4 zu 0,0200 ha

Wir ersuchem um Eintragung von Zwangssicherungshypotheken für unsere vorgenannten Forderungen, wozu wir diese wie folgt verteilen:

FlSt. 222:   1.699,– Euro (Teil der Gesamtschuld)

FlSt. 223:   1.501,– Euro (Teil der Gesamtschuld)

FlSt. 468:   3.260,– Euro (Gesamtschuld ganz + 60,– Euro)

Die Vollstreckungsvoraussetzungen liegen vor; die Vollstreckbarkeit wird bescheinigt (siehe Anlage).

Mit freundlichen Grüßen

(Unterschrift)   (Dienstsiegel)

Kassenleiter/in

<u>Anmerkung:</u>

1. Bei Gesamtschuld darf der unverteilte Betrag am Grundbesitz der einzelnen Gesamtschuldner eingetragen werden. Daher wurde bei Aloisius und bei Susanne jeweils der Gesamtbetrag von 3.200,– Euro eingetragen.

2. Hat jedoch einer der Gesamtschuldner mehr als ein Grundstück, mss dort verteilt werden, wenn alle Grundstücke belastet werden sollen. Daher mussten die 3.200,– Euro auf FlSt 222 und 223 verteilt werden. Die Stadt hätte aber auch nur eines der Grundstücke belasten und das andere unbelastet lassen dürfen.

3. Gesamtschuld (3.200,– Euro) und Einzelschuld (60,– Euro) dürfen zur Erreichung der Summengrenze (751 Euro) addiert werden, daher 3.260,– Euro am Grundstück 468. Die 60,– Euro hätten mangels Haftung am Grundbesitz nicht eingetragen werden dürfen.

Muster E: Ersuchen um Eintragung einer bedingten Zwangssicherungshypothek

Der Magistrat   99999 Musterstadt, 2. 4. 2014
der Stadt Musterstadt   Rathaus
                                                         Kassenzeichen:

An das
Amtsgericht
– Grundbuchgericht –
Gerichtsstraße 10
99999 Musterstadt

Ersuchen um Eintragung einer Zwangssicherungshypothek

Sehr geehrte Damen und Herren!

Der Kaufmann Aloisius Hinterher wohnhaft in Musterstadt, Pfandgasse 3, schuldet der Stadt Musterstadt folgende Beträge:

a) Gewerbesteuer Vorauszahlung 4. Quartal 2013, fällig am 15.
11. 2013;   3.000,– Euro

b) Grundsteuer für die Jahre 2012 und 2013 (je 320,– Euro), fällig
jeweils am 15. 2., 15. 5., 15. 8. und 15. 11. mit je 80,– Euro   640,– Euro

Der Schuldner ist Eigentümer folgender Grundstücke:

Grundbuch Musterstadt Blatt 444:

Gemeinde Musterstadt, FlSt. 222, Bürohaus am Markt zu 0,0110 ha

Gemeinde Musterstadt, FlSt. 223, Lagerplatz am Markt zu 0,0230 ha.

Wir ersuchen um Eintragung von Zwangssicherungshypotheken am vorgenannten Grundbesitz, wofür wir unsere Forderungen wie folgt verteilen:

FlSt. 222   2.040,– Euro (Gewerbesteuer: 1.400,– Euro; Grundsteuer 640,– Euro)

FlSt. 223   1.600,– Euro (Gewerbesteuer)

Die Grundsteuer ist an FlSt. 222 noch in Höhe von 400,– Euro begünstigt gem. § 10 Abs. 1 Ziff. 3 ZVG. Wir beantragen demgemäß am Grundstück FlSt. 222 bezüglich eines Teilbetrages von 400,– Euro die Hypothek mit der aufschiebenden Bedingung einzutragen, daß das Vorrecht des § 10 Abs. 1 Ziff. 3 ZVG erlischt.

Die Vollstreckungsvoraussetzungen liegen vor; die Vollstreckbarkeit wird bescheinigt (siehe Anlage).

Mit freundlichen Grüßen

(Unterschrift)   (Dienstsiegel)

Kassenleiter/in

Anmerkung:

1. Noch privilegierte und nicht privilegierte Forderungen können zu einer einheitlichen Sicherungshypothek zusammengefasst werden, auch wenn die privilegierte Forderung allein unter 1.500,01 Euro liegt.

2. Die gesamte Grundsteuer durfte an einem Grundstück gesichert werden, auch wenn sie nicht oder nicht ganz an diesem Grundstück entstanden ist, da die Sicherungshypothek später in Rangklasse 4 entsteht.

3. Eine bedingte Sicherungshypothek muss nur an jenem Grundstück eingetragen werden, an welchem die privilegierte Forderung entstanden ist. Bei Verteilung auf andere Grundstücke entsteht sofort eine unbedingte Hypothek.

Muster F: Antrag auf Zulassung des Beitritts aus einer zugunsten der Gemeinde
eingetragenen Zwangssicherungshypothek

Der Magistrat	99999 Musterstadt, 2. 4. 2014
der Stadt Musterstadt	Rathaus
	Kassenzeichen:

An das
Amtsgericht
– Vollstreckungsgericht –
Gerichtsstraße 10
99999 Musterstadt

Antrag auf Zulassung des Beitritts zur Zwangsversteigerung K 56/06

Sehr geehrte Damen und Herren!

Der Kaufmann Aloisius Hinterher, wohnhaft in Musterstadt, Pfandgasse 3, schuldet der Stadt
Musterstadt folgende Beträge:

Gewerbesteuer – Vorauszahlung, 4. Quartal 2013, fällig am 15. 11. 2013, hieraus 1 % mtl. Säumniszuschlag seit 16. 11. 2013	700,– Euro
dto. 1. Quartal 2014, fällig am 15. 2. 2014, hieraus 1 % Säumniszuschlag seit 16. 2. 2014	700,– Euro
Hundesteuer 2013	120,– Euro
bisherige Vollstreckungskosten	90,– Euro

Der Schuldner ist Eigentümer des Grundstücks FlSt. 102, eingetragen im Grundbuch von
Musterstadt, Gemeinde Musterstadt Blatt 75. Zugunsten der Stadt Musterstadt ist dort unter
lfd. Nr. 4 der Abteilung III eine Zwangshypothek in Höhe von 1.610,– Euro nebst jeweils 1 %
mtl. Säumniszuschlag aus 700,– Euro seit 16. 11. 2013 und 16. 2. 2014 eingetragen. Inzwischen wurde die Zwangsversteigerung des genannten Grundstücks angeordnet.

Wir beantragen, wegen der vorgenannten Forderung im Range der Sicherungshypothek III/
4 unseren

Beitritt

zum bereits angeordneten Verfahren zuzulassen.

Mit freundlichen Grüßen

(Unterschrift)

Kassenleiter/in

Anmerkung:

Sollte die Zwangssicherungshypothek nach dem Zwangsversteigerungsvermerk eingetragen worden sein, ersetzt das Beitrittsgesuch die Anmeldung. In diesem Fall sollte aber ein Nachweis über die Eintragung der Zwangshypothek beigefügt werden.

Muster G: Antrag auf Anordnung der Zwangsversteigerung eines Grundstücks für privilegierte und nicht privilegierte Forderungen

Der Magistrat   99999 Musterstadt, 2. 4. 2014
der Stadt Musterstadt   Rathaus
                                                      Kassenzeichen:

An das
Amtsgericht
– Vollstreckungsgericht –
Gerichtsstraße 10
99999 Musterstadt

Antrag auf Anordnung einer Zwangsversteigerung

Sehr geehrte Damen und Herren!

Der Kaufmann Aloisius Hinterher, wohnhaft in Musterstadt, Pfandgasse 3, schuldet der Stadt Musterstadt folgende Beträge:

a) Gewerbesteuer VA 2013, fällig am 21. 5. 2013 hieraus zzgl.
     1 % mtl. Säumniszuschlag seit 22. 5. 2013   1.200,– Euro

b) Grundsteuer f. d. Jahr 2012 (fällig am 15. 2., 15. 5., 15. 8. und
     15. 11. mit jeweils 100,– Euro)   400,– Euro

Die Forderungen sind vollstreckbar; die Vollstreckbarkeit wird bescheinigt.

Vor der Antragstellung wurde versucht, die Beträge durch Vollstreckung in das bewegliche Vermögen zu realisieren. Hierfür sind Kosten in Höhe von 30,– Euro entstanden. Für die Anforderung eines Grundbuchauszuges wurden 10,– Euro (siehe Beleg) gezahlt.

Der Schuldner ist Eigentümer des Grundstücks

Grundbuch von Musterstadt, Blatt 444

Gemeinde Musterstadt, FlSt. 888, Bahnhofstraße 4 zu 0,0900 ha.

Wir beantragen, wegen unserer vorgenannten die Zwangsversteigerung des vorgenannten Grundstücks anzuordnen und zwar mit der Maßgabe, dass unsere Forderung in Höhe von 400,– Euro Hauptsumme und 40,– Euro bisherige Vollstreckungskosten der Rangklasse 3 des § 10 ZVG zuzuordnen ist.

Mit freundlichen Grüßen

(Unterschrift)

Kassenleiter/in

Anmerkung:

Die Angabe der Rangklasse im Anordnungs- oder Beitrittsbeschluss ist nicht konstitutiv, sondern nur deklaratorisch, aber wünschenswert, da so gegen eine falsche Einordnung bzw.

Nichtberücksichtigung des Vorrechts rechtzeitig vorgegangen werden kann. Fehlt sie, kann die Gemeinde ihren Anspruch auf Zuordnung ihrer Forderung in die ihr zustehende Rangklasse noch im Verteilungstermin geltend machen.

Muster H: Antrag auf Anordnung einer Zwangsversteigerung wegen privilegierter Forderungen und mehreren Grundstücken

Der Magistrat   99999 Musterstadt, 2. 4. 2014
der Stadt Musterstadt   Rathaus
                                                                          Kassenzeichen:

An das
Amtsgericht
– Vollstreckungsgericht –
Gerichtsstraße 10
99999 Musterstadt

Antrag auf Anordnung der Zwangsversteigerung

Sehr geehrte Damen und Herren!

Der Kaufmann Aloisius Hinterher, wohnhaft in Musterstadt, Pfandgasse 3, schuldet der Stadt Musterstadt Grundsteuer für die Jahre 2012 und 2013 in Höhe von jeweils 400,– Euro jährlich (fällig jeweils am 15. 2., 15. 5., 15. 8. und 15. 11. mit je 100,– Euro), also insgesamt 800,– Euro.

Die Forderungen sind vollstreckbar; die Vollstreckbarkeit wird bescheinigt.

Der Schuldner ist Eigentümer folgender Grundstücke:

Grundbuch Musterstadt,   Blatt 97

Gemeinde Musterstadt,   FlSt. 666, Wohnhaus, Pfandgasse 3 zu 0,0450 ha

                            FlSt. 667, Garagen, Pfandgasse zu 0,0220 ha

                            FlSt. 668, Garten, Pfandgasse zu 0,0900 ha.

Wir beantragen, wegen unserer Forderung in Höhe von 800,– Euro sowie 40,– Euro Vollstreckungskosten für einen zur Vorbereitung dieses Antrags erforderlichen Vollstreckungsversuch sowie 10,– Euro für einen Grundbuchauszug und den Kosten dieser Rechtsverfolgung die

Zwangsversteigerung

der vorgenannten Grundstücke anzuordnen, mit der Maßgabe, daß die Hauptsumme von 400,– Euro bezüglich der nachgenannten Teilbeträge an den genannten Grundstücken als öffentliche Last des Grundstücks entstanden ist :

FlSt. 666: 2 × 200,– Euro   =   400,– Euro

FlSt. 667: 2 × 150,– Euro   =   300,– Euro

FlSt. 668: 2 × 50,– Euro   =   100,– Euro

Mit freundlichen Grüßen

(Unterschrift)

Kassenleiter/in

Anmerkung:

Privilegierte Forderungen haben das Privileg nur an jenen Grundstücken, auf welchen die Forderung dinglich ruht (entstanden ist). An den übrigen Grundstücken des Schuldners hat die Forderung nur Rangklasse 5.

Muster J: Anmeldung einer privilegierten Forderung zum Zwangsversteigerungstermin

Der Magistrat   99999 Musterstadt, 2. 4. 2014
der Stadt Musterstadt   Rathaus
                                                          Kassenzeichen:

An das
Amtsgericht
– Vollstreckungsgericht –
Gerichtsstraße 10
99999 Musterstadt

Anmeldung zum Versteigerungstermin vom 21. 4. 2014 im Verfahren gegen Aloisius Hinterher; Az.: 2 K 05/13

Sehr geehrte Damen und Herren!

Zu dem vorgenannten Zwangsversteigerungstermin melden wir folgende Forderungen an:

Grundsteuer B, rückständig seit 1. 1. 2012 mit 90,– Euro pro Quartal (fällig jeweils 15. 2., 15. 5., 15. 8., 15. 11.) =

für 2012 (4 Quartale)	=	360,– Euro
für 2013 (4 Quartale)	=	360,– Euro
1.Quartal 2014	=	90,– Euro
2.Quartal 2014 mit 20 Tagen	=	20,– Euro
weitere 15 Tage (§ 47 ZVG)	=	15,– Euro
Beitrag für Kanalanschluss, fällig am 20. 11. 2013	=	2.000,– Euro

Diese Forderungen ruhen als öffentliche Last auf dem Grundstück FlSt. 666. Die Forderungen sind vollstreckbar; die Vollstreckbarkeit wird bescheinigt.

Mit freundlichen Grüßen

(Unterschrift)

Kassenleiter/in

Anmerkung:

Zum Zwangsversteigerungstermin muss taggenau angemeldet werden und zwar bis zum Tag vor (!) dem Versteigerungstermin: Der „Sicherungsbetrag" des § 47 ZVG umfasst 15 Tage, nämlich den Tag des Versteigerungstermins und weitere 14 Tage.

Muster K: Anmeldung zum Verteilungstermin (schließt an die Anmeldung Muster J an)

Der Magistrat   99999 Musterstadt, 2. 4. 2014
der Stadt Musterstadt   Rathaus
                                                            Kassenzeichen:

An das
Amtsgericht
– Vollstreckungsgericht –
Gerichtsstraße 10
99999 Musterstadt

Anmeldung zum Verteilungstermin am 12. 5. 2014 im Verfahren gegen Aloisius Hinterher Az.: 2 05/13

Sehr geehrte Damen und Herren!

Bezugnehmend auf unsere Anmeldung vom 1. 4. 2014 melden wir, nachdem im Termin vom 21. 4. 2014 alle drei Grundstücke zugeschlagen wurden, unsere Forderungen wie folgt zur Erlösverteilung an:

Erlös FlSt. 666:

Grundsteuer 2012 und 2013	=	720,– Euro
Grundsteuer 1. Quartal 2014	=	90,– Euro
Grundsteuer 1. 4. bis 20. 4. 2014	=	20,– Euro
Kanalanschlussbeitrag	=	2.000,– Euro

Wir werden den Verteilungstermin nicht wahrnehmen und bitten um Überweisung des Gesamtbetrag in Höhe von 2.830,– Euro unter Angabe des obigen Kassenzeichens auf unser bei der Stadtsparkasse Musterstadt (BIC: GENODE12MUS, IBAN DE 8350051234 0000005678).

Mit freundlichen Grüßen

(Unterschrift)

Kassenleiter/in

Anmerkung:

Die Anmeldung errechnet sich taggenau bis zum Tag vor dem Zuschlag.

Der Sicherungszuschlag (§ 47 ZVG) wird nicht benötigt. Wegen der Restforderung für das Jahr 2012 siehe Rn. 425 ff.

Die Anmeldung für den Teilbetrag des 2. Quartals 2012 musste erfolgen, obwohl dieser Teilbetrag erst nach dem Verteilungstermin (nämlich am 15. 5. 2012) fällig wird.

Stichwortverzeichnis

(Die angegebenen Zahlen beziehen sich auf die Randnummern.)